Premiere Collection

神社・学校・植民地

逆機能する朝鮮支配

樋浦郷子

京都大学学術出版会

プリミエ・コレクションの創刊に際して

「プリミエ」とは、初演を意味するフランス語の「première」から転じた「初演する、主演する」を意味する英語です。本コレクションのタイトルには、初々しい若い知性のデビュー作という意味がこめられています。

いわゆる大学院重点化によって博士学位取得者を増強する計画が始まってから十数年になります。学界、産業界、政界、官界さらには国際機関等に博士学位取得者が歓迎される時代がやがて到来するという当初の見通しは、国内外の諸状況もあって未だ実現せず、そのため、長期の研鑽を積みながら厳しい日々を送っている若手研究者も少なくありません。

しかしながら、多くの優秀な人材を学界に迎えたことで学術研究は新しい活況を呈し、領域によっては、既存の研究には見られなかった溌剌とした視点や方法が、若い人々によってもたらされています。そうした優れた業績を広く公開することは、学界のみならず、歴史の転換点にある21世紀の社会全体にとっても、未来を拓く大きな資産になることは間違いありません。

このたび、京都大学では、常にフロンティアに挑戦することで我が国の教育・研究において誉れある幾多の成果をもたらしてきた百有余年の歴史の上に、若手研究者の優れた業績を世に出すための支援制度を設けることに致しました。本コレクションの各巻は、いずれもこの制度のもとに刊行されるモノグラフです。ここでデビューした研究者は、我が国のみならず、国際的な学界において、将来につながる学術研究のリーダーとして活躍が期待される人たちです。関係者、読者の方々共々、このコレクションが健やかに成長していくことを見守っていきたいと祈念します。

第25代　京都大学総長　松本　紘

目次

序章

第二章　信仰へと引き込む
朝鮮神宮における大祓式

第三章　授業日も日参させる
モデルとしての朝鮮神宮夏季早朝参拝

序章

修身教科書授与奉告祭御礼参拝。
（『昭和六年　朝鮮神宮年報』（朝鮮神宮社務所、1932年）、扉頁。）

第一節　「魔法の杖」と「神秘」

（一）学校教育と植民地支配の重なり

入学式は何が何だか分からないうちに、汗だくで終わった。次の日からいよいよ六〇名の一年生男子と、私との血みどろのようなぶつかりあいである。日本語が一言もわからない子供達と、韓国語が一言もわからない私。言葉では何も通じない。一体どうなるのだ。勿論教室にはいれる状態ではないので、当分は青空教室。並ぶことも集団生活も何も分からない。（略）初めは私がいう日本語を、子供達はおうむ返しにいうだけ。示したり説明したりする言葉は通じなくて混乱。腰を降ろさせようと「座りなさい」と両手を少し下げるようなゼスチャーでいった時、子供達も私と同じ動作で立ったまま「すわりなさい」といったのである。思わず笑った。ふいに涙が突き上げてくる。

植民地期朝鮮の国民学校で訓導を務めた杉山とみさんは、新任当時をこのように振り返る。(1) 杉山さんはなぜ、「笑った」後に「涙が突き上げ」たのだろう。若い新任教員と無邪気な子どもの一場面という以外に、彼女の足元には植民者と被植民者、女性教師と男子児童など、直接・間接にさまざまな関係性が埋め込まれている。例えば近代学校教育の歴史という側面で考えてみよう。ミシェル・フーコーを持ち出すまでもなく、学校教育の大きな特徴は、号令で動く従順な身体を作り出すことにある。その意味では、杉山さんは学校教育に不可避的に備わっているあまりに露骨な権力性に対し困惑したのかもしれない。あるいは、朝鮮人児童に「東方遥拝」や「教育勅語」よりもまず、腰をおろすという動作を教えるのが困難であったとの語りから、異言語を強制するという植民地に特有な歴史の実相を読み取ることもできるだろう。

こうした「涙が突き上げ」る思いの基底にあるものを、植民地支配・被支配（加害・被害）の歴史として語ろうとしても、近代学校教育の歴史の一部として語ろうとしても、どこかこぼれ落ちるものがあるのではないか。筆者の問題意識はこの点から始まる。植民地であり、学校であるという入れ子的な権力空間の中で、どのような教育がいかなる道具立てや装置を伴って行われており、それは植民地支配下の教育というもののどういった特徴を映し出すものであるのか。その特徴は日本内地の教育とどのように重なり、どのように異なるのか。交錯し折り重なる関係性をいったんときほぐし、歴史上の意味を問いたいと思う。

本書は児童の神社参拝に主に焦点を当てるが、これは植民地支配者が「皇民化（皇国臣民化）政策[2]」なる「政策」を貫徹させる過程で強制したことだ、と結論づけるためではない。それはこれまでの研究をただなぞることにしかならない。重要なことは、「皇民化政策」（あるいは、「同化政策」）の叙述の中で概括されてきた被支配者への神社参拝の要求というものを、日本内地の近代神社史（「国家神道」史）の位相、学校教育における天皇崇敬教育としての位相、そして植民地支配史の位相というように、複層・多面のものとして引き受けた上で、なおその正体を見極め、ねばり強く掘り起こし続けようとする研究態度である。

（二）「神秘」の足場

明治半ばの一八九二年、久米邦武は「神道ハ祭天ノ古俗」という論文を発表したことで、国粋主義者に攻撃されて東京大学教授の職を追われた。「久米邦武不敬事件」である。

この時、神道家・神職らは理論ではなくもっぱら感性に訴える方法で久米を糾弾したのであるが、これを政治学者の石田雄は、「神道国教化」の挫折を経て不遇な立場にあった神道家が「失地回復」しようとした行為と捉えている[3]。ここで言う「神道国教化」の挫折とは、明治維新とともに律令時代の神祇官が復興されて、神道を国教としようとした急激な制度改定が、人々の実際の生活と乖離していたことや仏教側の批判により、一〇年弱で断念せざるを得なくなったことを指す。

石田は、神道家による糾弾がもっぱら感性に訴える方法を取ることを可能にした背景として、明治半ばに至って制定された大日本帝国憲法（一八八九年）と教育勅語（一八九〇年）による「天皇制的権威の確立」のために「その一翼において高度な神秘化」が必要だったためだと鋭く考察する[4]。「神道国教化」は挫折し、一八八二年には内務省達乙七号等によって神職が葬祭に関与することが禁じられた。当時、人間の死後について祈ることが「宗教」行為の領域へと踏み込むメルクマールと考えられたためである。この布達によって「神社非宗教」（「神道ハ国家ノ宗祀[5]」）の建前が一応完成したのであった。この段階で神社は国家的な祭祀を行う機関であり「宗教」の外に置かれることとなった。

しかし「久米事件」が起きたのはその一〇年後である。神社が「非宗教」の祭祀機関となった後にも、神道家・神職らが、理論付けを飛び越えた「神秘」、すなわち宗教・信仰の足場に立て籠もり、久米邦武を辞職に追い込むことができたのは、一体なぜだろうか。その理由は、「神社非宗教」論における「非宗教」の定義付けが困難で、その理論に広大なあいまいさの領域を内在させていたためである。その領域では「神秘」への関与が確かに存在していた。

当時の神社には、官幣社・国幣社・府県社・郷村社などの社格が付与されていた[6]。官幣社とは祭祀にあたり皇室から公金が支出される神社で、例えば明治神宮や京都の平安神宮が官幣社であった。国幣社とは、祭祀に国庫から公金が支出される神社で、概ね各府県の「一の宮」に該当する。府県社以下の神社は地域の「鎮守」的な神社である。さきに述べたように、神職の葬祭への関与は一八八二年に禁止されたのだが、この通達には「府県社以下神社ハ当面従前ノ通」という例外規定があった。府県社以下神社、すなわち実質的に地域の「鎮守」的な神社のほぼすべては、「当面従前ノ通」という文言で、葬祭への関与は自由であり続けたのである。

神道家・神職らが「神秘」の足場から、理を超え感性に訴えるように叫ぶことは「久米事件」に限らない。特に、日露戦争を経た明治の末から大正にかけて（一九一〇年代前後）になると、一度は財政上国家による経営の手を離れようとしていた神社への公金の支出制度があらためて確立する。加えて、内務省主導の地方改良運動における「神社中心主義[7]」などを通じ、神社は社会における地位を回復し始める。

こうしたことを受けて、神職らの寄って立つ「神秘」の足場（神社の宗教らしさ）も再び強さを増す。その中で「府県社以下神社」の神職らの発言力がいっそう強くなり、彼らは「下から」のファシズムの担い手となってゆく[8]。彼らは、例えば右のように宗教行為だったはずの葬祭への関与が認められており、かつ伝統的なムラの「氏子」「総代」らによって支えられていた。これは、国家的祭祀機関とされている官国幣社の神職らよりも「宗教」への接近が易しかったことを意味する。こうして、「神社非宗教」の建前は、その担い手自らが「神秘」の領域をその内部に堅持し続けることで形骸化の度合いを深めてゆく。

（三）「神秘」と植民地朝鮮

石田雄は家族国家観を中核とする明治期の政治思想研究の中で「久米事件」を解析した。教育史研究者の久木幸男は、その家族国家観が支柱とするのは教育勅語であり、教育勅語への批判が特に一九一〇年代以後は相対的に抑制され続けたために、一九四五年まで「天皇の侵略戦争」の理論的支えとなったと指摘する。(9) さきに石田が「天皇制権威の確立」のための「高度な神秘化」を指摘していることを併せて考えてみると、特に一九一〇年代以後教育勅語への批判が抑制されていたという久木による指摘の背景が明瞭に理解できる。

一九一〇年代前後、学校教育の面では、天皇崇敬心を涵養するための学校儀式が、教育勅語と「御真影」という道具立てを伴い定着する。教育勅語は学校教育の支柱だったわけだが、それだけではなく、天皇制そのものにとって不可侵で「神秘」の大典であった。同じ時期、神社に関わっては、さきに述べたように神社の地位の相対的安定化と神道家・神職団体の政治勢力化に伴う「国家ノ宗祀」論・「非宗教」論の形骸化が進行していた。教育勅語への批判の弱まりは、こうした「神秘」の足場に立つ人々の発言力の強化と同時に成立するのである。

朝鮮の植民地化はまさにかかる時期に始まる。近代日本の学校と神社のありさまをめぐる状況の朝鮮への「膨張」を考えてみると、次のような問題群は（「皇民化政策」などの言葉で研究が積まれたようでありながら）、実態としてはほとんど解明されてはいないと気付く。まず、日本人居留民の設けた祠以外に神社が存在するはずのなかった異国に、「非宗教」の建前の内側にファナティックな「神秘」の足場を伏在させたままの神社とそのシステム（例えば本国では内務省が神社を管轄するという行政の仕組み）が、どのように入り込むのか。あるいは、支配者が学校教育の支柱としても、政治システムである「天皇制権威」の聖典としても教育勅語を重視したとして、言語や歴史的地理的環境がまるで異なる人々にそれを適用し「教育」や統治を行うことはどの程度可能だと考えられたのか。天皇の存在――日本内地ではそれを可視化するために「行幸」が用いられたわけだが、植民地朝鮮への「行幸」は一度もない――を、実際にはどのような方法で被支配者に伝え、崇拝に至らせようとしたのか。

本書ではこうした問題群に接近するために、特にモノ・「小道具」とそれらによって構成される環境に着目する。

(四)「魔法の杖」の力

モノに着目しようとする理由は、それをつぶさに見直してみることによって、一度不可視化された権力関係や対立構造を再び可視化できると考えるからである。現代における一つの例を挙げよう。

一九八〇年代頃から学校では、卒業式など学校儀式の際に予め「君が代」の録音されたカセットテープを再生するようになった。この問題は公費でのテープ購入をめぐる住民訴訟にもなった。原告は、「『君が代』強制の小道具として」のテープ購入に着目したと述べている[10]。しかしこれが敢えて訴訟にまでなったことは、「小道具」が「小道具」的な役回り以上の重要な働きをしているとの判断が、原告団に共有されていたためだと思う。

ではその重要な働きとは何か。まずテープは、口を開け声を出し歌唱するという個々の身体行為に対する明白な他者の介入を不可視化させる。さらに、歌唱に消極的な教員たちに対し、みずからの身体行為への露骨な介入を回避できる「小道具」として当座の安堵を与える。ただしその安堵と引き換えに、教員が自らの思想・良心と向き合う営為を一旦停止状態に陥らせもする[11]。

そうだとすればそれは、身体行為への露骨な介入を巧みに見えづらくし、抵抗者に対しては一見穏やかにその抵抗の弱体化を働きかけ、その場を「儀式」らしく装うという、本来鼎立しえない三者が瞬間的に鼎立しているかに見せる一種の魔法的効果をもたらす「小道具」である。魔法をかけるためには「杖」を振ることが必要なのであり、この場合テープは「魔法の杖」の役割を担っている。

この事例に限らず、とりわけ学校教育一般においてモノはモノとしての機能以上の強い働きを期待され、実際に担う。しかし、この強い働きはそれが単にモノであるという性質の故に見過ごされやすい。モノ・「小道具」が「魔法の杖」となって本来の機能を超えた力を発揮するという事象を、歴史の中に丁寧に確認しようとすることが必要と考えるゆえんである。それは、これまで看過されてきた個別的で複雑な体験の詰まった植民地教育の構造にあらためて対峙し、日本の植民地支配そのものの歴史的意味を問うための手がかりとなるはずである。

第二節　「皇民化政策」で概括できない重層的な教育の実態——本書の課題

神社への参拝は、植民地支配権力によって現地の人々に要求されたものだが、その権力とはこれまで「総督府」のような単一の主体として把握されがちであった。だがその実態として、例えば教員、神職[12]、官僚、軍人というように多様で重層的な権力の主体が存在した。これらは、相互にどのような関係を持ったのか。または、持たなかったのか。それらが互いに矛盾や葛藤を引き起こす時があるならばそれはいかなる矛盾であり、どのような軋みや圧迫をもたらすのか。それがどのような形で権力を行使し、植民地の児童生徒は、「指導」「教育」の名のもとどのように心身を拘束されるのか。権力の重なる関係性や、政策プログラムに内包される矛盾やその弥縫や杜撰ささえもまるごと引き受けながら、異民族の児童生徒が植民地の学校に就学し、神社に参拝する（させられる）ということは、歴史的にいかなる意味を持つことなのか。

本書では、こうした問題意識からまず次のように具体的課題を設定する。第一に植民地の神社参拝を、自発的ないし個別的な参拝の内実を問う観点を含め幅広く把え直そうとすることである。そのために、学校教育の中の見えにくい強制性が発揮される場面に着目する。

ある行為が他律的に行われたか、それとも自発的かということは、実際には判断が難しい。例えば神社参拝をしなければ修身等の成績に関わる場合、その参拝は強要されたものか自発的に行われたものか、行為者本人にも区別することは困難である。強要かそうでないかといった二項対立的な図式に絡めとられることなく、具体的にどのような力が働いて神社参拝に至るのかを解明しなくてはならない。

関連して第二に、学校だから参拝させられて当然であるという先入見を排し、なぜ学校を通じての神社参拝なのかということを、天皇制教育理念の植民地における構造を明らかにしながら論証することである。論証にあたり、「小道具」や地理的条件等の創り出す環境に着目する。「小道具」はさきに述べたように、露骨で力づくな権力関係を不可視化する「魔法の杖」的な力を発揮することがあるからであり、その機能を解明することは、一度見えぬように仕掛けられた種々の思惑、対立や抑圧の構造、権力関係を再度見えるようにすることにつながると考えるためである。

第三に、戦前の神職の行動を、植民地における彼ら自身の言論や思想に即して描くことである。近代の神社祭祀と学校儀式、あるいは教育・宗教政策と、神職の宗教的熱意や教員の教育的熱意は同一のものではない。植民地ではこの齟齬がどのような裂け目を見せ、いかにして縫合されようとしたのか。一九一〇年代以後、強められてゆく「神秘」（宗教性）の足場から感性に訴えかける叫び声は、「併合」された朝鮮では誰が発し、どこの誰へどのように響いていたのか。「皇民化政策」では説明のつかない「神秘」の本質を明らかにする必要がある。本書の全体を通じて、学校と神社との相互関係に着目することにより、「皇民化政策」などの言葉で概括される傾向にあった植民地の神社参拝をめぐるこれまでの語りを語りなおすことを目指す。

次に、右に述べたそれぞれの課題に即して論点と展望される仮説について説明する。第一に、学校を通じて行われた児童生徒の自発的・個別的な神社参拝の内実を問うことの意味についてである。植民地とはそもそも、大日本帝国憲法が実質的に適用されない法的異域である。[13]この特性のために植民地の人々は、例えば義務教育は認められないが治安維持法や不敬罪は適用されるなど、日本内地のそれとは異なる制限や抑圧を被る。しかしそればかりでない。植民地で就学した児童生徒は、そこが学校であるがゆえの圧迫もまた被ったはずである。

元来学校は、一般社会とは異なる特別な権力関係を有する空間と言える。一例を挙げれば、現代においても学校教育法や少年院法において、身体への「有形力の行使」という名の暴力的行為が「懲戒」として広く認知されていることに象徴される。[14]現行の学校教育法に定められる懲戒を行う権利（懲戒権）は、一九〇〇年の第三次小学校令以来文言の変化はほとんどない。[15]実際には懲戒の具体的領域が不明瞭なことも同様に引き続いて今日に至っている。[16]身体への暴力的な行い（「有形力の行使」）を含む学校における広範であいまいな懲戒と、そのような懲戒を前提とした指導は、社会全体の暗黙裡な期待を背負いつつ一世紀以上にわたり、深く広く日本の学校生活に浸透している。[17]

神社参拝に限らず、学校において児童生徒に対し一定の規律・行動を要求する場合、それを行わない場合には教員による叱責・罰当番・減点、起立や正座等身体の拘束や「有形力の行使」等、懲戒を前提とする指導や評価が行われる。この意味で、同じ行為が一般社会で地域住民に要求されるよりも、もともと過酷な側面を内在させている。

近代日本の天皇制教育理念との関連から言えば、国定教科書では直接天皇や教育勅語を扱う教材だけでなく、神社や記紀神話をとりあげた教材が修身科、国語科、国史科等で多く採録された[18]。学校では、神社参拝は教科書掲載の内容を具体的に理解するため、あるいは奉安殿前の拝礼等と同様の天皇への忠誠心涵養のためという、教育上の行為と解釈された。したがって児童生徒が参拝を行わないことは、懲戒を前提とする指導や評価の対象になり得た。

児童生徒の指導や評価の対象として神社や天皇の崇敬を考えてみれば、おのずと集団参拝よりも、個別の神社参拝、さらには神社の清掃、校内の奉安殿や神棚等の前で恭しいふるまいや、勅語等の暗誦を期待される通りに行うか否かが焦点化される。そのような恭しい児童生徒が修身科で高い評価を受けたり、反対にそれらを怠る児童生徒が低い評価や懲戒を受けたりするケースは、学校生活において日常的に存在したと考えられる。逆に児童生徒の立場で考えると、恭順な行いや態度が教員による高評価につながり、その反対は懲戒につながると知れば、神社や天皇に対する実質的な崇敬の度合いとは別次元で考えて従順にふるまうということも当然あり得ただろう。このように学校と神社の関係性に注目してみることによって、参拝をめぐる多様で複層的な具体像を捉えることが可能になる。

この点に関わって第二に、植民地における天皇制教育の構造を、学校と神社の関わり方に即して問うことの意味について説明したい。天皇制教育理念の展開に関わっては、日本内地のそれに関しては、「御真影」、教育勅語、学校儀式などの研究が蓄積されてきた[19]。「御真影」、教育勅語（音声としても謄本としても）は近代日本の学校儀式を構成する最重要な道具立てである。

しかし、朝鮮には教育勅語の理念は「併合」当初から不適合と考えられていた。[20] 学校儀式に欠くことのできない装置としての教育勅語（謄本とその読み上げ）は存在したものの、母語の異なる現地の児童生徒にとってそれは、「声」の面白さや校長が巻き物を捧げ持つ奇妙な所作の記憶[21]として回想されるしろものであった。また、学校儀式に教育勅語と並んで重要な道具立てである「御真影」は、ほとんどの初等学校には存在しないまま一九四五年の「解放」に至った。[22] したがって朝鮮では、学校儀式のための「正規[23]」な道具立てがその機能を果たすことが困難か、そもそも存在しない状況であった。こうしたことから、天皇制教育理念を貫徹するための「正規」な装置が不在の植民地での、教育の実態が丁寧に検証されることが必要である。そのような観点から考えてみる時、神社参拝や神棚拝礼に期待された植民地に特有な意味をいっそう明らかにできるのではないか。

第三に、神社参拝に影響を及ぼした神職の「主体性」を、彼らの言論や思想に即して描くことの意味について述べたい。先述のように明治期から戦前期の神社は「国家ノ宗祀」とされ「非宗教」の扱いを受けており、一九〇〇年以降は宗教行政を所管した文部省とは別に内務省神社局が管轄した。内務省の神社政策に関わって、戦後『神社新報』主筆を務めた葦津珍彦《うずひこ》は、「神主は、国家的記念堂（メモリアル・ホール）の儀礼執行者であり管理人」とされたと述べ、さらに「世俗合理主義の行政官が、神社の精神指導の一切の権をにぎって、いわゆる非宗教主義をもって行政指導したために、神官神職は一般的に、無気力無精神の風が著しく」なったと記している。[24] また、戦後住吉大社宮司であった高松忠清は、父である高松四郎（初代朝鮮神宮宮司）の朝鮮在任当時について「総督政治のアクセサリー位にしか扱われず、動かざる官僚制度の中に身動きも出来ぬ格好で、はめ込まれて行つて了《しま》つた」と述べる。[25]

戦前の神職が「神社非宗教論」により宗教家として活動する自由を制限されていたという記憶は、根拠のないものではない。しかし、「記念堂の管理人」だったという回顧や「総督政治」批判からは、神職の「主体性」の意味の掘り起こしは行われ難い。例えば、宗教家として活動する自由を制限されていた状況でこそ生じた憤りや怨嗟のような生々しい感情が、いかなる過程を経てどのように神職の言論や活動に影響しているのか、といった歴史的考証が必要である。

具体的には、初代朝鮮神宮宮司の高松四郎は着任にあたって、社号を朝鮮神社でなく神宮とすること、当時本国で最大七人までしか認められていなかった宮司の勅任官待遇[26]、権《ごん》宮司の設置等、朝鮮総督府及び内務省神社局にとっては想定外な要求を行ってそれを実現しているし[27]、赴任後には総督府と総督の無関心なありさまへの批判を詳細にしたためて総督本人に書き送って改善を求めている。

高松の後任宮司である阿知和安彦は、朝鮮における講演で次のように述べている[28]。

近頃「皇国臣民の誓詞」といふものが出来まして、「我等は皇国臣民なり」といふ言葉、このことばが誓詞の初めにあるのであります。（中略）口では皇国臣民と叫んでをるけれどもそれだけ更に進んでその奥の深い所に意義のある所を非常に有難い尊い所を充分に究めず、皮相なる考へに於て「我等は皇国臣民なり」「我等は日本人なり」と申してをる。（中略）日本には日本の神社があり、その神社が中心になり政を執る、政を執る為に神を祀る所謂祭政一致である。

これは、「皇国臣民ノ誓詞」斉唱を強要した等の「皇民化政策」批判、あるいは神職が「アクセサリー位」の存在だったとの回想からは、決して浮かび上がることのない「神秘」の足場からの叫び声である。阿知和は、自身が植民地支配機構の高い官職にありながら、総督府官吏に対しても、「皇国臣民ノ誓詞」を斉誦させる政策に対しても、その政策に従わざるをえない朝鮮人に対しても批判的態度を取った。その態度は着任（一九三一年）から退任（一九四〇年）までの約一〇年間一貫していた、あるいは、戦争の激化で一般に神社と国家と国民の結び付きが強まる風潮の中にあって、徐々に批判の度合いを強めていったとさえ言える。それは植民地支配そのものに向けられる批判ではなく、植民地支配者と被支配者双方への、「神秘」の足場から発せられた理を超える苛立ちと憤懣である。こうした神職の思想や言論をまずできるだけ明らかにすること、そしてその歴史的な背景や意味を検討することが必要である。

以上をふまえて、本書で論証しようとすることを仮説として述べる。第一に植民地朝鮮において学校儀式は、そもそもそれを構成する道具立てとしての教育勅語と「御真影」に決定的な理念の不適合や非交付による欠如があり、日本内地の学校で果たしたような天皇崇敬教育の役割を担い得る状況にはなかった。その状況下で植民地の学校における神社参拝は、「御真影」や教育勅語の代替としての機能を期待されたために、学校教育で日本内地よりも過度に重い役割を持たされたのではないか。

第二に日本内地と異なり、もともと全く異なる言語・歴史・宗教的環境であること、当然ながら日本内地に比すれば神社数が圧倒的に少なかったこと、総督府主導の政策的意図と神社関係者と学校関係者の相互関係の軋みが絶えず生起することなど、植民地に固有の構造があった。そうした固有の問題を内在させた構造の中の最下層で神社参拝へと駆り出されることになるのが、学生よりも生徒、生徒よりも児童という低年齢層の就学者ではなかったか。

第三に神社参拝という、日本内地の「正規」な学校儀式よりも宗教性の強い「神秘」の側に寄る形で装われた天皇崇敬教育の機能は、諸権力の矛盾や交錯、折り重なりの中で、さらに次のように二極へと裂かれながら、絶え間なく壁にぶつかり続け、瓦解してゆくのではないか。すなわち一つは、「皇国臣民ノ誓詞」の暗誦に象徴されるような身体規律だけを強化する方向へ。もう一つは、神棚設置や「必勝祈願」などを通じ、神社参拝よりもなお問答無用の「神秘」を強調する方向へ。

第三節　植民地研究・教育史研究の問題群と本書の視角

(一) 神社祭祀と学校儀式

近代日本の学校教育における「宗教」「非宗教」のあいまいさや矛盾の様相に関して、教育史研究者の佐藤秀夫は、近代に形成された「天皇制のマツリ」と「日本の伝統的な『マツリ』」とのあいだに亀裂があり、学校儀式が後者に影響されつつも前者で構成されていたことを指摘する[29]。同様に山本信良・今野敏彦は「祝祭日儀式は学校マツリではあってもムラマツリではなかったのである」と指摘する[30]。これらは、学校での最重要儀式と、神道的習俗としてのマツリとのあいだの齟齬の存在を読み取ろうとする重要な指摘である。しかし、それぞれにもう一点補って考察すべき点を有する。それは、神道祭祀が近代以降、例えば豊作祈願など習俗的な祭と、紀元節のような国家的祭祀とに分離され[31]、両者が葛藤していた点である。

近代神社神道において、ここまで繰り返してきたように明治維新期の「神道国教化」政策は挫折したが、明治半ば以後は国家祭祀機関としてある程度の安定化が図られた。こうして神社の国家祭祀機関としての仕組みが構築される過程[32]で、神社が伝統的に担ってきた現世利益の対象としての性格に加え、「非宗教」（国家ノ宗祀）的崇敬の施設としての役割を担うことになった。森岡清美は、この状況の中で例えば一つの神社でも「官製の祭典と固有の習俗的祭典との二重構造」が生じ、「官製の祭典」が「氏子の自発的参加を喚起しえない形だけの儀式」となったと述べている[33]。

そうした時代状況の中で完成されていった学校儀式（「学校マツリ」）は、国家的祭祀の影響を受けつつも全くそれと同一となるのではなく、独自の展開を示した。例えば、神社祭祀において祈年祭は大祭式で行う重要な祭祀である。大祭式とは、一九一四年官国幣社以下神社祭祀例令（大正三年勅令第一〇号）及び官国幣社神社祭式（大正三年内務省令第四号）に定められた、神社祭祀のうち最も重要なもの（例祭・祈年祭・新嘗祭・遷座祭・臨時奉幣祭）に適用される祭祀とその進行の方法である。大祭式で行う祭祀のうち祈年祭は、一般の祝日でもなければ小学校令施行規則（明治三三年文部省令第一四号）上で義務付けられた学校儀式の日でもない。逆に昭和期に創出された明治節祭は、神社祭祀において大祭式より一段階簡略化された中祭式で行われる。ところが学校にとって明治節の儀式は最重要の四大節（ほかに紀元節・天長節・一月一日）に数えられた。これは、「官製の祭典」と「学校マツリ」とのずれを示すものと言える。

このように、近代日本の学校教育と神社に関わる錯綜した状況へのさらなる着目が、とりわけ「正規」な学校儀式の道具立てと機能を欠いた植民地の学校における天皇制教育理念の構造やその展開過程を考察する上で必要である。

（二）キリスト教と神社参拝

植民地と日本内地とを問わず、学校と神社・宗教の問題を考える時、キリスト教系学校や、キリスト教を信仰する教員の神社参拝、神棚拝礼とをめぐる軋轢の問題を挙げねばならない。例えば一九三〇年代の上智大学靖国神社不参拝事件、美濃ミッション事件、同志社神棚事件、大島高等女学校「自主廃校」事件、平戸小学校訓導免職事件などである。一九三二年の上智大学事件では、一部学生が靖国神社参拝を行わなかったことに対し、配属将校が引き揚げて後任が選定されなかった。軍事教練の停止は在営年限短縮特典の停止に直結するため、大きな問題となった。

植民地期朝鮮における神社参拝も、キリスト教系学校や教会でたびたび問題となり、それは「閉校」「逮捕」「獄死」といった日本内地よりも深刻な事態を引き起こした。このことに関わって近年、朝鮮で神社参拝を強要した側も強要された側も、多様で多層の動機や立場を有していたということが丁寧に論証されようとしている。例えば金承台《キムスンテ》は、キリスト教信仰の立場からの神社参拝への抵抗と、民族主義的立場からのそれとを包括的に捉えようとしている点において注目される[34]。また李省展《イソンジョン》は、各ミッションの神社参拝への対応においては、地域により温度差があったことを指摘している[35]。駒込武は、帝国的連関に着目する研究を重ねつつ、これまで言及されることのなかった参拝強要主体として軍の存在を描き出した[36]。また、神社参拝に焦点を置くものに限らず植民地期朝鮮の神社・宗教政策全体に関しては、前掲金承台のほか、山口公一や青野正明により緻密な分析が蓄積されるに至っている[37]。

筆者はこれらの研究成果に学びながら、神社参拝強要を取り巻く動機や様態の多様さをさらに具体的に論述したいと考える。そのためには、公立学校（と宗教）という問題を視野に含めての研究が必要である。その理由は、公立学校の児童生徒はきわめて多数が、私立学校（多くはミッションスクール）よりも早い段階から神社参拝や天皇・皇祖崇敬の「教育」「指導」に晒されたと考えられるためである。また、公立学校を含む全体の動向に着目し、例えば植民地官吏でもある公立学校長による指導の実態や、児童生徒の受け止め方を明らかにすることによって、宗教系私立学校を中心とする研究から現れる「閉校」「逮捕」「獄死」といった事態だけでない、参拝要求とそれへの対応の形態の幅広さ、多様さを浮かび上がらせることが可能となる。そしてそれは朝鮮人による抵抗のさまざまなありようを直接言及することが難しいとしても、展望することにはつながると考えている。

朝鮮人への神社参拝強要の問題を考察する中で、学校団体の動員に目を向ける研究として韓晳曦《ハンソッキ》、並木真人、金《キム》根熙《グンヒ》の仕事がある。[38]学校への着眼は重要である。しかし学校団体を中心とした集団の参拝者こそ意に反し無理やり神社に行くことを要求された人々であると結論づけるのは早急である。そのような視座からは個別的な参拝の様相を知ることは困難であり、ともすれば個人で参拝した人は「自発的」な参拝者と判断され、研究対象から捨象されかねない。学校や団体を前提としての叙述ではなく、なぜ、何の結果として学校と神社は連携するのかということの史的な実態とプロセス、構造、意味が慎重に論証されなくてはならない。

（三）　モノと空間

植民地の神社にはこれだけの人数が参拝をさせられた、これだけの神社が創建された、ということを示すために、同時代に当該神社や植民地政府の発表した「統計」を根拠にする方法は、先駆的な論考から今日まで広く採用されている。例えば、一九七六年発表された欄木寿男の研究における次のような分析と解釈の手法は、近年の研究においてもさほどの違和感なく継承されている。(39)

「朝鮮神宮」参拝者数の推移をみると、日本官憲の強権によって朝鮮人の「皇国臣民」化が強要されていたかが明確にうかがえる。次表は『朝鮮事情』昭和一五年版・一九年版の数値によって作成したものである。（表略）一九三〇（昭和五）年と一九三六年（昭和一一）年との朝鮮神宮参拝者数を比較してみると、総数で約三倍、日本人参拝者二・六倍、朝鮮人参拝者五・三倍の増加を示している。一九三七（昭和一二）年以降は日本人・朝鮮人の区別が発表されていないが、総数は一九三七年は前年に比して約二倍という激増ぶりを示している。

数字が「客観的」な側面を持つことは疑いない。筆者自身本書においても数字を多用することになる。ただし自身に対する自戒を込めて言えば、その数字上から逆にその数字に表れないことを読み取ろうとすることの重要性は、相対的に軽んじられてきた。特に、ある年の参拝者はなぜ少ないのか、またある年の神社の新規設置数はなぜ減少したのか、という問いを見つけ出し、それに答えようとする作業は行われてこなかった。数の増加こそが強要のあらわれであるとの無意識裡な前提を持っていては、数の減少が強要度合いの軟化であるという単純な図式に陥ってしまう。実際、右に挙げた欄木の表では一九三九年をピークに参拝者総数が減少するのだが、(40)その点は論及されない。

これまで述べてきたように、本書はモノ・空間の果たした力に着目する。それを通じて、数字には現れ出ない思惑・関係性などの存在に接近できるものと考える。この点に関わって、モノ（その配置方法を含む）や空間のありかたとそこに持たされる意味や機能を論ずる研究群が、本書に重要な示唆を与えている。

例えば近年建築史や都市計画史の分野において、植民地に創建された神社の研究が積まれるようになった[41]。特に政策に加えて多様な要素がダイナミックに都市景観と神社境内を形成し刻々と変容させていった様態を分析した青井哲人の仕事[42]は、帝国史的視点を取りつつ丁寧に、既存の秩序を奪取し造り変えようとする植民地支配というものの姿を描出した点で、植民地の神社研究にとって画期的な成果である[43]。

教育学・教育史においても、モノや建築の中に現れる学校観・教育観という論点が着目され研究が蓄積され始めている。佐藤秀夫は学校の中の具体的なモノ・コトについて、それらの歴史過程を主に制度史的着眼によって丁寧に論じた。とりわけ「校舎と教室の歴史[44]」には、本書を構想する上で多くの示唆を与えられた。南北に長い国内の気候風土の相違を棚上げにして、一九〇〇年代以降校舎建築が「南面教室・北面廊下・壁は灰色」で画一化されてゆくことに対し、佐藤は「子どもの心を陰うつに傾けるような雰囲気がセットされた」と指摘し、空間のありさまが児童生徒の心に影響を及ぼすところまでを眺望した。本書にとって重要な点は、モノや空間それ自体が持つ心に働きかける機能に対するこうした着眼である[45]。

モノや空間のありかた自体がメッセージ性を帯びて、ある時は心身をはりつめさせ、ある時は一定の方向に向かわせる重要な機能を内包する。このことを意識して、参拝者や神社がどれだけの量だったかという数字の意味を慎重に考察することに加え、その背景に隠れた事象や数字には表れない情景や関係性を展望し浮かび上がらせてみたい。

（四）植民地の神社史――「強要」の語り

植民地期朝鮮の神職であった早山静夫は、次のように当時を回顧する。(46)

あまりにも神社が国に利用せられすぎ、殊に外地にあっては権力の甚だしい官公吏の手によって、神社参拝を強要せられ、心なき信仰を余儀なくせしめられた（中略）又或る地方では基督教信者一同を強制的に神社の前に額づかせて、その態度を後方から刑事等数人が厳しい監視をする等、実に横暴極まる信仰が強いられた。（傍線引用者）

早山の回顧から、神社参拝に関わる「強要」は「基督教信者」など他の宗教信仰を持つ人々に対して、「官公吏」（早山の想定に神職は含まれない）が行うものであり、「強制」は「厳しい監視」という言葉で表されるような可視的な権力の行使であるという認識が読み取れる。

こうした認識は、戦後の植民地の神社参拝強要に関わる叙述の中に引き継がれた。村上重良は朝鮮の神社参拝問題について次のように述べる。(47)

皇民化政策は、戦争の本格化とともに激しさを加え、創氏改名、日本語使用の強制、「皇国臣民誓詞」の斉唱等が強制された。神社参拝は、皇民化政策の重要な柱とされ、その強制にたいして抵抗したキリスト教信者等

には、残虐な弾圧がくりかえされて、殉教者が相次いだ。（傍線引用者）

村上の叙述に代表されるような語り方は、教科書等を通じ一般化されてきた[48]。しかしこうした叙述は次のような問題を有する。第一に、神社参拝の強要が一九三〇年代後半のできごととして把握されるという時期の限定性である。例えば「創氏改名」（一九三九年改定朝鮮民事令）や「皇国臣民ノ誓詞」（一九三七年学務局長通牒「国民意識ノ強調ニ関スル件」）は、法制度的根拠を一九三〇年代後半に求めることが可能である。しかし神社参拝の強要は、そのように法制度上の根拠を求めることは困難である。

神道史研究者の菅浩二はこうした叙述について「最終段階の一側面である「参拝の強要」をそれ以前の海外諸神社に投影し、更にはそれが海外神社の唯一の属性であるかのように見なす「常識」が生まれた[49]」と批判する。「併合」から「解放」までをトータルに見た際の神社参拝のありさまを「皇民化政策」（村上）や「最終段階の一側面」「海外神社廃絶前の数年間の姿[50]」（菅）を投影して把握すべきでない、という意味で筆者はこの批判に同意する。このような批判が生まれた背景として、そもそも神社参拝の強要が日本による植民地支配の期間の全てにおいて行われたのかどうかが問われてこなかったということがある[51]。

第二に、神社参拝に関わる「強要」「強制」に対するイメージの限定性という問題である。村上の言う「残虐な弾圧」は、早山の体験談とそこに現れる彼の「強制」に対する限定的な認識を、研究の中で継承したものと考えられる。そして菅浩二は右のような「時期の限定性」に加え、「参拝の強要」研究の持つ「陰鬱たる」語り口により「海外神社」が「おどろおどろしい物」の場として把握されることへの批判[52]を行っている。

しかし村上と菅は、次の意味で認識を共有している。「強制」「強要」自体は「横暴」（早山）で「残虐な弾圧」（村上）

で「おどろおどろしい」(菅)ものだという前提である。だが神社参拝強要をそのようなものと見なす限り、相対的に「横暴」で「残虐」で「おどろどろし」くなさそうに見える、個別的に行われた参拝はすべて強要とは無関係ものとして、研究の直接の対象からは外されかねない。可視的で、身体に対する暴力的行為という「強要」観を一度措いてこそ、植民地において被支配者が個別に——自発的に——神社へ向かうということを含めた神社参拝の実態とその意味の問い直しが可能となる。(53)

第四節　朝鮮の学校・神社制度

本論に先立ち、植民地期朝鮮の学校制度と神社のあらましについて概観しておきたい。まず、教育制度についてである。朝鮮では「併合」の翌年(一九一一年)に第一次朝鮮教育令が制定され、日本人の小学校、中学校・高等女学校に対し、朝鮮人は普通学校、高等普通学校・女子高等普通学校というように完全な民族別学制度が布かれた。三・一独立運動を経て一九二二年には第二次朝鮮教育令へと改編される。「文化政治」期に該当するこの時期には、明文上の民族別学は廃され、「国語常用」者は小学校、中学校・高等女学校へ、そうでない者は普通学校、高等普通学校・女子高等普通学校へという制度に代わった。「国語」を基準として実質的な民族の別学が維持されたと見て良い。また当該時期には京城帝国大学が創設され、「一面一校」(面は日本内地の町村に該当する行政区分)という普通学校の拡充が行われた。一九三八年以降が第三次朝鮮教育令期である。この時期には、普通学校の名称が小学校に統一された。ただし初等教育段階である小学校は名称レベルの統一に留まった。中等教育段階では、高等普通学校が中学校に、女子高等普通学校が高等女学校に変更され、民族共学の中学校、高等女学校が創設されはじめた。日本内地で国民学校令が施行された一九四一年には、朝鮮でも国民学校規程が定められ、普通学校から改称した小学校を含むすべての小学校が国民学校に改称された。

植民地期朝鮮の初等教育の特徴としてここで確認しておきたいことは、次の二点である。まず、一九一〇年の「併合」から一九四五年の「解放」に至るまで朝鮮人に義務教育は適用されなかったことである。次に、普通学校（小学校・国民学校）には四年制と六年制とがあり、一九三七年時点においても前者の割合は全普通学校数の四割以上を占めたことである。そのため朝鮮人の入学年齢はまちまちであり、日本内地では中高等教育段階に該当する年齢であっても、普通学校（小学校・国民学校）児童であるという事例や、最高学年が四年生であるという状況は特に「京城」以外の地域社会においてごく日常的に存在した。これらの点は、日本内地における小学校との大きな相違として予め留意しなくてはならない。

次に朝鮮における神社の歴史を概観しておこう。「併合」前から居留していた日本人が祠を設置していたものが、一九一七年「神社寺院規則」により神社として認可されるようになった。同時に、小型の祠は神社ではなく神祠という名称で区分するという朝鮮独自の制度が作られた。一九一九年に官幣大社朝鮮神社創建が内閣告示として出され、一九二五年に官幣大社朝鮮神宮と改称する告示を経て「京城」（現在のソウル特別市の一部）の日本人集住域に隣接する南山《ナムサン》に完成した。朝鮮神宮以外の既存の神社（京城神社、大邱神社、龍頭山神社などがあった）は、日本内地のような社格制度は導入されなかった。なお官幣社の中で最上位の社格が官幣大社である。

朝鮮神宮完成前の一九二四年には、江景公立普通学校に通うキリスト教を信仰する児童が江景神社に参拝しなかったことが、教員の休職、児童の退学という事件となった。キリスト教の信仰を理由とする不参拝が事件となる事態は、日本内地よりも早い点（例えば上智大学靖国神社不参拝事件は一九三二年）は注意が必要である。翌年に朝鮮神宮が完成した時の鎮座祭では、総督府は宗教を強要する旨ではなく「学校児童ヲシテ一層崇祖ノ念ヲ涵養」するものと予め通牒したが、キリスト教系学校からの参列はほとんどなかった。一九二〇年代当時は、こうした対応も一応は許容された。総督府の対応に明確な変化が表れるのは一九三〇年代半ばである。

一九三五年には、平壌のキリスト教系学校校長による平壌神社不参拝が問題視され、三六年一月に非職されるという事件が起こる。同三六年八月には神社制度が大幅に改定され、京城神社や釜山の龍頭山神社等「無格」だった神社が国幣社に位置付けられて、日本内地で伊勢神宮を頂点として「鎮守」的神社までが社格で階層化されていたのと相似形をなすように、朝鮮における朝鮮神宮を頂点とする神社の階層的体系化が図られた。(54) キリスト教系学校は、三八年にかけて閉校・廃校が相次いだ。神社不参拝を理由に投獄された牧師朱基徹《チュギチョル》が平壌刑務所で獄死するのは一九四四年である。(55)

朝鮮神宮社号標。齋藤實総督揮毫によるもの。
（『恩頼　朝鮮神宮御鎮座十周年記念』（朝鮮神宮奉賛会、1937年）、72頁。）

帝国の「総鎮守」（官幣大社）として最初に創建されたのは台湾神社（一九〇〇年告示、翌年完成）である。次いで樺太神社（一九一〇年告示、翌年完成）、そして朝鮮神宮（一九一九年告示、二五年完成）である。その後一九四〇年に南洋神社（同年告示）、一九四四年に関東神宮（三八年告示）が完成し、同年台湾神社が台湾神宮に改称された。朝鮮では、一九三九年百済の古都扶餘に扶餘神宮の創建が決定され勤労動員等で整地作業が開始されていたものの、完成せずに「解放」に至った(56)。

第五節　本書の構成

最後に本書の構成について述べる。本書は、序章と結章を含めた七つの章と補論とからなる。第一章から第三章までは、朝鮮「京城」に創建された「総鎮守」たる朝鮮神宮を対象として、児童を参拝に至らせる仕組みと学校の協力状況について、「自発性」を他律的に引きだす仕掛けに着目して検討する。第四章と第五章では、前章までの朝鮮神宮の実践や、その背景に見られる学校と神社との協力関係が朝鮮の地域社会へと展開する様相について検討する。第四章では一九四〇年代に至るまでの神社神祠(神祠は小型の神社)の設置状況を、学校への依存、面長(村長に該当)の協力などに着目して分析する。第五章では、朝鮮人対象校への「御真影」公布状況の検討とともに、学校内の神社とも言うべき神棚と神宮大麻設備(大麻奉斎殿)の設置状況の分析を行う。本書全体で、朝鮮神宮が竣工した一九二〇年代から四〇年代までを通時的に扱う。

本書で用いる主な資料は、新聞や法令類のほか、全国神職会会報、朝鮮神職会会報、朝鮮神宮年報、大邱神社社報などの神社・神職団体の刊行物であるが、このうち朝鮮神職会会報は、これまでその存在がほとんど公になってこなかった。そこで、章とは別に補論を立てて、見出し一覧を作成するとともに雑誌としての性格を考察して、今後の研究の一助としたい（本書の引用文には常用漢字を用い、適宜スペースを入れる）。

注

（1）杉山とみ『カスウォンキル（果樹園の道）――ある日本人教師の自分史・上』（コリア・プロジェクト@富山、二〇一〇年）、二八頁。
（2）「皇国臣民」という言葉が初めて使用されるのは、管見の限り一九三七年の「皇国臣民体操」「皇国臣民ノ誓詞」と翌三八年第三次朝鮮教育令である。三六年に着任した塩原時三郎総督府学務局長の「新造語」だとされる（岡崎茂樹『時代を作る男塩原時三郎』（大澤築地書店、一九四二年）、一六三頁）。「皇民化」という言葉が朝鮮で用いられるのは新聞を見る限り一九四〇年代である。しかし「皇民化政策」ではなく、主に「皇民化運動」と用いられている。
（3）石田雄『明治政治思想史研究』（未來社、一九五四年）、二三八頁。
（4）石田同右、二三九頁。
（5）神社ハ国家ノ宗祀ニツキ神宮以下神社ノ世襲神職ヲ廃シ精選補任ノ件（明治四年五月十四日太政官布告第二三四号）。
（6）官社以下定額、神官職制等ニ関スル件（明治四年五月十四日太政官布告第二三五号）。ここで全国の神社に「社格」（官幣社、国幣社、府県社、郷村社）が与えられ、それに応じた公金の支出がなされることになった。この制度が確立するまでには、その後三〇年程度かかるなど曲折を経ながらも、「社格」自体は一九四五年一二月のいわゆる神道指令を機に廃止されるまで維持された。
（7）「神社中心主義」とは、官製自治体の統合のよりどころとして神社を利用しようとする考え方であり、内務官僚（当時）の水野錬太郎や井上友一らが主唱したものである。
（8）畔上直樹『「村の鎮守」と近代日本――「国家神道」の地域社会史』（有志舎、二〇〇九年）。神社の社会における地位が安定したにせよ「府県社以下神社」の神職の社会的地位は依然「安定」からは遠いものであり、その状況自体も「下から」のファシズムを発酵させる契機たり得たことも指摘しておかなければならない。
（9）久木はここで、植民地領有とともにその矛盾が露呈していったことも併せて指摘していることも重要である。久木幸男「明治期天皇制教育研究補遺」『教育学部論集』第六号（佛教大学、一九九五年）、一四〇頁。
（10）「君が代」訴訟をすすめる会編『資料「君が代」訴訟』（緑風出版、一九九九年）、一五頁。
（11）もとより全教員がそうではないだろうけれども、高校教員としてこの「歌入りテープ」の現場に立っていた筆者自身のことを振り返りそのように考えるに至っている。

（12）神宮司庁官制（明治二九年一一月三〇日勅令第三七一号）及び官国幣社職制（明治三五年二月一〇日勅令第二七号）にもとづき、伊勢神宮以外の神社の祭祀を司る職員を神職と言い、伊勢神宮の祭祀を司る職員を神官と言った。神職は待遇官吏である。

（13）帝国憲法の植民地への適用に関しては、春山明哲「近代日本の植民地統治と原敬」春山明哲・若林正丈編『日本植民地主義の政治的展開一八九五―一九三四』（アジア政経学会、一九八〇年）所収、山本有造『日本植民地経済史研究』（名古屋大学出版会、一九九二年）、第一章参照。

（14）現代の学校で教員が児童生徒に暴力的行いをなした場合、通常は傷害事件としてではなく、学校教育法と同法施行規則に示される懲戒であるか同法の禁ずる体罰であるかが問われることとなる。その結果「水戸五中事件」（東京高裁一九八一年四月一日判決）のように、「教育的熱意」のもとに身体への暴力が「有形力の行使」として是認される事例や風潮が生まれる。「水戸五中事件」とは、教員が生徒を殴打した八日後にその生徒が死亡し、殴打が体罰か懲戒権の範囲内の指導であるかが問われた裁判で、「一定の限度内で有形力を行使することも許されてよい場合がある」として生徒側の訴えが棄却された判例である。『別冊ジュリスト　教育判例百選第三版』一一八号（有斐閣、一九九二年）、一一〇頁―一一一頁。

（15）次の条文を比較されたい。

＊第三次小学校令　第四七条（明治三三年勅令第三四四号）

小学校長及教員ハ教育上必要アリト認メタルトキハ児童ニ懲戒ヲ加フルコトヲ得　但シ体罰ヲ加フルコトヲ得ス

＊国民学校令　第二〇条（昭和一六年勅令第一四八号）

国民学校職員ハ教育上必要アリト認ムルトキハ児童ニ懲戒ヲ加フルコトヲ得　但シ体罰ヲ加フルコトヲ得ズ

＊学校教育法　第一一条（昭和二二年法律第二六号、平成一九年法律第九六号　改訂）

校長及び教員は、教育上必要があると認めるときは、文部科学大臣の定めるところにより、児童、生徒及び学生に懲戒を加えることができる。ただし、体罰を加えることはできない。

（16）文部科学省二〇〇七年二月五日付「問題行動を起こす児童生徒に対する指導について（通知）」（一八文科初第一〇一九号）でも、「児童生徒への懲戒がどの程度まで認められるかについては、機械的に判定することが困難」とされる。

（17）学校の特別な権力は、懲戒権のみならず保護者による「生徒指導」面での教員への期待や、社会による学校への期待に支えられている（牧柾名ほか編『懲戒・体罰の法制と実態』（学陽書房、一九九二年）、一六頁）。その期待は、教員の権力者性を承認することや、学校であれば児童生徒の権利や自由を制限してもかまわないといった学校観を含んでいる（前掲『資料「君が代」訴訟』、七三頁―七五頁）。

（18）朝鮮総督府編纂教科書の内容に関しては、佐野通夫「一九一〇、二〇年代における朝鮮の天皇制教育」富坂キリスト教センター編『大正デモクラシー・天皇制・キリスト教』（新教出版社、二〇〇一年）参照。

(19)重要な先行研究として、佐藤秀夫編『続　現代史資料　御真影と教育勅語Ⅰ』(みすず書房、一九九四年)解説。ほかに近年のものとして佐藤秀夫「天皇制公教育の形成史　序説」『学校の文化史Ⅰ　学校の構造』(阿吽社、二〇〇四年)所収、小野雅章「小学校令施行規則(一九〇〇年八月)による学校儀式定式化の諸相」『教育学雑誌』四五号(日本大学教育学会事務局、二〇一〇年)。私立学校への「御真影」交付に関して米田俊彦「私立専門学校への「御真影」下付と学則改正 ── キリスト教主義学校を中心に」久保義三編『天皇制と教育』(三一書房、一九九一年)所収、駒込武「『御真影奉戴』をめぐるキリスト教系学校の動向 ── 天皇神格化とキリスト教主義のはざま」富坂キリスト教センター編『一五年戦争期の天皇制とキリスト教』(新教出版社、二〇〇七年)所収。植民地の教育勅語と学校儀式に関して山本和行「台湾領有初期における教育勅語の導入過程」『日本の教育史学』第五一集(教育史学会、二〇〇八年一〇月)所収。

(20)駒込武『植民地帝国日本の文化統合』(岩波書店、一九九六年)、九五頁―一〇〇頁。本間千景『韓国「併合」前後の教育政策と日本』(思文閣出版、二〇一〇年)、六三頁―六六頁。

(21)金昌國『ボクらの京城師範付属第二国民学校』(朝日新聞出版、二〇〇八年)、二〇頁。羅英均(小川昌子訳)『日帝時代、我が家は』(みすず書房、二〇〇三年)、一五二頁。ヒルディ・カン(桑畑優香訳)『黒い傘の下で』(ブルース・インターアクションズ、二〇〇六年)、二〇三頁。

(22)その後の南北分断の歴史を考える時、それが確かに植民地支配からの解放であったとしても、「　」なしで解放の語を用いることにはためらわざるをえない。

(23)「正規」な道具立てとは、一応は帝国憲法で保証された「信教の自由」を侵害するような宗教上の強要にならぬよう「非宗教」を装って周到に考案されたもの、という意味で用いている。教育勅語が宗教的「中立」を保とうとしたことについては久木幸男「訓令一二号の思想と現実」(Ⅰ)『横浜国立大学教育紀要』第一三集、一九七三年、一六頁。

(24)葦津珍彦『国家神道とは何だったのか』(神社新報社(非売品)、一九八七年)、一六二頁、二〇七頁。

(25)高松忠清編『松廼舎遺稿』(非売品、一九六〇年)、後記一〇頁。

(26)官国幣社職制(明治三十五年二月十日勅令第二十七号)第七条ノ二による。

(27)朝鮮神宮という「神宮」号や勅任官待遇は着任と同時に実現したものの、権宮司の設置実現だけは高松の退任後となった。権宮司とは、宮司と禰宜のあいだの職階で、本国では橿原神宮、明治神宮、熱田神宮、出雲大社にのみ置かれた。朝鮮神宮に権宮司が置かれたのは一九三五年で、以後靖国神社にも認められた。

(28)阿知和安彦「国体明徴問題」『朝鮮逓信』二三九号(朝鮮逓信協会、一九三八年四月)、三四頁。

(29)佐藤秀夫編『続　現代史資料　御真影と教育勅語Ⅰ』解説(みすず書房、一九九四年)、三二頁―三七頁。

(30)山本信良・今野敏彦『明治期学校教育行事の考察　近代教育の天皇制イデオロギー』(新泉社、一九七三年)、一〇三頁。

（31）例えば一八七三年に七夕や重陽などの節句が廃され新たに天長節など新祝日が定められた。安丸良夫『神々の明治維新 ―― 神仏分離と廃仏毀釈』（岩波書店、一九七九年）、一三三頁―一三四頁。
（32）一九〇〇年に神社行政と宗教行政が分離され、一九〇六年以降は社格に応じて公金の支出が保障されるなど、明治半ば以後は国家祭祀機関としてある程度の安定化が図られた。明治三九年法律二四号「官国幣社経費ニ関スル件」、同年勅令九六号「府県社以下神社ノ神饌幣帛料供進ニ関スル件」。
（33）森岡清美『近代の集落神社と国家統制』（吉川弘文館、一九八七年）、三〇三頁。
（34）前掲金承台、二九三頁。
（35）李省展『アメリカ人宣教師と朝鮮の近代 ―― ミッションスクールの生成と植民地下の葛藤』（社会評論社、二〇〇六年）、第八章。
（36）駒込武「朝鮮における神社参拝問題と日米関係 ―― 植民地支配と『内部の敵』」『岩波講座アジア・太平洋戦争四　帝国の戦争経験』（岩波書店、二〇〇六年）。
（37）前掲山口公一（二〇〇六年）、同「戦時期朝鮮総督府の神社政策 ――「国民運動」を中心に」『朝鮮史研究会論文集』三六号（一九九八年一〇月）。「植民地朝鮮における神社政策」『歴史評論』六三五号（二〇〇三年三月）。青野正明「朝鮮総督府の神社政策」『朝鮮学報』一六〇輯（朝鮮学会、一九九六年）、同「植民地期朝鮮における神社の職制・神職任用関連の法令 ―― 一九三六年の神社制度改編を中心に」『桃山学院大学人間科学』三〇号（二〇〇六年一月）、「朝鮮総督府による神社・神祠の増設政策（中編）―― 一面一神社・神祠設置方針を中心に」『国際文化論集』四一号（桃山学院大学、二〇〇九年一二月）ほか。
（38）韓晳曦は「神社参拝強要は学校からはじまった」（前掲韓晳曦、一八〇頁）と述べ、並木真人は「当初より動員対象として最大限着目されていたのは、小学校・普通学校の児童であった」と言う（「植民地後半期朝鮮における民衆統合の一断面 ―― ソウルの事例を中心に」武田幸男編『朝鮮社会の史的展開と東アジア』（山川出版社、一九九七年）、五五〇頁。また金根熙は、一九三〇年代半ば以降の朝鮮神宮参拝者の増加について「学生などの動員による団体参拝率が増えているため」と述べる（金根熙「『皇民化政策』期の神社政策について」『姜徳相先生古希・退職記念　日朝関係史論集』（新幹社、二〇〇三年）、四〇一頁。
（39）欄木寿男「朝鮮総督府の神社政策」朝鮮問題研究会『海峡』第四号（社会評論社、一九七六年）、三六頁。
（40）『朝鮮神宮年報』（朝鮮神宮社務所編）に毎年掲載された「参拝数調」では、参拝者数のピークは一九三八年であり、筆者は本書を通じこの「参拝数調」を採用する。
（41）五島寧「植民地〔京城〕における総督府庁舎と朝鮮神宮の設置に関する研究」『都市計画論文集』二九号（一九九四年）、同「京城市区改正と朝鮮神宮の関係についての歴史的研究」『都市計画論文集』四〇号（二〇〇五年）。
（42）青井哲人「神社造営よりみた日本植民地の環境変容に関する研究　台湾・朝鮮を事例として」（博士学位論文（京都大学）、二〇〇〇

年）。同『植民地神社と帝国日本』（吉川弘文館、二〇〇六年）。
(43) 特に青井の研究においては、朝鮮神宮鎮座地選定をめぐり、慶福宮の正面に総督府を建設するような政治空間の編成とは別の思想と方法論を以て祭祀空間の編成をしようとしたという指摘が興味深い（同右二〇〇〇年、二一四頁）。ただその重要な意義をさらに明らかにするためには、このような朝鮮神宮建設地選定が「植民地空間に否応なく日々生活せざるを得ない人々」に対してどのような影響を及ぼし、どのような意味があったのか、ということにいま一歩注目すべきと考えている。
(44) 佐藤秀夫著（小野雅章ほか編）『教育の文化史二　学校の文化』（阿吽社、二〇〇五年）所収。
(45) モノ・空間という本書の問題意識に関わって、他に二つの先行研究を挙げておきたい。一つは吉田智美・河村美穂「学校生活における上履きの変遷とその役割」『埼玉大学紀要』五八巻二号（埼玉大学教育学部、二〇〇九年）である。同論文では、学校内での上履きが「靴をそろえるか否か」「かかとを踏まないか否か」など、靴本来の機能を超えた生活指導のためのツールとしての役割を期待されると鋭く指摘される。いま一つは、山名淳「記憶空間の戦後と教育 ―― 広島平和記念公園について」森田尚人ほか編『教育と政治　戦後教育史を読みなおす』第八章（勁草書房、二〇〇三年）である。山名は、アーキテクチャー自体がメッセージを媒介するメディアとして機能することを「アーキテクチャーのメディア性」と呼び、広島平和記念公園の空間創成の有する意味を分析してみせた。
(46) 早山静夫「江原神社を回顧して」小笠原省三『海外神社史　上』（下巻未刊行、海外神社史編纂会、一九五三年）、五三五頁。同書は『海外神社史』（ゆまに書房、二〇〇四年）として復刻された。
(47) 村上重良「天皇制国家による宗教弾圧」遠山茂樹編『近代天皇制の展開』（岩波書店、一九八七年）、三三七頁。
(48) 例えば『詳説日本史　教授資料』（『詳説日本史　教授資料』編纂委員会編、山川出版社、二〇〇四年）は、「一九三〇年代には二〇〇〇を超える神社が各地に建てられ、一九三七年からは参拝が強要された。長老派協会（ママ）がこれを拒否すると、学校・教会は閉鎖され、二〇〇〇人以上が投獄された」と記す。朴慶植・水野直樹ほか編『天皇制と朝鮮』（神戸学生青年センター出版部、一九八九年）では、「神社参拝の強制」の項目に「一九三〇年代になって「終戦」までの間に、朝鮮では朝鮮神宮に参拝するように強制されました」（朴慶植担当第一章、三七頁）と記す。
(49) 菅浩二『日本統治下の海外神社 ―― 朝鮮神宮・台湾神社と祭神』（弘文堂、二〇〇四年）、三一頁。
(50) 菅浩二「『アジア歴史資料センター』開設に思うこと」『大阪大学日本学報』二一号（大阪大学、二〇〇二年三月）、八〇頁。
(51) こうした「強要時期の限定性」を乗り越えようとする研究の先駆として、山口公一による考察（二〇〇六年、八五頁―八六頁）がある。
これについては第一章で触れる。
(52) 菅浩二前掲書（二〇〇四年）、七頁―一二頁。なお近年の研究においても、植民地の神社だけを研究対象とするものであっても「海外神社」という用語が使用されることがある。これは小笠原省三の『海外神社史』という古典的ともいえる著作に象徴される、戦前戦後通じて変わらぬ「海外神社」観に影響されるところが大きいと思われる。この著作では移民地ブラジルやハワイの神社も植民地台湾や朝鮮の神社も占領地北京の神社も、「日本人のゆくところ」という観点から同じものと捉えようとしたものである。移民地で期待される神社の役割と植民地での神社の役割、あるいは占領地の軍政下での神社の役割はおのずと性格を異にする。そうした当然のことが、論者の意図に関わらず「海外神社」の名で不明瞭にされる事態は、当然避けられねばならない。その意味で本書は「海外神社」研究ではない。

(53)「国家神道」概念の措定は、重要であるものの本書の関心と対象と筆者の今の能力を超えた大きな課題である。しかし本書が近代の神社の体制下で創建された神社を扱う以上、ここで「国家神道」をめぐる研究と本書の位置を付言しておかねばならない。阪本是丸らは、内務省神社局(一九四〇年以後神祇院に改組)の官僚に主導された内務行政のありようが「国家神道」の姿なのであり、村上重良が『国家神道』(岩波書店、一九七〇年)で言うような影響力を持たなかったと論ずる(阪本是丸「神社制度調査会と神祇院の設立」『神道史研究』第三七巻第三号(一九八九年)、二五(一四三)頁。ほかに同「国家神道体制の成立と展開 —— 神社局から神祇院へ」井門富二男編『占領と日本宗教』(未來社、一九九三年)。他方で近年畔上(前掲)、島薗進、高木博志らが、こうした「国家神道」の限定的把握よりも、「神道指令」の不十分な部分から積み残されてきた問題群(「草の根」のファシズム、皇室祭祀・神社と「慰霊」等)に着目することで阪本らとは異なる立脚点からの捉え直しを行っている。島薗は、「国家神道」を狭義に捉えようとする研究群に対し、そこから皇室祭祀と天皇崇敬という論点が抜け落ちていることと、天皇崇敬を普及させる「チャンネル」として、学校、特に教育勅語の存在が重要と指摘する(『国家神道と日本人』(岩波書店、二〇一〇年))。島薗の仕事は、「国家神道」の中に教育勅語と学校の存在を位置付ける点において、筆者の研究関心にとり最も近く示唆的な存在である。その上で本書は、村上重良以降の研究では言及されることが少なくなった植民地における神社の存在に注目し、それによって「国家神道」研究史を多少なりとも照射するものにしたい。

(54)しかし神社数は「解放」時点までで約八〇社であり、このうち国幣社の社格を与えられたのは一九四四年で九社である。朝鮮には一三の道(日本内地の県に該当する)が存在したため、一道に一社には満たなかった。

(55)山口公一はこうした総督府の神社政策に関わって、これまでの研究に「時期区分のあいまいさ」があったと指摘した上で、「武断統治」期(一九一〇年代)、「文化政治」期(一九二〇年代)、「満洲事変」期(一九三〇年代前半)、「戦時体制」期(一九三〇年代後半以降)とに分けて分析し、神社参拝の強要が「国民儀礼」として激しく行われるようになる画期は「戦時体制」期(一九三〇年代後半以降)だと結論づけている(山口公一『植民地期朝鮮における神社政策と朝鮮社会』(博士学位論文、一橋大学、二〇〇六年)、一二頁、第四章)。本書では、「時期区分のあいまいさ」を乗り越えようとする視点を継承しつつ、そもそも神社参拝の強要とはどのような事態を指すのかという根本的な問い直しの視点から、新たな時期区分の可能性についても検討課題としたい。

(56)これらの神社は一九四五年一一月一七日をもって廃止された。「本邦神社関係雑件」『外務省茗荷谷研修所旧蔵記録戦中期植民地行政

史料　教育・文化・宗教篇』（マイクロフィルム、ゆまに書房、二〇〇三年）。帝国の神社に関しては、菅浩二前掲書、青井哲人前掲書のほか、高木博志「官幣大社札幌神社と「領土開拓」の神学」岡田精司編『祭祀と国家の歴史学』（塙書房、二〇〇一年）参照。

第一章　神社参拝の回路を拓く

修身教科書授与奉告祭・勧学祭

誓詞を提出し拝礼する朝鮮人児童。民族服を着ている。
（『恩頼　朝鮮神宮御鎮座十周年記念』（朝鮮神宮奉賛会、1937 年）、176 頁。）

第一節　朝鮮神宮による修身教科書配布の開始――一九二六年―一九三〇年

（一）初代宮司高松四郎と朝鮮総督府との距離

植民地における神社参拝の問題は、より長期的かつ重層的な力関係の折り重なったものとして捉え直すべきである。そうした研究関心から、乗り越えるべき課題の一つとして、参拝強要が一九三〇年代後半以後の問題と認識されてきたという「時期の限定性」の問題を序章で指摘した。

この課題に応え得る研究の先駆として、山口公一による考察[1]がある。一九二四年、忠清南道江景公立普通学校において、学校長が神社参拝を拒否した生徒を退学に、参拝拒否を見逃した教員を休職にした[2]。朝鮮総督府による神社政策を丁寧に分析してきた山口は、日本内地に見られるような「神社非宗教論」の建前にもとづく神社と宗教行政の分離は、朝鮮では三・一独立運動後の「文化政治」期に制度的には概ね基礎が完成し、その中でキリスト教徒への「国民儀礼」としての神社参拝等の軋轢が強まることを明らかにしている。

日本内地においても上智大学事件など、神社参拝の強要が問題化するのは一九三〇年以降のことであり、一九二〇年代の「神社非宗教論」が神社参拝強要を促していると見る山口の着眼は、朝鮮における神社政策研究にとってのみならず、日本近代の神社をめぐる研究史において重要な意味を持つ。ただしこの考察は、朝鮮総督府による対キリスト教政策の分析という枠組みの上に、「御真影」に対する拝礼や神社参拝という事例を位置付けたものであり、例えば、この事件の現場がミッションスクールでなく公立学校であることや、当時朝鮮人対象校には「御真影」が交付されていなかった事実が考慮されていない[3]。山口の研究に限らず、参拝の要求が対キリスト教徒のものであるという無意識裡な前提が、植民地における学務行政や学校の実相を含んだ神社参拝の全体的な様態を見えにくくしている。

この点をふまえて本章は、朝鮮の「総鎮守」たる朝鮮神宮の神職が果たした役割に着目しながら、勧学祭（一九三二年までは修身教科書授与奉告祭）の事例を分析する。勧学祭とは、朝鮮神宮で祭祀の後各初等学校校長が修身書を受け取り、それを各校で配布した後「御礼参拝」と称する参拝を児童に求めた行事のことである。本章は、朝鮮における修身教育の実態について勧学祭に即して明らかにすることを通じ、神社参拝強要の語りをめぐる時期的な限定性の問題を乗り越えることを目指す。なおこれまでの植民地の修身教育への研究関心は、教科書の記述内容に向けられてきたが、(4)本章は教科書配布の空間やその中の人間関係の構造に注目したい。

官幣大社朝鮮神宮は、一九一九年に創建の告示がなされ一九二五年に「京城」府（現ソウル特別市の一部）南山に完成した。南山は、現在のソウル駅や日本人観光客で賑わう明洞《ミョンドン》からほど近い丘陵で、朝鮮神宮の存在した場所までは徒歩で坂を上り一五分程度の距離である。

朝鮮には当時すでに四一社の神社（神職は二四人）と一〇三の神祠（朝鮮では小型の神社を神祠と呼び区別した。詳細は第四章参照）が設けられていた。しかし朝鮮には、朝鮮神宮が官幣大社として設けられた以外日本内地同様の社格制度が存在せず、いずれも事実上無格社の扱いであった。

朝鮮神宮の宮司・禰宜は、朝鮮内の既存の神社の神職ではなく、日本内地の格の高い神社から任用された。(5)一九二五年に別格官幣社東照宮（栃木県）宮司の高松四郎が任じられ、三一年に国幣中社諏訪神社（長崎県）宮司の阿知和安彦が、四〇年からは官幣大社八坂神社（京都府）宮司であった額賀大直が務めた。三人とも一八七〇年代半ば前後の生まれで、神宮皇学館(6)の卒業生であり、東照宮宮司を経験している点で類似した経歴と言える。まずは朝鮮

高松四郎初代朝鮮神宮宮司。
（『恩頼　朝鮮神宮御鎮座十周年記念』（朝鮮神宮奉賛会、1937年）、52頁。）

神宮への高松の着任とその実践について述べる。

朝鮮神宮神職は、朝鮮神宮職員令（大正一四年勅令第二七六号）に規定される朝鮮総督府の待遇官吏であった。しかし朝鮮神宮鎮座後数年にわたって朝鮮神宮神職と総督府官吏のあいだには、緊張関係が存在していた。その理由は、三・一独立運動を経て総督府が朝鮮人の反発を招く事態に神経を尖らせていたことや、朝鮮では日本内地と異なり、朝鮮神宮以前から居留民が設けていた神社には社格が付与されていない、朝鮮神宮の土地購入が済んでいない、といった行政・制度の未整備があった。これらのことについて、朝鮮神宮初代宮司高松四郎は強い憤懣を持っていた。以下で高松が児童参拝の必要を唱えるにいたる思想背景について確認しよう。

高松四郎は一八七五年福島県に生まれ、神宮皇学館本科修了後、国幣中社弥彦神社（新潟県）、別格官幣社東照宮（栃木県）宮司を務め、官幣大社朝鮮神宮宮司に就任した。朝鮮神宮（一九二五年十月―三一年五月）の後は官幣大社橿原神宮（奈良県）、官幣大社札幌神社（現北海道神宮）、官幣大社住吉神社（大阪府、現住吉大社）宮司を歴任し、一九五八年に大阪府で没した。

朝鮮神宮宮司就任要請にあたっては、懇意であった筧克彦東京帝国大学教授の推挙とはいえ[7]、いったんは固辞した。しかし、朝鮮総督府政務総監下岡忠治、内務局地方課長石黒英彦の懇請により就任することになった。就任承諾にあたり、すでに内閣告示を終えていた社号である「朝鮮神社」を「朝鮮神宮」へ改称すること、宮司を勅任官待遇とすることを政務総監に求めた[8]。下岡はこれらの条件を受諾したが、高松の要求は破格のものであった。なぜなら当時一般に官国幣社宮司は奏任官待遇であり、特例として宮司の「功績顕著」な場合か、熱田神宮、出雲大社、橿原神宮、明治神宮（以上権宮司設置神社）の宮司に限って勅任官待遇とすることができる、とされていたからである[9]。高松のねらいは、朝鮮神宮をこれら四社に匹敵するものとして扱わせることであった。こうした事実からも、高松は総督府の意のままに動く「アクセサリー[10]」ではなく、就任時にはその発言に強い影響力があったことがわかる。

宮司の次席である禰宜には、当時満二八歳の手塚道男が、一九二〇年に完成した官幣大社明治神宮への奉職経験を買われて選ばれた。高松は二五年五月手塚とともに朝鮮に渡り、総督府内務局長大塚常三郎、地方課長石黒英彦と、朝鮮神宮の設備や将来像などについて「鼎座談合を重ね」た[11]。なお石黒英彦は筧克彦[12]門下の「敬神家」として知られる官僚である。朝鮮神宮祭神論争（一九二五年の鎮座祭直前に朝鮮神宮祭神に朝鮮の始祖とされる檀君等も合祀すべきと神道家らが意見した件）では「意見書」を書いてこれに論駁し論争を収束させ、手塚禰宜に「秀でた神道家」と評された経歴を持つ[13]（末尾資料2-2参照）。

高松は総督府によって破格の待遇をもって迎えられたものの、総督府の体制は朝鮮神宮完成前後で大きく変化した。大塚総督府内務局長の日本内地転任（二五年六月）、下岡政務総監の病死（二五年一一月）、高松、手塚が最も信頼を置いていた地方課長石黒英彦の台湾転任（二七年二月）が相次いだ状況で、大塚の後任たる生田清三郎新内務局長が神社政策に関し消極的であったためである。

生田内務局長は一九二五年一〇月、「朝鮮神宮に於ては神前結婚を取扱うことは避け」るように指示した[14]。その理由は、一つには「神社非宗教」の立場から祈祷など宗教色をできる限り排除しようとしたこと、また一つには居留民の奉斎した社に始まる京城神社に、国家的な役割ではなく「民草の社」的な性格を委ねようとしてのものであった。これに対し高松は激しく反発した。彼は書簡に次のように記している。「局長は神社を以て思想善導をなさんといふが如きは時代錯誤也、朝鮮神宮の創建亦時代錯誤なるも茲に至れるもの故不得止となすものの如く小生に対してはさすがに夫迄は言い出さざるも、神符、守札も不都合なりと申居る由、而してこの思想は内務局長に止らず大部分の高官連の意見の趣[15]」。

この内容から、神宮完成後の総督府「大部分の高官連」と高松との距離感がうかがえる。さらに朝鮮神職会事務局が総督府ではなく朝鮮神宮に置かれたこともまた、当初の総督府の消極性を物語っているといえる。なぜなら、台湾神職会は台湾総督府文教局社会課に置かれ、会長には文教局長が任じられており、日本内地の地方神職会は各県庁に置かれ、学務部長が会長となるのが一般的であったからである[16]。

一九二九年に至ってもこの溝は埋まらなかった。それは同年一月に高松四郎が著した「山梨朝鮮総督に呈する書」にも示されている。その中で高松は「総督府の神祇に対するや、形式に留り精神を欠き、之を重んぜざるが如く、殊に朝鮮神宮に関しては、所謂佛造つて魂入れずの感あるを憾み候」と記す[17]。高松は、朝鮮神宮に対して総督府が冷淡であることを批判し、「第一　祭儀に関する件、第二　設備に関する件、第三　整理に関する件、第四　法規に関する件、第五　神職に関する件」と項目を挙げて改善を要求した。その中でも「祭儀に関する件」で、「歳旦祭、元始祭、紀元節祭、天長節祭、明治節祭並に大祓に総督総監両閣下の参列せられたることなく、勅任官の参列、亦極めて少数なり[18]」と、総督はじめ総督府高官の祭式参列の少なさを非難したことが特に注目される。『年報』によって二九年の参列者を確認してみると、「山梨朝鮮総督に呈する書」以降も（八月まで在任した）山梨総督の参列、政務総監（二九年四月まで池上四郎、以後児玉秀雄）の参列いずれも無かったことがわかる[19]。

こうした事実が判明するのは、朝鮮神宮には他の神社に比べて「参拝者数」の発表に執着する姿勢が顕著に見られるからである。毎年刊行されていた『朝鮮神宮年報』（以下『年報』）には、「参拝人員数調」と「団体参拝数調」がそれぞれ月別、民族別、所属（学校、軍人など）別に、「正式参拝数調」が官位別に発表された。官位別人数への固執は、高松宮司が「高官」の参列を熱望していたことからもうかがわれる。このような「統計」へのこだわりには、高松の姿勢が明確に反映されている。これは次の事実からも明らかである。

高松が日光東照宮宮司在任中の一九二三年から翌年にかけて、全国神職会機関紙である『皇国』の「地方通信」欄に三回、東照宮の参拝者数統計が掲載された[21]。当時神社参拝者数が雑誌に発表されるのはきわめて稀なことである[20]。後述するが高松は東照宮在任当時、拝観料の廃止を強行した。かねて隣接する輪王寺、二荒山神社と「共同拝観券」により拝観料収入を分配していた東照宮は、券による正確な拝観者人数の把握が不可能な状況にあった。この問題に関わって、東照宮があらためて精密な参拝者を把握しようとしたことに、「統計」作成の大きな要因があると推定できる。またこの経験から、参拝者の多さを雑誌媒体に公表することが神社としての実績の証しになると判断したと考えられる。

高松が朝鮮神宮宮司となり東照宮を離れてから、東照宮を含む他の神社の参拝者「統計」発表は見られなくなった（高松の離任した東照宮は共同拝観券制度を復活させた）。そして今度は同誌に朝鮮神宮参拝者数が度々発表されるようになった。その掲載数は、朝鮮神宮完成翌月の一九二五年一一月から、同誌が一九三〇年一月に『皇国時報』と改称するまでの全五〇冊のうち少なくとも一〇回である[22]。『年報』や『皇国』に加えて『朝鮮』（朝鮮総督府編集誌）や、『文教の朝鮮』（朝鮮教育会編集誌）、『神社協会雑誌』（神社協会は内務省神社局に設置された団体）や『皇国時報』（『皇国』の後継誌）にも折々「参拝数調」の掲載が続けられた[23]。高松の姿勢を反映して朝鮮神宮は、創立直後から参拝者数の「統計」の発表を、他神社に比してきわめて意識していたといえる。

総督や政務総監の参列も少なく、高官から「時代錯誤」と見なされるなど、総督府とのあいだに亀裂とも言えるような緊張感を有しながら、朝鮮神宮は鎮座の翌春から修身教科書授与奉告祭を開始し、教科書配布数（民族別）や、参列者名を逐次詳細に発表することになる。

この祭祀は政策の中でプログラムされたものではなく、神職が主導したものであることに、あらためて注意しておきたい。

（二）高松四郎の思想と教科書配布開始

一九二五年一〇月に創立された朝鮮神宮は、五ヶ月後の二六年三月二七日、第一回目の修身教科書授与奉告祭を執行した[24]。朝鮮神宮における修身教科書授与奉告祭は、新嘗祭など日本内地の神社と共通した「官製の祭典」ではなく、宮司の祝詞や式次第なども独自に決めていたと考えられる。ここでは、朝鮮神宮着任以前の高松四郎の思想と行動から、なぜ総督府が神社利用に消極的な中で、修身教科書配布が創立直後から実施されたのか考察する。

まず一八九九年、二四歳で禰宜として着任した京都郊外の松尾神社では、初めて経験した官祭である新嘗祭に氏子の参拝が「人っ子一人」無かった[25]。序章で触れたように、官製の祭典が民衆の信仰心を喚起しない事態を眼前にしたのである。そこで高松は、早速村長と小学生の参拝に向けて積極的な行動を起こす。以下、高松の手記から引用する[26]。

役場に行つて村長に会つて、氏神と氏子との関係から、（略）是非参拝する事にしてもらひい《ママ》と断じた処が、早速承諾したから、更に村の小学校生徒の参拝をも要求した。これは村長丈けでは返事が出来ないといふので、校長を役場に呼寄せてもらって同様に談じ込んで、これも直に承諾を得た。

高松はこの時禰宜であり、上席である宮司は高松の提言を「強いて斥けもしな」い程度の消極的な承認しか与えていなかったにもかかわらず、着任から半年後の祈年祭（一九〇〇年二月、大祭）には氏子地域の各村長と小学生の参加を実現させた。この頃すでに、高松が小学生の参拝、そして行政や学校への働きかけにきわめて積極的であったことがわかる。ただし高松は関係官の「御機嫌伺い」と称する私宅訪問は行わず、その点では神職の中で異色だったようである。(27)

次に、国幣中社弥彦神社（新潟県）宮司となっていた一九〇七年には、地域によって残っていた男児五歳の「袴着」、女児七歳の「紐解」の習俗を男女とも「小学就学期」とあらためて、氏神への奉告祭を行うべきことを「新聞雑誌に掲載」し主張した。その「新聞雑誌」を確認できなかったものの、後に高松の講演で彼自身が引用する文章から内容が判明する。以下はその引用部の抜粋である。(28)

子供が就学期に達しました時、氏神の神社に参つて奉告祭をなし、神職はこれに対して（略）之からはよく神様や目上の人を敬ひ、行状を正しくして勉強をするやうにと諭し、さうして学校に入りましたならば、（略）自然に思想も改まることになり、教育上にも必ず効果を見る事と存じます。

高松はこの論説の後段で、「勧学祭」の名が「近頃内務省から各府県へ示されました参考資料中」に見えると言い、それには賛成せずこの行事を「勧学祭」という名称よりは「袴着」「紐解」の名称を用いたいとも述べている。[29]

当時内務省は、日露戦争後の地方改良運動の中で、神社局長水野錬太郎やそれを引き継いだ井上友一により、地方自治のセンター的機能を神社に担わせることを期待して「神社中心主義」を主唱していた。いわゆる官製自治の振興を標榜した井上の著書『自治興新論』の中に、「自治訓練」の方法として「神社が仲立ちとなりて教育をするといふこと」が推奨され、その中で兵庫県の神社において「勧学祭を行ふことにしてから、不就学者数が著しく減じた」ことが紹介されている。[30] 高松の言う「近頃内務省から」出た資料なるものは、この『自治興新論』か『斯民』等内務省の政策意図を宣伝する雑誌に掲載されたものではないかと推察される。いずれにせよ朝鮮神宮が当初内務省の推奨する名称を用いなかったことは重要である。

また、右記引用中「自然に思想も改まり」と述べられるところの「思想」は、「公徳」や「国家的精神」として次のようにより具体的に述べられることもあった。例えば一九一〇年の講演で高松は、日本人には「公徳」が無いとして、それを育てるのには小学生を神社に呼ぶことが良いと主張している。汽車での行儀など、基本的に神社とは無関係の場面における「公徳」も含めて、高松は、「第一に小学生徒を本として、而して、神社に依って工夫致しますのが、確に一つの方法であろうと考えるので御座います」と述べ、「特に小学校教師諸君」の尽力を訴えた。[31] そして「公徳」が養成されれば、「町村の健全なる発達」につながり、それは「国運の発展を来たす」ものとも述べる。高松にとっては、「国運の発展」に連なるものとしての「公徳」、その「公徳」を養うために児童の参拝が重要であった。

また別の文章（経緯は不明だが井上哲次郎宛の書簡）では、信教の自由との関係から政府が「神社非宗教」の立場を明らかにすること、そして「国家的精神を養うは、小学校に於ける修身歴史の教授を以て充分なり」として、神社が「道徳的儀式を行う所」と限定されることを批判し、「国家的精神」涵養には修身や歴史の授業だけでは不十分であり、実際に神社に参拝することでいっそう育まれるものだ、と主張した。[32] 学校で習うだけでは理論を了解するだけであるが、実際神社に行くと「神々の神霊、今現に茲に鎮座まします」という「感激発憤の心情」が沸き起こり、それが「国家的精神」を養うとも述べ、「神社は当然宗教たるべきもの」と記している。「神霊」「感激発憤」などの言葉は、まさに序論で述べたような、理を超え感性に訴えかける「神秘」の足場から、「国教」化を叫ぶ声と言える。

さらに一九二三年の日光東照宮宮司時代には、まず学生団体の拝観料徴収を「社寺の本義に反する」として廃止し、[33] のちには拝観料全体を廃止した。高松の「本義」とは、神社は「神霊」に拝礼する所であって「美を賞する」所とは異なる、というものであった。[34] しかし東照宮は輪王寺、二荒山神社と共同事務所が発行する「拝観券」により収入を分割していたことから、東照宮一社だけで拝観料を変更することは共同事務所の解散にも関わる重大事であり、輪王寺と日光町を挙げての「一大反対運動」に発展した。輪王寺が反対したのは、一つには東照宮が官幣社として国庫供進金（補助金）を保証されていたのに対して寺は宗教団体であり、社入金の有無が死活問題となったことによる。しかしそれだけでなく、共同事務所がかねて町内の小学校の校舎新築のために高額な寄付を予定していたことがある。当時小学校の後援団体の会長を務めていたのは輪王寺門跡であり、寄付がなくなれば校舎新築が不可能になることから、町全体の激しい反対運動を招くこととなった。[35] その反対運動の激しさは高松だけでなく高松一家の「鏖殺」[36] が企てられたほどであった。これを、栃木県知事、同県学務局長へ働きかけることで押し切って実現した。

以上の言動から、高松にとって学生の神社参拝は、「公徳」涵養の上でも、それに連なる「国家的精神」涵養の上でも、きわめて重要なことと認識されていたといえる。そればかりでなく、寺と共同事業など首肯しがたい神道家として、「神秘」の足場から感性に訴えることを重視し、そこから行政側への働きかけを常に積極的に行っていたことがわかる。そして最も注目したいのは、特に小学校児童と神社との関係が重視され、入学の時には「氏神に奉告」すべきと訴えていたことである。これは、朝鮮神宮の修身教科書授与奉告祭につながるものといえる。

高松が朝鮮神宮宮司を離任した後に記した「朝鮮神宮懐旧録」で箇条的に掲げられた一六項目の一つには、「祭神論」、「御鎮座直後当局と衝突」などと並んで「修身教科書授与」が挙げられている。[37] 教科書配布は、離任後にも高松の記憶に深く刻まれていたものと推察される。総督府が神社を「思想善導」に用いることに消極的な状況の中にあって、修身書配布が創立直後から実施されたことの背景には、以上で見た高松の積極姿勢があったものといえよう。

もっとも、入学時に限らず小学校児童を地域の神社に集め校長や神職が訓話を行うという例は、少なくとも明治末期から九州、四国、中国、近畿の神社を中心に見られる。例えば、一九〇七年の広島県知事による訓令では、「小学校は敬虔の念を養うため其の学校所在の氏神社祭日に休業することを得」とされており、[38] また一九一〇年には愛媛県伊予郡の郡長が「学校児童入学式日に当り教員引率の下に氏神社に参拝をなし在学中欠席せず勉強すること」などを誓わせたい、との訓示をしている。[39] これらの例は、高松の手記に見られるようにいずれも「氏神」としての神社が前提とされている。すなわち「神秘」（宗教性）への接近が官国幣社よりも易しかった地域の「鎮守」的神社（府県社以下神社）である。

総督府は朝鮮神宮を「非宗教」の儀礼施設として徹底させようとしていたのに対し、「神社は宗教」と断言する高松は「氏神」（宗教的）参拝の「感激発憤の心情」が「公徳」「国家的精神」涵養につながると考えた。そうした対決にも似た緊張関係の中で、朝鮮神宮に「氏神」の神社、宗教性を有する神社としての性格を持たせようとしたのが、修身教科書授与奉告祭だったとも考えられる。

宮司から教科書を受け取る校長。
（『昭和十年　朝鮮神宮年報』（朝鮮神宮社務所、1936年）、扉頁。）

こうした状況下で朝鮮神宮の修身書配布は始められた。教科書は有料であったので、神宮が（「京城」府内の）学校へと贈るという形を取った。各校長参列のもとに神前で修身教科書授与奉告祭を行い、その後校長への教科書授与式、さらに社務所で懇談の後に散会するというものであった。

児童は後日朝鮮神宮の印が押された教科書を配布され、担当教師引率の下で学校ごとに「御礼参拝」をさせられた。確認できる中で最も古い『年報』である昭和四年版の修身教科書授与奉告祭参列者名に、京城府学務課長が見られることから、この行事に対して行政側が明確な反対をした形跡はない[40]。修身という当時の学校教育における筆頭科目の教科書は、総督府が神経を尖らせていた神社の宗教性を後景に退かせ、かつ教育の一環という装いをまとわせることで総督府に神社の活動を追認させる「小道具」として機能した。一九三一年の高松離任後、この行事は朝鮮神宮参拝への児童の参拝にいっそう大きな役割を担うこととなる。

第二節　勧学祭への改称と御礼参拝 ― 一九三〇年代 ―

(一) 行事の展開と後任宮司

高松四郎は一九三一年に日本内地の官幣大社橿原神宮(奈良県)へと転任し、二代目阿知和安彦宮司が同年五月に宮司に就任した。阿知和宮司就任と相前後して総督府は、農村振興運動の中で宗教の利用を企図し始め、「農本主義」実践家の山崎延吉が一九三二年から朝鮮総督府嘱託として招かれた。(41) 山崎は一九一〇年代から農村振興の実践を重ねつつ、二〇年代以降国体主義へと傾倒し、三重県に「神風義塾」を主宰し筧克彦(朝鮮神宮初代宮司に高松を推挙した東京帝国大学教授)の主唱した古神道の「行」的な動きを体操に取り入れた「皇国運動」(「やまとばたらき」と読ませる)の実践など「国体論的思想による教育(42)」を行っていた人物である。

一九三〇年代に入ると、朝鮮神職会顧問に内務局長、同会相談役に地方課長が就任したこと(43)、総督府高官の朝鮮神宮祭式参列が増加したこと、農村振興運動の中で宗教利用が企図された「心田開発運動」、三五年の鎮座一〇周年祭への大規模な関与と権宮司の就任、朝鮮神宮を社格の頂点と位置付けた上での神社関係法令整備(朝鮮の神社への公金の支出制度の導入(44))等を通じ、一定程度は距離が縮まったと言えるだろう。「心田開発運動」について若干述べておくと、日本内地の三教会同のように、「『愛国心』の方へと水路を向けられ(45)」つつ宗教が統治に積極的に利用されようとした運動である。「心田(の)開発」との名称は、もともとは二宮尊徳の言葉に由来する。それは日本内地の地方改良運動以来内務省の自治振興の一つの支柱としての「報徳主義」とも大きな関わりを持つものと思われる。「心田開発運動」は、三〇年代の朝鮮において、「神社非宗教」の建前の中に潜在していた宗教性（「神秘」）を顕在化させ、神社神道を実質的に国教化させることに大きな役割を担ったものと考えられる。この点については本書全体を通じて検討を続けることとしたい。

かつて高松が「山梨朝鮮総督に呈する書」（二九年）の中で批判した、総督府高官（局長、課長）の不参列は、三〇年から変化し始め、三二年以降の公式祭には恒常的に参列を見るようになる。(46) 各種祭式参列以外にも、例えば「心田開発運動」を推進した宇垣一成総督は、三四年の一年間に三二回の参拝を行った。(47) 総督の参拝や官吏参列の増加は、総督府が神社の積極利用政策に転回し始めたことと関係している。

このような状況の変化の中で、教科書配布も新たな段階に入る。まず次頁表1-1で、参列校数の変遷を確認したい。表1-1から、一九三一年までの参列校はほぼ官公立学校であったことがわかる。二五年一〇月、朝鮮神宮完成時の鎮座祭にあたり総督府は、通牒「生徒児童ノ神社参拝ニ関スル件」を発した。ここで、「生徒児童ノ訓育上特ニ意ヲ致スヘキ」施設である神社は、「固ヨリ宗教ヲ強フルモノニ非サルヲ以テ　之カ為国民ノ信教ノ自由ヲ侵スモノニハ勿論無之候」と明言し、(48) 鎮座祭への私立校不参加については事実上黙認していた。私立普通学校の参加が増加するのは宇垣一成総督が「心田開発」を提唱し始めた三五年である。さらに翌年にも、校数、配布人数とも大幅に増加した。これは「京城」府域の拡大に伴い拡大該当地区の公私立学校すべてが参列を始めたことによる。

参列校が増加する背景には、一九三二年から三四年にかけての祭儀のあり方に関する大きな変更があった。変更の第一は、三二年から公式な祭祀次第（小祭式）で実施し、修身教科書授与奉告祭から勧学祭へと改称し、朝鮮総督府から学務局長が参列を開始したことである。公式な次第とは、服装、式の順序などが法令により定められるものを指す。第二は、三三年から教科書を印刷していた朝鮮書籍印刷株式会社から神宮に普通学校児童用教科書が寄

表1-1　参列校数の推移

<table>
<tr><th>年</th><th>参列校数 / 京城府内
小学校数</th><th>参列校数 / 京城府内
普通学校数</th><th>関連事項</th></tr>
<tr><td rowspan="2">1929</td><td rowspan="2">官公立 11/11 校</td><td>公立 20/20 校</td><td rowspan="2"></td></tr>
<tr><td>私立 0/10 校 その他 1 校</td></tr>
<tr><td rowspan="2">1930</td><td rowspan="2">官公立 11/11 校</td><td>公立 20/20 校</td><td rowspan="2"></td></tr>
<tr><td>私立 0/10 校　その他 1 校</td></tr>
<tr><td rowspan="2">1931</td><td rowspan="2">官公立 12/12 校</td><td>公立 20/20 校</td><td>高松四郎宮司離任</td></tr>
<tr><td>私立 0/10 校 その他 1 校</td><td>阿知和安彦宮司着任</td></tr>
<tr><td rowspan="2">1932</td><td rowspan="2">官公立 12/12 校</td><td>公立 20/20 校</td><td rowspan="2">勧学祭に改称、公式祭化、総督府学務局長参列開始。</td></tr>
<tr><td>私立 1/10 校 その他 2 校</td></tr>
<tr><td rowspan="2">1933</td><td rowspan="2">官公立 12/12 校</td><td>公立 20/20 校</td><td rowspan="2">朝鮮書籍より朝鮮人児童分教科書寄贈開始。</td></tr>
<tr><td>私立 2/10 校 その他 1 校</td></tr>
<tr><td rowspan="2">1934</td><td rowspan="2">官公立 12/12 校</td><td>公立 20/20 校</td><td rowspan="2">「御礼参拝」複数回化、「誓詞」提出開始。</td></tr>
<tr><td>私立 2/12 校 その他 1 校</td></tr>
<tr><td rowspan="2">1935</td><td rowspan="2">官公立 12/12 校</td><td>公立 19/20 校※1</td><td rowspan="2">私立学校参列大幅増加。</td></tr>
<tr><td>私立 11/12 校 その他 1 校</td></tr>
<tr><td rowspan="2">1936</td><td rowspan="2">官公立 12/13 校※2</td><td>公立 24/24 校</td><td rowspan="2">京城府域拡大による参列学校増加。</td></tr>
<tr><td>私立 12/14 校</td></tr>
</table>

注記一：『昭和十年　年報』（二一頁）には「竹添公立普通学校」が欠落しているため 19 校となった。前後の年には記載があるため、神社側の誤記の可能性がある。
注記二：小学校は、三五年まで全校参列していたが、三六年の小学校数と、参列小学校数は一致しない。これは両年ともそれまでは記されている「南山尋常小学校」校長名が欠落しているためであるが、欠落の原因は不明である。
典拠：参列校数は『朝鮮神宮年報』（朝鮮神宮社務所編）各年版。府内学校数は『朝鮮諸学校一覧』（朝鮮総督府学務局）各年版。

贈されることになり、同社の取締役井上主計が参列し始めたことである[49]。井上は朝鮮神宮を奉賛する「天晴会」の幹事でもあった[50]。「天晴会」は、朝鮮神宮鎮座祭翌年の一九二六年から活動している教化団体である。筧克彦の朝鮮での講演会をきっかけに、当時の総督府地方課長石黒英彦の提唱により組織され、事務局は朝鮮神宮に置かれた。朝鮮神宮参拝、「少年乃木会」の育成、神職講話、筧克彦の「皇国運動（やまとばたらき）」の実践等を毎月行っていた[51]。朝鮮書籍が教科書を寄贈することにより朝鮮神宮の経済的負担は軽減され、朝鮮人児童が以後いくら増えようとも神宮の財政に影響を与えなくなった。第三の変更点は、三四年から教員引率の「御礼参拝」に加え、放課後「父兄母姉」とともにあらためて個別で「御礼参拝」し記名した「誓詞」を提出するという、「御礼参拝」複数回化と個人把握の厳密化である。[52]

　朝鮮神宮神職はこのように行事を展開、大規模なものとしつつ、朝鮮神職会[53]を通じて朝鮮全体の神社に対しても、児童生徒の神社参拝と勧学祭の普及とを呼びかけていた。例えば朝鮮神職会の会報三三年三月号に「教育による敬神観念の涵養」と題する記事が掲載されている。[54]「神社は児童に生きた修身教育を与えるものであり美しき国民道徳を作り出すものである」というこの記事の主意は、学校内の修身だけでは足りない、それを「生きた」ものにするのは神社だという、初代宮司高松の思想に合致する。署名の「小西生」は、朝鮮神宮に出仕していた小西武雄と推定できる。

　翌四月号ではさらに『勧学祭の全《マ》鮮《マ》的普及を要望す』という論説（無署名）が掲載された。[55]ここには、「現に此の勧学祭を盛大厳粛に執行されている神社もあるが、更に各地に於て之が勃興を図り、其の精神の徹底を期したい。」と述べ、朝鮮内の各神社は朝鮮神宮を見習うようにと指示している。さらに三四年四月号にも『勧学祭の普及を要望す』と題する記事が掲載された。[56]内容は、「四月には勧学祭を、翌年三月には学神祭を執行し、すべての式典はその大前に於て行ふ等、学生生徒児童をして縷敬神崇祖の至情を捧げ得るの機会を与へ（略）、良い日本人を作り出さなければならぬ」と、勧学祭に加えて卒業期には「学神祭」をも行うべきだと主張するものであった。この記事を書いたのは、当時朝鮮神宮主典だった早山静夫である。三四年は父母同伴の「御礼参拝」と「誓詞」の提出が始められた年である。

　同時期、朝鮮神宮では勧学祭に加えて、児童参拝の方法を他にも創出するとともに、祭典をより大規模に行うようになった。例えば一九三二年の一校から始まった大祓式（六月）への学校の参列が、翌三三年には三五校に急増し、以降毎年三〇校以上が参列するようになった。[57] 三四年には尚武祭（五月）開始により男児参拝を、三五年には桃花祭（三月）開始により女児参拝を奨励し、三六年には児童生徒の夏季早朝参拝（七、八月）を要請した上、学校名と人数、名前を『年報』に発表し始めた。[58] 大祓式については次章で、夏季早朝参拝については第三章であらためて詳述する。

このように児童を大規模に取り込みながら、朝鮮人の参拝の「質」に対する神職の期待度も高まっていった。そのことが端的に表れているのは、個人単位で行う「御礼参拝」の勧奨と、「誓詞」である。以下、この点をさらに具体的に検討することとする。

（二）朝鮮神宮への朝鮮人の参拝と「御礼参拝」

朝鮮人参拝者の「参拝」の様子について、一九二五年一〇月の朝鮮神宮鎮座祭に赴いた神道家小笠原省三は、「誰一人の鮮人《ママ》も「参拝」した者はなかった。われわれの常識をもってすると、「参拝」とは拝礼をし祈願する事だ。鮮《マ》人《マ》は「参拝」に非ずして「参観」であることを確かめ得た」と記す。[59] この記述には、朝鮮人の「参拝」の様子が神職の期待する姿ではなかったことが示されている。

阿知和宮司の下で勤め勧学祭を奨励した早山静夫は戦後、「毎日参拝者数を調べて半島人《ママ》のその数の増加をはかる事に汲汲としたものである」と当時（朝鮮での在職は一九三二年―四三年）を回顧する。[60]「汲汲」として朝鮮人参拝者の増加をはかりながらも、現実はいっこうに神職の期待通りにはいかなかった。早山は、「外地の神社に奉仕し

表1-2　配布された教科書数と、児童数が四月参拝者に占めた割合

年	日本人児童配布数（冊）	日本人参拝者（人）	児童数が占める割合（%）	朝鮮人児童配布数（冊）	朝鮮人参拝者（人）	児童数が占める割合（%）
1929	2345	34671	6.8	2966	19207	15.4
1930	2450	34381	7.1	3206	16594	19.3
1931	2575	28905	8.9	3469	15576	22.3
1932	2650	48997	5.4	4392	18839	23.3
1933	2631	41490	6.3	4354	15209	28.6
1934	2804	48810	5.7	5279	20002	26.4
1935	2891	58750	4.9	5605	41670	13.5 ※
1936	3140	70526	4.5	6920	37093	18.7

注記：一九三五年の朝鮮人児童の割合が急激に低下するのは、同年一〇月の鎮座一〇周年祭への大規模な動員の影響と考えられる。
典拠：配布数と参拝者数は『朝鮮神宮年報』（朝鮮神宮社務所編）各年版。※ 割合は筆者による推計。

て一番いやな思いをするのは聖域を住民の糞便で汚される事である」とも記している。[61] そのような現実に直面しながらいっそう、朝鮮人参拝者数に占める朝鮮人児童への依存度が高まっていた。「御礼参拝」勧奨の背景には、朝鮮人参拝者を増加させたいが神職の期待どおりにいかない、という厳然たる事実があった。

従来の教員引率による「御礼参拝」は『年報』の「団体参拝数調」の中に含まれたが、保護者との「御礼参拝」を創出したことにより、二度目の「御礼参拝」が個人参拝扱いとなり、個人参拝者の「統計」にも反映させることが可能になった。では以降で、「御礼参拝」が朝鮮人「参拝者」数の増加にどれだけ影響したのか確認しよう。

まず学校単位の「御礼参拝」の影響について、表1-2を参照されたい。かりに教科書配布数を児童数とし、欠席なく「御礼参拝」したものとして計算すると、日本人児童は例年四月の日本人参拝者全体[62]の中で、平均六・二%の割合であった。しかし朝鮮人児童は、四月の朝鮮人参拝者全体の中で、最低で一三・五%、最高で二八・六%の割合（平均二一・一%）を占めている。

一九三〇年、三一年の『年報』から知られる実際の学校単位の

「御礼参拝」数によると、教科書配布数に対する普通学校の「御礼参拝率」は、三〇年は九九％、三一年は九八％であり、きわめて欠席が少なかったことがわかる。[63] 児童の欠席の少なさは、まず神職により「御礼参拝日」が学校単位で別々に指定され、さらに教員が引率するという形式の重層的監視が働いたためと考えられる。

次に、個人単位で再度行わねばならない「御礼参拝」の影響を見るために、四月の参拝者数が、年間の参拝者数に占める割合を確認しよう。保護者との「御礼参拝」が要請された三四年四月の朝鮮人参拝者数が、三四年一年間の朝鮮人参拝者数の中で占める割合は一八・五％である。四月が大きな割合であることは言えるが、前年は一七・一％であることから、「御礼参拝」複数回化の影響はさほど明確な形では見出せない。朝鮮人児童の動員がどの程度保護者を巻き込むための回路となり得たかを判定するのは困難である。ただし一九三九年の資料では、全州公立小学校（三八年三月まで普通学校）における朝鮮人家庭の「神社参拝」率が一〇〇人あたりで「父一五、母二、祖父三、祖母一」と示されている。[64] ここから、個人単位の「御礼参拝」は朝鮮人保護者には浸透しなかったことは類推できよう。

朝鮮人の「参拝」は神職には「参観」と映り、保護者の「御礼参拝」は浸透しない、それだけに朝鮮人児童の「御礼参拝」は、朝鮮人「参拝者」の数字を増加させるためにも重要な意味を持った。児童が学校名、姓名を記入した「誓詞」の提出は、個人化して教員の引率を離れた児童の欠席を阻むという、「魔法の杖」のような機能を有したと考えられる。次に、「自発」性を装う手段としての「誓詞」の意味を考えたい。

(三)「自発」性と「御礼参拝」

一九三〇年代には、日本内地の修学旅行などもあり、学生団体を中心とする団体参拝者は大幅に増加した。しかし朝鮮神宮の神職たちは、これに満足することはなく、さらに「自発」的参拝の増加を期待していた。阿知和宮司は、「多数の神宮参拝者の必しも自発的に三百七十五段の石段を昇って行くでなく、個人参拝の外は統率者の意志の下に、機械的に附いて行くではあるまいか、牛に曳かれて善光寺参り式の参拝が多数有るではあるまいか」と述べている。[65]「御礼参拝」が個人単位で要請され、「誓詞」提出が始まったことの背景には、教員という「統率者の意志の下に」ある「御礼参拝」では、児童が「機械的に附いて行く」だけであることが明白であるために、「統率者」を不可視化させ、「自発」的に見せる方法を創案したという側面がある。神職たちは、団体参拝者に多くみられる「他律的参拝」を、個人参拝者に多いと予想される「自発的」参拝に変えることを願っていた。しかしそこに現れたのは、「自発的」参拝を「他律的」に演出するという事態だった。

既述のように日本内地においても、入学時に神社で行う行事は「鎮守」「氏神」的な神社では珍しくはなかったが、一九三〇年代になると全国の著名な神社においても実施されたことが確認できる。例えば京都では、官幣大社賀茂御祖神社（下鴨神社）、官幣大社八坂神社、官幣中社吉田神社で同様の行事が実施されていた。[66]これらの多くの場合、修身書には神社の印が押され、紙片が貼付された。ここで日本内地の神社と、朝鮮神宮の紙片とを比較してみよう。まず、新田義貞をまつる別格官幣社藤島神社（福井県）の事例を挙げる。一九三四年の記録によると、「市及隣接郡の各小学校連合して、新入学生を各校長職員引率して、此れに県、郡、市の学務当局者並に父兄等同道して藤島神社広《ママ》前に集合し、一大集団を形成して参拝」した後、勧学祭を執行、宮司訓話ののち「カードを貼付」した修身教科書を配布された。[67]その「カード」には、社頭風景とともに次のように書かれていた。

チユウシンニツタヨシサダコウ

カミサマヲウヤマヒマセウ
リッパナヒトニナリマセウ

次に、官幣大社廣田神社（兵庫県）の事例を挙げる。同社では次のような紙片が貼り付けられていた。[68]

一、マイアサカミサマヲオガムコト
一、カラダヲジヤウブニスルコト
一、ギヤウギヲヨクルスコト
一、一シヤウケンメイニベンキヤウスルコト
一、センセイノヲシヘヲヨクマモルコト

「カミサマ」という言葉を用いる点、紙片を修身書に貼り付けて配布している点で両神社の実践は共通している。他方朝鮮神宮勧学祭においては三四年から、「誓詞」の提出が要請されることになった。修身書に紙片がはさまれ、これに学校名、名前を記入し、保護者との「御礼参拝」時、神前に拝礼の上備えられた箱に提出するというものである。「誓詞」記名提出の開始によりさらに厳密な個人把握が可能になった。紙には次のように書かれていた。[69]

テンノウヘイカノゴオン　ソセンフボノゴオンニヨッテ　ワタクシハ　ハジメテガッコウニ　ニフガクスル
コトガデキマシタ　コレカラハセンセイヤ　オヤノイヒツケヲマモッテ　ヨクマナビ　ヨクツトメ　リッパ

ナニツポンジントナリ　オクニノタメニツクスコトヲ　チヨウセンジングウノオホマヘニ　オチカヒイタシマス。

藤島神社、廣田神社の紙片と比較してみると、以下の点で異なっている。第一に、朝鮮神宮のそれは児童が主語となり、「誓う」形式を現出し、かつ提出状況を確認できることで、「誓わない」個人を炙り出すことが可能な方式になっている。自ら「誓う」形式への転換は、これが日本内地のように「カード」ではなく「誓詞」と表現されていることからも明らかである。[70] 第二に、藤島神社版の「リッパナヒトニナリマセウ」が朝鮮神宮版では「リッパナニツポンジントナリ」となっている。この点から、朝鮮人児童が勧学祭のターゲットであったことがわかる。また、日本人たることを誓わせるという側面では、一九三七年に総督府学務局により導入されることになる「皇国臣民ノ誓詞」の先駆けとも考えられよう。第三に、日本内地の神社では「神様」であったものが、朝鮮神宮のそれには、「天皇陛下の御恩」と、「大前」と表現されている。「大前」とは朝鮮神宮の祭神すなわち天照大神、明治天皇である。第四に、日本内地の神社では、紙片は貼り付けられていることで授業等で使用可能な形式であったのに対し、朝鮮神宮のそれは児童が朝鮮神宮まで行き、備え付けの箱に提出して「御礼」をするという特異な形式である（本章扉写真参照）。

勧学祭と「御礼参拝」は、朝鮮神宮にとって朝鮮人参拝者増加に直接影響するものであると同時に、動員された朝鮮人児童にとって、「誓詞」というさらなる「小道具」によって装われた「自発」性のもとで天皇への恭順を誓わされる装置であったといえる。

第三節　行事の展開——一九三〇年代後半—一九四〇年代

第二節では、神職が勧学祭の普及を訴えていたことを指摘した。そして彼らの思惑通り修身教科書の配布は、朝鮮全体に拡大してゆく。一九三〇年代後半以降の勧学祭については、いまだ分析のための十分な資料が見つからない。ここではさしあたり次の三つの資料から、その後の展開を可能な範囲で考察しておく。

第一に、一九三七年から新たに朝鮮総督府編纂修身教科書（巻一）に登場した「キミガヨ」の頁の挿絵に、「御礼参拝」を下絵としたと考えられるイラストが使用された事実である。序章扉写真ならびに次頁の写真と実際の教科書の該当部分（60頁）を参照されたい。朝鮮総督府が編纂していた朝鮮人児童用修身書巻一、すなわち一学年用教科書である。写真手前の鳥居が挿絵では描かれていないものの、挿絵は明らかに朝鮮神宮である。修身書を朝鮮神宮から配布するという行事は、かくして一九三〇年代後半には修身教科書に描かれ、修身の授業の中に入り込んだことが推定できる。

第二に、一九三七年には、現在国際空港がある仁川《インチョン》の仁川神社でも勧学祭の名称で祭祀が執行されている事実である。[71] この行事が朝鮮神宮以外へ広がったことを示している。仁川神社では、校長だけでなく児童も祭祀に参加していた。

第三に、一九四三年の朝鮮教育会雑誌『文教の朝鮮』に掲載された、第一学年用修身教科書の配布状況である。[72]

龍山公立普通学校御礼参拝（1932年）。
（『昭和七年　朝鮮神宮年報』（朝鮮神宮社務所、1933年）、28頁。）

ここではさらなる勧学祭の展開がうかがわれる。まとめると61頁表1-3の通りである。

表1-3から、一九四三年段階では朝鮮全体で合計すると四万五〇〇〇冊以上の修身教科書が配布されるに至ったこと、配布対象は圧倒的に朝鮮人であったことが判明する。また、一九三六年から導入された神社供進金制度（日本内地の社格制度に類似した公金補助制度）を見てみると、府が補助金を出す府供進社は八社中四社、道が補助金を出す道供進社は八社中四社、国庫が補助金を出す国幣小社は八社（このうち京城神社は朝鮮神宮による配布があったため配布する必要はなかった。故に実際には七社）中三社であった。すなわち供進金制度中高位に位置付けられた神社では、半数近い勧学祭実施状況（四七・八％）であった。署名記事で勧学祭普及を呼びかけた早山静夫の転任先である国幣小社龍頭山神社（釜山）、道供進社江原神社（春川）はいずれも実施している。特に龍頭山神社では、邑（町に該当する行政区分）や郡ではなく釜山府全体への配布であり、朝鮮神宮に次いで大規模である。

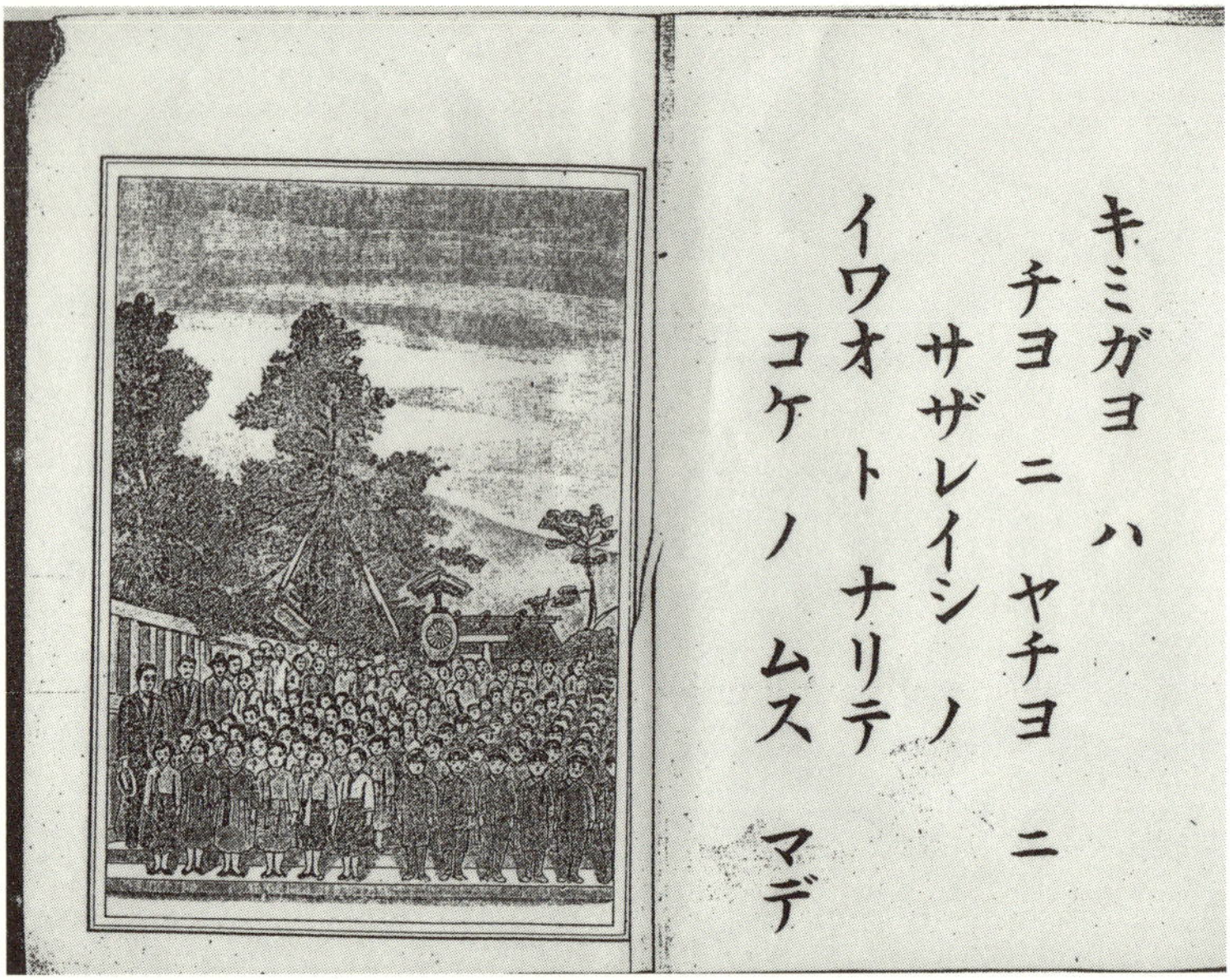
キミガヨ ハ
チヨ ニ ヤチヨ ニ
サザレイシ ノ
イワオ ト ナリテ
コケ ノ ムス マデ

修身書「君が代」と挿絵。表紙の「普通学校修身書」の上に「初等」と押印されており、三八年に普通学校が小学校に改称された後も使用されたと推定できる。

（朝鮮総督府編『普通学校（初等）修身書　巻一』（朝鮮書籍印刷株式会社、1937 年 1 月改訂版。）

さらに、朝鮮神宮出仕（一九二九年―三四年）であった中島克文が社掌[73]となった府供進社光州神社でも、府単位での実施となっている。

章括

本章冒頭で、学校の神社参拝強要に関わる時期の限定性という問題と、このことがもっぱら対キリスト教政策との関係で把握されることの問題について触れた。

　時期の限定性に関して修身教科書授与奉告祭・勧学祭の事例は、総督府と学校という関係だけでなく、朝鮮神宮と学校という関係においても、神職が積極的に関与する参拝の要求が、一九二〇年代から存在したことを示す。朝鮮神宮と総督府というもう一方の関係は、二〇年代

表 1-3　一九四三年の教科書配布状況

神社名	道名	実施地域	朝鮮人児童（人）	日本人児童（人）
朝鮮神宮	京幾道	京城府	16883	3657
清州神社	忠清北道	清州郡清州邑白州面一部	782	140
大田神社	忠清南道	大田府	750	310
扶余神宮神祠	同	扶余郡一部	220	80
松島神社	全羅南道	木浦府	1032	195
光州神社	同	光州府	1170	230
松汀神社	同	松汀邑、面倉面、東谷面	380	27
羅州神社	同	羅州邑	360	55
榮山神社	同	榮山浦府	0	25
松島神社※	同	木浦務安郡	40	0
東山神社	同	長城郡	1631	23
龍頭山神社	慶尚南道	釜山府	4480	1350
蔚山神社	同	蔚山府	0	30
密陽神社	同	密陽府及び上南面一部	510	45
統榮神社	同	統榮邑	850	0
馬山神社	同	馬山府	420	140
海州神社	黄海道	海州府	1384	190
平山郡細谷神祠	同	平山郡細谷面	120	0
同北面神祠	同	甕津郡北面	75	0
江原神社	江原道	春川邑	700	100
鉄原神社	同	鉄原邑	0	40
江原神祠	同	江原郡江原邑	370	0
咸鏡神社	咸鏡南道	咸鏡府	1700	350
洪原神社	同	洪原郡洪原邑	0	4
元山神社	同	元山府	3500	420
清津神社	咸鏡北道	清津府	400	370
合計			37757	7781

※「松島神社」は木浦府の 1 社だけで、務安郡には「神明神祠」が一九三七年に設置されている。よって名称の誤記と推察されるが、原文のまま引用した。
典拠：『文教の朝鮮』210 号（朝鮮教育会、1943 年）。

には距離感があったが、三〇年代前半にその距離をある程度縮めてゆく。勧学祭後の懇談の場では、神社（神職）、学校（校長）、総督府（官僚）という三者が、それぞれに関与しあうための場にもなっていた。

また、序章で神職の「主体性」についての掘り起こしを目指すと述べたが、このことに関して本章では、鎮座当時総督府の消極性に憤慨していた高松宮司が、一九二六年からの教科書配布に直接関係したと考えられる思想的背景を指摘した。さらに三〇年代には、戦後に刑事や官吏による「暴力的」な参拝の強要を振り返る回顧を記している早山静夫本人が、勧学祭普及を神職会会報により提唱していたことを確認した。

総督府と神社との連携が深まる中で、三二年に修身教科書授与奉告祭が勧学祭に改称され、以降「御礼参拝」複数回化、「誓詞提出」と新たな展開を見せた。朝鮮人児童による「御礼参拝」は朝鮮人参拝者数の増加に直結した。そして「誓詞」という新たな「小道具」により、神職から見て「自発的」参拝が少ないという現実問題に対して、個人参拝という「自発」性の装いを形式上は導入できた。

本章を通じ、少なくとも勧学祭に関して言えば、それは神職が積極的に拓こうとした児童参拝の回路であり、総督府は当初消極的であったことが明らかになった。公立初等学校児童は、校長と「御礼参拝」引率教員によって否応なく参拝に巻き込まれた。参拝強要を、学校という特殊な空間の特質もふまえて捉えようとする時、それが菅浩二の言うような植民地神社「廃絶前数年間」[74]の問題ではなく、少なくとも一九二六年から二〇年間継続された問題であることが判明する。

修身教科書授与奉告祭・勧学祭に参列した各校長は、総督府や「京城」府の学務担当者、行政による監視のもと参拝（祭儀次第に「拝礼」がある）を強いられた面を持っている。しかし校長らは学校に戻ると教員に「御礼参拝」引率を強いる側となり、教員は児童を引率する監視役となる。かかる階層構造の中に、さらに神職が学校ごとに「御礼参拝期間」を分割して設定する、「誓詞」を提出させるなど積極的関与が加わった。朝鮮人参拝者の中で中核を占めた朝鮮人児童は、これら重層の圧力を累積的に受けて、「小道具」に監視されつつ「自発」的形式で天皇に拝礼することになった。

神社を宗教と公言し、神社参拝時の「感激発奮の心情」を重視する高松四郎の「神秘」の足場に立った思想や言論は、彼の日本内地での経験の中で培われたものであり、その実践としての修身書配布は総督府との関係改善を経ながら四〇年代には朝鮮各地域へと拡大していった。この行事は朝鮮神宮に特殊の問題ではなく、日本内地の神社から植民地の「総鎮守」へ展開し、そこでさまざまな問題を惹起して、それらを抱えながらさらに植民地の各地域の神社へと拡大しようとする様態の一端を示すものと言える。

次章では、朝鮮神宮大祓式に着目し、一九三〇年代前半の神社参拝の一形態について、「神秘」性の顕在化という点にさらに着目しつつ検討を行う。

注

(1) 山口公一「植民地期朝鮮における神社政策と宗教管理統制秩序――「文化政治」期を中心に――」『朝鮮史研究会論文集』、四三号(二〇〇五年一〇月)、同前掲博士学位論文(二〇〇六年)、第二章。
(2)『基督申報』第四六八号(京城鐘路朝鮮耶蘇教書会内基督申報部、一九二四年一一月二六日)(富坂キリスト教センター編『日韓キリスト教関係史資料Ⅱ』(新教出版社、一九九五年)所収)。
(3)「御真影」交付状況については本書第五章参照。
(4) 佐野通夫「一九一〇、二〇年代における朝鮮の天皇制教育」、富坂キリスト教センター編『大正デモクラシー・天皇制・キリスト教』(新教出版社、二〇〇一年)。本間千景「韓国「併合」前後の修身教科書にみる教育理念の変遷」『朝鮮史研究会論文集』第四〇号(二〇〇二年)。白柳弘幸「公学校修身書における軍事教材」『植民地教育史研究年報』第七号(二〇〇四年)。

（5）禰宜に次ぐ職位である主典は五名任用され、このうち二名は既存の朝鮮の神社（仁川神社と平壌神社）から任用された。横田康編『朝鮮神宮記』（国際情報社、一九二六年）、三六頁。
（6）勅令で定められた神職任用令の規定を充たすためには、皇典講究所または神宮皇学館を修了する必要があった。神宮皇学館は一九〇三年に官立専門学校の認可を受け、本科を修了すると無試験で判任官待遇、専科を修了すると奏任官待遇の神職となることができた。
（7）筧とは、高松の妻ゆきの実家に、筧が一高、東大の学生時代寄宿していたことから懇意であった。筧が貞明皇后への進講を日光の御用邸で行った際には、高松の住む東照宮宮司社宅に寄居していた（前掲高松忠清、後記八頁）。
（8）同右高松、二九七頁―二九九頁。
（9）官国幣社職制（一九〇二年制定、一九二〇年改正）第一条、第七条ノ二による。内務省神社局編『神社法令輯覧』（帝国地方行政学会、一九二六年（第三版））、五五頁―五六頁。
（10）序章一二頁参照。
（11）前掲高松、二九九頁、三〇三頁。
（12）筧克彦（一八七二―一九六一）は東京帝国大学法科大学で主に行政法、憲法等を講じた教授で、独自の「皇学」を展開した。
（13）前掲小笠原、四三二頁。祭神問題と石黒の関わりについて、詳しくは前掲山口公一（二〇〇五年）参照。
（14）手塚道男によれば、鎮座前から「神社と宗教問題」と、「京城府民の総鎮守」京城神社との関係が問題になっていたという。同右小笠原四四〇頁、四四五頁―四四六頁。
（15）同右、四四九頁。
（16）『敬慎』第五巻第一号（台湾神職会、一九三一年）、五五頁。『皇国時報』第五一五号、一九三五年一月。
（17）前掲高松、三〇八頁―三一六頁。
（18）前掲高松、同右。
（19）『昭和四年の朝鮮神宮』（朝鮮神宮社務所、一九三〇年）、二六頁―四二頁。『年報』は昭和六年版まで『昭和□年の朝鮮神宮』という名称であった。以下、『年報』と記す。
（20）全国神職会は一八九二年から組織されていた神職団体であり、本部は東京都渋谷区にあった。傘下に各地方神職会があり、台湾神職会、朝鮮神職会、樺太神職会も組織されていた。
（21）『皇国』第三〇五号（皇国発行社、一九二三年五月）八一頁、同三一二号（一九二三年一二月）七四頁、同三一五号（一九二四年三月）七七頁。
（22）同右、第三二六号（一九二六年二月）八二頁、同第三二七号（同年三月）一〇〇頁、同第三二九号（同年五月）八七頁、同三三一号（同年七月）八三頁、同第三三四号（同年一〇月）一〇四頁、同第三三九号（一九二七年三月）一一七頁、同第三四六号（一九二七年一〇月）七一頁、同第三五七号（一九二八年九月）一五九頁、同第三六四号（二九年四月）九九頁、同第三七〇号（二九年一〇月）九六頁。

(23) 例えば、『朝鮮』（朝鮮総督府、一九三〇年一月）。『文教の朝鮮』第五四号（朝鮮教育会、一九三〇年二月）。『神社協会雑誌』第二五年第三、五、六、八号（神社協会、一九二六年）。『皇国時報』第四四八号（皇国時報発行所、一九三二年三月）。

(24) 『神社協会雑誌』第二五年第五号（一九二六年五月）、六七頁。同第八号（一九二六年八月）、六八頁。

(25) 前掲高松、一三三頁。

(26) 同右、同頁。

(27) 同右、一三五頁。

(28) 「神職の修養」、同右高松、五〇八頁—五〇九頁。

(29) 同右、五〇九頁。

(30) 近江匡男編集兼発行『井上明府遺稿』（大空社、一九二〇年）、七三頁。

(31) 「神社と公徳」、前掲高松、四七〇頁—四八七頁。

(32) 「井上（哲二（ママ）郎）博士への回答」、同右高松、五四六頁—五四九頁。

(33) 「日光東照宮革正沿要」、同右高松、二四四頁。

(34) 「齋藤前首相に送る」、同右高松、三四九頁—三五〇頁。

(35) 「人生八十四星霜」（藤原美代治執筆）、同右高松、九頁。「齋藤前首相に送る」、同右高松、三五〇頁。「日光東照宮拝観料問題」『皇国』第二九三号（一九二三年四月）、一一三頁。「日光の拝観料全廃に決し実施期は十月一日か」同第二九八号、一九二三年一〇月、九九頁—一〇〇頁。「日光拝観料問題」同第二九九号（一九二三年一一月）、六三頁。佐藤治由『日光小学校のあゆみ』（私家版、一九九一年）、一七頁。

(36) 「おうさつ」は皆殺しのこと。高松はこのように記している。「利害関係者の一人、小職一家の鏖殺を企て、深夜白刃を提げ襲い来らんとせしも、他に阻止せられ、幸に事なくして終れり」。「齋藤前首相に送る」、同右高松、三五〇頁。

(37) 高松の記す十六項目とは

第一、朝鮮神社宮司交渉　第二、準備打合　第三、祭神論
第四、社号御改称　第五、宮司勅待発令　第六、当局一変
第七、朝鮮神宮御鎮座　第八、御鎮座直後当局と衝突　第九、修身教科書授与
第十、京城神社問題　第十一、春畝山博文寺問題　第十二、御大典講演放送

第十三、総督の新年訓示に抗議　　第十四、権宮司発令　　第十五、橿原神宮に転任
第十六、結論
である。高松の遺文集『松廼舎遺稿』には、第八から第十六までは、本文がなく項目のみ掲げられている。実際書かれなかったのか編者が掲載しなかったのか確認できない。「朝鮮神宮懐旧録」、同右高松、二九七頁―三〇七頁。
(38)『全国神職会々報』第一〇三号（一九〇七年五月）、七一頁。
(39)『神社協会雑誌』第九年第一〇号（一九一〇年一〇月）、六七頁―六八頁。
(40)『昭和四年の朝鮮神宮』（朝鮮神宮社務所、一九三〇年）、七頁。同『昭和五年の朝鮮神宮』、九頁。
(41)山崎延吉の思想や「報徳主義」の朝鮮への影響については、他日を期して解明したい。現段階の筆者にとって示唆的であった文献は岡田洋司『農本主義者山崎延吉』（未知谷、二〇一〇年）、見城悌治『近代報徳思想と日本社会』（ぺりかん社、二〇〇九年）である。
(42)同右岡田、二三七頁。なお朝鮮神宮初代宮司高松四郎と筧克彦の関係については注(7)参照。「皇国運動」は「みたましずめ（鎮魂）」の動作に始まり、「いやさか（弥栄）」を高唱しつつ合計四度の拍手と三度の拝礼をして一〇分程度で終わる。二荒芳德著、筧克彦校閲『皇国運動提要　神あそびやまとばたらき』（蘆田書店、一九二六年）。
(43)『皇国時報』第三九〇号（一九三〇年七月）、一二頁。
(44)昭和十一年勅令二五一号―二五三号、一九三六年七月三一日、朝鮮総督府告示第四四〇号、同八月一一日。
(45)川瀬貴也『植民地朝鮮の宗教と学知　帝国日本の眼差しの構築』（青弓社、二〇〇九年）、一八七頁（初出は同「植民地期朝鮮における「心田開発運動」政策」『韓国朝鮮の文化と社会』第一号（韓国・朝鮮文化研究会、二〇〇二年一〇月）、一〇八頁。ほかに「心田開発運動」については、青野正明「朝鮮総督府の農村振興運動期における神社政策―「心田開発」政策に関連して」（『国際文化論集』第三七号（二〇〇七年一二月）参照。
(46)『年報』各年版に「祭典参列者名」が記される。
(47)『昭和九年　年報』、八二頁。
(48)大正一四年九月　各道知事宛　学務局長通牒「生徒児童ノ神社参拝ニ関スル件」。前掲韓、一六六頁―一六七頁。
(49)『昭和八年　年報』、一三頁。
(50)『鳥居』第一一号（朝鮮神職会、一九三三年一月）、一一頁。
(51)『敬慎』第三巻第二号（台湾神職会、一九二九年）、二〇頁―二三頁。
(52)『昭和九年　年報』、二〇頁。
(53)全国の神社の神職で作る団体を全国神職会と言い、支部として各道府県神職会、台湾神職会、樺太神職会、朝鮮神職会、満州神職会

が組織された。全国神職会は一九四一年に大日本神祇会と改称し、戦後神社本庁を形成する団体の一つとなった。

(54)『鳥居』第一三号（朝鮮神職会、一九三三年三月）、六頁。

(55)『鳥居』第一三号（朝鮮神職会、一九三三年三月）、六頁。同第一四号、一九三三年四月、四頁。

(56)『鳥居』第一四号（朝鮮神職会、一九三四年四月）、二頁。

(57)『年報』各年版による。

(58)『昭和十一年　年報』、六五頁—七三頁。

(59)小笠原前掲書、七三頁。

(60)同右、五三五頁。

(61)同右、五三六頁。

(62)「参拝者全体」とは、団体、個人の区別なく、参拝した人数の全体である。『年報』には昭和十一年版まで、「内地人」「朝鮮人」「その他」という項目別に参拝者数が記録されている。以降は「内鮮《ママ》人」「満支《ママ》人」「欧米人」という項目となる。

(63)前掲『昭和五年の朝鮮神宮』、二二五頁。同『昭和六年の朝鮮神宮』、二二一頁。

(64)榊原昇「皇国臣民育成の現状（我が校の皇国臣民教育）」、『朝鮮』第二八七号（朝鮮総督府、一九三九年四月）、四五頁。

(65)『朝鮮』第二六二号（朝鮮総督府、一九三七年三月）二八頁。

(66)「神社中心児童教化事業の実際（一）—（六）」『皇国時報』第五六一号（皇国時報発行所、一九三五年四月二一日）、第五六二号（同年五月一日）、第五六三号（同年同月一一日）、第五六七号（同年六月二一日）、第五七〇号（同年七月二一日）、第五七一号（同年八月一日）。

(67)『敬慎』第八巻第二号（台湾神職会、一九三四年）、六〇頁。『皇国時報』第五六三号（一九三五年五月）六頁。

(68)『皇国時報』第五六三号（皇国時報発行所、一九三五年五月一一日）、六頁。

(69)前掲山口「戦時期朝鮮総督府の神社政策——「国民運動」を中心に」、二〇九頁。「誓詞」の原文は『朝鮮』第二六九号（朝鮮総督府、一九三七年一〇月）、三七頁—三八頁。ただしこの文面が以降継続したのかは確認できていない。

(70)「誓詞」は権宮司吉田貞治の語。吉田貞治「朝鮮神宮の年中祭祀」『朝鮮』第二六九号（朝鮮総督府、一九三七年一〇月）、三七頁。「誓向」は『年報』昭和九年版、二〇頁。

(71)『毎日申報』（毎日申報社、一九三七年四月九日）。

(72)『文教の朝鮮』第二一〇号（朝鮮教育会、一九四三年五月）、六九頁—七〇頁。

(73)府県社以下神社の神職のうち、上席一名を社司、残りを社掌と呼ぶ。明治二十七年二月二八日勅令第二十二号「府県社以下神社ノ神職ニ関スル件」。なお「朝鮮神宮出仕」とは、宮司、禰宜等「官国幣社職制」に基く神職としての職位ではなく、朝鮮神宮の雇員を意味する。

(74) 菅前掲書(二〇〇二年)、八〇頁。

第二章　信仰へと引き込む

朝鮮神宮における大祓式

朝鮮神宮神職集合写真。前列右から３人目が高松四郎初代宮司、４人目が阿知和安彦２代目宮司。宮司交代時の記念写真と推定される。
（1931 年 5 月頃撮影。個人蔵。）

第一節　「神社非宗教」論と大祓式

（一）「崇敬」と「信仰」

本章では、一九三〇年代前半における学校と朝鮮神宮との関係に関わる詳細な分析を行う。大祓式《おおはらえしき》という祭祀を手がかりとし児童生徒が参拝させられる過程を分析することで、神社「非宗教」の中の「神秘」性の顕在化という論点や、公立学校における宗教性の位置付けといった問題に接近する。

大祓式は毎年六月末日と一二月末日に、全国の神社で行うべく定められていた祭祀であるが、国家的祭式としての性格と民衆のまつり的な性格の両方を備えた、やや複雑な性格を有する行事である。一般には半年間の「穢れ」を人の形をした紙片に遷して「祓」って水に流すという宗教（神道）色の強い行事であった。現代においても多くの神社で「茅の輪くぐり」が行われることに象徴されるように民祭的性格の強いものであり、天皇・皇室崇敬の教育とは直接的関係を見出しにくく、これに由来する祝祭日も学校儀式もない。なぜ国家的祭式としての性格をも備えていたかと言えば、明治維新期の神道国教化政策期に「大祓旧儀御再興」（一八七一年）で宮中祭祀として復活し、神道国教化政策が挫折し神社が「非宗教」の国家的祭祀機関となってゆく過程でも、「官国幣社以下神社遥拝及大祓次第」（一九一四年三月二七日内務省訓令第四号）に見られるように残されてきたからである。

皇室祭祀に倣って創出されているはずの学校儀式には、それらしいものは全く見当たらず、学校としての大祓式への参列はきわめて珍しい。全国神職会機関誌『皇国時報』に唯一確認し得たのは、一九三〇年に教派神道の一つが実施した大祓式において会場まで小学生が行列を行ったという記事である[1]。

日本内地と植民地とを問わず、一九三〇年代前半までの状況では、児童生徒の集団による神社参拝は、教育上の理由にもとづくものであり、「信仰」の強要ではないのだから大日本帝国憲法第二八条(「安寧秩序」を妨げない限りの「信教の自由」)に抵触しないと解釈されていた[2]。前章の勧学祭は、まさにこの理由において神職により総督府の消極性が突き崩されたのだった。しかし大祓式は天皇の「崇敬」に対する直接的連関を見出しにくく、かかる概念操作の範疇には収まりがたい性格を有している[3]。

本章で大祓式に着目することによって、「信仰」強制はできないが「崇敬」強制は可能だという概念の操作は、三〇年代の朝鮮においてどのように作用したのか、どのように、誰によって踏み破られていったのかということを明らかにしたい。

以降ではまず「神社非宗教論」に関わって「信仰」と「崇敬」が一般的にいかにして区別されようとしていたのかという問題について整理した上で、朝鮮神宮が大祓式の参列者を増加させたねらい、実際参列した学校種別や学校名、校長名等について『年報』にもとづいて分析する。

『年報』については前章にも述べたように、主な祭祀ごとに詳細な記録、「統計」が記載されている(ただし昭和十三年版以降は記述が簡略化される)。このことの背景について第一章では、高松四郎初代宮司の東照宮での経験を挙げた。これに加えていくつかの理由を挙げるならば、朝鮮神宮に割り当てられた国庫補助金が七万円(一九三四年)と、日本内地の官社に比して格段に高額であったことや[4]、朝鮮神宮は「統計」を「宮内省へ献上」「拓務省へ送付」していたことがあろう[5]。莫大な国庫補助金に対する「効果」(=参拝者の多さ)を官庁に報告する必要を認識していたと考えられる[6]。前章でも紹介したように、実際に朝鮮神宮神職の回想で、神職が参拝者を数えることに「汲汲と」[7]していたとも述べられている（なお本章では、「参拝」（拝礼）の意を含むものとして式への「参列」との言葉を用いる）。

では、「崇敬」と「信仰」がどのように区別されていたのかという問題について、同時代の神社関係者らの議論に即して整理しておこう。神社「非宗教」の建前の存続のためには、神社とは何かという定義がなされねば難しいにもかかわらず、「神社法」なるものはいつまでも整備されない。そうした日本内地の状況から一九二九年末、「神社制度に関する重要事項を審議」することを目的として神社制度調査会が設置された[8]。翌年七月一二日に開かれた第一回特別委員会において議論になったのは、神社祭祀へ学生が参列すること自体と「祓」の有する宗教性であった[9]。

まずこの日の委員会では、冒頭で「神社ニ於ケル宗教的行為ト称セラル丶事例」と題された資料が配布された。その「事例」は「一、祈祷禁厭ノ類」「二、守札ノ類」「三、神符ノ類」「四、其ノ他ノ行事」「五、神社ノ施設又ハ行為ト誤認セラル丶モノ」との区分ごとに具体例が示され、そのうち「四、其ノ他ノ行事」では「大祓式、夏越神事、年占ノ行事、節分会等」と記されていた。そして具体的討論が進行する中で、まず中村啓次郎（衆議院議員）がキリスト教や浄土真宗の信者が神社参拝を「信教の自由」を理由に拒む事例のあることを指摘した。その発言を受けて池田清内務省神社局長（のち朝鮮総督府警務局長）は、こうした話は「此次に」しようとした。しかしそこで水野錬太郎（貴族院議員、元内務・文部大臣）が、中村の発言を解釈し、論点を整理する形でこのように発言したのである[10]。

基督教の人が神社に於ける宗教行為云々ということはこういうことであろうと思う。例えば神社に小学校生徒を参拝させ、或いは神棚を拝ませるというようなこと、小学校生徒にそういう参拝をさせるということは、これは崇敬の意思を以てさせる……但し神社の式に列せしめる、そうしてそれを信仰せしむるが如き行動をなすということは所謂宗教的行動、例えば今お祓いというようなことをやる、そうして式に列せしむる。そうするとその事柄は神社に対し強制的に信仰せしむることになる、そこに行くと信教の自由というものが殺がれるようになる。（傍線引用者）

この発言の中では、「小学校生徒に参拝させる」ことは「崇敬」であるが、「神社の式に列せしめる」ことや「お祓いというようなこと」については「強制的に信仰」させることになり、「信教の自由」に抵触するという認識が示されている。

この発言は、水野本人が「強制的に信仰」させることに対して否定的であったというよりも、議論の中で論点を明確にしたという性質のものであることに注意しなくてはならない。しかしこの委員会冒頭で議論の材料として右記の資料が配布されたことや、水野のこの発言が示すように、政策立案に関わる神社関係者のレベルでは一九三〇年七月の段階で、祭祀への児童生徒の参列や「祓」が「信教の自由」に抵触する事例として議論に上っていたことは重要である。[11]

（二）総督府の協力者

前項で述べたように、一九三〇年の神社制度調査会では、祭祀への参列や「大祓」が「宗教的行為」であり「信教の自由」に抵触するという問題が話題に上っていた。また朝鮮では二〇年代からすでにキリスト教系学校学生の神社不参拝が問題とされていた。それにもかかわらず、三〇年代前半から朝鮮神宮では大祓式への学校の参列が開始された。『年報』に記載される例祭など朝鮮神宮の他の祭祀においては、祭祀そのものへの参列者として校長の名は見られても児童生徒の名前は見られない。(12) したがって、朝鮮神宮大祓式への児童生徒の参列は、「信教の自由」の問題に照らしても、他の朝鮮神宮行事との比較においても、特異なことであったと判断される。本項以降では、そうした特異な状況を作り出した要因を考えるため、官僚、神職、校長の意図について検討する。

「神社非宗教」に関わる日本内地の行政機構は、神社行政を内務省、教派神道を含む宗教行政を文部省が所管する体制で区分がなされていた。朝鮮総督府では一九二一年に至り宗教行政を学務局が、神社行政を学務局内務部（一九二二年以降は内務局）が担うという形で整備された。(13) 赤澤史朗は、日本内地の文部省と内務省の神社に対する態度の差異について「総じて言えば文部省側は国家道徳の施設としての神社を位置付ける傾向が強く（略）、内務省側は神社の宗教性を強調する姿勢を見せ」たと指摘する。(14) これを朝鮮総督府に援用すれば、学務局と内務局との温度差ということになる。まずは学務局と内務局の温度差に着目しながら、朝鮮神宮大祓式への総督府官僚の参列状況を確認しつつ官僚の意図を探ってみたい。

大祓式への参列者は、一九三一年までは一〇人前後であり、朝鮮神宮祭式の中で最も小規模であった。総督府官僚としては、総督代理として内務局長が参列することもあったが、三三年までは課長以下が代理を務めることが多かった。京畿道知事、「京城」府尹《いん》（尹は市長に該当）、ともに三二年までは代理が参列していた。したがってこの頃までは、道・府にとって重視される祭祀であったとは見なし難い。しかし一九三四年になると総督代理として財務局長、他に内務局長と警務局長が参列し、京畿道知事も参列した。また、憲兵隊司令官や朝鮮軍参謀長のような軍将校の参列が始まった。翌三五年には軍関係から憲兵隊司令官、朝鮮軍参謀長に加えて、「歩兵七十八聯隊将校団」代表、在郷軍人会京城分会長も参列した。三六年には政務総監今井田清徳が参列し、三七年からは前年八月に着任した南次郎総督自ら参列し、参列人数も千人を超えるに至った。この年を最後に参列者個人名の記録は『年報』から消える。

『年報』で確認する限り、朝鮮総督府内務局長は一九三三年から三四年、三五年、三六年、三七年の五年間夏冬計一〇回の大祓式のうち八回に出席した。これに対し学務局長は一度も参列した形跡は見られない[15]。総督府学務局長が参列したのは、一九三三年は歳旦祭、明治節祭、三四年は紀元節祭、天長節祭、例祭、新嘗祭、三五年は紀元節祭、天長節祭、例祭、三六年は紀元節祭、天長節祭、例祭、明治節祭である[16]。これらの祭祀は、例祭と新嘗祭を除けばいずれも四大節で学校儀式が行われたものである。

四大節関連祭祀への積極的参加状況とは対照的に、学務局長は大祓式に参加しなかった。そのことは、この祭祀の性質が教育に関わるものではなく宗教性を帯びていると認識されたことを意味したと考えられる。しかし実際に大祓式への学校の参列が一九三二年から開始された事実は、神宮側はそれが教育に関わる行為か否かを不問にしようとしたこと、実際学務行政当局の意向とは関係なく朝鮮神宮神職の呼びかけに応ずる人物（官吏や校長）が存在したことを示している。

例えば神職のそのような意向に対する協力者の一人として、総督府内務局地方課嘱託の小山《おやま》文雄を挙げることができる。朝鮮神宮の私的奉賛団体天晴会の幹事でもあった小山は一九三四年に『神社と朝鮮』を著し、神社参拝を「宗教」行為と断言することに対しては幾分か慎重さを残しつつ、次のように「児童の神社参拝」を正当化した[17]。

国民にして輸入教を信ずるを理由に、国体神道を奉ぜぬものありとせば、そは明に反国民的である。他の宗教も神道も結局は、同一宇宙の絶対真理を信ずる点に於て一に帰するものと信ずる。（略）かくの如き神社の特質は又以て国民的情操を養う上に少なからざる効果を及ぼすものなる事素よりであつて、国民教育上児童の神社参拝の深い理由と効果とをここに見出すことが出来る。（略）大らかな宗教味によつて、他く多くの宗教的信仰を包容淳化するの霊場であるからして（略）よろしく小我を捨てて大同に就くの雅懐を持し依つて以て神社を中心とせる精神的結合の成らん日を待望するものである。

小山は、「他の宗教も神道も結局は、同一宇宙の絶対真理を信ずる点に於て一に帰する」のだから「輸入教を信ずる」という不参拝の理由は「反国民的」であると明言する。このことによって、それまで学生に関しては「崇敬」に限定されていたはずの区分を、「霊場」である神社が「小我」を「包容」するという理論で踏み越えようとする認識がうかがえる。この著書は、三五年末以降キリスト教系学校で神社不参拝が大きな問題になるよりも一年以上先んじて出版されたものである。

同書には、総督府警務局長であり朝鮮神職会顧問でもあった池田清と、朝鮮神宮宮司阿知和安彦が序文を寄せた。池田は、朝鮮神宮を管轄する内務局長でもなく、学校を管轄する学務局長でもないが、内務省神社局長から朝鮮総督府警務局長へと異動した経歴を持ち、全国神職会、朝鮮神職会とも深いかかわりを持っていた[18]（末尾資料2-2参照）。池田は小山の著書の序文で「神祇史より見たる内鮮《ママ》の関係に至りては殆ど叙述して余すところなく、能く神社の特質を明らかにして（中略）人心に裨補するところ甚大なるものあるべきを信ず」と称賛した[19]。朝鮮神宮を直接所管したわけではなかったにもかかわらず、池田が朝鮮神宮宮司と並びこうして賛辞を寄せたことは、朝鮮総督府で神社行政を管轄した内務局以外にも神社の支援を惜しまぬ官僚が存在していたことを示す点で興味深い。

池田は前職の内務省神社局長時代、前項で触れた神社制度調査会特別委員会に毎回出席していた。したがって「お祓いというようなことをやる」のが「信教の自由」に抵触するという論点を熟知していたはずの人物である。それにもかかわらず、彼自身は朝鮮においては「朝鮮禊会」を組織して顧問となり、「禊会」に警察官を参加させただけでなく、警察官講習会では自ら「先ず以て禊行事を励行、然る後神前にぬかずく」ことを実行していた。[20]「禊」は「祓」と並びその宗教性がつとに指摘されていた行為である。[21]

小山は神社不参拝を「狭量」と非難し、池田は「禊」を朝鮮に広めようとしていた。総督府学務局が宗教的祭祀への参列に消極的であるとしても、官吏の中にはこのように神社の有する宗教性の積極的肯定に熱心であった人物が存在していた。一九二〇年代に「神社は宗教なり」と断言していた高松四郎は孤立していたが、三〇年代前半の朝鮮では、このように神職の「神秘」の叫びに共鳴する関係者が行政担当者の中に存在するようになったのである。三〇年代半ばに朝鮮に公金の支出制度を導入するなど総督府が神社制度を「整備」することや、神宮大麻配布に直接介入し始める（第五章参照）といった神社との関係強化は、かくして準備される。

（三）神道国教化の要求

本項では高松の後任である阿知和安彦二代目宮司の言論を手がかりに、理を超え叫ぶ「神秘」の声の出所を見極めてみることとしたい。

阿知和安彦は一八七三年愛知県に生まれ、九八年年神宮皇学館本科を卒業した後、（伊勢）神宮宮掌兼神宮皇学館教授、別格官幣社建勲神社宮司兼皇典講究所京都分所専務理事を経て官幣中社吉田神社宮司となり、同神社在職中に精華女学校（現在の京都精華女子高等学校の前身校）を創設した。[22]その後別格官幣社東照宮宮司、（伊勢）神宮禰宜、官幣大社諏訪神社宮司を経て五七歳で官幣大社朝鮮神宮に二代目宮司として着任し、退任後は「皇道宣揚会長」となる。[23] 戦後は高松や三代目宮司額賀大直とは異なり神社界要職には就かなかった。性格は朝鮮神職会報では「資性温厚格勤《ママ》の人士、保身明哲を想わせてゆとりを示し、流水の如くシャダツに容言の慨あって而も感ずる処あり、緩急よろしく其の中庸を往く處に氏の身上がある」と評されている。[24]

阿知和の在職は朝鮮神宮完成六年後の一九三一年五月から四〇年八月までであり、それは朝鮮神宮が存在した二〇年間のうち約半分の期間を占める。この間大祓式への学校の参列や次章の課題である夏季早朝参拝も含めてさまざまな試みが開始された。

「阿知和時代」における朝鮮神宮の特徴として第一に、学校関係者（校長・教員・学生・生徒・児童）を参拝させることへの強い意識を挙げることができる。まず一九三二年からは、それまでごくわずかの関係者のみ参列していた六月の大祓式に京城第二高等女学校生徒が参列を開始、翌年からは多くの学校長と学生・生徒・児童代表の参列が行われるようになった。三四年には、前章で詳述したように勧学祭で配布された修身書に対する児童の「御礼参拝」を、学校単位のみならず個人でも再度行うよう呼びかけ、その際に記名した「誓詞」を神前に提出させるという方式を始めた。学校と神社とを結び付けようとする強い意志は、自身が過去に女学校創設を主導した経験と関連しているように思われる。[25]

また、この時期の特徴として第二に、国家的儀礼、あるいは天皇への敬意の表明としての神社参拝とは質的に異なる、日本内地の年中行事に由来する行事を創り出した点を挙げたい。三二年に節分祭を開始、三四年端午の節句に尚武祭を開始、翌三五年上巳の節句には桃花祭を開始した。

関連して第三に、参拝者個人とモノのやりとりを行う行事が数多く開始されたことを挙げることができる。例えば、三二年から開始した節分祭では、門に「立春大吉」等の文字を書いた紙を貼る現地の風習に倣い、朝鮮人参拝者を対象にして門に貼るための「立春札」を配布した。このことは全国神職会報でも紹介されている。[26] 三三年から開始した入営奉告祭では新兵全員に守札を配布し、先にも述べたように三四年から修身書配布の「御礼参拝」に「誓詞」を提出させることにし、三六年の桃花祭では参拝者一人一人に桃の枝と陶器に入った甘酒を配布した。

三〇年代前半、阿知和就任直後の矢継ぎ早な行事の開始や拡大は、植民地に創建された神社に、日本人の習俗的、民祭的な行事が導入されること、そしてそれが日本人だけでなく朝鮮人の信仰を得ることも企図したものであるという点に大きな特色がある。そして、それは日本内地の天皇機関説事件に始まる「国体明徴」運動（一九三五年）や、内務省神社局の神祇院への昇格（一九四〇年）等に先駆けて、あるいはそれらと無関係に実施されたものであり、そこには神職の宗教家としての強い信念が表れている。

朝鮮神宮で配布された立春札。
（『恩頼　朝鮮神宮御鎮座十周年記念』（朝鮮神宮奉賛会、一九三七年）、214 頁。）

またこれらのことは、はじめに述べたように際立って潤沢であった国庫補助金を背景として実施されたと考えられるが、加えて、崇敬心の表明としての儀礼的な参拝に対して阿知和はじめ神職たちが強い拒否感を抱いていたことと関係しているといえる。阿知和は朝鮮神宮に着任後間もない一九三一年一一月に、警察官を対象とする雑誌にこのように記している。[27]

阿知和安彦二代目朝鮮神宮宮司。
（『恩頼　朝鮮神宮御鎮座十周年記念』（朝鮮神宮奉賛会、1937年）、187頁。）

> 一寸お断りしておきますが私の崇敬といふことは信仰の伴う崇敬であります。近頃神社と宗教との区別が喧しくございますが我が国の神社といふものは崇敬とともに信望の対象であることを私は信じております。（略）日本の神社は無論崇敬すべきものでありますが、崇敬する上においては、信仰の伴う崇敬であり、さうして至誠を捧げてお祈りすることに於いて初めて神のお扶けを得られると固く信ずる者であります。

この文章は、勅任官待遇の官吏の文章というよりも、むしろ信仰を求める宗教家のそれの様相を呈している。阿知和は、その後も祭祀の出席者や参拝者の態度について「ともすればお儀式的になり易」い（三六年）[28]、「儀式だけでは何にもならん」（三六年）[29]、「兎角祭祀を軽い儀式として取扱って神前即尊前と心得るものが少いのは遺憾千万」（三九年）[30]と、「信仰心」の伴わない参拝者の様子に対し継続的に不満を吐露した。さらには「我帝国の神社は行政の機関ではない、政治の道具でない[31]」という言葉で、「信仰心」の有無に関わらず「国家の宗祀」として道徳的な拝礼を要求するという当時の神社行政の姿勢にも憤懣を隠さなかった。

そこには、神職会報で「資性温厚」と評された彼の姿は感じられない。崇敬や道徳的表敬としてではなく、信仰心や祈願する心を伴って個々が「自発的」に、「至誠を捧げてお祈りする」行為こそが阿知和の願いであり、現実はどれほど参拝者が増えようとも、彼の願いとは程遠い状態であったことがうかがわれる。右で引用した三一年の文章の中で阿知和は、「信仰は無理に勧める訳に行かない。自ら信仰に入らなければならぬ」とも記しているが、実際の朝鮮神宮は、崇敬のための敬礼をしに参拝する人々に「謂わば国教」[32]として信仰を勧めようとするためのあらゆる手段を講じていた。

三六年に平壌のミッションスクール校長を神社不参拝により罷免した措置に伴って出された学務局長通牒には、「国体観念涵養のため単に愛国心と忠誠とを現わすべく学校教職員、学生、生徒、児童をして神社に参拝せしむるは毫も信仰の自由を侵害するものにあらず」との認識が表明されている。[33] 例えばこの平壌の神社不参拝事件の際に、ミッションスクールの校長を含む長老派のミッションと渡邊豊日子学務局長との会合（三五年一二月）で、学務局長は「（学校側の責任で）神社に霊はいないと指導しても良」いから敬意の表明として参拝を指導するよう促している。[34]「謂わば国教」という阿知和宮司時代に朝鮮神宮で実際に児童の参拝を図っていた神職と、学務局のこのような「神社非宗教」の立場とのあいだには、神社を参拝させるという帰着は同じであっても、そこに至る立場には相違があった。[35]

一九二〇年代の高松四郎は、神社を宗教と明言し、総督府に「時代錯誤」と言われた。一九三〇年代に入り、阿知和安彦は神社を「国教」と表現したが、これへの直接的、対抗的構造や反応は、総督府には見られない。三〇年代前半の朝鮮には、「非宗教」という政策遂行上の建前を逸脱した「神秘」の足場からのファナティックな叫び声は、池田清や小山文雄のような共鳴者を総督府内に増やしていた。しかし、総督府との緊張関係の緩和を背景に朝鮮神宮への高官や団体の参拝者が増加するにしたがって、神職は新たな不満を掻き立てられることとなる。

（四）憤懣を募らせる神職

次に朝鮮神宮神職の意図について、なぜ大祓式に学校関係者（校長、教員、学生、生徒、児童）を参列させるのか、その意図したところを考察する。まず、朝鮮神宮大祓式にはどれほどの人数が参列したのかということを次頁表2‐1で確認したい。大祓式は夏冬年二回実施されたが、三二年から学校の参列が開始されたのは夏の大祓式のみであるため、[36]以下本書では断りのない限り夏の大祓式を対象として述べることとする。

大祓式参列者の合計数は表2‐1で示したように一九三二年から激増するが、三二年の学校関係参列者一八一名の内訳は京城第二公立高等女学校の教員一名と同校生徒一八〇名であり、学校数としては一校にとどまる。[37]すなわち、道・府の首長レベルでも代理出席がなされていたこの年までは、大祓式への学校の協力も一校にすぎなかった。ただし同年から、それまで午後三時、二時、午前一〇時など不定であった式開始時刻が午後三時となった。これは、学校の授業時間を意識したものと考えられる。翌三三年からは「京城」府内諸学校の参列が始まった。

朝鮮神宮は、大祭の一つである祈年祭には各学校に「案内状」を出していた。[38]未確認であるが他の祭祀・行事へも参列の「案内状」が出されたとすれば、大祓式に関するそれは一九三三年から「京城」府内各学校に出されたと推定される。三三年以降の大祓式への諸学校参列が始まったわけだが、その形式は以下に記すように特殊であった。

朝鮮神宮行事への学校関係の参列はそれまで、例えば例祭や新嘗祭のような官祭には校長が参列し、「紀元節奉祝式」など祭祀後に境内で行われる式典には学生団体が参列するといったように、校長が参列するか、学生が学校ごとに団体で、祭祀後の式典に参列するという形式が一般的であった。また、前章で分析した勧学祭では、各初等

表 2-1　夏の大祓式参列人数の推移

（人）

年	学校関係者	全参列者
1931 年	0	11
1932 年	181	201
1933 年	235	257
1934 年	240	273
1935 年	228	276
1936 年	416	441
1937 年	1,129	1,269

典拠：『朝鮮神宮年報』（朝鮮神宮社務所編）各年版。

学校長が祭祀に参列し、その後児童が別の日に学校ごとに参拝を行うという形式を取っていた。このように、児童生徒が祭祀そのものに参列する事例は見られなかった。

しかし大祓式では、校長が自分だけ参列するか、一人から数人の学校の代表のみを伴い参列するという形がとられた。大祓式においては、一つには祭祀そのものに児童生徒学生が参列していた点、また一つには、本章はじめに、児童生徒の集団参拝は、教育行為と見なされ許容されていたことを確認したが、朝鮮神宮大祓式の参列は集団ではなく代表一人から数人だったという点である。

この問題を考えるにあたり、まず朝鮮神宮の神職の意向に注目したい。朝鮮神職会会報で確認できるだけでも一九三三年六月号、同年一二月号、三四年六月号に大祓を勧める論説が掲載されている。三三年、三四年六月の論説には両方とも「ときつね」の署名があり朝鮮神宮神職の横井時常の手になる可能性が高い[39]。例えば三三年の朝鮮神職会会報の論説では、「諸国大祓の提唱」と題してこう述べている[40]。

我が国民中には、我等の祖国、ソビヱートを守れの狂言を叫ぶ者、或いは近くは名を学の研究にかりて、文部当局に盾付く大学教授等が有る。（略）多大の国幣を費やせし結果たるや一国の方針にあく迄反抗することを天下に教うる先生方であったとは。国家の安寧秩序を乱さざる限りに於て自由を許さるるは、独り信教のみではない。学者の研究、発表も如何に自由とは云え、やはり限定付きであらねばならないのである。（略）されば国民総動員を持って祓を厳修し。《ママ》禍罪は尽く太平洋の彼方に捨てやるべく此処に諸国大祓を提唱する者であるが非常時日本の霊的国防もこれに依って行われるものと信ずるのである。

この論説が会報に掲載されたのは一九三三年、「満洲事変」から二年を迎える頃である。その特徴は、第一に、大祓式が「非常時日本」の「国防」と結びつけ解釈されていることである。『年報』（一九三三年版）においても同様に、「非常時難の今日を打開するには最も必要なる行事」と述べられている。[41] 第二に、「明治天皇」や「天照大神」といった具体的な祭神名でなく「霊」という言葉によって、その宗教性を滲ませるということがある。神社は「霊」に額づくところであるという認識は、朝鮮神宮の神職に共有されたものであった。[42]

阿知和安彦宮司については、「国教」化を主唱したことを前項で述べたが、阿知和も「霊」について「お辞儀だけすれば良いかというと決してそうではありません。（略）どうしても神社というものに神霊を認め、それに依って国家の安全、個人の繁栄を祈るという精神が必要なのであります。[43]」と述べている。阿知和の考えでは、「信仰」すべきは個々の具体的な祭神名を飛び越えて「神霊」であった。教育を建前にした児童の動員とは質的に異なる、「霊」場に足を運ぶ行為を拡大させようとする神職の宗教的営みの一環として大祓式は存在した。

このことは、朝鮮神宮竣工直前に問題となった朝鮮神宮祭神論争を考え合わせてみると興味深い。[44] 祭神論争では、朝鮮神宮の祭神として朝鮮民族の始祖とされる檀君も祀れという意見を在野の「敬神家」が提言し、日本内地の有力神職を巻き込んで話し合いがもたれたが、結局規定どおり天照大神と明治天皇が祭神として祀られた。このように一方では祭神の具体名が重要な課題として意識されていたわけだが、実際に神職らが神社に存在するとされる祭神の具体名にこだわる様子は、阿知和や横井の引用からは感じられない。ここには、朝鮮総督府が想定しただろう天皇への崇敬を示す施設としての神社と、神職の足場である「霊」の存在を前提とする神社との齟齬が示されている。

一九三〇年代に至り、単なる「崇敬」施設として神社が利用される機会が増える一方で、そのことが同時に神職の中に苛立ちや怨嗟を催すことにもつながってゆく。以下でさらにいくつか、神職の主張を挙げる。阿知和は、「崇敬」を即否定はしないものの、そこに「信仰」心が伴わないことについて次のように嘆じた[45]。

神社はこれを崇敬し、同時に信仰的にこれを祀らねば神道の意義をなさぬ。勿論神霊の存在を認むればこうなくてはならぬ。それを一方的に即道徳的にのみ偏するから、ともすればお儀式的になり易く、遂には折角のお祀りが精神の入らぬ魂のぬけた所謂、おまつり騒ぎになってしまうか、又は猿芝居と変わらないものになってしまう。祭典の場合多数参列者の側面観を極めて露骨に、赤裸々に評すれば、大部の参列者は只お義理に参列して居る。

さらに阿知和は、朝鮮神宮への団体参拝者の態度について不信を顕わにし[46]、学校関係者に対する疑問を投げかけた。前掲小山文雄の『神社と朝鮮』に池田警務局長と並んで寄せた序文に「冀わくばこの書の広く教育者その他指導的立場に在る大方諸賢の熟読を得」たいと書き、教育者が教育されねばならないとの考えを滲ませた[47]。阿知和がそう考えた理由は、以下の引用からもうかがわれる。自分が三五年に熱田神宮の祭祀に参列した際の感想である[48]。

神霊の存在を認めない人、神社の祭典にお義理に参列したり、珍しいから観ようとて来た人たちとしか思はれぬ。実際信仰は勿論崇敬心の有無さへ疑はれる。多くの場合是である。或女学校の団体が校長以下に引率せられて参拝せるのを側面から観たが僅かに一分間足らずの最敬礼の中にも、隣の友の袖を曳いたり、口に手を当て、笑を抑えたりする不埒の存在が注意を惹いた。本願寺の弥陀堂や、天理教の教会で、何千人の信徒が一心に合掌するとは大部趣が違ふ。（略）神社の参拝は神霊の存在を認識し是を崇敬すると共に、信仰を捧ぐる程度迄に、是を指導奨励せねばならぬ。

ここで阿知和は学校団体の参列の様子を「不埒」だとして、「本願寺」や「天理教」のような「熱心さ」を要求した。また、三六年の講演では「中等学校の校長さんから祈念《ママ》祭とは一体何を祈念する祭か」と聞かれたことを紹介し、「知識階級特に教職に在る身の人ですら知っていないということは、即ち認識不足」だと断じた[49]。さらに三七年の講演では「神社は宗教ではない、御祭りはしても御祈りはすべきではないという様な狭い解釈をする様な向もありますが、それは非常に誤った考え」であると述べた[50]。そこには、宗教性を理由とした神社不参拝を一蹴する姿勢がうかがわれる。阿知和の主張は、「崇敬」を超えた「信仰」のきわめて明確な要求であった。そしてその「信仰」への要求は、学生と校長に向けられた。

ただし阿知和の主張は、「信仰」として「本願寺」や「天理教」なみの「熱心さ」を求めつつも、他の宗教と神社が同列に扱われるべきだという主張ではなかった。神社行政においては、神社は「崇敬」の場であってこそ「信教の自由」に抵触しないとの理論づけがなされていたわけだが、阿知和にとっては他の宗教に優越する地位を保証される「信仰」の場が神社であった[51]。

皇室の御信仰は、我々国民の信仰でなくてはならぬ。（略）個人的には佛教を信ずるも可なり、基督に帰向するも可なり、然も夫が為に宗家の信仰を捨てねばならぬ教えがあつたならば、夫は一家の安寧秩序を妨ぐるものだから、速かに捨てねばならぬ。（傍線引用者）

「皇室の御信仰」が個人の「信仰」に優越せねばならぬとする阿知和の考え方は、先述の横井時常の論説中の、「信仰」も「学芸」も同様に天皇、国家へ「帰一」すべきであるとの主張とも共鳴する。横井は論説の中で「文部省に楯突く大学教授」などを厳しく非難しているが、阿知和や横井のこうした態度は、学務局が表面上慎重な姿勢であったにもかかわらず、朝鮮神宮が大祓式に学校関係者を参列させた理由を示していよう。

ここで、一九三五年から朝鮮神宮に着任した初代権宮司[52]吉田貞治の言説も見ておきたい。まずは、吉田が着任してまもなく起こった私立崇實学校校長の平壌神社不参拝（のち非職）事件に際しての談話である。[53]

元来神社は宗教的行為を持つが、さらに包容性、普遍性に富み宗教以上のものであり、国家精神の表徴でもあり、国家と神社は即一体、神社は国家の宗祀といふことはわが国においては伝統的精神として一貫してゐる。すなはち神社の否定は国家の否定になるであらう。キリスト教などは神道の中の極めて狭い一派、例へば天理教などの位置にあるものだ。

次に、朝鮮教育会、すなわち朝鮮内の学務行政関係者と校長たちを前に行った「国体明徴と神祇教育」と題する講演である。[54]

日本の憲法は欽定憲法で、外国の憲法のやうに人民の要求によつて、時には脅迫されて作つた様なものとは全然違ふ。日本の憲法は申すまでもなく、皇祖皇宗の示された遺訓を唯成文になされたものである。而もそれを一番最初に臣民にお示しになる前に、皇祖皇宗の神霊にお誥げになり、皇祖皇宗及皇考の神祐を祷られて、愆《あやま》らざらんことをお誓ひになつてをられるといふことは、神霊が憲法の後に厳然として存在されてをることを示すものである。敬神観念が憲法の後にあり、寧ろこれを基礎づけていることを知らねばならぬ。この敬神観念の具現、具体化であるところの神社を一般宗教同様に引下げて考へるのが抑々間違であると思ふ。信教の自由は憲法で規定されてをるといふのでありますが、その憲法は勿論皇祖皇宗の遺訓である。皇祖皇宗の遺訓を遵奉する者はその神霊を鎮祭し奉つた神社に崇敬の誠を捧ぐべきは当然でありませう。結局神社の崇敬を否認することは安寧秩序を妨げる結果になりはせまいかと思ひます。（傍線引用者）

一九三〇年代、総督府との関係改善や「国体明徴」を背景として、神職はこのように「神霊」の存在する神社に参拝しないことがすなわち「安寧秩序を妨」げるものであり、「国家の否定」であると主張した。阿知和は神社は「国教」として特別な地位であるとの主張は吉田と共通するが、「天理教の教会」なみに「熱心」な神社参拝・祭祀参列を求めた。しかし吉田は「キリスト教」は「天理教のような位置」にあるのであり、神社信仰をそれらと同列に「引き下げる」ことが「間違」と言い切った。かくして、神社は「非宗教」ではなく「国教」なのであるが、右の諸言説を見る限り神職同士でも重大な自家撞着を抱えていた。他宗教への軽侮と羨望とを混ぜ込んだこのような矛盾を包摂したまま、ともかく神社「非宗教」の建前は彼ら神職によって熱烈に掘り崩されるのである。

序章で、ファシズムの担い手となったのは、日本内地においては府県社以下神社（「草の根」）の神職らであった

吉田貞治初代朝鮮神宮権宮司。
(『恩頼　朝鮮神宮御鎮座十周年記念』(朝鮮神宮奉賛会、1937年)、288頁。)

ことを、先行研究を挙げつつ指摘した。しかし植民地朝鮮ではこのように、高等官の待遇を受ける官幣社の神職も、すなわち全国の神職の中でも一握りのトップエリートとも言える神職も、「非宗教」論を声高に、必死に叫ぶように否定していたことが重要である。

大祓式への参列は先述のように一九三三年から、校長が一人から数人の代表児童生徒を伴い参列する、または校長のみ参列するという特殊な形式がとられた。伴って参列する児童生徒の人数が少ないことは、校長にとってみれば自らが引率者にとどまるのではなく、積極的な参列者として振舞わざるをえない状況が創出されたということでもある。校長と児童生徒は互いに真面目に祓いの身体儀礼を行うように監視することが可能であった。神職の抱いた「大学教授」や「教職にある者」に対する憤懣を考慮すれば、朝鮮神宮大祓式では児童生徒のみならず、各校長も「教化」の対象と見なされていたと考えられる。これに関連して、大祓式への学校参列の開始は一九三二年であり、阿知和の着任はその前年(三一年五月)であることも重要である。大祓式への学校の特殊な参列形態については、阿知和が主導した可能性が強い。この形式は、校長と学生とが互いの監視役として機能することで「熱心」な参列をその場に現出させることができる。この点で、阿知和の論説に見たような二重の嘆き、第一に団体参列の「機械的」なありさま、第二に「教職に在る身の人」の「認識不足」を同時に解消する可能性を持つものと位置付けられていたと解釈できる。

神職横井時常の主張から、当初大祓式への参列は、青年層に対して期待されたものであることが判明した。またその背景には、阿知和安彦らの主張に見られたように、「おまつり騒ぎ」「猿芝居」的な団体参拝による量の拡大よりむしろ「質」の深化、すなわち「信仰」心を持って「霊」場である神社に足を運ばせることへの強い期待があった。

第二節　生徒から児童へ——大祓式への参列者の具体像

（一）大祓式への動員開始とその対象

では、大祓式にはどれほどの参列者が学校から動員されたのか。学務局学務課長大野謙一の一回（三四年一二月）を除いては学務官吏が参列しなかった大祓式だが、朝鮮神宮の呼びかけに校長たちはいかに応じたのか、または応じなかったのか。以下で、学校種別による違いや校長個人による対応の相違を確認してみよう。

表2-2から、一九三七年からは参列人数がいっそう激しく増加したことが判明する。以下では、一九三三年から三七年に至る期間の学校の参列について詳細に見ていくこととする。

朝鮮神宮は一九三四年五月の皇太子初節句を機に尚武祭、翌三五年三月に「地久節奉祝」のため桃花祭といったように、子ども層（就学児童以外も含む）を主に対象とする祭祀を次々と創出した。しかし表2-2から、大祓式の

表 2-2　大祓式参列人数の推移

（人）

学校種別	1933 年	1934 年	1935 年	1936 年	1937 年
帝国大学予科	3	1	1	0	0
高等専門学校	1	11	3	13	43
高等教育機関小計	4	12	4	13	43
中学校	12	2	5	5	7
高等女学校	11	27	34	50	157
高等普通学校	20	10	21	27	107
女子高等普通学校	2	5	8	13	28
実業学校	35	91	38	162	117
師範学校	51	5	0	54	35
各種学校	24	20	50	22	29
中等教育機関小計	155	160	156	333	480
小学校	15	25	49	23	115
普通学校	61	43	29	47	491
初等教育機関小計	76	68	78	70	606
学生と引率者合計 (a)	235	240	238	416	1,129
全参列者数 (b)	257	273	276	441	1,269
(b) に占める (a) の割合	91%	88%	86%	94%	89%

典拠：『朝鮮神宮年報』（朝鮮神宮社務所，各年版）。

場合はそうした祭祀とは異なり、一九三六年までは中等教育機関から主に参列したことがわかる。このことは、前節で見た朝鮮神宮神職横井時常の論説「ソビエートを守れの狂言を叫ぶ者、或いは近くは名を学の研究にかりて、文部当局に盾付く大学教授等が有る[55]」という言葉に表されるような、社会主義の台頭に対する露骨な嫌悪や中・高等教育関係者への非難と関連づけて考えることができるだろう。

しかし、一九三六年まで最も多く参列した中等教育機関からの参列様態を詳しく見ると、大規模に参列した学校には一定の特徴がある。一九三四年に生徒・教員が参列した京畿公立商業学校（生徒五六名と校長以下引率四名）は日本人・朝鮮人の共学校だが、日本人の在籍率が朝鮮人在籍率を上回る[56]。また三五年の彰徳家庭女学校（引率含め四五名）は日本人対象校である。一九三六年の京城商業学校（引率含め一二〇名）、京城第二高等女学校（引率含め五〇名）、三七年の龍谷高等女学校（引率含め百一一名）も同様である。大祓式に協力的な中等教育機関は、日本人対象の学校か日本人比率の高い学校、中でも女子生徒対象校が目立つ。中等教育機関から大祓式に参列した人々の具体像は、神職が参列を期待した層とは異なる結果となっていたことが推定できる。

（二）初等学校の大祓式参列状況

次に初等学校、すなわち普通学校・小学校の参列状況を、前章で検討した勧学祭の場合と比較しつつ確認したい。参列状況の比較を試みる理由は、勧学祭と対照し得る性格を、大祓式は備えていると考えるからである。勧学祭では、当初「京城」府の学務課長が参列、一九三一年からは総督府学務局長も参列した。

他方大祓式には、学務官吏は慎重であった。背景には、神社は宗教と明言する神職の意図とは別次元で、少なくとも三〇年代前半の段階では「非宗教論」の建前を一応遵守すべきとの学務行政の判断があったことが想定される。さらに大祓式には、勧学祭のように教科書を無料で配布するという教育上の大義名分もない。そのような判断の難しい行事に、各校長らはいかに対応したのか。次頁の表によって確認しよう。

表2-3から、勧学祭との相違が鮮明に見て取れる。まず公立に関して言えば、小学校・普通学校ともに勧学祭と異なり、大祓式への参列状況は大きくばらついている。また、表には入れていないが初等教育の中核校としての位置を占める官立京城師範学校附属小学校・普通学校も、勧学祭には記載されているが大祓式には参列した形跡が見られない（ただし官立京城師範学校は一九三五年を除いて参列し、同京城女子師範学校（三五年開校）も三六年、三七年と参列している）。

表 2-3　初等学校（官立、各種を除く）の参列数比較

（校）

年	公立小学校		公立普通学校		私立普通学校	
	勧学祭	大祓式	勧学祭	大祓式	勧学祭	大祓式
1933	10/10	5/10	18/18	15/18	2/10	2/10
1934	10/10	9/10	18/18	14/18	2/12	2/12
1935	10/10	10/10	17/18	9/18	12/12	3/12
1936	11/11	4/11	24/24	7/24	12/14	6/14
1937	11/12	10/12	21/24	21/24	15/16	16/16

典拠：参列学校数は『朝鮮神宮年報』（朝鮮神宮社務所編）各年版、府内学校名は『朝鮮諸学校一覧』（朝鮮総督府学務局）各年版。

公立小学校・普通学校の場合は、校長の人事異動は小学校・普通学校という区別を越えて行われる。したがって大祓式への参列状況を校長の名前と照合させながら分析すると、学校ごと、校長ごとの参列状況が明らかになると予測できる。次に公立普通学校・小学校各校長の名前に着目しながら参列状況を確認してみたい。

表2-4と表2-5から、一つの学校で参列に消極的な校長は、転勤した学校でも消極的な傾向が見られ、積極的な校長は転勤しても積極的な傾向が見られる。このように学校としての一貫性よりも、校長個人における一貫性が見られる事実[57]は、大祓式への参列には校長個人の判断の余地がありえたこと、その個人個人の判断には差が大きかった、またそれが許容されたことを示している。行政の意向を汲むのではなく、学校として参列の可否を校長が行っていたことが重要である。

まず、大祓式にだけ消極的な傾向が明白にうかがわれる校長を挙げてみよう。渼洞普通学校（三四年―三七年）の市川榮三校長と清雲普通学校猪熊吉太郎校長（三五年―三七年）は、勧学祭にはすべて参列したが、大祓式には一回も参列していない。日出小学校小坂権太郎校長（三三年、三四年）、永登浦小学校平田庫太校長（三六年、三七年）も同様である。これに準ずる傾向は、壽松普通学校野中齋之助校長、貞洞普通学校洪範植校長にも見られる。[58]逆に、

表 2-4　公立普通学校校長の参列状況

校名	西暦	勧学祭	校長(訓導)	大祓式	校長(訓導)
校洞	33	出	山本	出	山本
	34	出	山本	出	山本
	35	出	山本	出	山本
	36	出	山本	出	山本
	37a	出	稲荷	出	稲荷
	37b			出	稲荷
齋洞	33	出	渡邊	出	渡邊
	34	出	渡邊	出	渡邊
	35	出	(蒲原)	欠	牧野
	36	出	朴	出	朴
	37a	出	朴	出	朴
	37b			欠	朴
於義洞	33	出	中村	出	中村
	34	出	中村	欠	中村
	35	出	中村	出	中村
	36	出	中村	欠	中村
	37a	出	中村	出	中村
	37b			出	中村
仁峴	33	出	(今井)	出	兒玉
	34	出	兒玉	欠	兒玉
	35	出	兒玉	欠	兒玉
	36	出	兒玉	欠	兒玉
	37a	欠	兒玉	出	兒玉
	37b			欠	兒玉
水下洞	33	出	柴崎	出	柴崎
	34	出	坂田	欠	坂田
	35	出	坂田	欠	坂田
	36	出	坂田	出	坂田
	37a	出	坂田	出	坂田
	37b			欠	坂田
貞洞	33	出	朴	出	朴
	34	出	洪	出	(外山)
	35	出	洪	欠	洪
	36	出	洪	欠	洪
	37a	出	(外山)	出	徐
	37b			出	徐
梅洞	33	出	土生	欠	土生
	34	出	土生	出	土生
	35	出	土生	出	土生
	36	出	石田	欠	石田
	37a	出	(木村)	出	有川
	37b			出	有川

校名	西暦	勧学祭	校長(訓導)	大祓式	校長(訓導)
渼洞	33	出	岩崎	出	岩崎※2
	34	出	市川	欠	市川
	35	出	市川	欠	市川
	36	出	市川	欠	市川
	37a	出	市川	欠	市川
	37b			欠	市川
麻浦	33	出	立見	出	立見※2
	34	出	見原	出	見原
	35	出	見原	出	見原
	36	出	見原	出	見原
	37a	出	見原※3	出	見原
	37b			出	見原
徳壽※1	33	出	大澤	出	大澤
	34	出	遠藤	出	(池田)
	35	出	(邊)	欠	田中
	36	出	田中	出	田中
	37a	出	(山本)	出	十河
	37b			出	十河
龍山	33	出	春田	出	春田
	34	出	春田	出	春田
	35	出	春田	欠	春田
	36	出	(井浦)	欠	下田
	37a	出	下田	出	下田
	37b			出	下田
昌信	33	出	吉原	出	吉原※2
	34	出	有川	出	(豊田)
	35	出	有川	出	有川
	36	出	有川	欠	有川
	37a	出	村上	出	村上
	37b			欠	村上
壽松	33	出	野中	欠	野中
	34	出	野中	出	野中
	35	出	野中	欠	野中
	36	出	野中	欠	野中
	37a	出	野中	欠	野中
	37b			出	野中
孝昌	33	出	花田	出	花田※2
	34	出	三好	出	三好
	35	出	三好	出	三好
	36	出	三好	欠	三好
	37a	出	三好	出	(中村)
	37b			出	三好

校名	西暦	勧学祭	校長(訓導)	大祓式	校長(訓導)
舟橋	33	出	中尾	出	中尾※2
	34	出	牧野	出	(斉藤)
	35	出	(齋藤)	出	前村
	36	出	前村	欠	前村
	37a	出	前村	出	前村
	37b			出	前村
清雲	33	出	河野	出	河野※2
	34	出	田中	出	田中
	35	出	猪熊※4	欠	猪熊
	36	出	猪熊	欠	猪熊
	37a	出	猪熊	欠	猪熊
	37b			欠	猪熊
竹添	33	出	小川	欠	小川
	34	出	小川	出	(朴)
	35	欠	有坂	出	(小川·李)
	36	出	有坂	欠	有坂
	37a	出	(久山)	出	岩島
	37b			欠	岩島
惠化	33	出	牧野	出	牧野※2
	34	出	小野	出	(河村)
	35	出	小野	出	(李)
	36	出	小野	出	小野
	37a	出	小野	出	小野
	37b			出	小野
往十里	36	出	千葉	欠	千葉
	37a	出	千葉	出	千葉
	37b			出	(塙)
漢江	36	出	室田	欠	室田
	37a	欠	室田	出	室田
	37b			欠	室田
永登浦	36	出	木田	欠	木田
	37a	出	(金)	欠	塚崎
	37b			欠	塚崎
阿峴	36	出	渕上	欠	渕上
	37a	欠	大久保	出	(広居·河村)
	37b			出	大久保
鐘岩※1	36	出	酒井	出	酒井
	37a	出	酒井	出	酒井
	37b			出	酒井
龍江	36	出	永崎	欠	永崎
	37a	出	永崎	出	永崎
	37b			欠	永崎

勧学祭にだけ消極的であった校長は一人も見られない。これらの事実は、日程の都合を別とすれば、大祓式は勧学祭と異なり祭祀自体に児童を参列させるものであったこと[59]、また一つには大祓式が「信仰」の領域に踏み込んでいるという判断が働いたものと考えられる。ただし校長が大祓式参列に消極的だったことは、他の神社祭祀への参列や神社政策、植民地政策への協力に消極的であったことを意味するわけではないことには留意が必要である。例えば野中齋之助壽松普通学校長は三九年に、総督府編纂雑誌『朝鮮』の「わが校の皇国臣民化」特集の中で、「(「両事変」後は)神宮神社の参拝、大麻の奉斎等自発的に行はるゝものが増加して感激に堪へない」と述べている[60]。ただ、宗教的な性格が明らかな祭祀への自らの参列や児童の参列が、学校教育の方法として適切か否かということについては、複数の判断が許されていたといえる。

次に、積極的だった校長を見てみよう。一九三三年に渼洞普通学校長だった岩崎清は、翌年から三六年まで三坂小学校長、三七年から南大門小学校長となったが、大祓式への欠席は一度もない。他に在任中欠席しなかったのは山本吉久校洞普通学校長、見原正治麻浦普通学校長、町田定治西大門小学校長などである。一九三三年まで三坂小学校長を務め、三四年から孝昌普通学校に異動した三好義雄校長[61]は、両校通じて一度欠席、一度は代理を出席させた他は自身が参列した。京城三坂小学校同窓会誌によれば、三好校長は自ら修身科を担当していた[62]。この校長は、修身科の指導を通じ天皇崇敬心の涵養を直接担う立場にありながらも、神社祭祀・行事の性格が「信教の自由」

※1 徳壽普通学校は35年に京城女子普通学校から名称変更。鐘岩普通学校は37年に崇仁普通学校から名称変更。
※2『年報』は渼洞校長に市川、昌信校長に有川、孝昌校長に三好、舟橋校長に牧野、清雲校長に田中、麻浦校長に見原、恵化校長に小野と記すが、『朝鮮総督府及所属官署職員録』(以下『職員録』)によれば同年7月1日現在校長はそれぞれ岩崎、吉原、花田、中尾、河野、立見、牧野である。これらはいずれも翌年の校長名を記したもので『年報』は翌年に前年分が発行されるために起きた誤記と推定される。校長名は『職員録』に従った。
※3『年報』は麻浦校長名と渼洞校長名に同じ市川榮三を記すため、『職員録』によって麻浦校長名を見原とした。
※4『年報』は田中と記すが、『職員録』に従い猪熊とした。
典拠:『朝鮮神宮年報』(朝鮮神宮社務所編)、『朝鮮総督府及所属官署職員録』(朝鮮総督府)各年版。
三七年aは六月の大祓式、bは一二月の大祓式を指す。

表 2-5　公立小学校校長の参列状況

校名	年	勧学祭	校長（訓導）	大祓式	校長（訓導）	備考
鐘路	33	出	有川	出	有川	34 年から昌信普校長
	34	出	小山	出	小山	
	35	出	小山	出	（富沢）	
	36	出	小山	出	小山	
	37a	出	（富澤）	欠	山口	
	37b			出	（松尾）	
西大門	33	出	町田	出	町田	
	34	出	町田	出	町田	
	35	出	町田	出	町田	
	36	出	町田	出	町田	
	37a	出	町田	出	町田	
	37b			出	町田	
元町	33	出	石田	出	石田	教頭は 34 年麻浦普校長
	34	出	石田	出	石田	
	35	出	石田	出	石田	36 年に梅洞普校へ異動
	36	出	土生	欠	土生	梅洞普校長から異動
	37a	出	土生	出	土生	
	37b			欠	土生	
龍山	33	出	藤好	欠	藤好	
	34	出	藤好	出	藤好	
	35	出	藤好	出	藤好	
	36	出	藤好	欠	藤好	
	37a	出	（北村）	出	小山	
	37b			出	小山	
三坂	33	出	三好	欠	三好	34 年から孝昌普校長
	34	出	岩崎	出	岩崎	渼洞普校長から異動
	35	出	岩崎	出	岩崎	
	36	出	岩崎	出	岩崎	
	37a	出	（小川）	出	吉村	
	37b			出	吉村	
日出	33	出	小坂	欠	小坂	
	34	出	小坂	欠	小坂	
	35	出	（澤田）	出	宮里	
	36	出	宮里	欠	宮里	
	37a	出	宮里	出	宮里※	
	37b			欠	宮里	
南大門	33	出	但馬	出	田島	
	34	出	稲荷	出	稲荷	東大門校長から異動
	35	出	稲荷	出	（山口）	
	36	出	稲荷	欠	稲荷	37 年から校洞普校長
	37a	出	岩崎	出	岩崎	
	37b			出	岩崎	
桜井	33	出	井澤	欠	井澤	
	34	出	井澤	出	井澤	教頭は 34 年龍山普校長
	35	出	井澤	出	井澤	
	36	出	井澤	欠	井澤	
	37a	出	（小田原）	出	井澤	
	37b			出	井澤	
東大門	33	出	稲荷	欠	稲荷	34 年から南大門校長
	34	出	八束	出	八束	
	35	出	八束	出	（塚本）	
	36	出	安藤	出	安藤	
	37a	出	安藤	出	安藤	
	37b			出	安藤	
南山	33	出	旗智	出	旗智	
	34	出	旗智	出	旗智	
	35	出	（新川）	出	岩嶋	
	36	出	岩嶋	欠	岩嶋	37 年から竹添普校長
	37a	欠	赤津	出	赤津	
	37b			欠	赤津	
永登浦	36	出	平田	欠	平田	36 年京城府編入校
	37a	出	平田	欠	平田	
	37b			欠	平田	
青葉	37a	出	寺田	出	寺田	37 年新設校
	37b			出	寺田	

※『年報』は日出校長に岩崎を記すが『朝鮮総督府職員録』に従い宮里とした。
典拠：『朝鮮神宮年報』（朝鮮神宮社務所編）、『朝鮮総督府及所属官署職員録』（朝鮮総督府）各年版。
三七年 a は六月の大祓式、b は一二月の大祓式を指す。

に踏み込む宗教行為であるか教育的であるかということには、無意識的にであれ意識的にであれ頓着しなかったと考えられる。

また、在任中一度の欠席もない山本吉久校洞普通学校長は、学校教育への宗教教育の導入に賛意を示している。(63)山本の場合は、自ら仏教徒をもって任じていたが、大祓式の有する宗教的性格はその信仰と何ら矛盾する形跡はない。ここから、少なくとも山本の場合校長本人の個人的信仰心と、校長が職務として児童に神社参拝をさせるということは矛盾なく両立していたと言える。この場合は「崇敬」心の涵養だけでなく宗教的祭祀への参列を、むしろ教育上有益な行為と見なした可能性もある。

以上の検討から、少なくとも大祓式への参列は学務行政を通じて各学校長に一律に課されたものではないこと、参列には校長個人による判断の余地が存在したこと、それは修身書を配布する勧学祭とは大きく異なることを指摘できる。

次に、表2-6であらためて私立普通学校の参列状況を見てみよう。まず勧学祭の傾向としては、ほとんどの私立普通学校が参列を始めるのは一九三五年であり、それまでは多くの私立普通学校にとって「勧学祭に参列しない」選択が可能だったといえる。平壌のキリスト教長老派系中等学校三校の校長たる米国人宣教師が神社参拝を行わなかったために罷免されるという大きな事件が起こるのは一九三五年の暮れから翌年にかけてのことである。この事件以降、キリスト教系諸学校は、命ぜられれば否応もなく参拝するか、さもなければ廃校に追い込まれるという厳しい状況となった。

しかし大祓式の場合は、三六年に至っても参列校は府内一四校中六校にとどまり、キリスト教系の攻玉普通学校や培花普通学校は参列していない。平壌の事件を経ても、三六年六月段階の「京城」では「勧学祭には参列しなく

表 2-6　私立普通学校の勧学祭・大祓式参列状況比較

（校）

区分番号	校名	西暦	勧学祭	大祓式
1	和光	33	出	欠
		34	出	欠
		35	出	欠
		36	欠	欠
		37a	欠	出
		37b	／	出
2	東大門女子	33	欠	欠
		34	欠	欠
		35	出	欠
		36	欠	出
		37a	出	出
		37b	／	欠
3	攻玉	33	欠	欠
		34	欠	欠
		35	出	欠
		36	出	欠
		37a	出	出
		37b	／	出
4	啓星	33	欠	欠
		34	欠	出
		35	出	出
		36	出	欠
		37a	出	出
		37b	／	出
5	培花	33	欠	欠
		34	欠	欠
		35	出	欠
		36	出	欠
		37a	出	出
		37b	／	出
6	同徳女子	33	欠	欠
		34	欠	欠
		35	出	欠
		36	出	出
		37a	出	出
		37b	／	欠
7	協成	33	欠	欠
		34	欠	欠
		35	出	欠
		36	出	欠
		37a	出	出
		37b	／	出
8	三興	33	出	出
		34	出	欠
		35	出	出
		36	出	出
		37a	出	出
		37b	／	出
9	長薫	33	欠	欠
		34	欠	欠
		35	出	出
		36	出	出
		37a	出	出
		37b	／	出
10	加明	33	欠	出
		34	欠	出
		35	出	欠
		36	出	欠
		37a	出	出
		37b	／	出
11	華山	34	欠	欠
		35	出	欠
		36	出	出
		37a	出	欠
		37b	／	出
12	輔仁	34	欠	欠
		35	出	欠
		36	出	出
		37a	出	出
		37b	／	出
13	阿峴女子	36	出	欠
		37a	出	出
		37b	／	出
14	西氷庫	36	出	欠
		37a	出	出
		37b	／	欠
15	養英	37a	出	出
		37b	／	欠
16	梨泰院	37a	出	出
		37b	／	出
17	高野山第一国民学堂	33	出	欠
		34	出	欠
		35	出	欠
		36	欠	欠
		37a	欠	欠
		37b	／	欠

※区分番号 1–10 は、『朝鮮諸学校一覧』で 33 年までの設置が確認できた普通学校。11、12 は 33 年設置校。13、14 は、36 年の近隣郡編入によって京城府となった普通学校。15、16 は 36 年中の設置と推定できる普通学校。17 は各種学校。

典拠：参列学校数は『朝鮮神宮年報』（朝鮮神宮社務所編）各年版、府内学校数は『朝鮮諸学校一覧』（朝鮮総督府学務局）各年版。

てはならないが、大祓式には参列しない」という選択肢が存在したことが判明する。(64)このことは、私立学校側が大祓式を勧学祭よりも宗教的な性格の強いものと認識していたこと、また三六年からは政務総監も参列した大祓式であるが、行政側も私立学校の不参列は認める雰囲気が存在していたことを示している。高野山第一国民学堂は高野山朝鮮別院の経営する教育施設であったが、勧学祭には参列したものの、大祓式に参列した記録は一度も見られない。このことも、大祓式の宗教性が参列するか否かの判断を分けていたことを裏付けている。

以上で述べてきた初等学校長の参列様態についてまとめると、第一に、大祓式の場合少なくとも三六年までは勧学祭と異なり、自らの裁量で参列を決定することができ、結果として各学校ごとに参列、不参列に大きくばらつきがみられた。第二に、初等学校長にとって勧学祭のような「必ず参列しなくてはならない」祭祀と、大祓式のような「必ずしも参列しなくとも良い」祭祀とが並存していた。第三に、特に私立学校では、一九三四年までは勧学祭・大祓式に参列する学校はごく少数であった。三五年になると勧学祭にはほぼ選択の余地なく参列する状態となるものの、三六年まで大祓式への参列者は相対的に少なかった。私立普通学校の場合、勧学祭と大祓式とで対応が異なった背景に、大祓式の宗教性が私立学校側に強く感じ取られていたことがあると考えられる。

朝鮮神宮が大祓式という場を提供し、総督府学務局長の不参列といういわば「公的承認」を欠いた状態で、ある校長は呼応し、ある校長は呼応しないという状況が生まれ、呼応する一部の校長らによって、「信仰」(「神秘」)に関わる祭祀へと児童生徒が巻き込まれていった。

少なくとも三〇年代半ばまで校長には裁量の幅があった大祓式であるが、校長に連れられて参列した側にとっては、自己裁量の余地があったとは考え難い。特に初等学校児童にとってはその余地は皆無であったろう。

一九三七年には、夏の大祓式の参列人数が千人を超え、冬の大祓式にも学校の参列が始められるなど、大祓式の様相が新たな展開を示す。これはそれまでと異なる推進力が働き出したことを示している。背景には、三六年に神社関係諸法令が改められ、日本内地に準じた公金支出制度が導入されたことや、日中戦争を契機とする「愛国日」導入により神社参拝を強力に推進するなど、総督府の神社政策の重視が明確になることがある。[65]

この新しい展開、すなわち三七年の量的拡大は、中等教育機関からの参列が多かった三三年―三六年とは異なり、普通学校から四九一名、小学校から一一五名（91頁表2-2参照）といったように、過半数が初等学校児童、中でも普通学校児童（朝鮮人児童）の参列によるものであった。三七年から大祓式の参列者の主体が、生徒学生層から児童層へとシフトしたのである。

前章では、高松四郎初代宮司が、神社は宗教であると断言していたことを指摘した。高松の後任の阿知和宮司もまた「神社は宗教ではない」というのは「非常に誤った考え」だと演説した。[66] 特に青年層に憤り、「不埒」の学生に「信仰」心を持たせたかった阿知和ら神職のねらいは、大祓式を以てしても達成されなかった。退任前年の三九年、阿知和は総督府で編纂される雑誌『朝鮮』に次のように怒りをあらわにした。[67]

神社の大前に出た時やその祭典に参列せる時の国民の態度は、勿論全部とは曰はぬが実にお話にならぬものがある。（略）いくら敬神敬神と騒いで朝に宮詣でを励行し、夕に国を挙つて武運長久の祈願祭を執行しても真の神を認識し神を祀る本義を弁へずに騒いで居ては何の霊験が得られやうぞ。寧ろ神を玩弄ぶものとして為さざるに若かずと考へられる。

第三節　日本内地の大祓式復興キャンペーンと朝鮮神宮

ここまでは朝鮮神宮大祓式への学校参列の状況を詳細に見てきた。以下では日本内地でも一九四〇年から大祓式への参加が盛んに呼びかけられたことについて検討する。

四〇年に本国の内務省神社局が神祇院として拡充されるのと機を合わせるように、「祓」が内地であらためて振興されるようになった。大祓式振興の端緒として、四〇年に神祇院通牒「大祓ニ関スル件」が出され、『朝日新聞』に「正月はこれで迎えよ　神祇院が全国に号令」との見出しで掲載された。(68) この通牒は「各官公衙、学校、各種団体」等が神社以外の場においても簡易な大祓式を行うよう命じている。通牒には「従来の実績に観みるに遺憾の点少なからざる様存ぜられ候」とあり、実際には神祇官僚の意図に沿うような大祓式が日本内地において徹底されていなかったことを示すとも考えられる。

さらにこの通牒は簡易な大祓式次第を示しているが、この式次第は、一九一四年に全国の神社で行うべく定められていた式次第を単に簡略にしただけではなく、新たに「諸員磬折《けいせつ》(69)」の名で拝礼の動作が明記されるという変化があった。そもそも例祭など他の祭祀には式次第の中に「禰宜以下拝礼」と記されていた。しかし、内務省神社局により定められていた大祓式の式次第（伊勢神宮大祓式を除く）だけは、拝礼の動作が法令上明記されていなかった。その理由は定かでないものの、大祓式が本来『延喜式』由来の行事を復興させたものであり、それが復興された明治初期においては、いまだ天皇「崇敬」の場としての神社、またはこれにふさわしい身体儀礼といった概念が整備されていなかったことと関係があると思われる。
こうして戦時体制用に新たに解釈された大祓式を拡大させるために一九四〇年一二月、四一年六月にはラジオで国民への呼びかけもなされ、四二年にも、「学校、銀行、会社、工場」などで行うよう再び神祇院教務局によって奨励された。[70] 神祇院とは、それまで神社行政を管轄してきた内務省神社局が改組されたものである。以下ではこれらのキャンペーンのうち、神社局長から神祇院副総裁（総裁は内務大臣）となった飯沼一省による「事変と大祓」（四一年六月放送）というラジオ講演に注目したい。[71]

全国民一斉に大祓に参加し、（略）神の大前に、御国のために粉骨砕身せんことをお誓い致すことは、一しお意義深きことと申すべきであります。止むを得ない用事の為に、神社の大祓式に御参加になることの出来ない方々は、夫々お勤め先に於いて、禊祓を行われますことを希望いたします。（略）日本の国は、今世界を禊祓する祓主の立場に立っているのであります。

飯沼の講演の中には、「国のために粉骨砕身」といったように、一九三三年に朝鮮神職会会報の論説で横井時常が述べたような大祓式と「国防」との接合がなされている。ただし神社関連行政に長年携わった飯沼は戦後このように述懐する。[72]

内務省の官吏ならば、誰でも神社局の仕事はできる筈のものです。しかし当時の実情としては、内務省を志望される人で、神社の仕事をやりたいという人はおそらく一人もいなかったのではないでしょうか。（笑い）（略）

私の家は神道で、神棚を拝むことは子供の時から教えられていました。それは人によってはみそぎといって、水をかぶって神様を拝んでいた人もあるかもしれませんが、私はそうあんまり変わったことはしない。(笑い)

飯沼が右のような心情でその任にあったとすれば、飯沼の講演は誰の意図により作成されたものであるか。ここで注目されるのは、一九三三年から三四年にかけて朝鮮で大祓式の「厳修」を呼びかけた横井時常が、四〇年には神祇院の教務官に着任していたことである。[73] このことは、朝鮮神職会会報と神祇院による呼びかけとを繋ぐ直接的で重要な要因として考えられよう。

朝鮮神宮で大祓式に学校の参列が開始されたのは一九三二年であり、日本内地で大祓式が呼びかけられるのが四〇年であったことは、朝鮮神宮の試みの「先駆性」を照射している。関連して、三七年に南次郎朝鮮総督のもとで総督府学務局長(就任時は「局長心得」)に就任して「皇国臣民ノ誓詞」等の諸施策を推し進めた塩原時三郎の以下の言葉は注目に値する。[74]

今全国民が徹底的鍛錬を要求されている時、真に日本的な鍛錬は「みそぎ、はらい」であろう。(略)内地でさえ実行して居らぬものをという人もあろう。しかし自分は斯くの如き言葉に対しては唯一句を以って答としたい。即ち「この両三年の精神指導に於いて、内地が行わざるの故に、自ら必要と信ずることを行わざりしことありや」と。

塩原の言葉は、朝鮮で実施されたことの「先駆」性を象徴的に示している。さらに朝鮮神宮大祓式では、本国神祇院が式次第に「磬折」を明記する一九四〇年以前から、大祓式中に拝礼を行っていたことも『年報』の写真から明らかである。[75] 朝鮮神宮の実践が、日本内地の大祓式復興の「先駆」となったということを論証するためには、より慎重な検討が必要である。仮説的に言うなら、朝鮮神宮が少なくとも三三年末までは日本人居留者の「崇敬者」組織を持たなかったことはもとより、そもそも民衆信仰の基盤を持たなかったことが、時流にあわせた祭祀解釈や学校への接近をより容易にさせたものと考えられる。[76]

一九三九年一二月の朝鮮神宮大祓式からは、「古神符御尊影切抜焼却式」が開催された。[77] これは今後実証しなくてはならない課題であるものの、厳冬の大祓式へも参列を促すとともに、激増する神宮大麻の「不敬」にならない処分と、新しい神宮大麻を受け取る準備をさせることにつながったと思われる（神宮大麻については第五章であらためて述べる）。四〇年代以後は各地の一部神社・神祠で大祓式が実施された様子が新聞記事に散見される。[78] ここでも勧学祭と同様に、「先駆」的な朝鮮神宮の実践が朝鮮の地域社会へと拡大するさまがうかがわれる。

「非宗教」の宗教性に関わる事例として最後に、「英霊公葬論」の「先駆」についても触れておきたい。「英霊公葬論」とは、戦死者を神道式葬儀で弔うべきとの主張である。神道において死は穢れと見なされたことや、官国幣社神職は葬儀に関与しないことになっていたことから、戦争が深刻な展開に至るまでは神職のあいだでも全面的に支持されたわけではなかった。これが全国神職会報等で隆盛するのは一九四〇年頃である。

しかし朝鮮では様相が異なる。朝鮮神職会報第六号（一九三二年三月）に次のような記事が掲載された。タイトルは「忠勇なる戦死者の葬儀は必ず神式で行はれたい」というもので、地方神職会報としては珍しく全国神職会報に転載された記事である。執筆者は朝鮮神宮奉賛団体の川村十二郎と推定される。朝鮮神職会報の同号原本が確認できないため、転載された全国神職会報から引用する[79]（末尾資料3参照）。

何うしても戦死将兵の葬祭は、わが国の神式で行ひ、この英霊は必ず、高天原へ送り届けることにし無くつちゃ、ウソだと思ふのです。またこれが、君国の為に身命を鴻毛の如くに軽んじ笑つて陛下の万歳を唱へ、潔く戦死を遂げた将兵たちの英霊を慰むるに、最もふさはしい道ではないかと考へられるのであります。

繰り返すが、官国幣社神職の葬儀への関与は禁じられている。朝鮮神宮は官幣大社である。しかしこの記事をもともと掲載した朝鮮神職会報の編集は朝鮮神宮で行われていた（補論参照）。この記事を執筆したのは神職ではないものの、神職の意向を民間人が汲んだか、託されたのではないか。そこには、大陸と陸続きであり戦死者や負傷兵を乗せた列車が眼前を通過するという朝鮮の緊迫した状況があったのかもしれない。

この記事が掲載されたのが一九三二年三月であり、大祓式への生徒の参列開始が同年六月である。この時期から、朝鮮神宮の宗教的性格（「神秘」性）はいっそう鮮明なものとなる。

章括

本章を通じ、天皇「崇敬」心を育成するための道徳といった教育上の行為としての集団参拝と、「信仰」上の行為としての参拝の境界はどのような曖昧さをはらんでいたのかという問題意識から、朝鮮神宮大祓式への参列状況を題材に一九三〇年代前半から中盤の様相を主に検討してきた。

まず、一九三〇年段階の神社制度調査会特別委員会において、「祓」は「崇敬」という学校の神社参拝に関する枠を超え、「信教の自由」に抵触すると指摘されていた。しかし「信仰」に関わる祭祀である大祓式に、朝鮮神宮では三二年から女学校の参列が始まり、翌年から諸学校に拡大した。

日本内地においてまれであったと推定される大祓式へ、朝鮮では学校の参列が行われた背景としては、特に日本人の「崇敬者」組織さえ三三年末まで持たなかった朝鮮神宮の場合、民衆「信仰」に一つの源流を持つ従来の「祓」解釈からの逸脱が難しくなかったことが関連していると考えられる。こうした境界の不明瞭な祭祀への参列に総督府学務官吏は概ね慎重であった。しかし三〇年代には、その参拝や参列が「信仰」に関わるものであるか否かということには無頓着に神社の支援に熱意を持っていた池田清のような総督府官吏も存在していた。さらに朝鮮神宮神職は、「崇敬」と「信仰」の区分を理解した上で、「安寧秩序」を盾に「信仰」を求めようとする姿勢が見られた。そしてそれらに対し、大祓式に即して言えば三二年から一部の校長が応じ、児童生徒をこの「祓」の祭祀に参列させた。「信仰」心を持って神社に参拝させる志向性は、大祓式に諸学校が参列を始めた時点において神職側の意図としては明確に存在した。特に神職は青年層の参拝の様態に憤懣を抱いていたため、三二年から三六年までは、初等学校よりも中等学校の参列が多かった。しかし、三七年から大祓式参列者数は千人を超したものの、そこへ直接影響したのは初等学校児童の参列者増加であった。これは、神職の求めた「信仰」としての参拝者像からは程遠い現実が在り続けたことを示すものである。

本章のはじめに、一般に児童生徒は神社祭祀に参列することはなく、祭祀後の式典に学校団体ごとに参加する形を取っていたことを述べた。しかし大祓式はこの形と大いに異なっていた。大祓式参列者の主体は校長一名の参列、校長と児童生徒学生一名の参列といったように、個人がより焦点化される形態であった。しかしその場合の個人とは、あくまで学校という組織を母体として捕捉された個人であった。この点で、「学校団体参拝」というようにこれまで大雑把に言及されてきた問題に対して、大祓式は重要な示唆を与える。個人を「信仰」させたいという神職の期待は誰に対して投げかけられたか。それは、学校という回路を通じた個人であった。学校は、それ自身団体参拝の担い手としてだけでなく、個人参拝の担い手を送り出す場としての機能をも果たすことが要求された。

朝鮮神宮大祓式は、多くの学校が参列するものの団体参拝とは見なし難い特殊な形態であったという点で、形式上は神職の求めた「信仰」心を伴う個人の参拝に近い形を創出し得た。しかし当初神職が想定していた青年層を抱き込むことは困難だったと見え、特に三七年からは児童が、中でも朝鮮人児童が数多く引き込まれた。その推進力の核となったのは、神社という「霊」場への「信仰」を要求する神職の意図に応ずる初等学校長たちであった。

しかし、神社に対し協力的校長だけでなく非協力的校長も複数存在した。また、私立学校の対応は勧学祭の参列より遅かったこと、総督府学務局長が、勧学祭には参列したものの大祓式には参列しなかったことなどから、大祓式が「信教の自由」の領域に入り込みかねないものであるとの判断があり、少なくとも三六年までは、そのことが許容される雰囲気が存在したこともあらためて確認しておきたい。

朝鮮神宮は一九三六年七月から「夏季早朝参拝」を開始、三七年一月からはこれに加え、日曜祝日ごとに「定日参拝」を開始した。このことは、少なくとも大祓式の試みを以てしては、神職の期待した「質」の深化が達成されなかったことを意味する。

次章では、一九三〇年代半ば以降を対象とし、朝鮮神宮参拝者数の量的拡大の要因と総督府の主導との連関等について、「朝鮮神宮夏季早朝参拝」「大邱神社日参会」の事例により分析する。

注

（1）『皇国時報』第三九一号（皇国時報発行所、一九三〇年七月二一日）、三頁。
（2）赤澤史朗『近代日本の思想動員と宗教統制』（校倉書房、一九八五年）、一三三頁。
（3）例えば一九二〇年代後半から三〇年代前半にかけて、内地で宗教法案の策定に関わって神社の有する「宗教性」が激しい議論となっていた。その際井上哲次郎や神崎一作（神道大教管長）は、神社の有する「宗教的」な要素の一つとして「禊祓」を挙げている。井上哲次郎「神社神道と宗教との関係」加藤玄智編『神社対宗教』（明治聖徳記念学会、一九三〇年）、九頁。神崎一作「神社の宗教的価値」、同右、五二〇頁。
（4）「昭和九年度官幣大社朝鮮神宮経済状況調」『鳥居』第六巻第三号、朝鮮神職会、一九三六年三月、三頁。日本内地での最高額は明治神宮の三万五千円であった。「官国幣社国庫供進金配布一覧表」（国立公文書館所蔵）によると、一九三四年の場合明治神宮に次ぐのは橿原神宮の二万五百一円、以下ほぼすべての官社は三百円から五千円のあいだである。なお、『値段史年表　明治・大正・昭和』（朝日新聞社、一九八八年）によれば、一九三七年段階の銀行員の初任月給は七〇円、公務員（高等官）の月給は七五円である。
（5）『昭和四年の朝鮮神宮』（朝鮮神宮社務所、一九三〇年）、一六頁。『昭和五年の朝鮮神宮』（朝鮮神宮社務所、一九三一年）、二六―二七頁。
（6）『年報』のこのような意味を考えれば「統計」上の数字は、参拝者数が増える方向に数字が修整された可能性も排除できないものの、民族別参拝者数が公表されている点から、参拝者の相対的傾向について大幅な修正を行った可能性は低いと一応は想定できる。朝鮮人参拝者数の少なさの公表は、朝鮮神宮にとって望ましくないためである。なお『年報』によると朝鮮人参拝者延べ人数（全参拝者延べ人数に占める割合）は、一九三二年が八万三四七八人（一八・一％）、三四年が一一万六八一二人（一八・九％）、三六年が三四万九〇九人（二九・〇％）である。当時の「京城」府の人口は、三五年末で三九万四九一一人、隣接郡を編入した翌年には六三万六九五五人である。『京城府史』第三巻（湘南堂書店、一九八二年（京城府発行一九四〇年の復刻））、八〇二頁。
（7）前掲早山静夫「江原神社を回顧して」、五三五頁。
（8）『近代神社行政史研究叢書Ⅰ　神社制度調査会議事録①』（神社本庁、一九九九年）、扉三頁。
（9）水野錬太郎は内務官僚時代に神社局長の経験が長く、全国神職会会長を務めるなど神社界とのつながりも深かった。
（10）神社本庁前掲書、六三頁―六四頁。
（11）ただし水野の発言は、続く江木千之委員長の「それでは次に移ります」との発言で当面沙汰やみにされた。同右、同頁。
（12）『年報』によれば、学生が参拝以外で朝鮮神宮に集まるのは、紀元節などの祭祀の後に境内で実施される「奉祝式典」などのためである。

(13)朝鮮総督府の神社行政制度の変遷については、青野正明「植民地期朝鮮における神社の職制・神職任用関連の法令―一九三六年の神社制度改編を中心に」(『桃山学院大学人間科学』三〇号(桃山学院大学総合研究所、二〇〇六年一月))参照。

(14)赤澤前掲書、一三三頁。

(15)ただし、三四年一二月の大祓式のみ学務局学務課長大野謙一が参列者として記載されている。この時に校長や学生の参列は行われていない。

(16)『年報』各年版による。

(17)小山文雄『神社と朝鮮』(朝鮮佛教社、一九三四年)、一九六頁―一九八頁。

(18)池田清の総督府警務局長在任は一九三一年から三六年まで(北海道庁長官として転出)。着任と同時に朝鮮神職会顧問に就任、総督府管内の駐在所と警察官家庭に神棚を設置させた。『鳥居』第六巻第五号(朝鮮神職会、一九三六年五月)、三頁。

(19)小山前掲書、一頁―二頁。

(20)『鳥居』第五巻第一二号(朝鮮神職会、一九三五年一二月)六頁、同第六巻第五号(一九三六年五月)三頁、同第一巻第七号(一九四〇年七月)七頁。

(21)注(3)参照。

(22)『精華百年史』(精華百年史編纂委員会、二〇〇五年、四〇頁)は「明治三八(一九〇五)年四月二四日、精華女学校が呱呱の声をあげた。その創立の最初は京都府皇典講究分所の理事であった賀茂別雷神社多村知興と吉田神社宮司阿知和安彦の両名が国文学者池田義象の協力を得て一条烏丸西入の同分所内に「精華女学校」を開いた」と記す。神職養成機関である皇典講究所京都分所と同じ教場を、分所に通う男子学生とは時間を違えて利用したという。同校は一九〇八年に高等女学校として認可されている。朝鮮神宮三代目宮司である額賀大直も、のちに「父兄代表」としてこの学校に関わった(同右二一九頁)。精華女学校の名は教育勅語の「国体ノ精華」から来ていることは、同校に、「国体」「精華」の書が存在することから明らかである。当時の同校の校訓は「敬神崇祖」で始まる(同右一〇四頁)。

(23)「皇道宣揚会」の実態については現段階では不明である。『昭和一五年　年報』(朝鮮神宮社務所、一九四一年)、二四頁。『神道人名辞典』(神社新報社、一九五五年、一九八六年)。阿知和安彦先生歌集刊行会編『五十鈴の流れ』(私家版、一九五六年)。「皇道宣揚会」会長の後は、四二年一〇月愛知県県社神前神社社司、四六年四月退職。五六年には兵庫県尼崎に在住、没年は不詳である。朝鮮神宮在任中の阿知和の講演録や文章で現在確認できているものは以下である。

(一)「敬神に就て」『無声会講演集』(朝鮮総督府警察官講習所内無声会、一九三一年八月)。

(二)「信仰に就て」『警務彙報』三〇七号(朝鮮警察協会、一九三一年一一月)。

(三)「通俗神道談」、同右三一五号(一九三二年七月)。

（四）「神道精神と新年」、同右三二一号（一九三三年一月）。
（五）小山文雄『神社と朝鮮』（朝鮮佛教社、一九三四年）、序文。
（六）「神社と信仰」『朝鮮』（朝鮮総督府、一九三六年三月）。
（七）「神社のお話」『心田開発に関する講演集』（朝鮮総督府中枢院、一九三六年）。
（八）「皇軍の武運長久を祈りて」（第一〇回名士講演）『文献報国』第三巻第一一号（朝鮮総督府図書館、一九三七年一一月）。
（九）「国体明徴問題」『朝鮮逓信』二三九号（朝鮮逓信協会、一九三八年四月）。
（一〇）鈴木重道『敬神之志遠里』への序文（朝鮮図書出版株式会社、一九三八年）。
（一一）「祭祀の本義を認識せよ」『朝鮮』（朝鮮総督府、一九三九年五月）。
（一二）「皇紀二千六百年紀元節を迎へて」『総動員』第二巻第二号（国民精神総動員聯盟、一九四〇年二月）。
（一三）「時局と敬神精神」『総動員』第二巻第六号（国民精神総動員聯盟、一九四〇年六月）。

(24)『鳥居』第七巻第四号（朝鮮神職会、一九三七年四月）七頁。

(25) ただし、日本内地在勤時代の阿知和の思想形成とその朝鮮への影響との関係についての考察は、他日を期したい。

(26)『皇国時報』六九七号（皇国時報発行所、一九三九年二月一日）、一一頁。

(27) 阿知和前掲「信仰に就て」、六三頁、六九頁。

(28) 阿知和前掲「神社と信仰」、三五頁。

(29) 阿知和前掲「神社のお話」、三〇一頁。

(30) 阿知和前掲「祭祀の本義を認識せよ」、二二頁。

(31) 阿知和前掲「時局と敬神精神」、九頁。

(32) 阿知和前掲「神社のお話」、二九七頁。

(33) 各道知事宛通牒。「（朝鮮総督府学務局長からの）神社問題に対する通牒」『日韓キリスト教関係史資料Ⅱ』（新教出版社、一九九五年）（原典は『朝鮮監理会報』一九三六年四月一〇日）。「学務局長通牒を発して神社参拝の要道を説く」『鳥居』第六巻第三号（朝鮮神職会、一九三六年三月）五頁。現段階では何月何日に発せられたものか確認できていない。

(34) 李省展前掲書、二四九頁―二五〇頁。

(35) 山口公一は先行研究において「『国民儀礼』としての神社参拝は当然」であるとして、神職は「その認識を総督府と一致させた」と指摘する。しかし「信仰」にこだわりを見せ続けた阿知和の姿からは、総督府と認識を一致させていたと理解することは難しい。山口公一「植民地朝鮮における神社政策 ―― 一九三〇年代を中心に」『歴史評論』六三五号（二〇〇三年三月）、六五頁。

(36) 冬の大祓式への学校の参列は一九三七年から開始されたが、それ以降については『年報』への記載がなくなるため不明である。
(37) なぜ三二年から京城第二公立高等女学校が大祓式に参列しはじめたのかは、まだ確証はない。同年五月三〇日に挙行された同校の創立一〇周年記念式に、朝鮮神宮から手塚禰宜が出席した。六月一五日に同校教諭寶珠山幸助が朝鮮神宮に「挨拶」に来訪している。この来訪時に大祓式参列が決まったものと推定される。大祓式に引率したのも寶珠山幸助である。一八〇名という生徒数は、卒業学年の生徒数とほぼ一致する。『昭和七年朝鮮神宮年報』(朝鮮神宮社務所、一九三三年)、三八頁。『朝鮮教育大観』(一九三〇年)、二七頁。
(38) 『鳥居』第八巻第二号(朝鮮神職会、一九三八年二月)、三頁。
(39) 横井時常の名は「ときひさ」と読む。朝鮮神職会会報には度々「ときつね」という筆名による論説が掲載されている。横井本人と考えられる。吾郷清彦、鹿島昇編『神道理論体系』(新国民社発行、一九八四年)、六八三頁によると、横井は一九〇六年生まれ。二八年神宮皇學館本科卒業。三一―三六年官幣大社朝鮮神宮主典。三七年大邱神社禰宜。三九年別格官幣社藤島神社宮司。四〇年神祇院教務官。四五年別格官幣社靖国神社権宮司。五九年広島県護国神社宮司。のち近江神宮宮司。ただし同書に朝鮮での経歴は掲載されていない。
(40) 『鳥居』第二一号(朝鮮神職会、一九三三年六月)、六頁。
(41) 『昭和八年　年報』(朝鮮神宮社務所、一九三四年)、一七頁―一八頁。
(42) なお「霊的国防」は、神道系新宗教である神道天行居《てんこうきょ》が戦前に実施していた神事で使用された言葉でもある。「神社非宗教」言説の虚構性はこの事実にも象徴的にうかがい知ることができよう。國學院大学日本文化研究所編『神道辞典』(弘文堂、一九九四年)参照。
(43) 阿知和前掲「神社のお話」、三〇一頁。
(44) 朝鮮神宮祭神論争に関しては、小笠原前掲書の他、高松前掲書参照。
(45) 阿知和前掲「神社と信仰」、三五頁。
(46) 同右、二八頁。
(47) 小山前掲書、三頁。
(48) 阿知和前掲「神社と信仰」、三五頁―三六頁。
(49) 正しくは「祈年祭」。官国幣社以下神社祭祀令(一九一五年)に定められた大祭であるが、学校祝祭日ではなかった。阿知和前掲「神社のお話」、三〇九頁。
(50) 阿知和前掲「皇軍の武運長久を祈りて」、三頁―四頁。
(51) 阿知和前掲「神社と信仰」、三二頁。
(52) 宮司に次ぐ職位である権宮司の設置は、もともと高松四郎が宮司に着任するにあたり提示した条件であったが、高松の在任中は実現せず、朝鮮神宮鎮座一〇年にあたって実現した。「朝鮮神宮職員令中改正ノ件」(昭和一〇年一〇月四日勅令第二九二号)。この時初代権宮司に任じられたのが吉田貞治である。吉田の来歴については末尾資料1参照。

(53)『朝日新聞』朝鮮西北版(一九三五年一一月二六日)。

(54)吉田貞治「国体明徴と神祇教育」『朝鮮の教育研究』第一二四号(朝鮮初等教育研究会、一九三八年)、八四頁—八五頁。

(55)『鳥居』第二一号(朝鮮神職会、一九三三年六月)、六頁。

(56)各学校の民族別割合については『朝鮮諸学校一覧』(朝鮮総督府学務局、一九三四年)参照。

(57)ただし、三六年に京城府に編入された永登浦普通学校は、三六年、三七年(夏冬)ともに参列していない。『年報』各年版参照。

(58)貞洞普通学校は、三三年から三七年まで唯一朝鮮人校長が継続的に就任していた。三三年が朴勝斗校長、その後三六年まで洪範植校長、以降が徐榮鎬校長である。このうち洪校長のみが出席せず、三度の大祓式に二度欠席、一度は代理が出席した。朝鮮人校長のあいだでも対応が分かれたことは興味深い。

(59)さらにこのことの背景として、児童の「信教の自由」への抵触問題と、午後三時の開始とはいえ学校の授業時間内と想定されることが関係したと思われる。

(60)野中齋之助「行ずるの教育」『朝鮮』第二八七号(一九三九年四月)、七六頁。ほかにも、渼洞普通学校校長の市川榮三は、朝鮮人児童に対する「国語」教育の研究を続けていた。市川榮三「普通学校国語教育におけるアクセントの問題」『朝鮮の教育研究』第七七号(朝鮮初等教育研究会、一九三五年)、四四頁—五二頁。

(61)三好校長は京畿道視学を経て校長となった人物で、同窓会誌の中で「いつもステッキを持って「ちょっと、道庁に行ってくる」とおっしゃられて、出かけられていたんですよ。」「あまり教育者という面はなかった。」と回想される。京城三坂小学校記念文集編集委員会編『鉄血と千草』(三坂会事務局、一九八三年)、四七頁。

(62)同右、一九四頁。

(63)山本吉久「仏教徒の目に映ずる社会相二つ三つ」『朝鮮の教育研究』第三巻第五号(朝鮮初等教育研究会、一九三〇年五月)。

(64)三七年からは多くの学校が参列するようになった。三七年に参列を始めた一六校は、同年の勧学祭に参列した学校と完全に一致する。

(65)山口は、三〇年代半ばの動きを、「神社政策の「浮上」」と指摘する。前掲山口「植民地朝鮮における神社政策——一九三〇年代を中心に」参照。

(66)前掲阿知和安彦「皇軍の武運長久を祈りて」。

(67)前掲阿知和安彦「祭祀の本義を認識せよ」、二〇頁—二四頁。

(68)「大祓ニ関スル件」、神祇院副総裁依命通牒、一九四〇年一二月一日。『朝日新聞』一九四〇年一二月四日朝刊七面。

(69)「磬折」とは「神社祭式行事作法」(内務省告示第七一六号、一九〇七年六月二九日)によれば腰を折っての敬礼。神祇院総務局監修『最

新神社法令要覧』(京文社、一九四一年)、二六〇頁。
(70) 神祇院教務官「職場に於ける大祓式について」『皇国時報』第八一九号(皇国時報発行所、一九四二年六月二一日)、一頁。
(71)『皇国時報』第七八三号(皇国時報発行所、一九四一年六月二一日)、七頁。同右第八一九号(一九四二年六月二一日)、一頁。
(72)『皇国時報』第七八五号(皇国時報発行所、一九四一年七月一一日)、二頁。『内政史研究資料第八〇集　飯沼一省氏談話第二回速記録』(内政史研究会、一九六九年)、六二頁―六三頁。飯沼一省(いいぬまかずみ、一八九二―一九八二)は、一九一七年東京帝国大学法科大学卒、内務省へ入省。二八年神社局総務課長、三一年大臣官房都市計画課長、三四年埼玉県知事、三六年紀元二千六百年祝典事務局長、三七年静岡県知事、三八年広島県知事、三九年神奈川県知事、四〇年本省神社局長を経て神祇院への改組とともに副総裁。伯父は会津藩白虎隊士でただ一人生存した飯沼貞吉(貞雄)。
(73)「神祇院官制」によれば教務官は専任二名、奏任官。
(74) 岡崎茂樹『時代を作る男塩原時三郎』(大澤築地書店、一九四二年)、二〇五頁―二〇六頁。
(75)『昭和十二年　年報』(朝鮮神宮社務所、一九三八年)、三五頁写真。『昭和十四年　年報』(朝鮮神宮社務所、一九四〇年)、二一頁写真。
(76)「時流に合わせた祭祀解釈」の事例は、明治大正期の日本内地にも見られるが、そのことについては、朝鮮における神社行政とのかかわりを含めて今後の課題としたい。
(77) 前掲『昭和十四年　年報』、一九三九年一二月三一日社務日誌。
(78)『毎日新報』、一九四三年七月三日、四日、六日など。
(79)『皇国時報』第四五二号(皇国時報発行所、一九三二年四月一一日)、八頁。

第三章　授業日も日参させる

モデルとしての朝鮮神宮夏季早朝参拝

参拝証を手に参拝する児童。拝殿前には男性が見張るように立つ。
（『恩頼　朝鮮神宮御鎮座十周年記念』（朝鮮神宮奉賛会、1937年）、310頁。）

第一節　夏季早朝参拝開始までのとりくみ

（一）一九三〇年代の神社政策

一九三〇年代は日本内地においても、上智大学・暁星高校靖国神社不参拝事件のように神社参拝への圧力は強まって行った。社会学研究者の赤江達也は一九三〇年代の日本内地の神社について、「祭典の挙行や神社の建設は、神社の人びとの集団参拝をうながしていった。そして、さまざまなかたちで、集団参拝に参加しないことを困難にしていった。その前線となったのは、まずはやはり学校であった」（傍点原著者）と指摘する。[1] この指摘は、二つの意味で興味深い。一つには、なぜ「集団参拝」なのか、もう一つは、なぜ「やはり学校」なのかという点である。赤江の論考でそれは詳らかにされない。

本書序章でも触れたように、日本内地と植民地とを問わず、こうした指摘は神社参拝強要の実態を十分に説明できない。さらに、植民地支配のもとでの神社参拝強要の異様さという論点も、「戦時体制」という時代と、学校一般の特殊性の中に埋没しかねない。例えば朝鮮神宮では、一九三六年には「集団参拝」よりも個人参拝者の割合の上昇の方が激しい。本章ではこの点をふまえて、次のように課題を設定する。植民地朝鮮では、「集団参拝」と「個人参拝」とはどのように異なる意図を以て、誰に要求されたものであるのか。

本章では朝鮮神宮が一九三六年から開始した行事である夏季早朝参拝について分析を行う。夏季の早朝に、一人一人が参拝を行うこと、これは「集団参拝」とは見なされ難い形態ながらも、巧みで大規模な参拝者誘導の仕掛けと考えられるためである。

「集団参拝」のことを、朝鮮神宮では「団体参拝」と称した。この言葉は、朝鮮神宮が『朝鮮神宮年報』に参拝者数の「統計」を掲載する際に用いられていて、学校団体や軍人などの団体と想定される。[2] その規模は、例えば学校団体と見なされた一団体の平均人数がおよそ二一六名である。[3] こうした参拝以外の参拝を、本書ではさしあたり個人参拝と称することとする。多くの日本人については、正月や七五三などの行事の際、個人の意思で参拝した例が含まれるだろう。しかしもともと神社に関わる慣行が存在しなかった朝鮮人の参拝については、直接・間接にさまざまな力が働いたものと思われる。

そうした働きかけの力につながった一九三〇年代の神社に関わる政策的背景について、ここで具体的分析に先立ち確認しておく。一九三三年に「土地収用令」が改定され、「神社、神祠又ハ官公署ノ建設ニ関スル事業」の際は土地を「収用」できるものとされた。[4] 一九一一年の同令制定時（制令第三号）は「官庁又ハ公署建設ニ関スル事業」に使用する際その土地を「収用」できるとされていた条文に、「神社、神祠」が書き加えられたものである。また同年、「国民精神作興詔書」の一〇周年を機に「国民精神作興週間」が設けられ、週間の初日である一一月七日が「神社参拝日」と決定された。[5] さらに三五年から三六年にかけて宇垣総督、今井田政務総監らにより「心田開発運動」が提唱される中で、「国体明徴」「敬神崇祖」の標語のもとで神社参拝への要求が強まっていった。ミッションスクール校長による神社不参拝が問題とされ罷免される事件と前後して「学校ニ於ケル敬神崇祖ノ念涵養施設ニ関スル件」（政務総監通牒）、「学校職員ノ敬神思想徹底ニ関スル件」（学務局長通牒）[6] が出され、ミッションスクールを含めあらゆる学校の教職員、児童・生徒・学生の神社参拝ばかりでなく、学校そのものに神祠を設置することや、学校の教職員が神社を管理することが求められるようになった。[7]

三六年八月、南次郎総督が着任する直前に、総督府はそれまでの神社関係法令を全面的に改定あるいは新たに制定し、朝鮮に日本内地の制度に類した制度、すなわち府供進社や道供進社といったように、神饌幣帛料という名で府や道といった各地方官庁から公金が支出される制度を導入した[8]。これを機に財政面での公費支弁が朝鮮神宮以外の神社にも拡大した[9]。その後三七年には日中戦争の開始を受けて、総督府学務局主導で「愛国日」（以下「　」省略）が設定された。愛国日は「学校の愛国日」とも報道されており、毎月六日の愛国日には朝鮮神宮はじめ各地方の神社に多くの児童・生徒・学生の団体が動員された[10]。三八年には、神社不参拝を契機とするミッションスクールの閉校が相次ぐ状況に至った[11]。また同年からは、これまで朝鮮神職会が担っていた神宮大麻[12]の頒布のために新たに各道大麻頒布奉賛会が組織され、神宮大麻の頒布に公務員、教員が動員されるようになった。

なお「心田開発運動」で示された「心田開発施設ニ関スル件[13]」では「国体観念ヲ明徴ニスルコト」「敬神崇祖ノ思想及信仰心ヲ涵養スルコト」といった事項が含まれ、神社に対しては特に重要な位置付けが与えられたものと考えられる。本章はまさにこの時期（三〇年代半ば）、顕著に見られる朝鮮神宮の個人参拝者の増加の内実を、前章に引き続き阿知和安彦の言説を手がかりに明らかにしようとする。

（二）　夏季早朝参拝実施に至る朝鮮神宮の試みと「遊び場」としての周辺環境

本項では、朝鮮神宮が夏季早朝参拝を行わせた歴史的背景について、周辺環境を含めて考察する。まず、当時（三〇年代後半―四〇年代前半）の朝鮮神宮が学校関係者にはどのように見られていたのかということについて確認するために、以下二種類の回想を参照されたい。いずれも在朝日本人の回想である。まず、一九三〇年代の三坂小学校在学生（四〇年卒）、次に、四二年の「京城」に赴任した京城帝国大学助教授の手になるものである。

南山には朝鮮神宮の神域というものが設定されており、頂上直下より神宮を囲む形で鉄条網が延々と張り囲《ママ》らされていた。およそ、南山全面積の七分の一位は占めていたのではないかと思われるが、月に三回位はシェパードを連れた監視人が巡視を行っていた。[14]

必勝祈願という名の精神動員だったのだろう。行きついた神宮で何をやったかは忘れたが、そこがこんもりした山を背負った場所だけれども、建物も前の広場も鎮守といった感じから遠く、国民行事の場といった、索漠としたものだったという記憶がある。[15]

これらの回想から、三〇年代から四〇年代にかけての朝鮮神宮は「鉄条網が延々と張り巡らされ」て、「索漠」とした空間であったことがうかがわれる。朝鮮神宮の「神域」は、あくまで植民者側が意図的に設定したものであった。朝鮮神宮には「警察官出張所」が竣工当時（一九二五年）から設置されていた。[16] また、朝鮮神宮は「神域」の「浮浪者狩り」を実施していた[17]。

かくも緊迫感漂う植民地の「総鎮守」において、勧学祭や大祓式とは異なり祭礼を目的をしない児童の大規模で個別的な参拝がいかにして開始されたのか。本項ではその具体像について次の点に注目して考察してみたい。一点目は、朝鮮神宮を会場にして児童を通わせるための試みである。二点目は、結果として朝鮮神宮への児童の参拝を文字通り脇から支える役割を担った京城神社についてである。

まず、一九三二年の社務日誌、七月二一日の項には「第一鳥居広場にラヂオを取付け今朝より八月末日までラヂオ体操を行う」との記載がある。[18] 夏休みのラジオ体操会は一九三〇年に東京で初めて実施されて以来全国に広まろうとしていた時期である。[19]

次に一九三三年の社務日誌、七月一一日に「逓信局ラジオ体操指導者長田軌泰氏来社」との記述が見られるため、翌年にもラジオ体操は行われたようであるが、この年にこれ以上の記述は見られない。ただ、七月二二日の項に「本日より九月九日まで毎土曜日境内に於て敬神思想涵養講演の為活動写真映写予定の所雨天の為本日中止」との記述が見られ、ラジオ体操とは別に児童をターゲットとする企画を始めたことが判明する。境内での映写は結局この年八月五日、一二日、九月九日に実施された記載がある。[20] 興味深いことは、同じ土曜日に、東参道を降りた所（京城神社下）にある総督府科学館が、夏だけでなく毎週土曜日に実験と映写の会を催していたことである。[21] 朝鮮神宮の映写会実施時間は定かではないものの、朝鮮神宮に寄って科学館へ行けば、一日に二度映写を見ることができた可能性がある。

一九三四年の社務日誌、八月一二日の項には「井上逓信局長以下局員一同南山亭広場に於てラヂオ体操をなす」と記述されている。[22] ここまでの流れを見ると、朝鮮神宮を会場とするラジオ体操は、賑わった形跡がないと推測される。その理由は、おそらくは既に各学校等を会場にラジオ体操会が実施されていたからであろう。[23]

そして早朝参拝実施前年の一九三五年、七月二一日に「京城あかつき会主催神社仏閣参拝早起会開始豪雨にも拘らず小学児童約二百名参拝」との記録が見られる。[24] 朝鮮神宮は、ラジオ体操や映写会などを試みてはいたのだが散発的な試みに終わっていたところ、「京城あかつき会」なる団体が「神社仏閣参拝早起会」と称して「約二百名」もの児童を豪雨の中伴ってきたことに目をつけ、翌年から神宮自ら早朝参拝を企画するに至った、と推測される。

朝鮮神宮は一九三六年の夏季早朝参拝導入にあたり、押印するための参拝証を用意した。それは児童の「自発的意思」をかきたてる巧妙な装置として機能しただけでなく、それを最後に提出させることで、異様なまでに詳細な

「統計」を可能にした。ただし参拝証という手法自体は、朝鮮神宮が早朝参拝を開始する以前から、日本内地のいくつかの神社で実施されていたものである。朝鮮神宮において特徴的なことは、参拝証そのものよりも、それをもとに「統計」を幾種も作成したと推定できることと、それらを『年報』で公表した点にある。皆勤者は学校名、学年、名前も掲載された（名前は一九三六年のみ）。

釜山では各初等学校を会場に、仁川では各学校に加えて神社でもラジオ体操が実施されていたとの報道がある。(25)「京城」府では朝鮮神宮でのラジオ体操が振るわなかったという推測が正しいとすれば、児童は一九三六年以降毎朝、朝鮮神宮早朝参拝と学校でのラジオ体操での「判取り」を二重に課せられていたことになる。

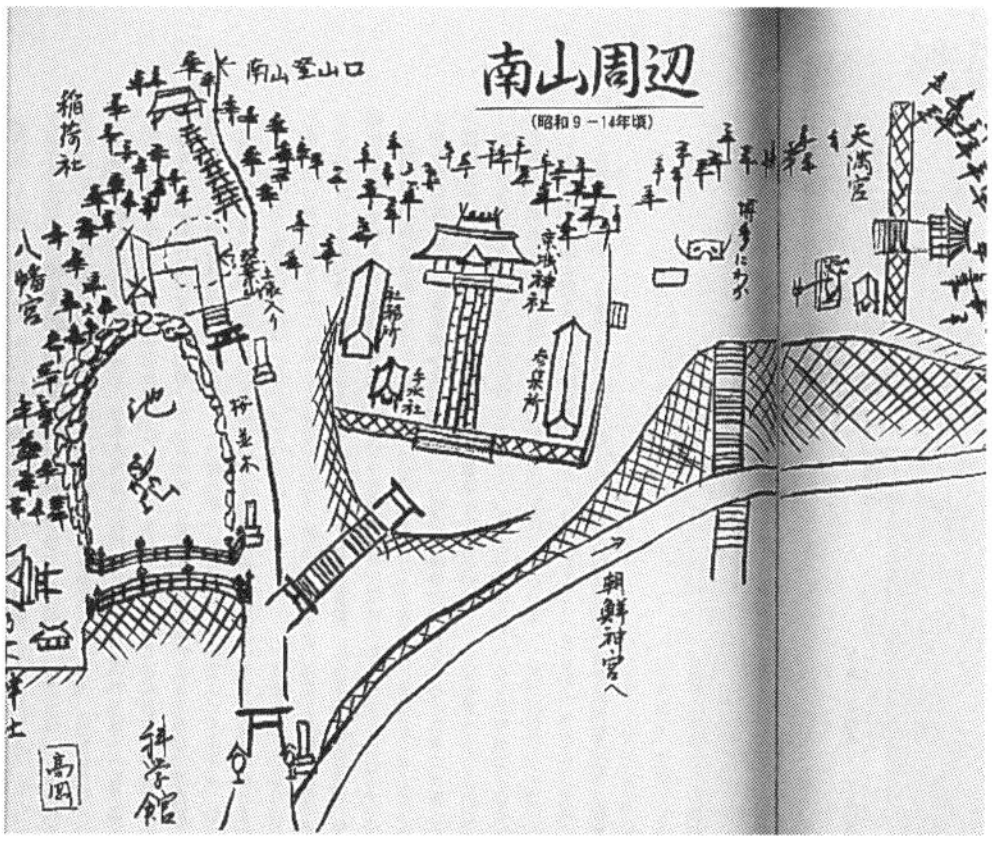

地図１　南山小学校卒業生（日本人）による「南山周辺図」
（『京城南山公立尋常小学校　創立七〇周年記念誌　坂道とポプラと碧い空と』（京城南山小学校同窓会、1996 年、170 頁−171 頁）。）

朝鮮神宮の実践を脇から支えたのは、朝鮮神宮よりも早くから居留民により創建されていた京城神社であった。朝鮮神宮と京城神社とは南山山麓に隣接しており、朝鮮神宮の裏参道は京城神社の正面につながって創成されていた（上掲地図参照）。

京城神社境内には、京城神社の摂社（神社境内の小規模な神社を摂社・境内社という）として、天満宮、稲荷社、八幡宮があった。そもそも京城神社（祭神は天照大神・大己貴神・少彦名神・国魂大神）は、朝鮮神宮よりも早く一八九八年から、日本人が集住するこの地域に作られていた。朝鮮神宮が造営された当初（一九二五年）は、二つの神社の性格、位置付けがあいまいであることが神職を悩ませてもいた[26]。一節で見たように一九三六年に日本内地の社格制度に準じた制度が導入されると、京城神社は釜山の龍頭山神社とともに国幣小社となった。官幣大社朝鮮神宮を頂点とする朝鮮の神社ヒエラルキーの第二位に位置付けられたのである[27]。また、朝鮮半島内の神職で作る朝鮮神職会（全国神職会の下部組織）の本部は朝鮮神宮完成後から朝鮮神宮社務所に置かれていたのだが、朝鮮神宮が「御鎮座十周年祭」とその記念行事を控えて事務が多忙になったのを機に一九三四年から三年間京城神社に編集部が移された[28]（補論参照）。これらのことにより、二社の緊張関係は、一定程度緩和したものと推察される。

一九三六年の国幣小社昇格を控え大規模な社殿工事を行い[29]、一九三五年には四番目の境内社として朝鮮乃木神社が完成した。同じ境内社である天満宮には児童の習字作品が展示された。京城神社から乃木神社に至る道には太鼓橋がかけられ、下のため池はスケート場となった[30]（前頁地図1参照）。京城神社大祭は例年一〇月一七日と一八日であり、朝鮮神宮（一〇月一七日）と重なっていたが、摂社天満宮の祭りは四月であり、年頭の書初めなど折に触れ競書大会などがあり模範作品が展示されていた。周囲の広大な林は夏の昆虫採集に適していた。また夏には摂社八幡宮で剣道や相撲大会が催された[31]。八幡宮の祭りは六月、乃木神社の祭りは九月であった。朝鮮神宮が「国家の宗祀」としての「厳かさ」を象徴していたのに対して、京城神社は、これに隣接しながら、巧みに四季を通じて「鎮守」的神社の持つ「賑やかさ」「親しみ」を表象する機能を、一九三五年までには備えるに至ったと考えられる。京城神社のほぼ正面に位置していた京城南山小学校の同窓会誌には、この「神域」を「遊び場」として記憶する内容の回想が多くみられる。

ただし「遊び場」としての記憶はあくまで日本人児童にとってのものであり、そもそも居住地域が多くの場合遠距離であった朝鮮人児童にとっては「遊び場」となったとは考え難い。しかし、朝鮮人児童が朝鮮神宮を参拝した

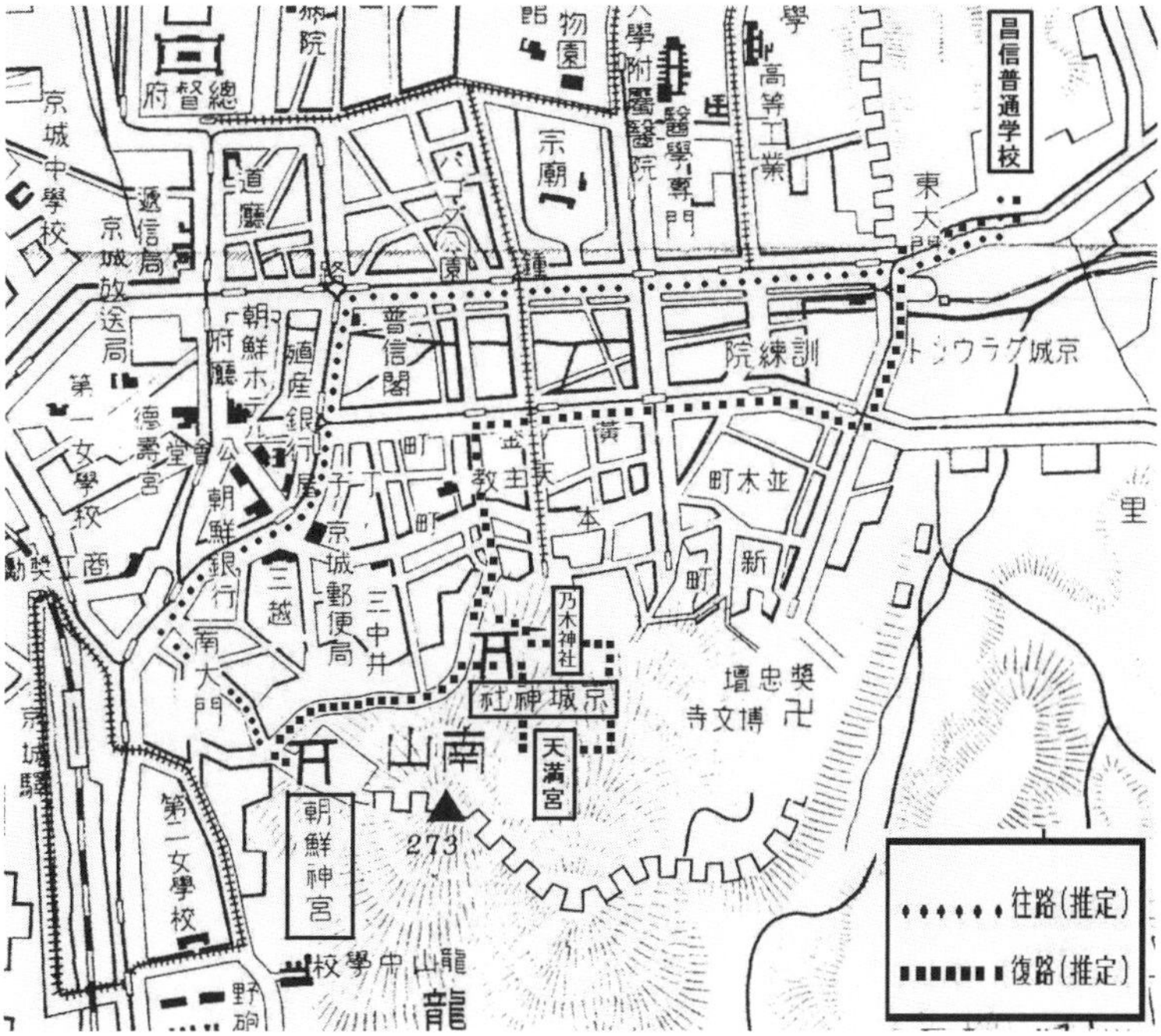

地図２　昌信普通学校（地図右上）児童だった証言者は、路面電車と徒歩で朝鮮神宮・京城神社参拝を行った。地図左下の「京城驛」が現在のソウル駅、左上の「總督府」は慶福宮。
（『京城案内』（朝鮮総督府府鉄道局、1935年）掲載地図をもとに筆者作成。）

後に、京城神社とその摂社をぐるりと参拝して回ることになっていたという証言がある。筆者によるインタビューで、昌信普通学校児童だった鄭淳泰氏は、「京城神社と乃木神社（筆者注：京城神社境内に一九三五年に創建された）は必ず朝鮮神宮参拝の時のついでに」行ったという[32]。ここで明らかになった参拝経路を地図上に示すと上のようになる。

この証言により、朝鮮神宮参拝者は京城神社の参拝者増加につながり、京城神社はその「魅力」ある環境によって朝鮮神宮の「索漠」を補う役割を担っていたことがうかがわれる。

(三)「参拝証」による個人の誘導

京城神社の提供する「遊び場」的環境により巧みに補完されていたとはいえ、払拭し難い緊迫感の漂う植民地の「総鎮守」に、祭祀参列の目的ではなくして、ただ毎朝朝鮮人児童を参拝させようとした神職のねらいはどのようなものであったのだろうか。『年報』は、夏季早朝参拝を奨励した意図を以下のように説明している。[33]

純神道から見る時、神様を敬することは勿論であるが、又一方懐かしく慕い奉り（中略）感激を覚える様に成ることもわすれてはならないことである。諺に敬遠と云うことがあるが、神様に対し、余りに儀礼的に所謂敬のみに走って、遠ざかってはならないと思う。

特に朝鮮の児童に対し、神様の無言説教を聴聞する心耳を開かせるには、数を重ね、度を重ねて神宮・神社の社頭の雰囲気に触れしむることにあると思われる。

是に於て七月一日より八月中の二箇月間を期し、早朝参拝を奨励したのであった

ここで着目したいのは、朝鮮神宮神職は「敬のみに走」ることよりも「懐かしく慕」うことを重視していた点である。これは前章で述べたように、「儀礼的」な敬礼に対して阿知和宮司が継続的に不満を露わにしていたこととも深く関わっていると解釈できる。現実には日本人の眼から見ても慕わしい空間にはなり得なかった朝鮮神宮に、朝鮮人参拝者を引き寄せる方法として「立春札」配布（三二年以降）や修身書への「御礼参拝」の個人への要請（三四年

以降）などが考案されてきた。それらに加えて三六年から夏季早朝参拝が開始されたのであった。

朝鮮神宮は夏季早朝参拝導入にあたり、押印するための「参拝証」（以下「　」省略）を用意した。それは児童の「自発的意思」をかきたてる巧妙な「小道具」として機能しただけでなく、それを最後に提出させることで異様なまでに詳細な「統計」を可能にした。ただし参拝証という方法自体は、朝鮮神宮が早朝参拝を開始する以前から、日本内地のいくつかの神社で実施されていた[34]。朝鮮神宮において特徴的なことは参拝証そのものよりも、それをもとに「統計」を幾種も作成したと推定されることと、それらを『年報』で公表した点にある。皆勤者は学校名、学年、個人名も掲載された（個人名は一九三六年のみ）。

同時代、神社参拝を行わせるためのいわば政策的な後ろ盾は次々と整いつつあった。朝鮮神宮もそれとは微妙に色彩の異なる動機をはらみながら独自の行事を創出して個人の誘導を図ったものの、眼前の朝鮮人参拝者に「自発性」を見ることができない状態が続いた結果、夏季早朝参拝を企画して参拝証を持たせ、その「統計」の公開が行われたと考えられる。

夏季早朝参拝は、個人に早朝に神宮へ行くかどうかという判断をさせる点で「自発性」を引き出そうとする面を持っていた。しかし個人の意思を引き出すために、参拝証の押印とその提出（学校名、個人名記入済み）を求めることで、その「自発性」の質は疑わしいものとなった。それにより「自発性」をかき立てられて神社参拝を行った児童は、実際には全体の児童から見れば少数であったことが判明する（これについては次節以降で分析する）。ただし、その少数の児童が、特に朝鮮人参拝者の延べ人数を増加させることに「貢献」することになった。一部の児童の足によって「稼」がれた参拝者数は『朝鮮神宮年報』に掲載され、その年報は総督府はもとより拓務省、宮内省にも送付された[35]。すなわち、朝鮮神宮にとっての一種の「手柄」となったと推定される。自らの始めた夏季早朝参拝について、

「朝鮮将来の為に同慶に耐えない」と朝鮮神宮神職は評した(36)。

第二節　朝鮮神宮への参拝者の内実

(一) 一九三〇年代中葉の参拝者激増

本項では、『年報』の「統計」に依りながら、一九三六年の夏季早朝参拝の状況を中心に確認し、この企画が当該月の参拝者の増加にどの程度影響したのかという点について検討する。(一)(二)では当時の朝鮮神宮参拝者、夏季早朝参拝者の人数について検討を行い、(三)でその環境的要因と実質的な動員力について考察することとする。はじめに、一九三〇年代半ばから後半にかけて朝鮮神宮参拝者の延べ人数について、次頁グラフ3-1、表3-1で確認しておきたい。

グラフ3-1を見ると、まず一九三六年から一九三八年にかけての参拝者延べ人数の急増ぶりが目に付く。たしかに三六年の参拝者は約一一七万人、三八年の参拝者は約二六八万人(統計上知り得る限り朝鮮神宮史上最大人数)というすさまじい増加である。しかし、表3-1で確認すると、一九三四年から一九三六年にわたる三年間にも、約六一万人から一一七万人へと二倍近い増加を示している。ただし、この一九三四年から一九三六年は全参拝者に占める団体参拝者の割合は四三・二%から三三・八%へと低下し、参拝者延べ人数全体の増加に逆行するかのような動

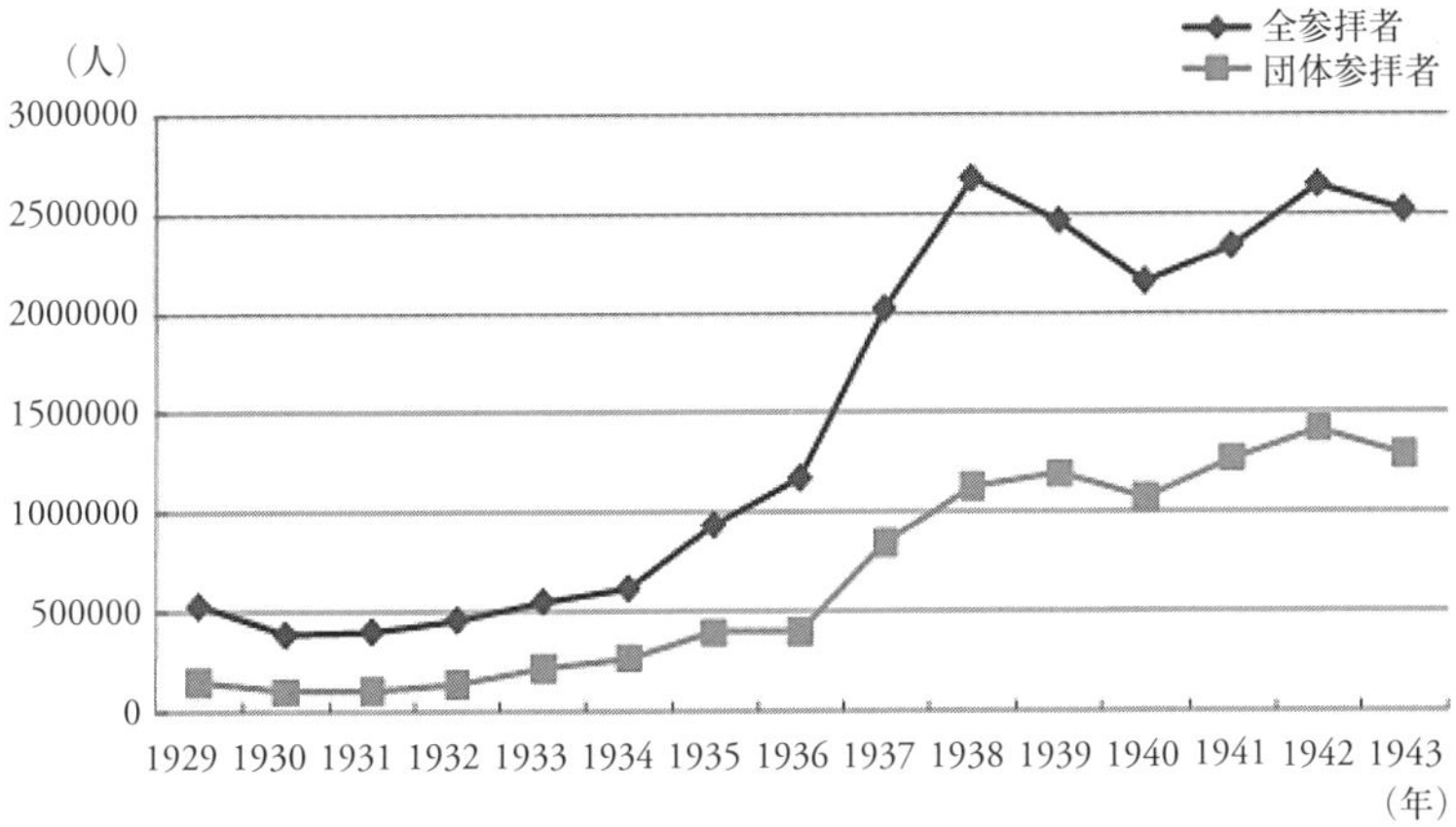

グラフ 3-1　朝鮮神宮参拝者延べ人数の変遷（1）

典拠：『朝鮮神宮年報』（朝鮮神宮社務所編、各年版）。

表 3-1　朝鮮神宮参拝者延べ人数の変遷（2）

年	全参拝者（A）	団体参拝者（B）	（B）が（A）に占める割合（%）
1929	531,373	151,782	28.6
1930	386,807	97,794	25.3
1931	403,550	104,818	26.0
1932	461,140	135,223	29.3
1933	552,910	216,183	39.1
1934	618,622	267,271	43.2
1935	937,588	393,972	42.0
1936	1,173,853	396,435	33.8
1937	2,022,292	846,704	41.9
1938	2,679,304	1,129,588	42.2
1939	2,465,918	1,191,643	48.3
1940	2,158,859	1,072,422	49.7
1941	2,339,164	1,271,242	54.3
1942	2,648,365	1,418,269	53.6
1943	2,521,263	1,288,939	51.1

典拠：『朝鮮神宮報』（朝鮮神宮社務所編、各版）。

きを示す。さらに、団体参拝者が全参拝者に占める割合は、一九二九年から一九四〇年までは一貫して過半数に満たない。全参拝者数の激増とは対照的に、三六年には団体参拝者の全体に占める比率が下がったこと、またその後も団体参拝者の比率は四〇年まで個人参拝者のそれに及ばないことは、あらためてこの時期の朝鮮神宮への個人参拝者の様態に着目する必要があることを示していると言える。

(二) 夏季早朝参拝の影響力

次に、三六年に開始された夏季早朝参拝が、こうした参拝人数増加や個人参拝者の延べ人数にいかに影響したのか、ということについて検討を行う。

すでに述べたように朝鮮神宮は一九三六年七月一日から夏季早朝参拝を始め、児童生徒に参拝証を配布し、最後にそれを回収、統計を取り『朝鮮神宮年報』で学校名、人数、皆勤者の学年名前等を詳細に公表した。なお当時の教育制度(第二次朝鮮教育令)では「国語ヲ常用セル者」すなわち多くの在朝日本人には小学校・中学校・高等女学校が、「国語ヲ常用セサル者」すなわち多くの朝鮮人には普通学校・高等普通学校・女子高等普通学校が設置されており、実体としてはほぼ日本人と朝鮮人が別学の状態であった[37]。しかし朝鮮人には義務教育は施行されておらず、入学年齢も定められていなかった。金富子のまとめたところによると、一九三〇年代後半の朝鮮人の六歳児童の入学率は三割程度であった[38]。

夏休みの早朝や毎月定日に、「朝詣」などと称して児童を参拝させる例は日本内地の神社にも見られる。しかし朝鮮神宮の夏季早朝参拝は、以下の点で異様の観を呈するものである。第一に、毎朝の参拝を要求した期間の長さである。朝鮮神宮により指定された二ヶ月とは、他社に比してはるかに長期間である。一九三五年の全国神職会会報誌上に掲載されたアンケート結果を見ると、日本内地の神社で実施されていた同種の行事が少なくとも一二社（うち諏訪神社など官幣大社六社、官幣中社一社、別格官幣社三社、県社一社、郷社一社）確認できる。しかし多くは「夏季一週間」（東照宮）、「夏季休暇中一四日間」（敬満神社）程度である。最も長い日枝神社の例でも約四〇日間であり、朝鮮神宮の二ヶ月間よりも短い[39]。朝鮮では道知事が決定権を有していた普通学校の夏季休業期間は、「京城」府を含む京畿道では七月二一日から八月二〇日であった[40]。従って朝鮮神宮の設定した七月一日から八月三一日までという期間は、夏休みに入る二〇日前から夏休み後一〇日を過ぎるまでであったことになる。夏休みのちょうど二倍という長期間であるにもかかわらず、『年報』によるとこの年（三六年）二カ月の皆勤者が官公私立小学校・普通学校と諸学校など合わせて一〇五人存在した。皆勤者をこのように発表すること自体が、朝鮮神宮の「二ヶ月皆勤」奨励への強い意図を示すと考えられる。この一〇五人がそれぞれ六二回参拝したことによって増加した参拝者数は延べ六五一〇人分にものぼる。

第二に、『年報』で公表する参拝者統計の尋常ならざる詳細さである。特に開始年である昭和十一年版は「二ヶ月」「四〇日以上」「三〇日以上」「二五日以上」「一五日以上」「一〇日以上」と六段階に分けられ、官公私立別に、「小学校」、「普通学校」、「中等学校」（諸学校も含む）、「その他」と区分した上で、人数が記されている。さらに、「参拝証を提出したる者のみ掲ぐ」という『年報』の記述は、最後に参拝証を提出させたことのみならず、提出しなかった者の存在も示唆しようとしており、そこに人数把握への強い執念を看取できよう。

さらに表3-2、3-3、3-4により、同年の夏季早朝参拝が参拝者の増加にどの程度の影響を及ぼしたのか推定してみたい。

表3-2　一九三六年公立普通学校（朝鮮人）夏季早朝参拝児童数

地図上の番号	校名	二ヶ月 (a)	四〇日以上 (b)	三〇日以上 (c)	a. b. c小計 (d)	二五日以上 (e)	一五日以上 (f)	一〇日以上 (g)	e. f. g小計 (h)	d. h合計 (i)	※A推定全校児童数 (j)	児童参加割合 (i/j) (%)
※B (1)	官立師範付属	0	4	4	8	0	0	5	5	13	356	3.7
1	校洞	2	2	10	14	0	1	8	9	23	1,631	1.4
2	齋洞	0	0	0	0	0	0	4	4	4	1,276	0.3
3	於義洞	5	3	16	24	0	8	3	11	35	1,773	2.0
4	仁峴	0	0	0	0	0	1	0	1	1	993	0.1
5	水下洞	1	1	2	4	1	9	2	12	16	851	1.9
6	貞洞	14	15	33	62	0	44	6	50	112	993	11.3
7	梅洞	1	13	5	19	1	13	9	23	42	1,560	2.7
8	渼洞	5	9	21	35	0	20	6	26	61	1,347	4.5
9	麻浦	1	0	6	7	0	0	2	2	9	851	1.1
10	徳壽	2	5	18	25	0	0	19	19	44	1,843	2.4
11	龍山	1	3	10	14	0	15	1	16	30	1,276	2.4
12	昌信	0	6	2	8	0	7	1	8	16	1,276	1.3
13	壽松	0	2	4	6	1	11	8	20	26	1,276	2.0
14	孝昌	10	13	28	51	0	80	6	86	137	1,347	10.2
15	舟橋	2	3	9	14	0	10	5	15	29	1,347	2.2
16	清雲	2	0	22	24	0	2	1	3	27	1,276	2.1
17	竹添	0	0	8	8	0	16	4	20	28	1,631	1.7
18	惠化	0	0	0	0	0	0	2	2	2	1,064	0.2
19	往十里	1	0	4	5	0	5	5	10	15	567	2.6
20	阿峴	0	0	0	0	0	5	5	10	10	780	1.3
合計人数		47	75	198	320	3	247	97	347	667	24,957	
推定動員回数		2,820	3,000	5,940	11,760	75	3,705	970	4,750	16,510		
「参拝証」提出児童が校内に占める割合平均（%）												2.7

※A推定児童数は公立校は70.9人×学級数、官立校は『朝鮮諸学校一覧』掲載の実数。
※B官立校は他に京城女子師範学校付属女子普通学校が設置されていたが『朝鮮神宮年報』への記載なし。
※C公立校は上記に加え、龍江、漢江、崇仁、永登浦各普通学校が存在したが『朝鮮神宮年報』への記載なし。

表 3-3　一九三六年公立小学校（日本人）夏季早朝参拝児童数
（『朝鮮諸学校一覧』、『朝鮮神宮年報』による）

地図上の番号	校名	二ヶ月 (a)	四〇日以上 (b)	三〇日以上 (c)	a. b. c小計 (d)	二五日以上 (e)	一五日以上 (f)	一〇日以上 (g)	e. f. g小計 (h)	d. h 合計 (i)	※A推定全校児童数 (j)	児童参加割合 (i/j) (%)
（一）	官立師範付属	2	4	7	13	0	1	2	3	16	589	2.7
一	三坂	※B64	9	96	169	3	26	24	53	222	1,872	11.9
二	日出	0	10	8	18	1	2	53	56	74	1,404	5.3
三	東大門	1	8	0	9	0	1	2	3	12	1,872	0.6
四	南大門	19	26	45	90	0	59	33	92	182	1,755	10.4
五	桜井	2	1	7	10	1	3	5	9	19	1,755	1.1
六	西大門	0	6	5	11	0	6	26	32	43	1,112	3.9
七	南山	1	3	11	15	0	1	20	21	36	1,170	3.1
八	元町	1	1	1	3	0	4	4	8	11	1,931	0.6
九	鐘路	0	0	0	0	1	3	4	8	8	1,170	0.7
十	龍山	1	0	1	2	0	1	1	2	4	1,697	0.2
合計人数		91	68	181	340	6	107	174	287	627	16,326	
推定動員回数		5,460	2,720	5,430	13,610	150	1,605	1,740	3,495	17,105		
「参拝証」提出児童が校内に占める割合平均（%）												3.7

※A推定全校生徒数は公立校は60.2人×学級数、官立校は『朝鮮諸学校一覧』掲載の実数。
※B『朝鮮神宮年報』統計上では63人だが皆勤者名は64人分であるため表も64人とした。
※C永登浦小学校は『朝鮮神宮年報』への記載なし。
典拠：『朝鮮諸学校一覧』（朝鮮総督府学務局、一九三七年）、『昭和一一年　朝鮮神宮年報』（朝鮮神宮社務所、一九三七年）。

表 3-4　一九三六年　その他の参拝数（私立初等教育機関、公私立中等教育機関ほか一般）

校種	二ヶ月 (a)	四〇日以上 (b)	三〇日以上 (c)	a. b. c小計 (d)	二五日以上 (e)	一五日以上 (f)	一〇日以上 (g)	e. f. g小計 (h)	d. h 合計
その他初等教育機関※A	13	41	72	126	1	128	36	165	291
その他中等教育機関※B	2	2	20	24	21	14	59	94	118
合計人数	15	43	92	150	22	142	95	259	409
推定動員回数	900	1,720	2,760	5,380	550	2,130	950	3,630	9,010

※A私立普通学校に加え、受験準備学校等も含む。
※B公私立中学校・高等女学校・高等普通学校・女子高等普通学校に加え、技芸学校等を含む。
典拠：『朝鮮諸学校一覧』（朝鮮総督府学務局、一九三七年）、『昭和一一年　朝鮮神宮年報』（朝鮮神宮社務所、一九三七年）。

朝鮮神宮による「統計」は先述したように「二ヶ月」「四〇日以上」「三〇日以上」「二五日以上」「一五日以上」「一〇日以上」と六段階に分類されており、誰が何回参拝したかという点までは知ることができない。そこで、あくまで推定で「二カ月」を「六〇回参拝」、「四〇日以上」を「四〇回参拝」、「三〇日以上」を「三〇回参拝」、「二五日以上」を「二五回参拝」、「一五日以上」を「一五回参拝」、「一〇日以上」を「一〇回参拝」のように置き換えて下限の動員数を数えたのが表中の「推定動員回数」である。これによると、三六年七月から八月の二カ月間で、夏季早朝参拝によって動員された参拝の延べ回数は、最も低く見積もっても四万二千回分を超える。ただし同年七月、八月に朝鮮神宮に個人で参拝したと見なされる数（全参拝者数と団体参拝者数の差）はおよそ二四万人であるため[41]、夏季早朝参拝が個人の参拝者の中で占めた割合は（下限）一七％程度であったと推測される。この割合は、この年の参拝者の増加を説明するにあたって決定的に大きかったとまでは言い難いものの、この企画が一定の影響力を有したことを示していると言えるだろう。残り（上限）八三％程度の参拝者の内実についても分析が必要であるが、今後の課題としたい。

（三）参拝児童数に関する検討 ── 距離と参拝率に焦点を当てて

（二）の考察を通じ、夏季早朝参拝が一九三六年の全体の参拝者数増加に影響を与え、特に朝鮮人個人参拝者の増加に一定の影響力を持ったと推定された。夏季早朝参拝への児童参加の状況について以下では、夏季早朝参拝への対応の学校ごとの違いと環境的要因について検討を試みる。地図3「学校分布図」を参照されたい。

地図上のアラビア数字は朝鮮人対象校（普通学校）、漢数字は日本人対象校（小学校）を示している。地図3から見

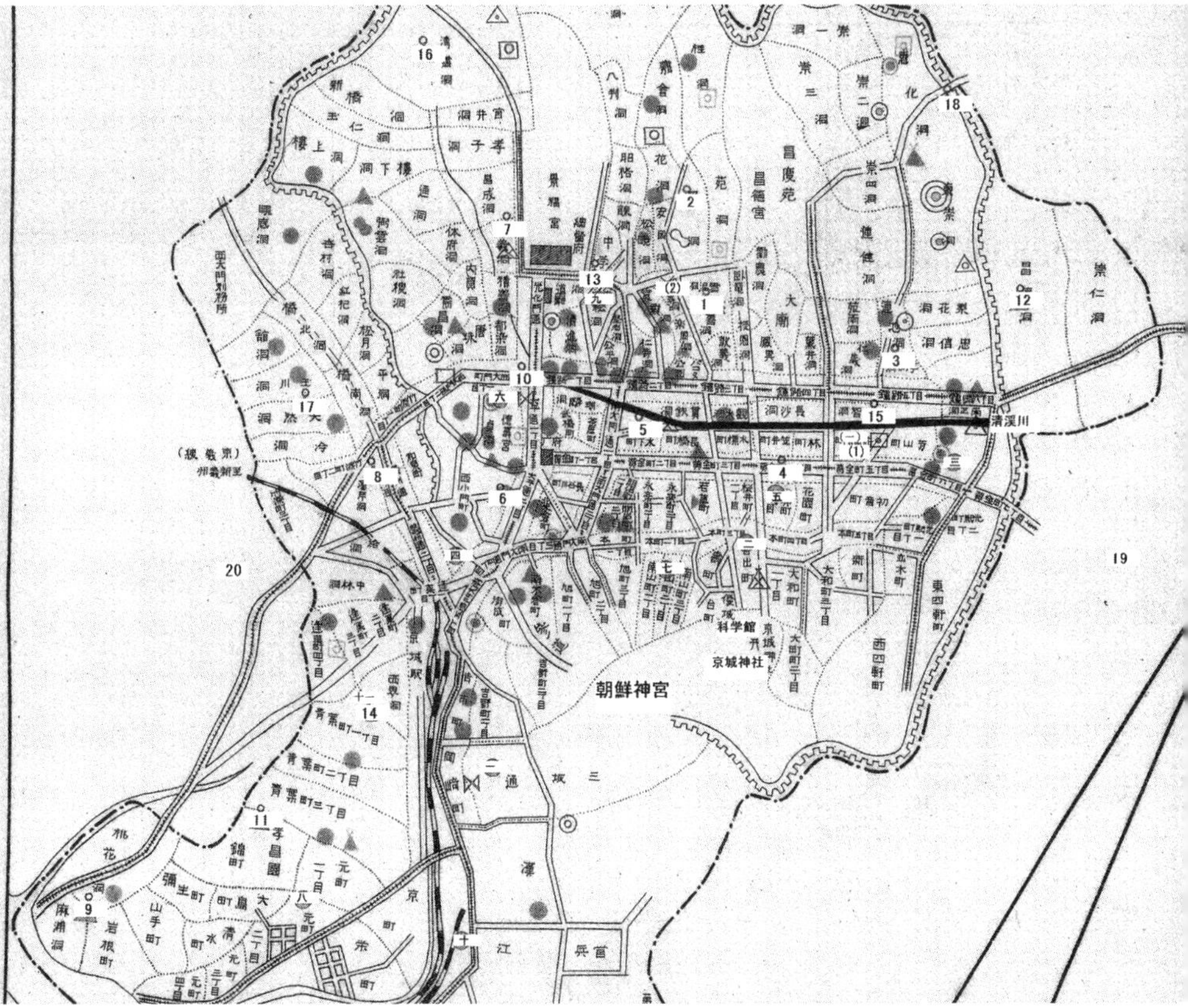

地図３　「京城」府内初等学校分布図

（「京城府管内学校分布図　一九三一年」許英桓『定都六百年ソウル地図』（汎友社、1994 年）をもとに筆者作成。）

※地図上の数字は表 3-2，3-3 に対応。

て取れることを以下のようにまとめよう。第一に、地図上で清蹊川以南から朝鮮神宮のある南山周辺地域に、官公立小学校一二校中一一校が偏在している。これに対し公立普通学校は「京城」府全体（あるいは隣接郡）に偏りなく存在している。清渓川以北は主に朝鮮人居住域であり、[42]以南は日本人集住域であった。朝鮮神宮が日本人の集住域に隣接して創建されたこと、特に清渓川以北の地域からは路面電車に乗らずに行くことのできる距離とは考えにくいこと、それらの学校の中にも路面電車の駅が近くにない学校も複数あったことなども考え合わせると、朝鮮人児童にとっての朝鮮神宮参拝は、日本人児童にとってのそれよりも時間、費用、体力をより必要とする過酷なものであったと考えられる。

表3-2、3-3と地図3から、以下のことが見て取れる。まず表3-2の普通学校（朝鮮人児童）について言えば、貞洞普通学校（図表6番）と孝昌普通学校（14番）が際立って高い参拝証提出率を示している。これは、地図3を参照すれば、地理上の近接が影響していることと関係があると考えられる。これら二校は普通学校二〇校の中では最も朝鮮神宮に近い学校である。上記二校の参拝児童が普通学校参拝児童全体の中で占める割合は、六六七人中二四九人で三七・三％である。

表3-2全体を見れば、多くの普通学校の参拝率は距離と比例している。ただし麻浦普通学校（9番）、清雲普通学校（16番）、往十里普通学校（19番）の学校が非常に朝鮮神宮から離れており、全体としては児童参拝者の割合は高くはないものの、それぞれ一人以上の二カ月皆勤者と合計三二人の三〇日以上参拝者を出している。三校のうち往十里普通学校（19番）を除く二校は近辺に路面電車の停留所も見当たらない。またこの年の夏には特に朝鮮半島南部が長雨・台風による水害で大きな被害に遭っており、八月には二回「京城」府内でも漢江の氾濫による住宅浸水が新聞で報道されている。[43]八月に着任した南次郎総督の最初の仕事が水害視察であったほどだ。この水害で浸水

した地域は麻浦普通学校区、永登浦普通学校区であった。普通学校の中でも朝鮮神宮に遠く路面電車の利便もない学校からも、人数の上では限定的であるとはいえ夏休みの期間（三〇日）を越えて、授業日も含めて毎日参拝した児童が存在した。

他方表3-3の小学校では、三坂小学校（一番）と南大門小学校（四番）が際立っており、これら二校の参拝児童合計三四〇人は小学校参拝児童合計五四七人の六二・二％を占めている。これらの二校もいずれも朝鮮神宮に近く、特に三坂小学校の場合は通学途中に参拝が可能だった可能性が考えられる。ただし近接していることがそのまま参拝率につながったわけではない。南山小学校（七番）や桜井小学校（五番）の参拝証提出率が必ずしも高くないことは、そのことを示している。

このように朝鮮神宮との地理的関係は、学校ごとの対応を左右する重要な一要因であったと推定される。しかし普通学校については距離と参拝証提出率のあいだに一定の相関が見られるのに対し、小学校では近隣校の中でも「熱心」な学校とそうでない学校が存在するという若干異なる傾向が見られる。

以上から読みとれる特徴をまとめよう。第一に、全校児童数に占める児童の夏季参拝証提出率は普通学校・小学校とも、最大で一〇％前後、ほとんどの場合二から三％程度に過ぎず、各学校の対応は大きくばらついている。特に注目されるのは、官立京城師範学校付属普通学校、付属小学校ともに二ないし三％程度であることである。これらのことから夏季早朝参拝は、学務・学校行政を通じて一律に実施されたものではなく、神社の要請を各学校の判断で受け止め、概ねその対応は消極的だったことが判明する。筆者は前章で、六月の大祓式において少なくとも三六年頃までの「京城」では、神社参拝に関して各校長の判断の余地が存在したことを明らかにした。夏季早朝参拝でも各校長の判断する余地は大祓式と同様に存在したか、大祓式よりも自由に児童・生徒を参加させるか否か判断できるものであり、さらに言えば各教員の裁量の幅も存在した可能性も考えられる。結果として特に遠方に多く存在していた普通学校からは、夏季早朝参拝を行う児童は少ないということになったと推定できる。しかし、一部の児童が毎日参拝することによって、朝鮮神宮側から見れば「統計」上は甚だしい数の朝鮮人参拝者を獲得することが可能になった。

次に、特に普通学校の場合は距離と参拝証提出率が相関することと、全体の参拝者数は八月に減少したこと[44]から、相対的に近隣の児童が、少なくとも七月のうちは通学と参拝とを兼ねていた場合が多かった可能性が推定できる。仮説ではあるが、実際に通学という目的がなくなれば参拝児童は減少するとの目算が朝鮮神宮側にもあり、そこに日本内地と大きく異なり夏休み前で通学する児童の確保が期待できる七月一日から夏季早朝参拝期間が設定された理由も垣間見ることができる。

またこのことは、通学という行動が参拝の動機となっただけでなく、参拝後に学校に行けば教師による称賛や良い評価など児童にとっての「利益」が得られた可能性を示している。この点に関しては、わずかに時代をくだるために間接的な裏付けとなるが、次の二つの証言を挙げておきたい。まずは、筆者が以前行った元普通学校児童へのインタビューにおいて、毎週日曜日に行っていたという神社参拝の記憶（三七年開始の「定日参拝」と推定される）について、筆者が尋ねた際の証言である[45]。

――鄭　出席簿を、学校で作ってね、学生に配ってそれを持って毎週、日曜日には神宮参拝だね。（略）持っていくと神宮でね、神主さんが、ハンコを押してくれるんだ。ハンコをね。

――樋浦　毎日曜日の分。

――鄭　うん。毎日曜日の分を。そしてそのハンコをもらって、先生に見せて。それが成績の、大きな反響を受けるんだ。（略）あの出席の、神宮参拝をしたという証拠になる、ハンコを打ったその、出席簿をね、そしてそれを、先生に出すんだよ。月曜日の朝にね。そしてもしも、怠けた人がおったら必ず罰を受けるんだ。

――樋浦　罰というのはどんな罰ですか。

――鄭　まぁ、何というかね、修身の点数が、ええ。

右の引用のほか、証言者はハンコが少ない児童が神職に「お前なぜ来ないか」と叱られるのを見たとも言う(46)。神社参拝を行わないことが「怠け」と判断されて神職に叱られるだけでなく、学校でも「罰」を受けるということが重要である。もう一つ、反対に「賞」による評価についての証言がある。一九四一年「京城」の滄川国民学校児童の回想である(47)。

国民学校二年生の時、南山にある朝鮮神宮に行ったよ。天照大神をまつる朝鮮神宮というのがあったんだ。そこへ行って参拝してハンコをもらって、それが一〇〇回分集まったら滄川国民学校が賞をくれるんだよ。（筆者訳）

この証言でも、神社ではなく学校が「賞」をくれると記憶されている点が重要であろう。「修身」を中心とする教育上の行為を「怠け」ないかどうかという点が評価され、「賞罰」の対象となったこと。しかし神職の期待は「神秘」

へ引き込むことにあったこと。こうした思惑の相違をはらみつつ、児童はハンコという「小道具」に監視されながら、「一〇〇回」を目指し神社に日参せねばならなかった。「賞」に関わっては、元日本人教員による証言も存在する。(48)

子供たちも教師からカードもらってお参りするたびに神社に判を押してもらうでしょう。判が一杯になって朝礼で表彰されるから一所懸命行くんですよね。

これらの証言は、児童の神社参拝が神職の宗教家としての発意にもとづき実施されていたにせよ、「修身」を中心とする学校教育上の児童の評価にも確たる影響を及ぼしていたことを示すものである。

朝鮮神宮は、個人とモノのやり取りを行う行事を多く創始していたことを先に指摘した。朝鮮神宮は、このように個人を参拝させたいという願いを具体化するにあたり、例えば崇敬者の家庭や町洞会などではなく、もとより総督府と連携するのでもなく、あくまで学校を通じて児童一人一人を個別的に参拝させようとした。「賞罰」という評価方法を駆使する学校教育の「指導」の力を最大限に活用しようとした行為とも言える。

第三節　一九三七年以降の参拝者

（一）個人参拝者の動向、団体参拝者の動向

一九三七年、夏季早朝参拝期間中の七月七日に盧溝橋事件が起こった。これを機に、朝鮮神宮で同年七月一日から成人の参拝者を対象に開始されたばかりの「大祓詞並神拝詞奉唱会」は「大祓詞並国威宣揚祈願詞奉唱会」（傍線引用者）に変わった。そして七月一四日に出征軍人への「守札授与奉告祭」、一五日には「国威宣揚皇軍武運長久祈願祭」が実施されるなど、戦争が朝鮮神宮の祭祀を追加させる事態を確実にもたらすようになる。ここでは、このような時勢の中で実施された二年目の夏季早朝参拝について考察する。

まず、次頁表3-5により一九三七年の七―八月の参拝者と年間の参拝者数を確認しておこう。この年から「内地人」「朝鮮人」「その他」という民族別統計はなくなり、「内鮮《ママ》人」「満支《ママ》人」「その他」という項目になったために、日本人何名朝鮮人何名という形で人数を把握することはできない。

表3-5によれば、全体の参拝者数は前年（三六年）の約一一七万人から、三七年には二〇〇万人を超すという激増ぶりである。当時の京城の人口が七〇万人程度（うち日本人が約一三万人[49]）であるためいかにその増加がすさまじいものであるかうかがわれる。このうち、団体参拝者は約四〇万人（三六年）から約八五万人（三七年）への増加である。そのうち七四％（六二万五八八〇人）が七月から一二月のあいだに集中しており、戦争の影響は全体として見れば団体参拝者にも強く現れたことがわかる。

表3-5　一九三七年の月別参拝者延べ人数

	内鮮《ママ》人	満支《ママ》人	その他	月合計（a）	団体参拝者（b）	（b）/（a）%
1月	125,836	29	27	125,892	14,980	11.9
2月	68,324	33	74	68,431	26,584	38.8
3月	88,871	439	33	89,343	27,374	30.6
4月	141,429	1,102	698	143,229	62,436	43.6
5月	116,115	425	91	116,631	61,615	52.8
6月	73,637	205	55	73,897	27,835	37.7
7月	285,675	16	91	285,782	36,448	12.8
8月	170,252	13	27	170,292	29,530	17.3
9月	214,205	83	36	214,324	123,206	57.5
10月	351,042	0	20	351,062	201,109	57.3
11月	237,042	122	15	237,179	141,155	59.5
12月	146,199	25	6	146,230	94,432	64.6
総合計	2,018,627	2,492	1,173	2,022,292	846,704	41.9

典拠：『昭和一二年　朝鮮神宮年報』（朝鮮神宮社務所、一九三八年）。

しかし、盧溝橋事件の起こった七月に団体参拝者が激増したかといえばそうとは言えない。全参拝者の七月の人数は二八万五〇〇〇人以上という多数を記すが、その中の団体参拝者人数は三万六〇〇〇人ほどである。したがって残りの約二五万人は個人参拝者ということになる。このうち一定の割合で、この年にも継続された夏季早朝参拝児童が含まれている。以降で詳しく述べたい。

（二）二年目の夏季早朝参拝と定日参拝開始

二年目の夏季早朝参拝の実施状況について確認していこう。朝鮮神宮は新たに一九三七年一月から六月末日までと、九月から一二月末日までは、毎週日曜と祝日ごとに「定日参拝」（以下「 」省略）を奨励し始めた。そして七月と八月には前年同様夏季早朝参拝を実施した。同年の『朝鮮神宮年報』には、定日参拝と夏季早朝参拝とに分けられて、統計が一一種類、一二頁にわたって掲載されている。ただし、夏季早朝参拝の統計の作り方は前年とは若干変化が見られる。一九三六年のそれは「二ヶ月」「四〇日以上」「三〇日以上」「二五日以上」「一五日以上」「一〇日以上」と六段階になっているが、三七年は「二カ月」「一カ月」「一五日以上」「一五日以下」の四段階となった。三六年の時点では最も少ない日数が「一〇日以上」だったが、三七年には「一五日以下」としたことで、一日以上から数えることが可能になった。そのため同年は前年よりも、もともと参拝率が高くなる可能性がある。あらためて次頁表3-6、3-7、3-8で一九三七年の夏季早朝参拝児童の人数を確認しよう。

この年の『年報』に掲載された夏季早朝参拝児童の人数は、公立普通学校児童一七一三人、公立小学校児童六九三人など合計三三六二人であり、前年から大幅に増加した。公立普通学校・小学校の内訳を分析してみると、公立普通学校で掲載されている児童数の全校児童に占める割合は五・四%(三六年は二・七%)、公立小学校児童のそれは四・四%(三六年は三・四%)となっている。この年の夏季早朝参拝者の過半数は公立普通学校児童であり、公立普通学校の参拝証提出率は前年の倍近くに上昇している。また、公立普通学校児童一七一三人のうち、「二ヶ月」「一ヶ月以上」に記録されている人数は一六三一人、小学校児童も六九三人中六〇〇人と、参加児童の大部分を占める。前年は「三〇日以上」から「二ヶ月」までの人数とそれ以下の人数との比率はほぼ一対一であった。したがって三七年からは要請された期間中毎日、すなわち八月に入っても「熱心」に参拝を続けた児童が激増したことが判明する。

さらに、前項で三六年について行ったのと同様に「二カ月」を「六〇回」、「一カ月以上」を「三〇回」、「一五日以上」「一五日以下」はともに「一五回」として参拝回数を推定してみると、参拝回数の合計(普通学校、小学校、その他の合計)はおよそ一一万六〇〇〇回分、当該月の個人参拝者数である約三九万人のうちの約三〇%となり、前年に比して格段に「統計」への影響度を増したことが推測できる。

参拝証提出率や、それが個人参拝者に占めたと推測される割合は、全体的に前年よりも高くなったものの、依然

表 3-6　一九三七年公立普通学校夏季早朝参拝児童数

地図上の番号	校名	二ヶ月 (a)	一ヶ月以上 (b)	a・b 小計 (c)	一五日以上 (d)	一五日以下 (e)	d・e 小計 (f)	c・f 合計 (g)	※A 推定全校児童数 (h)	児童参加割合 (g/h) (%)
(1)	官立師範付属	5	27	32	4	9	13	45	367	12.3
(2)	官立女子師範付属	0	2	2	0	0	0	2	321	0.6
1	校洞	23	33	56	0	0	0	56	1,709	3.3
2	齋洞	0	2	2	0	4	4	6	1,353	0.4
3	於義洞	21	114	135	6	2	8	143	1,851	7.7
4	仁峴	24	44	68	1	0	1	69	1,353	5.1
5	水下洞	12	32	44	0	2	2	46	854	5.4
6	貞洞	27	66	93	4	3	7	100	1,068	9.4
7	梅洞	35	82	117	2	1	3	120	1,780	6.7
8	渼洞	22	66	88	6	2	8	96	1,780	5.4
9	麻浦	7	11	18	1	2	3	21	926	2.3
10	徳壽	55	204	259	23	3	26	285	1,851	15.4
11	龍山	15	30	45	0	0	0	45	1,424	3.2
12	昌信	31	29	60	0	0	0	60	1,424	4.2
13	壽松	7	27	34	2	0	2	36	1,353	2.7
14	孝昌	65	125	190	2	1	3	193	1,353	14.3
15	舟橋	70	128	198	2	0	2	200	1,424	14.0
16	清雲	3	12	15	0	0	0	15	1,353	1.1
17	竹添	7	53	60	1	1	2	62	1,638	3.8
18	惠化	2	11	13	8	0	8	21	1,210	1.7
19	往十里	4	30	34	1	0	1	35	641	5.5
20	阿峴	22	54	76	0	1	1	77	1,139	6.8
※B 番外	龍江	5	3	8	0	1	1	9	926	1.0
番外	鐘岩	1	7	8	0	0	0	8	712	1.1
番外	漢江	3	7	10	0	0	0	10	570	1.8
合計人数		461	1,170	1,631	59	23	82	1,713	29,690	
推定動員回数		27,660	35,100	62,760	885	345	1,230	63,990		
「参拝証」提出児童が校内に占める割合平均（%）										5.4

※A 推定児童数は公立校は 71.2 人×学級数。官立校は『朝鮮諸学校一覧』掲載の実数。
※B「番外」は図 1 の範囲外の学校。
同様の学校中永登浦普通学校のみ『朝鮮神宮年報』への記載なし。
典拠：『朝鮮諸学校一覧』（朝鮮総督府学務局、一九三七年）、『昭和一二年　朝鮮神宮年報』（朝鮮神宮社務所、一九三八年）。

表3-7　一九三七年公立小学校夏季早朝参拝児童数

地図上の番号	校名	二ヶ月 (a)	一ヶ月以上 (b)	a・b小計 (c)	一五日以上 (d)	一五日以下 (e)	d・e小計 (f)	c・f合計 (g)	※A推定全校児童数 (h)	児童参加割合 (g/h) (%)
(一)	官立師範付属	12	26	38	0	2	2	40	596	6.7
一	三坂	60	105	165	9	12	21	186	1,776	10.5
二	日出	3	6	9	0	9	9	18	1,421	1.3
三	東大門	7	21	28	0	0	0	28	2,013	1.4
四	南大門	76	127	203	14	11	25	228	1,776	12.8
五	桜井	7	18	25	1	4	5	30	1,776	1.7
六	西大門	9	49	58	4	8	12	70	1,125	6.2
七	南山	16	38	54	3	6	9	63	1,125	5.6
八	元町	2	3	5	0	1	1	6	1,954	0.3
九	鐘路	1	1	2	0	4	4	6	1,184	0.5
十	龍山	9	4	13	0	6	6	19	1,776	1.1
※B十一	青葉	18	20	38	1	0	1	39	474	8.2
合計人数		208	392	600	32	61	93	693	16,398	
推定動員回数		12,480	11,760	24,240	480	915	1,395	25,635		
「参拝証」提出児童が校内に占める割合平均（%）										4.4

※A推定全校生徒数は公立校は59.2人×学級数、官立校は『朝鮮諸学校一覧』掲載の実数。
※B青葉小学校は37年新設校。永登浦小のみ『朝鮮神宮年報』への記載なし。
典拠：『朝鮮諸学校一覧』（朝鮮総督府学務局、一九三七年）、『昭和一二年　朝鮮神宮年報』（朝鮮神宮社務所、一九三八年）。

表3-8　一九三七年　その他学校（私立初等教育機関、公私立中等教育機関ほか一般）夏季早朝参拝者数

校種ほか	二ヶ月 (a)	一ヶ月以上 (b)	a. b小計 (c)	一五日以上 (d)	一五日以下 (e)	d. e小計 (f)	c. f合計
その他初等教育機関※A	209	405	614	24	10	34	648
その他中等教育機関※B	9	24	33	3	2	5	38
合計人数	218	429	647	27	12	39	686
推定動員回数	13,080	12,870	25,950	405	180	585	26,535

※A私立普通学校に加え、受験準備学校等も含む。
※B公私立中学校高等女学校に加え技芸学校等を含む。高等普通学校女子高等普通学校の記載なし。
典拠：『朝鮮諸学校一覧』（朝鮮総督府学務局、一九三七年）、『昭和一二年　朝鮮神宮年報』（朝鮮神宮社務所、一九三八年）。

として各校の対応は大きくばらついている様子も確認できる。公立小学校では三坂小学校と南大門小学校が突出して高い。これは前年と同じ傾向に見えるが、三坂小学校は八・四%から一〇・五%へ、南大門小学校は五・二%から一二・八%へと、むしろ前年よりも「一部近隣校の熱心さ」は強まっている。公立普通学校の場合も前年同様の傾向が確認できる。徳壽普通学校（地図3、10番）、舟橋普通学校（15番）、於義洞普通学校（3番）などが高い参拝証提出率となり、これら普通学校も概ね近隣校であった。

各学校の対応は前年同様大きくばらついているものの、その中にあっても全体的に見れば距離との相関は強まり、参拝証提出率は上昇した。その傾向は普通学校により強く表れ、特に官立京城師範学校付属普通学校は一二・三%へと明確な上昇を示した。その背景として一つには『朝鮮神宮年報』で前年の夏季早朝参拝への参加学校名と人数が公開されたことが、各校長にとって児童に参拝を強要する圧力となり得た可能性があるだろう。さらに、戦争という「時局」が要因になった。一九三七年七月、学校への参拝を要請する指示が夏休みを前に「京城」府により出されたのである。『京城日報』は「休暇になっても避暑など禁物」との見出しで、学務課の「厳しい指示」としてこのように伝えている[50]。

身体上の特別の故障のある児童を除いては一切保養地に避暑することを避け、毎朝神宮や神社に参詣して皇軍の武運長久を祈願し、新聞にあらわれる時事の記事や写真を切り取らせる

引用には「神宮や神社」とあるが、「神宮」は朝鮮に朝鮮神宮しか存在しない。「神社」は京城府には朝鮮神宮に隣接する京城神社とその摂社しか存在しない。「京城」府の児童は、この年一斉に「神域」である南山の諸神社に行き

毎朝「武運長久を祈願」するよう指示されたのであった。このように一九三七年の参拝児童のさらなる著しい増加は、朝鮮神宮の参拝証による圧力のみがもたらしたわけではなく、前年とは異なり「京城」府学務課による「武運長久祈願」の指示という具体的な形で、個人参拝者を増加させる上でも戦争の影響があったと考えられる。「祈願」を宗教行為ではなく愛国心を示す行為として要求すること、その主体が朝鮮総督府ではなく、朝鮮神宮でもなく、地方学務行政当局であることが重要である。

朝鮮神宮による夏季早朝参拝の影響力は、朝鮮神宮の個人参拝者を「統計」上増加させただけに留まらなかった。これについては第四節であらためて述べたい。

(三) 愛国日開始と総督府学務行政のねらい

以上、日中戦争の本格化という契機をふまえながら二年目の夏季早朝参拝の状況について確認した。以降では、三七年七月以降の学務・学校行政面での背景について考察することとする。

一九三七年九月から、個人参拝者ではなく、団体参拝者を激増させる契機となる愛国日が開始された。愛国日は、総督府学務局の主導でまず学校を対象に一九三七年九月六日(月)、一〇月六日(水)、一一月六日(土)、一二月六日(月)に実施された。同年一一月からは政務総監が各道知事に通牒を発し、愛国日を一般の会社や団体に拡大することになり、その際には毎月一日か一五日を選んで神社参拝をするよう要請した。[51] 三七年九月から一二月の愛国日計四日だけで合わせて二〇万人以上の団体参拝者が動員された。[52]

では、愛国日の設定に至る総督府学務・学校行政側のねらいはどこにあったのか。釜山府の『例規集(学事関係)』

に見られる「学校に於ける愛国日行事要綱」に従えば、その趣旨は「児童をして国体の尊厳、皇国の地位使命の確認並各自の本分を明確に自覚せしめ、内鮮一体挙国一致して（略）奉公の至誠を致さしめ時艱に対処する緊張の堅持を期す」ことにあった。[53] ほぼ同時期に日本内地で出された「国民精神総動員」の実施要綱[54]には、「挙国一致」「尽忠報国」の文言が見られるが、朝鮮の愛国日はこれと対応する形で、さらに具体的に朝鮮人を戦争の目的のために「総動員」する方策であった。「学校に於ける愛国日行事要綱」にはこうした趣意の実施要綱の第一に「神社参拝」「皇軍武運長久祈願」が掲げられている。ここで総督府側により期待された神社参拝の姿は、「総動員」の精神を具体化するものとしての団体参拝であった。時を同じくして、三カ条からなる「皇国臣民ノ誓詞」が作られ（学務局長通牒「国民意識ノ強調ニ関スル件」）学校を中心として行事のたびに唱えることが求められた。[55] 日中戦争の本格化を契機として総督府が学務行政を通じて児童らに要求したものは、団体で神社に参拝し「武運長久祈願」をなす姿、あるいは「皇国臣民ノ誓詞」を直立不動の姿勢で唱える姿であった。すなわちそのねらいは、戦争への動員を目的とした集団としての従順な身体を現出し、「総動員」することにあったと考えられる。

しかしこの段階に至ってもなお、朝鮮神宮は夏季早朝参拝に加えて、定日参拝という名で日曜祝日に個人で参拝証を持って個人で参拝させる試みを続けていた。阿知和安彦宮司の、参拝者の儀礼的な態度に対する不満は、退任目前の一九四〇年に至っても続いており、それが、夏季早朝参拝に加えて定日参拝をも実施した背景にあったと考えられる。例えば、一九四〇年六月の『総動員』にこのように述べている。[56]

平時非常時の別なく真心を捧げて皇室の弥栄武運長久の発揚を祈りに祈らねばならぬ。（略）祭典以外の日は社務所へ所用が有って来ても特に参拝せぬ。或いは神前を通過しても敬礼をせぬ。或は今日は服装が合わぬから失敬をするなど言い訳をして真に文字通り失敬をする人を往々見受ける。然も中にはそれが人に向かつて敬神崇祖を勧める地位に居る。是では全くお役目敬神である。

これが『総動員』という国策遂行のための雑誌であったことと、阿知和安彦自身が総動員朝鮮聯盟評議員であったことを考えれば、阿知和の「お役目敬神」との発言は、三〇年代後半の「皇国臣民化」に関わる諸施策の展開や、神社との関係が強化される時代状況の中においてさえ、「敬神崇祖を勧める」総督府高官らに苛立ちの度合いを強め、彼らとのあいだで関係が軋み続けているさまを示すものと言える。

しかしいかに朝鮮神宮側と学務官僚側の思惑の相違があろうとも、そのそれぞれの目的にかなうように、「模範的」児童は愛国日の団体参拝に加え、毎週日曜と祝日に個人で定日参拝を行った。例えば一九三七年一一月の場合は一一月三日（天長節）、六日（愛国日）、七日（日曜日、国民精神作興週間神社参拝日）、一四日（日曜日）、二一日（日曜日）、二三日（新嘗祭）、二八日（日曜日）といった具合である。

一九三六年一年間に団体参拝で朝鮮神宮を訪れた人数は約四〇万人であるのに対して、三八年には約一一三万人に上った。三七年九月開始の愛国日の式典のたびに実施される団体参拝が、朝鮮神宮の参拝者数を押し上げた結果、三八年の延べ参拝者数は、朝鮮神宮二〇年間のうち最も多い約二六八万人を記録することになった。当時の「京城」のすべての人々が一人あたり三回から四回参拝した計算である。

先に述べた通り、信仰上の神職のねらいと政策遂行上の総督府学務当局とのねらいとは差異を含み続けていた。そのような状況の中、総督府学務局主導による愛国日の学校団体参拝によって、朝鮮神宮へはかつてない規模で団体参拝者が「総動員」されることになった。しかし三七年九月以降も、朝鮮神宮はこれに満足することなく、同年一月から開始していた定日参拝、すなわち日曜祝日に個人で参拝証を持って参拝させる試みをやめることなく続け、「統計」を『朝鮮神宮年報』に掲載した。阿知和の言に見られるように「儀式」としての参拝に不満を抱いていた神職が、「愛国心」の表明としての団体参拝を奨励する総督府や、それに忠実に学校から団体で「愛国心」の表明として参拝に訪れる児童・生徒・学生・教員の態度に満足しなかったことが、愛国日によって参拝者が激増した後にも、定日参拝という、異なる形式による参拝を要求することへとつながっていたと考えられる。

戦争遂行という政策的要請による団体参拝とともに、それとは色あいの異なる神職のねらいによっても、すなわち「愛国心」の発露としての参拝に加え「謂わば国教」としての「信仰心」を持つことまでも期待された児童が、団体として引率されるという形に拠らない形式によっても大規模に引き込まれてこそ、三八年に最大の参拝者数を記録するに至ったと考えられる。日中戦争の本格化に伴い学務・学校行政側は、神社で「武運長久祈願」をすることを要求した。ただし「神社非宗教論」の立場からその力点は「愛国心」の発現としての「武運長久」の方にあったと思われるのに対し、神社側の力点は、「祈りに祈る」行為を求めた阿知和宮司の言説に示されるように、「祈願」の方にあったと推定できよう。換言すれば、同じ「武運長久祈願」のスローガンの中でも同床異夢的な状況であった。

もっとも、神職の意向は学務行政当局と質的に異なる側面が存在したとはいえ、「総動員」式の団体参拝に対しては、積極的・直接的に反対するわけではなかった。阿知和宮司は祭祀参列者や学生団体の参拝者については「お儀式的になりやすい」[57]、総督府官吏の態度については「お役目敬神」という言葉まで用いて苛立ちを明言してはいたものの、毎月愛国日の団体参拝に関して朝鮮神宮は、その数を数え上げて「統計表」を作成し『朝鮮神宮年報』に掲載するという形で、愛国日の「総動員」式の参拝にも協力的な姿勢を示した。

また、総督府の神社政策の中で個人的な参拝が明瞭な位置付けを持たなかったとしても、あるいは団体の動員に比してそれが軽視されていたとしても、各学校と密接に関わる地方学務行政レベルでは、勧学祭とともに節句の際にも神社参拝をすることとともに、学校による参拝証作成や褒章について勧奨したことが確認できる。一九三七年に忠清南道が作成し道内全学校に配布した『忠清南道教育要綱』には、次のように記されている。(58)

神社神祠の参拝指導は前項の趣旨精神を体して、児童の自発的参拝を指導奨励するやうにし、特に左記に該当する当日は校長及其他職員引率の下に厳粛なる参拝を行はしめたい。

四大祝日、勧学祭(入学の際)謝恩祭(卒業の際)

毎月朔日、一五日、地方祭、雛節句、菖蒲節句

児童の自由参拝は形式的一斉参拝よりも一層有意義であるから特に奨励をなし、或は参拝表を作製し、或は表彰の方法を講ずる等之を習慣化することに力めたい。尚ほ時期を定めて神社神祠の境内を清掃する等の実践を為さしめ、職員児童協同して作業に当るやうにしたい。(傍線引用者)

ここで二点注目すべきことを指摘したい。第一に四大節や勧学祭など、学校教育にとって重要な位置付けの行事と、明治維新期に国家祭祀から外された(しかし朝鮮神宮では三〇年代半ばに開始された)日本人の風習たる節句行事とがともに勧奨されていることである。第二に、毎月一日と一五日の参拝が奨励されていることである。この要綱は一九三七年二月に配布されたものであり、「愛国日」によって右のように月二度の参拝が朝鮮全体で奨励されるのは同年一一月以後のことである。すなわち、地方学務行政の実践が総督府の政策に先駆けているのである。

一九二〇年代から三〇年代初頭にかけて、朝鮮総督府と朝鮮神宮とが対立的な緊張関係にあったことを第一章で

指摘した。三〇年代後半の朝鮮総督府と朝鮮神宮とは、思惑の相違を解消せぬまま、神社参拝促進という結論においてのみ一致していた。そして、総督府と神宮とのはざまで、前項で見た「京城」府や、本項で取り上げた忠清南道といった地方の学務行政当局と学校が、両者の根源的な思惑の相違を露わにさせぬために重大な役割を担っていた。

第四節　地域社会への拡大とその背景

(一) 大邱神社日参会——三〇年代後半から四〇年代

本章の最後に、夏季早朝参拝等の朝鮮神宮で実施された行事が、朝鮮内各地域の神社への拡大した様相と背景について考察してみたい。

一九三七年に国幣小社となった大邱神社（慶尚北道）では、同年七月から夏季休暇中の児童を対象とする「武運長久祈願夏季日参会」（以下、日参会と記す）が開始された。大邱は現在の韓国中部に位置し、植民地期も現在も慶尚北道の道庁所在地である。当時は、日本人の居住人数で見ると「京城」府、釜山府に次いで第三位、朝鮮人の居住人数は「京城」府、平壌府、釜山府に次ぐ第四位の都市であった(59)。

大邱神社でも毎日押印するための「日参証」が配布され、朝鮮神宮以上に詳細に学校ごと、学年ごとの詳細な「統

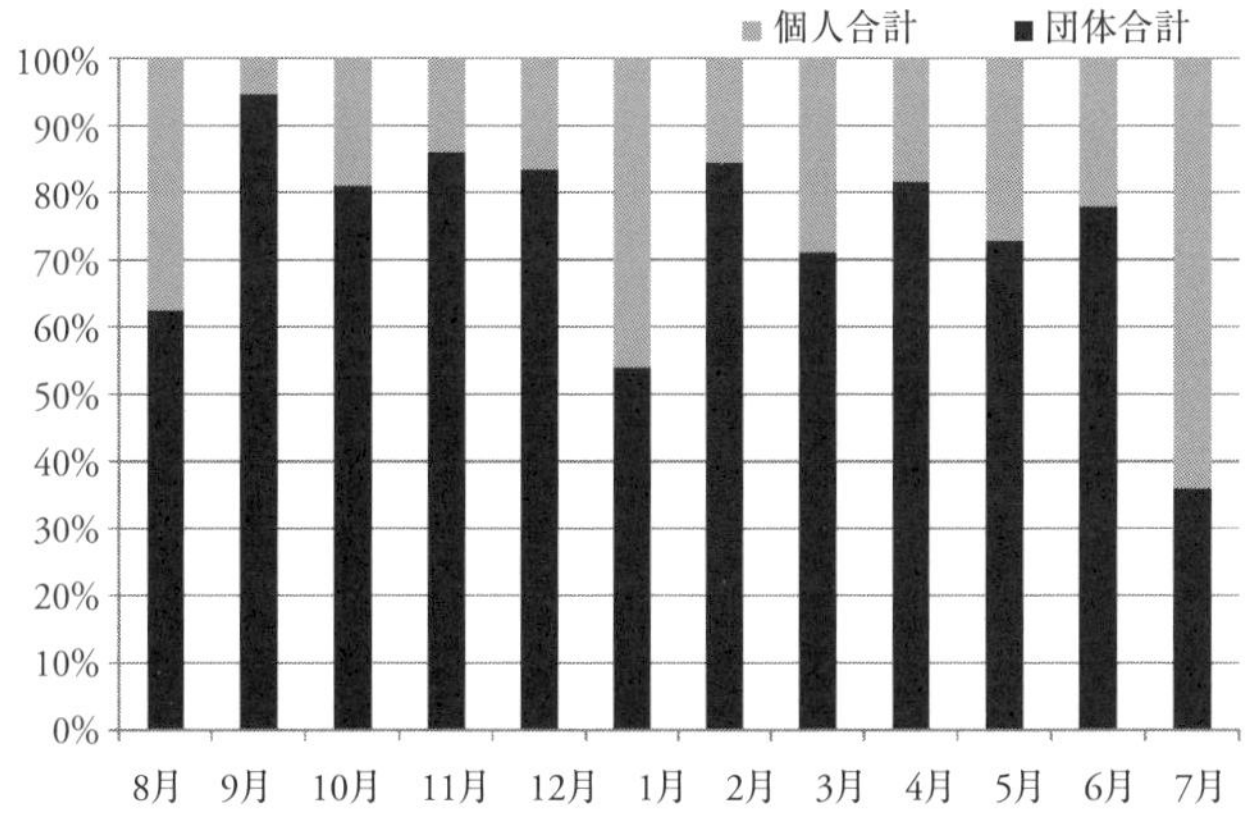

グラフ3-2　大邱神社参拝者内訳（個人参拝と団体参拝の比率）
典拠：『神威』（大邱神社社務所、一九三七年―一九三八年）。

計」が公表された[60]。日参会のほかにも大邱神社は詳細な参拝者「統計」の掲載を三七年から三八年にかけて行っている。それにもとづいて三七年八月から翌年七月までの一年間の参拝者の内訳をグラフにしたものがグラフ3–2、3–3である。

グラフ3–3では、それまで団体参拝者が多数を占めていたものが、三八年七月に割合が逆転し個人参拝者が激増したことを見て取れる。まさにこの月に日参会が開始され、約五万人もの小学校（朝鮮人児童を対象とする普通学校から改称した学校を含む）児童が動員されたのである（このうち日本人が約二万人、朝鮮人が約三万人[61]）。同年同月の個人参拝者は約六万人であるため[62]、七月中の個人参拝者の八〇%以上が日参会によるものだったと推定できる。そもそも大邱神社が日参会を始める以前の（史料上判明する）一一カ月間は継続的に団体参拝者数が個人参拝者数にまさっており、これは一九四〇年まで個人参拝者の方が多かった朝鮮神宮とは異なる傾向を示している。このことの背景には、道庁所在地で日本人の居住規模が釜山に次ぐ朝鮮第三位の都市といえども、その規模は「京城」に比すれば格段に小さかったこと（「京城」府では一〇万人以上、大邱府では約二万六〇〇〇人[63]）があると思われる。

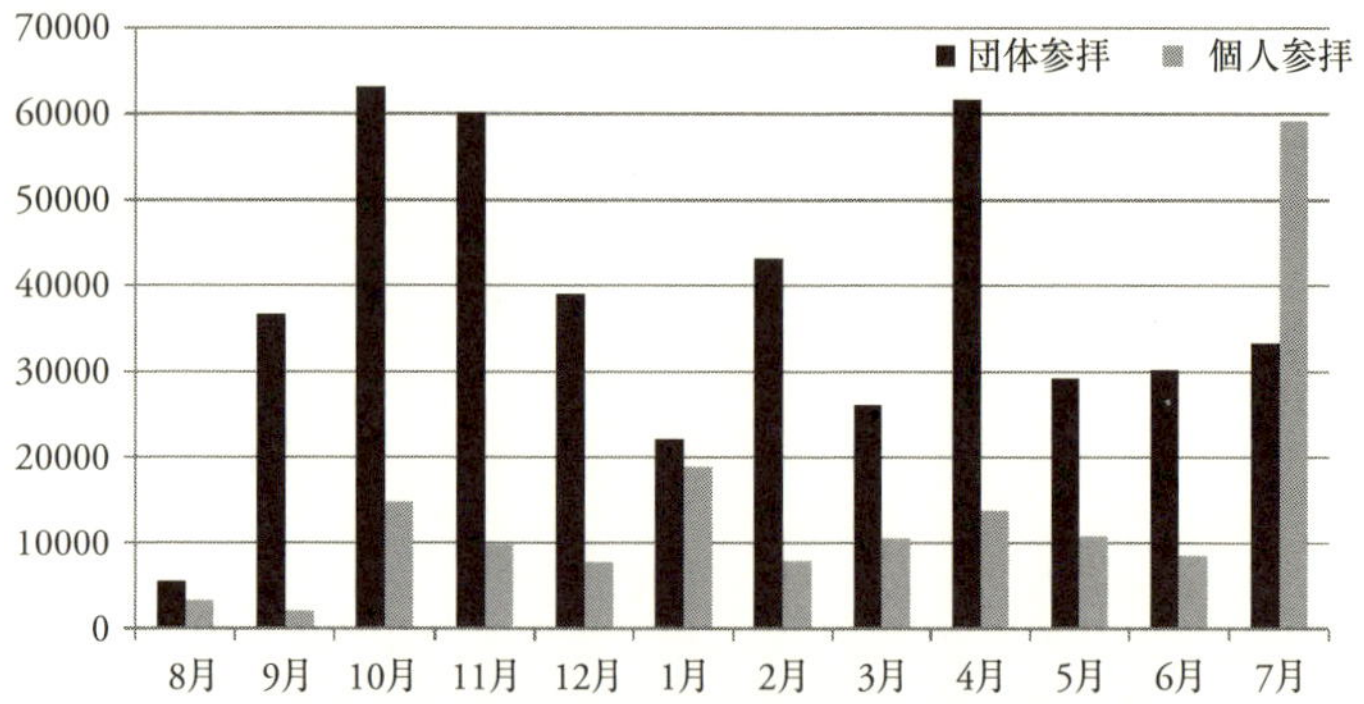

グラフ3-3　三七年―三八年大邱神社参拝者数の変遷
典拠：『神威』（大邱神社社務所、一九三七年――一九三八年）。

一九四〇年代にかけては、京城神社でも季節を問わず「朝詣」を行い、社報で学校ごとに参拝児童の人数を発表した[64]。各道所在地で国幣小社に列格された大規模な神社だけでなく、各地域の神祠（神祠については次章で詳述する）においても、類似の実践が行われるようになった。例えば江原道金化南公立尋常高等小学校（朝鮮人対象校）でも「早朝の神祠参拝」が実施された[65]。同校校長による寄稿に記されるものであり当該神祠の名称はないものの、金化郡金化面に三三年に設置許可された神明神祠であることは確実である。

本項で少なくとも大邱神社の事例では、児童の「日参」による参拝者が夏季の参拝者の中で決定的な多数を占めるようになったことを論証できた。このほか、前掲の大邱神社では節分祭と朝鮮人参拝者を対象とする「立春札配布」を行った[66]。これは先述のように朝鮮神宮が三二年に開始した行事で日本内地では例がないものである。修身書を配布する勧学祭も一九四三年には朝鮮内二六社の神社・神祠で実施されるに至った[67]。朝鮮の「総鎮守」である朝鮮神宮の実践は、地域社会の神社のモデルとして機能し、大邱神社日参会の例を見れば、児童への参拝要求はいっそう重要な、児童にとって見れば苛烈なものであったと推定できる。

なお前章の主題でもある「非宗教」の宗教化という論点に関わって、

大邱神社・女性訓導・朝鮮人児童。
（1940 年頃撮影・個人蔵）

大邱神社や京城神社の状況についてここで付言しておきたい。これらの神社は、もともと日本人居留民社会が創建し、一九三六年の神社法令改定まで、「無格」社の扱いを受けていた。したがって葬祭への関与は問題視されない。しかし三六年に国幣小社という、日本内地で言えば概ね「地域一の宮」に該当する社格を付与され、神職も当然官国幣社の神職となるため、この段階で葬祭への関与は禁じられることになる。しかし、大邱神社においても京城神社においても、国幣社列格後も葬祭への関与は何ら変わらず続けられた[68]。三六年の一連の法改定の時に敢えて触れられなかったものであるかは現段階ではわからない。しかし、朝鮮において神社「非宗教」の宗教化（潜在する「神秘」領域の顕在化）の状況は、このように居留民設置の祠に由来する、すなわちもともと民社的な性格を持つ神社の側からも進んだ。

（二）朝鮮神宮と神宮皇学館

モデルとしての朝鮮神宮の実践が地方に取り入れられた背景の要因の一つとして、学閥も関係した密接な人間関係の中で実施される神職の人事異動があったと考える[69]。朝鮮神宮の完成時、初代宮司の高松四郎（一八九八年神宮皇学館本科卒。以下学校名省略）はじめすべての神職（宮司、権宮司、禰宜、主典）は神宮皇学館の出身者で占められていた。神宮皇学館本科は、奏任待遇神職だけでなく中等教育機関（中学校・高等女学校）教諭を数多く輩出した官立学校である。講習を受けて神職資格を得る「鎮守」神社の神職が圧倒的な中で、同校または国学院を修了し官国幣社に勤めた神職は、神社界のエリート集団だったと言える。朝鮮神宮神職の人事は、高松四郎宮司の強い意向が影響していたと思われる。

内務省神社局長を務めていた佐竹信一と潮恵之輔は、神社局長の職務として難しい点を人事だと述べる。佐竹は具体的に、「国学院出身の者と、皇学館出身の者とが互いに相対抗致しまして（略）一度宮司が交迭《ママ》すると、新任宮司は機会ある毎に禰宜から主典までも自分の出身学校のもので塗り替えてしまう」と回顧している[70]。佐竹の在職時に完成した官幣大社は朝鮮神宮だけであることから、これは朝鮮神宮宮司選考が難渋した結果[71]、高松四郎の主張を大幅に取り入れて宮司に就任させたことを主に指していると推定できる。朝鮮神宮創立当初、官幣大社でも一部にしか認められない勅任官待遇など「三顧の礼」を以て任じられた高松四郎の意向は、少なくとも創建時の朝鮮神宮人事へと影響を及ぼしたと思われる。その後高松宮司は一九三〇年から神職尋常試験委員ならびに社司社掌試験委員を任じられた[72]。翌三一年阿知和安彦二代目宮司も着任とともにこれら試験委員を務めた。そのため一九三〇年代において朝鮮神宮宮司は、朝鮮内の神社の禰宜や主典、道供進社以下神社神職の人事選考に関わることができた(73)。

ここで、本書末尾資料1「朝鮮神宮神職一覧」を参照されたい。朝鮮神宮神職（宮司、権宮司、禰宜、主典）の履歴である。ここから、圧倒的に神宮皇学館出身者で占められていること、特に宮司と権禰宜、禰宜は神宮皇学館出身者の独占的ポストであったと判明する。

さしあたり本章の対象としている三六年から三九年までの職員を見てみると、全一九名のうち一一名は朝鮮神宮の後、朝鮮内の神社または関係機関への異動を行っている。また、一九名のうち少なくとも一三名について神宮皇学館卒業生であることが確認できた。例えば一九三七年、大邱神社は国幣小社となるにあたり朝鮮神宮禰宜の仲《なか》公《いさお》（一九一七年専科卒）が宮司として、朝鮮神宮主典の横井時常《ときひさ》（一八年本科卒）が禰宜として異動した。また三六年にすでに国幣小社となっていた京城神社では、神宮皇学館出身ではない市《いち》秋弘が社掌、宮司を務めていたが、四四年に市が退任すると大邱神社宮司だった仲公が京城神社へと異動した。大邱神社同様三七年に国幣小社に列格された平壌神社では、神宮皇学館出身ではない松尾正枝が社掌、宮司を務めていたが、国幣小社に列格されると同時に禰宜として朝鮮神宮主典の岡本正勅（一一年専科卒）が着任し、三八年に松尾が死亡により退職すると朝鮮神宮禰宜の鈴木重道（一四年本科卒）が宮司に着任した。三八年一二月には日本内地の住吉神社に異動する横井時常に代わり、井上薫一（一三年専科卒）が大邱神社禰宜に着任した。時を同じくして全羅北道の全州神社（道供進社）社掌であった水野正陽（一一年専科卒）が朝鮮神宮主典となった。また、咸鏡南道の元山神社（府供進社）社掌として、朝鮮神宮主典の山田早苗（一九年専科卒）が異動した。

高松宮司や阿知和宮司が人事にどのような関わりを持ちえたのかという課題はさらに慎重に調べる必要がある。現段階で人事異動の結果から判断する限り、異動を契機として朝鮮神宮経験者が朝鮮の各地域へ、特に国幣小社に列格された神社を中心として拡大していき、夏季早朝参拝をはじめとする朝鮮神宮の試みが、すなわち政策主導ではなく神職の宗教上の願いを背景とする行事が、一九三〇年代後半から四〇年代にかけて朝鮮における地域の神社神祠へも浸透する回路となったと考える。また、その背景には朝鮮神宮のさまざまな実践がモデル例と見られたこと、神宮皇学館の卒業生(「館友」と称された)を中心とする神職の密なネットワークの存在が浮かび上がった。

なおここで詳述する余裕はないけれども、高松四郎と阿知和安彦は神宮皇学館卒業後間もない二〇代の頃に、皇学館と国学院の合併問題が持ち上がり、ともに反対の政治運動を行った関係にある(74)。

章括

本章を以下のようにまとめたい。まず一九三六年の参拝者数について見れば、夏季早朝参拝による児童・生徒個人の参拝が「個人参拝」の中で少なくとも二割近い割合を占め、翌三七年には当該月の「個人参拝」の三割程度に迫る割合を占めるようになったと推定された。三七年にはこれに定日参拝、日中戦争を契機とする政策的な働きかけである愛国日の参拝の影響が加わり、七月から一二月までの団体参拝者数も著しく増加したことで全体の参拝者増加につながった。

朝鮮神宮夏季早朝参拝は、朝鮮神宮に懐かしさや慕わしさを持たせようとする神職の意図にもとづいたものであった。夏季早朝参拝実施に至る背景として、朝鮮神宮二代目宮司阿知和安彦の着任とともに、「儀礼」ではなく信仰心の発露として個人で参拝を行ってもらいたいとの朝鮮神宮側の強い期待、宗教家としての「熱意」が存在した。そしてそれは、児童生徒に対してはあくまで「愛国心」としての拝礼を要求する学務・学校行政の意図と一致していたとは言い難い状況であったことが推定された。しかしこうした温度差は戦争遂行のための「武運長久祈願」といった言葉の中に同床異夢的にではあれ包摂され、一定程度小さくなったと思われる。ただしこの差が完全には解消されなかったことは、一九四〇年まで阿知和宮司が官吏の祭祀参列の態度に不満を表明していることから明らかである。

ここであらためて確認しておきたいことは、夏季早朝参拝での参拝の形式は団体ではなくあくまで個々の「自発性」に依拠する形式のものであったことである。しかしその「自発性」は「参拝証」の存在によってかきたてられたものであり、学校名の公開が校長への一種の圧力となり、それが強制的に児童らを参拝に向かわしめた可能性が存在した。神社参拝を要求した主体とその意図は、あるいは政策遂行上の要請、あるいは宗教家の熱意、またあるいは校長や教員として「訓育」することの使命感など、一つではなかっただろう。しかしそれがいかに複層的・多声的であったとしても、その声が最も取り込もうとした対象は同じ児童であった。そして児童は、三〇年代には参拝証、神職による言葉、あるいは学校からの賞罰という幾重もの仕掛けによって、授業日も含めて日本内地よりも苛烈な日参を見かけ上は「自発的」に行った。

また、夏季早朝参拝は、それが朝鮮神宮にとどまらず地方の神社のモデル事例として機能したところにも分析の意味がある。大邱神社の事例に見られたように、学校の動員力に寄りかかることで神社が賑わうように見えるという傾向は、朝鮮神宮よりむしろ朝鮮各道の神社において顕著であり、そうした神社は夏季早朝参拝やその「実績」公開手法も含め他のさまざまな朝鮮神宮の実践を取り入れており、その背景に朝鮮神宮からの神職の異動が確認できた。

本章の最後で大邱神社日参会の事例を挙げ、朝鮮神宮の実践が地域に展開する様態の一端を展望したが、そこから地域社会における神社と学校の結び付きは「京城」よりも密ではないかという仮説が浮かび上がった。大邱は府制の布かれた都市で二万六〇〇〇人以上の日本人が居住していたわけだが、朝鮮の地域社会(村に該当する「面」)では、日本人居住者が一〇人以下という場合も一般的であった。次章以降では、そのような地域社会に神社が創建されてゆく三〇年代後半から四〇年代に焦点を当てて検討を続ける。

注

(1) 赤江達也「神社の統治、神社による統治　内務省と『国家神道』」副田義也編『内務省の歴史社会学』(東京大学出版会、二〇一〇年)八章、三六一頁。

(2) 『年報』の「団体参拝者数調」には、数が記されるだけで団体名は記載されない。そのため「神饌料玉串料奉納者名」(一九三六年発行の「昭和一〇年版」まで記載されていたが以降は掲載されなくなった)を参照した。そこには、朝鮮内からは各学校や朝鮮に存在した歩兵連隊、百貨店の丁子屋などが、日本内地からの団体としては修学旅行団や議員視察団、教育視察団などの名が記されている。

(3) 「団体参拝数調　最近三箇年別表」(『昭和一二年　年報』(朝鮮神宮社務所、一九三八年)、一五二頁)をもとに計算した。

(4) 一九三三年九月七日制令第二一号。例えば一九二九年時点の朝鮮神宮では、境内地の境界が未確定であったことが当時の宮司の手記によって示されている。前掲高松忠清編、三一二頁。

(5) 『昭和八年　年報』(朝鮮神宮社務所、一九三四年)、七六頁。

(6) 「学校ニ於ケル敬神崇祖ノ念涵養施設ニ関スル件」は一九三五年五月各道知事宛政務総監通牒、「学校職員ノ敬神思想徹底ニ関スル件」は三五年九月各道知事宛学務局長通牒。前掲朝鮮神職会『朝鮮神社法令輯覧』(帝国地方行政学会朝鮮本部)、三五三頁—三五六頁。

(7) 「神社建設要綱」『大阪朝日新聞』朝鮮西北版(一九三五年、一二月五日)。『鳥居』(朝鮮神職会、一九三六年二月)、九頁。

(8) この時改定または制定された法令は「官国幣社職制中改正ノ件」など勅令五件、「国幣小社列格ノ件」など総督府告示二件、「国幣社祭式ノ件」など総督府令一三件、「国幣社ニ於テ恒例トシテ行フ式及ビ其ノ式次第並ニ遥拝詞、穀物及大祓ノ詞ノ格例ニ関スル件」など総督府訓令四件である。
(9) 具体的には、道供進社、府供進社、邑面供進社などの名称が導入され、それぞれ年三回の大祭（祈年祭、例大祭、新嘗祭）には道、府、邑面の長が「幣帛供進使」となり金品を供える（公金を支弁する）ことになった。
(10)『文教の朝鮮』第一四四号、朝鮮教育会、一九三七年一〇月。『朝鮮』第二六九号、朝鮮総督府、一九三七年一〇月。愛国日は当初は学校を対象として設定されたものであったが、同年一一月から一般にも拡大され、毎月一日もしくは一五日に神社参拝することが推奨された。
(11) 韓皙曦前掲書、一八三頁。
(12)「神宮大麻」は、伊勢神宮に関係する組織の一つである神宮神部署（かんべしょ）が毎年一〇月から多くの場合翌年の暦とともに頒布した札（ふだ）である。日本内地では各地方神職会が頒布を請け負うことになっており、朝鮮では一九三二年度から朝鮮神職会が頒布を担当していた（三三年八月各道知事宛内務局長通牒「神宮大麻及暦頒布ニ関スル件」、前掲『朝鮮神社法令輯覧』、三四一頁）。各道大麻頒布奉賛会については『鳥居』第八巻九号（朝鮮神職会、一九三八年九月）、六頁—七頁。
(13)「心田開発施設ニ関スル件」は一九三六年一月政務総監通牒。川瀬前掲書のほか、『鳥居』第六巻第六号（朝鮮神職会、一九三六年、四頁—六頁）、参照。「心田開発施設要項」の中で、神社はその他の宗教や儒教と並列する一項目とされながらも筆頭に位置付けられていた。
(14) 京城三坂小学校記念文集編集委員会前掲書、一三九頁。
(15) 西順蔵『日本と朝鮮の間　京城生活の断片、その他』（影書房、一九八三年）、二一八頁。
(16) 前掲『朝鮮神宮造営誌』、六二頁。
(17)『昭和一二年　年報』（朝鮮神宮社務所、一九三八年）、一二〇頁。
(18)『昭和七年　年報』（朝鮮神宮社務所、一九三三年）、四三頁—四四頁。
(19) 黒田勇『ラジオ体操の誕生』（青弓社、一九九九年）、二〇三頁。
(20)『昭和八年　年報』（朝鮮神宮社務所、一九三四年）、一九頁、二五頁。
(21)『文教の朝鮮』（朝鮮教育会機関紙）には、毎月科学館月報が掲載され、実験と映写会の内容について詳しく知ることができる。他に『京城南山公立尋常小学校　創立七〇周年記念誌　坂道とポプラと碧い空と』（京城南山小学校同窓会、一九九六年）、一〇二頁、参照。
(22)『昭和九年　年報』（朝鮮神宮社務所、一九三五年）、四〇頁。
(23) 京城三坂小学校を一九三八年に卒業した「無名氏」は、「片道四〇分」かかる「錬兵場」でラジオ体操会が行われ、終わると朝食の牛乳とパンが配布されたと回想する（京城三坂小学校記念文集編集委員会前掲書、一九八三年）、一二三頁）。隣接地区の龍山小学校の同窓会誌には、一九四二年卒業生の回想に「昇る朝日の光を浴びて、漢江通、陸軍官舎、鉄道官舎などの町から「出席判取り票」を首からぶら下げ、三三五五元気なお仲間がラジオ体操会場の学校を目指してダダッと駆けて行きます」と記されている（京城龍山公立小学校同窓会前掲書、一四三頁）。戦況に伴い会場が「錬兵場」から学校に移された可能性も考えられる。

(24)『年報』昭和十年版（朝鮮神宮社務所、一九三六年）、二一頁。

(25)仁川については、「ラヂオ体操盛況裡終る」『京城日報』一九三七年八月二一日）朝刊五面。釜山については、「釜山ラヂオ体操一六万人が参加」『大阪朝日新聞』南鮮版《ママ》（一九三六年八月三〇日）、朝刊五面。

(26)高松忠清編『松廼舎遺稿　高松四郎遺文選』（非売品、一九六〇年）、三〇五頁。手塚道男「朝鮮神宮御鎮座前後の記」小笠原省三編述前掲書、四二三頁―四五〇頁。総督府としては当初、朝鮮神宮を崇敬の社としてなるべく祈願祈祷などの宗教的行為を行わせたくなかったようである。また、京城神社氏子総代会と朝鮮神宮初代宮司との会合において「結婚式問題」が議題となった。これは、公費の保証がなかった当時の京城神社にとって大きな収入源であったために朝鮮神宮が結婚式を行うことになると京城神社の経営問題に関わると判断されたためではないかと考えられる。

(27)一九三九年度の朝鮮神宮、京城神社の予算はそれぞれ以下の通り。
朝鮮神宮：一一万五六五三円（うち国庫から七万円、ほかは社入金など）
京城神社：六万四二一四円（うち国庫から一〇〇〇円、京畿道から三〇〇〇円、「京城」府から四〇〇〇円、他は社入金、氏子拠出金など）
『鳥居』第九巻第十号（朝鮮神職会、一九三九年一〇月）、四頁。

(28)『鳥居』第三七号（朝鮮神職会、一九三四年九月）、二二頁。

(29)青井前掲書、二五〇頁。

(30)『京城南山公立尋常小学校　創立七〇周年記念誌　坂道とポプラと碧い空と』（京城南山小学校同窓会、一九九六年）、二二〇頁。

(31)京城南山小学校同窓会同右書、二八頁、一〇〇頁、二二〇頁。

(32)樋浦郷子「植民地期朝鮮半島における初等教育経験―鄭淳泰氏への聞き取り記録から―」『教育史フォーラム』第三号（教育史フォーラム・京都、二〇〇八年三月）、一三二頁。

(33)『昭和一一年　年報』（朝鮮神宮社務所、一九三七年）、六五頁。

(34)「神社中心児童教化事業の実際」（一）―（六）『皇国時報』（皇国時報発行所、一九三五年四月―八月）。参拝時に持参するカードの名称は「朝詣帖」「朝詣表」「参拝章」などさまざまである。

(35)『昭和四年の朝鮮神宮』（朝鮮神宮社務所、一九三〇年）、一六頁。

(36)『昭和十一年　年報』（朝鮮神宮社務所、一九三七年）、六六頁。
(37) ただし、実業学校、各種学校は民族共学であり、民族の割合が拮抗している学校も多かった。
(38) 金富子『植民地期朝鮮の教育とジェンダー』（世織書房、二〇〇五年）、三七〇頁。
(39)『皇国時報』五六一号、五六二号、五六三号、五七〇号、五七一号（皇国時報発行所、一九三五年四月—八月）。
(40) 夏季休業や学年末休業等の日付は、道令による普通学校規程細則で定められた。従って地域の気候等により道ごとに若干相違がある。「京城」府にある官立京城師範付属普通学校の終業式は七月二〇日、始業式は八月二一日である。京城龍山公立小学校も同日である。渡部学・阿部洋編『史料集成』三三巻（龍渓書舎、一九八九年）、一一五頁—一一六頁。『龍山小学校史・龍会史』（京城龍山公立小学校同窓会　龍会一九九九年）、一三五頁。
(41) 二カ月間の全参拝者は約二七万七〇〇〇人、このうち団体参拝は約三万八〇〇〇人。「参拝人員数調」「団体参拝数調」『昭和一一年年報』（朝鮮神宮社務所、一九三七年）参照。
(42) 地図上は「〇〇洞」と表記されている所が主に朝鮮人の居住域である。ただし一九三六年四月から「〇〇洞」は「〇〇町」に変更された。
(43)『京城日報』一九三六年八月一三日、夕刊二面、同一四日、夕刊二面、同二九日、夕刊七面。『大阪朝日新聞』南鮮《ママ》版、一九三六年八月一三日、朝刊五面。
(44) 一九三六年七月の個人参拝者は約一七万人（うち約二万人が団体参拝）、八月は約一〇万人（うち約一万八〇〇〇人が団体参拝）である。なお前年までは、七月よりも八月の参拝者数が多い傾向が続いていた。『年報』各年版「団体参拝数調」参照。
(45) 毎週日曜日というのは、三七年に開始された定日参拝を指すものと思われる。前掲拙稿「植民地期朝鮮半島における初等教育経験——鄭淳泰氏への聞き取り記録から」、一三四頁。鄭淳泰氏は一九二八年に生まれ、三七年に普通学校に入学した。
(46) 同右、一三八頁。
(47) 証言者のリュ・ドギン氏は一九三三年に生まれ、一九四〇年に小学校（翌年から国民学校へ改称）へ入学している。ソウル特別市史編纂委員会『ソウル歴史口述資料集（三）ソウルの人が体験した解放と戦争』（韓国語、ソンイン、二〇一一年二月）、六九頁。
(48) アジアに対する日本の戦争責任を問う民衆法廷準備会編『連続〈小法廷〉の記録③教育の戦争責任　旧植民地化の皇民化教育』（樹花舎、一九九五年）。この証言は、朝鮮人対象国民学校教員であった池田正枝さんによるものである。
(49)『京城　仁川　水原　開城』昭和一三年版（朝鮮総督府鉄道局、一九三八年）、三頁。
(50)『京城日報』一九三七年七月二一日、朝刊七面。
(51)『朝鮮』第二七一号（朝鮮総督府、一九三七年一二月）、一五九頁。
(52)『昭和一二年　年報』（朝鮮神宮社務所、一九三八年）、一二七頁—一二八頁。

(53)『例規集(学事関係)』(釜山府、一九三九年)、七九頁(『史料集成(朝鮮篇)』第八巻所収)。
(54)一九三七年八月二四日閣議決定。石川準吉『国家総動員史　資料編　第四』(国家総動員史刊行会、一九七六年)、四五二頁―四五三頁。
(55)一九三七年一〇月二日、各道知事、京城帝国大学総長、各官立学校長、各公私立専門学校長宛学務局長通牒。『現行朝鮮教育法規』(朝鮮行政学会、一九四二年)、一二三六頁―一二三九頁。『朝鮮』第二七〇号(朝鮮総督府、一九三七年一一月)、一一三頁―一一四頁。
(56)阿知和前掲「時局と敬神精神」、九頁。
(57)前章第一節参照。
(58)『忠清南道教育要綱』(忠清南道、一九三七年二月)、四六頁―四七頁。同誌が各学校に配布されたことについては『忠南教育史』(忠清南道教育研究院(韓国)、一九八二年)、二四三頁を参照。
(59)昭和八年六月五日朝鮮総督府告示第二五九号(『朝鮮総督府官報』一九三三年六月五日)による。
(60)『神威』第六巻第八号(大邱神社社務所、一九三八年八月)、一頁、七頁。同第六巻第九号(一九三八年九月)、六頁。同第七巻第一〇号(一九三九年一〇月)、六頁。
(61)「大邱神社夏季日参者統計表」『神威』第六巻第八号(大邱神社社務所、一九三八年八月)、七頁。同、第六巻第九号(一九三八年九月)、六頁。
(62)「大邱神社参拝人員調」同第六巻第九号(一九三八年九月)六頁。
(63)昭和八年六月五日朝鮮総督府告示第二五九号(『朝鮮総督府官報』一九三三年六月五日)の統計による。
(64)『神祇月報』第三巻第三号(京城神社社務所、一九四一年三月)、六頁。
(65)神野修「児童訓育上の諸施設」『文教の朝鮮』第二八七号(朝鮮教育会、一九三九年四月)、四九頁。
(66)『神威』第六巻第一号(大邱神社社務所、一九三八年一月)、一頁。
(67)「神宮・神社による修身書の配布」『文教の朝鮮』二一〇号(朝鮮教育会、一九四三年五月)、六九頁―七〇頁。
(68)大邱神社社報、京城神社社報に、個人の葬祭、慰霊祭の記録が掲載されている。
(69)また、本来神道の中においても多様である地方の祭事(特殊神事)が存在すべくもなかったことも理由として挙げられよう。
(70)「神社局時代を語る」『近代神社行政史研究叢書V』(神社本庁教学研究所、二〇〇四年)、三九頁(原版は神祇院教務局調査課編、一九四二年)。潮恵之輔も「神社局が如何に難しいかといふことは、人事の一事でも直ぐに判るのであります。神社局関係の人事といへば、主として神官神職の身分取扱でありますが、時々起ります宮司さんの異動を例に取りましても、実に複雑微妙、非常に頭を悩まさせるものであります」と述べる(同右、三五頁)。
(71)高松就任の経緯については、高松四郎「朝鮮神宮懐旧録」(高松忠清編前掲書)参照。

（72）『昭和五年七月一日現在　朝鮮総督府及所属官署職員録』（朝鮮総督府）、一九三一年。

（73）宮司、権宮司（奏任官待遇、ただし朝鮮神宮宮司は勅任官待遇）は神職高等試験委員の詮衡または神職高等試験を経て決定されることになっており、それに次ぐ職位である禰宜、主典（判任官待遇）は神職尋常試験委員の詮衡または神職尋常試験を経て決定されることになっていた。神宮皇学館専科卒業の場合は無試験で判任官待遇神職に、本科卒業の場合は奏任官待遇神職になる資格を得た。神職の任用に関しては、青野正明「植民地朝鮮の神職に関する基礎的研究」松田利彦・やまだあつし編『日本の朝鮮・台湾支配と植民地官僚』（思文閣出版、二〇〇九年）、同前掲「植民地期朝鮮における神社の職制・神職任用関連の法令：一九三六年の神社制度改編を中心に」に詳しい。

（74）高松忠清編前掲書、五頁。

第四章　地域で神社を維持管理させる

神祠設置と学校の役割

京畿道水原神社で清掃する生徒。
（『恩頼　朝鮮神宮御鎮座十周年記念』（朝鮮神宮奉賛会、1937年）、172頁。）

第一節　神祠の記憶と行政当局による学校への期待

（一）神祠はどのように回想されるか

第一章から第三章まで、朝鮮の「総鎮守」とされていた朝鮮神宮が児童を重要な動員源としていたこと、その「動員」の形態は団体ではなく主に個人的な参拝であること、そのためにあらゆるモノ、仕掛けが創出されたことを明らかにしてきた。また前章では、大邱神社日参会の検討を通じて、「京城」から地域社会へと神社設置が拡大されてゆく過程を分析する必要を指摘した。そこで本章では、神祠という小型の神社に着目し、地域社会への神社設置、管理、参拝の強要が拡大してゆく実態を分析する。

朝鮮の地域社会を考察するにあたって、まず行政の区分と人口規模について説明しておきたい。日本の町村制に該当する行政区分として、朝鮮では邑面制が布かれた。概ね邑は町に、面は村に該当するが、邑は設置されない郡も多く存在した。朝鮮の地域社会に住む日本人の大多数は、邑または最大の人口を持つ面に居住していた。試みに「江華島事件」の舞台である江華郡の人口を例に挙げてみよう。[1]同郡には邑はなく、一四の面から構成されていた。一九三二年現在七万四八四四人の朝鮮人と一八二人の日本人、そして一七人の外国人が居住していた。一八二人の日本人のうち一一九人は中心地である府内面に居住しており、残る一三面の日本人居住者はそれぞれほぼ一〇人以下、四つの面には日本人は一人もいなかった。このような日本人の集住、あるいは「棲み分け」の形態は、朝鮮全体で一般的である。

朝鮮においては一九二五年に朝鮮神宮が官幣大社として創建されたのち、一九三六年八月に京城神社（京畿道）・龍頭山神社（慶尚南道）が、一九三七年八月に大邱神社（慶尚北道）・平壌神社（平安南道）が国幣小社という日本の神社の階層的序列（社格制度）の中でも高い格に位置付けられた。[2] しかし、このように高い位置付けを与えられた神社は朝鮮一三道（道は日本内地の県に該当）の内の九社にすぎない。したがって、邑面に住む多くの朝鮮人はこのような神社とは日常的な関わりを持たずにいたものと推定される。右記の神社を含めて「併合」前から「解放」にかけて、朝鮮に設立された神社はおよそ八〇社であった。[3] 日中戦争の拡大を受けて一九三七年九月に「愛国日」（当初二カ月は「学校愛国日」）が設定され、[4] 各神社で「武運長久祈願祭」も執行されるようになり、学校団体による式典への参加、神社・神祠参拝を要求する機会がいっそう拡大する契機となった。しかし主に日本人が集住する地域にしか神社が存在せず、交通網も限られていた当時の朝鮮で神社・神祠参拝を拡大させるには、朝鮮人を日常的に（例えば毎日、徒歩で）参拝させることが可能な地域にそれらを創設することから着手する必要があった。一九三〇年代以降、多くの神祠が創設されるようになり、一九四四年までに九〇〇祠以上創設された。[5]

したがって、そもそも神社を作ること、日本人がほとんどあるいは全く住んでいない地域で「不敬」状態に放置されぬよう管理すること、そして参拝をさせることの「現場」となったのは、法的に分類すれば神社よりも神祠であった可能性はきわめて高い。そのため朝鮮における神社参拝の史実を考えるためには、その数で言えば神社の一〇倍以上存在していた神祠の実態解明が欠かせない。本章が神社ではなく神祠に焦点を当てる理由はこの点にある。[6]

本章のより具体的な課題は、第一に神社・神祠が日本人集住地域から、日本人がほとんど皆無の現地地域社会の中に拡大していく段階において、そもそも誰がどのような場所にそれを創設し、誰が実際に管理したのかといった基本的なことがらを可能な限り明らかにすることである。第二に、その中で朝鮮神宮に見られたような、参拝者の多くを学校（特に初等教育機関の児童を取り込むこと）[7]に依存するという傾向が変化するのかどうかという点も検討したい。

まず、神祠が植民地期に教育を受けた当時の朝鮮人児童にどのように記憶されているかということについて見てみよう。それが神社であれ神祠であれ、韓国朝鮮語で発音する際には「神」は「シン、신」である。「社」と「祠」は同じ「サ、사」である。そのため表記してみれば神社も神祠も「シンサ신사」となる。韓国で刊行されている学校記念誌類では、一九四〇年代の学校生活を回顧する中で「シンサ」に言及するものは少なくない。ここで二つの事例を紹介したい。

まず、一九四三年慶尚北道高牙国民学校付設簡易学校（同年高牙東部公立国民学校に改称）の記念誌に記される回想である。ここでは学校と「シンサ」が一体的なものとして語られている。[8]引用原文は全てハングルであり漢字表記はなく、神社か神祠かあるいは次章で述べる神社型の神宮大麻奉斎施設なのかは判然としない。

> 今の龜尾駅前の線路の向こうにある金剛寺の場所が龜尾校のシンサの場所だった。高牙校には運動場の西北側にあった。善山校のシンサは善山の裏山の高い位置にあってカムチョン橋に行けば眺められた。シンサの特徴は高く築かれた石階段と鳥居という独特の門だ。遠くから眺める階段と門は大変に威圧的である。田舎の学校は近くの山に場所を作って建て、都市の学校は場所的な制約で大部分学校の中にあった。（筆者訳）

次に、全羅北道茂長国民学校の記念誌である。[9]

茂長国民学校のシンサ（ジンジャサンパイ《ママ》）は西の山にあった。毎月八日には全校生がシンサの前に立ち朝会をした。日本の天照大神をまつるシンサへ上る階段は、校長先生も三段以上は上れなかった。月三回以上全校生が参拝するよう義務化した。登下校の時にはシンサに向かって義務的に敬礼を捧げねばならなかった。敬礼は勿論のこと、児童らは登校したらシンサへ行き礼をすることから一日を始めた。（筆者訳）

これらで語られる「シンサ」は、法的に設置認可された神祠、または認可を受けない「私的」祠、または神宮大麻奉斎施設、あるいは神明造の奉安殿だったかもしれない。しかし創設にあたり寄付金や労働を要求され、創設後は参拝を求められた朝鮮人児童にとってみれば、それが神社であろうと奉安殿であろうと、その区別自体が意味をなさなかっただろう。特にこれらの回想から、児童に「シンサ」が学校施設の一部と認識されていたことを読み取ることができる点が重要である。少なくとも一九四〇年代において、実質的に学校にこれほどまで一体化することなくしては、「シンサ（神社・神祠）」は設置され得なかったことをうかがい知ることができる。

以下では、こうした回想でなされるような学校への依存状況、学校と神社との一体化を生み出したその過程と背景を、一九三〇年代の状況を検討することで浮かび上がらせてみたい。

（二）期待される学校

さきに触れたように神社・神祠は、一九三〇年代に入りいっそう地域社会への拡大が目指されるようになった。各面に一つの神社・神祠創設を目指す計画を「一面一社・祠」政策と言う。先行研究では、この政策はもともと一九三五年に始まる農村振興運動の一環としての「心田開発運動」の中心施策として企図されていたことが明らかにされている。[10]

平安南道では一九三五年七月の警察署長会議において、「学校所在地で未だ神祠の建てられぬ土地に氏神を祭り、敬神思想の培養によって道民の精神作興を計る」ことが決定された。[11] 時期から考えれば、「心田開発運動」に対応していることは明らかである。同年一一月には「一面一社を極力慫慂している平南道では（略）神社の建設できない面には差当り神祠を建設し、将来は神社に昇格せしめる、（略）神官には小学校長が奉仕し社務所も差当り学校職員宿舎に置く」（傍線引用者）という「神社建設要綱」が郡守に通知された。[12] 知事の安武直夫は本気だった。同年一一月一一日から一三日まで行われた初等学校校長会では、平壌神社社掌（府県社以下神社の宮司に該当）松尾正枝を招き、「一面一祠」実施のあかつきに校長が「神主」となることを想定し祝詞の講習を行った。[13] 翌一四日に実施された中等学校校長会では会議前に全校長に平壌神社参拝を強い、そこでミッションスクール校長の不参拝（のち罷免）という大きな問題を起こした。

そして一九三六年五月に安武直夫から上内彦策へと知事が交代して、実現は延期となっている。上内知事は就任直後「一面一社方針は安武前知事と言わず道是として決定されたもの」としながらも、「一年や二年でやろうというのは無理」[14]と言いきっている。それ以降「一面一社・祠」の実現は進展を見せず、次にこの言葉が目を引くのは、三七年に実施された道知事会議においてなされた「国体明徴」についての具体的政策の諮問に対する各道の答申である。金根熙のまとめによれば、この時の答申で「一面一社建立」を計画することを、京畿道、忠清北道、忠清南道、黄海道、江原道が表明している。[15] ただしこれも実現を見込んだ想定であったと見ることは難しい。

しかしここで注目しておきたいことは、そもそも「一面一社・祠」計画が作成される段階で、「学校所在地で未だ神祠の建てられぬ土地」というように学校の所在が前提と考えられていたことである。また同時に、三六年までに平安南道の「一面一校」が完成する予定であったこともこれとの関連で重要である。[16]

次章では、一九三六年に大幅改定される神祠関係法令についてあらためて確認し、一九三〇年代半ば以降の神祠創設数の変化について検討する。

第二節　神祠設置の根拠法令と設置数の推移

（一）根拠となる法令

ここであらためて神祠についての法制度の確認を行い、その上で朝鮮にどれほどの神祠が設置されたのかということについて分析を試みたい。

そもそも植民地期朝鮮における神祠とは、「神社ニ非スシテ公衆ニ参拝セシムル為神祇ヲ奉祀スルモノ」（左記「神祠ニ関スル件」）で、神社の小規模な形態を意味する。例えば神社建設費用は二万円以上、神祠は一〇〇〇円から五〇〇〇円程度であり、神社よりも設置に係る費用（寄付金集め）や申請手続きの点で相対的には設置が容易であった。神祠についての規程は、一九一七年三月二二日「神祠ニ関スル件」（総督府令第二一号）に定められた。この規程は、一九三六年八月一一日（総督府令第七九号）と、三九年四月一四日（総督府令第五七号）に改正されている。

まず一九一七年の府令では、居留民がそれぞれに祠を設けていた状態を総督の許可制として管理できるようにした。そして一九三六年には右のとおり管理規程を加筆する形で改定した。

一九一七（大正六）年三月二二日「神祠ニ関スル件」（朝鮮総督府令第二一号、全七カ条【抜粋】）

第二条　神祠ヲ設立セムトスル時ハ崇敬者トナルヘキ者十名以上連署シ左ノ事項ヲ具シ朝鮮総督ノ許可ヲ受クヘシ

一、設立事由　二、神祠称号　三、設立地名　四、祭神　五、建物及敷地ノ坪数、並ニ建物ノ構造、図面　六、設立費及其ノ支弁方法

第四条　神祠ヲ廃止セムトスル時ハ（略）朝鮮総督ノ許可ヲ受クヘシ

第五条　神祠ニハ崇敬者ノ協議ヲ以テ総代ヲ定メ（略）神祠所在ヲ管轄スル道長官ニ届出ツヘシ

一九三六（昭和一一）年八月一一日改正（朝鮮総督府令第七九条、全一一カ条【抜粋】）

第二条　神祠ヲ設立セムトスル時ハ崇敬者トナルヘキ者十名以上連署シ左ノ事項ヲ具シ朝鮮総督ノ許可ヲ受クヘシ

一、設立事由　二、神祠称号　三、設立地名　四、祭神　五、建物及敷地ノ坪数、並ニ建物其ノ他工作物ノ構造、図面及配置図　六、設立費及其ノ支弁方法

第五条　神祠ニ崇敬者総代会ヲ置ク

総代会ハ崇敬者ノ協議ヲ以テ選任シタル崇敬者総代三人以上ヲ以テ之ヲ組織ス

総代会ハ総代中ヨリ総代長ヲ選任スヘシ
総代及総代長ヲ選任シタル時ハ遅滞ナク所轄府尹、郡守又ハ島司ニ届出ツヘシ其ノ異動アリタルトキ亦同シ
道知事ハ総代又ハ総代長ヲ不適任ト認ムルトキハ之ヲ変更セシムルコトヲ得
第九条　総代長ハ神社ノ例ニ倣ヒ毎年度収支予算ヲ定メ帳簿ヲ設ケテ其ノ収入ヲ明ニスヘシ　総代長ハ神祠ニ属スル財産ノ台帳ヲ設ケテ其ノ増減ヲ明ニスヘシ
第十条　神社規則第十二条、第十三条、第二十六条、第二十九条及第三十条ノ規定ハ神祠ニ之ヲ準用ス
第十一条許可ヲ受ケスシテ神祠ヲ設ケタル者ハ一年以下ノ禁固又ハ二百円以下ノ罰金ニ処ス
（傍線引用者）

右記から確認できる通りその内容は、神祠の普及促進を目的とするよりもむしろ神祠に関する規程を厳格化するものであった。すなわち第一に、届け出るべき事項として第二条に「建物及敷地の坪数、並に建物其の他工作物の構造、図面及配置図」との文言が追加された。これは、将来神社へ昇格することを前提とすべく、神祠においても「鳥居」や「手水舎」、「灯篭」等神社の体裁を整えることが求められたものと考えられる。第二に、もとは「崇敬者ノ協議ヲ以テ総代ヲ定メ」ることとされていた総代に関する規程が、「総代会ハ崇敬者ノ協議ヲ以テ選任シタル崇敬者総代三人以上ヲ以テ之ヲ組織ス」と総代会の設置を義務化し、さらに「道知事ハ総代又ハ総代長ヲ不適任ト認ムルトキハ之ヲ変更セシムルコトヲ得」の文言を追加して道知事の権限を明確に定めた。第三に、神社同様に収支帳簿の設置を義務づけた。第四に、神祠設置の許可を受けずに設置した場合の罰則規定を設けた。これらは、いずれも

将来神社に昇格させることを前提として、神社規則に類する規則を課したものである。三九年の再改正では、神祠を「維持し難き」場合に総督がこれを廃止する権限を明確にした。こうした厳格化の流れがもたらした結果について、次に述べる。

（二）神祠設置抑制の傾向

次に神祠設置の厳格化について検討する。まず、表4-1によって朝鮮における神祠設置許可数の推移を確認しておこう。

表4-1「半別合計」で示されるように、一九三五年に三二神祠が設置許可されたのを頂点に、翌年は二五神祠、さらに翌年は二二神祠、三八年には九神祠の設置許可しか行われなかった。[17] これは三六年の法改定が、全体の申請届け出を抑制させたことを明確に示すものと言えるだろう。

その抑制の背景として、総督府の意向と、朝鮮の神社関係者の意向とを指摘したい。まず総督府（神社を管轄する内務局）の方針として、はっきりと神祠の濫設に対して慎重な姿勢が以下の資料に表れている。一九三三年には、平安南道知事による「神祠ト称スル範囲ニ疑義有之」という照会への回答として、各道知事宛に通牒「神祠創立ニ関スル件」が発せられている。[18]

一、鉱山、炭鉱等に於いて主として其の関係者のみを崇敬者とし個人の邸宅若は事務所の構内に神祇を奉戴せるものは個人祭祀の邸内祠と認むべきも地元民を崇敬者とし事実上関係者と地元一般民との崇敬の対象として

表 4-1　各道別神祠設置許可数の推移

道	31年迄	32年	33年	34年	35年	36年	37年	38年	39年	40年	41年	42年	43年	44年	道別合計
平安南道	3	3	3	1	3	4	2	0	2	4	2	1	3	0	31
平安北道	18	1	2	2	2	2	0	1	6	3	3	4	24	5	73
咸境南道	8	0	0	1	4	3	0	1	3	0	3	0	0	0	23
咸境北道	6	0	1	2	1	1	3	2	0	3	4	3	0	0	26
江原道	13	1	2	3	1	0	3	0	5	8	3	2	3	0	44
黄海道	9	2	0	2	5	0	3	1	2	6	74	25	14	9	152
京畿道	19	3	2	2	4	4	2	0	13	17	41	12	6	8	133
忠清南道	20	0	0	1	2	2	2	0	3	0	0	2	1	0	33
忠清北道	11	0	0	0	0	1	0	0	0	2	0	1	9	0	24
慶尚南道	22	2	3	1	5	1	1	1	0	2	1	1	0	2	42
慶尚北道	27	0	3	2	3	4	0	0	3	4	9	3	1	2	61
全羅南道	14	0	0	4	1	2	6	2	134	68	16	0	0	0	247
全羅北道	10	2	2	3	1	1	0	1	2	0	0	0	4	0	26
年別合計	180	14	18	24	32	25	22	9	173	117	156	54	65	26	915
神祠累計	180	194	212	236	268	293	315	324	497	614	770	824	889	915	

典拠：1931 年までは前掲金承台「日帝下朝鮮の神社に関する研究」、32–44年は『朝鮮総督府官報』。

区分し難きときは神祠とすべし
二、商店等邸内に設けたる神祠宇は之を個人祭祀の邸内祠と認むるを至当とす。従つて、其の祭祀を行ふに当り、広く一般民の参拝を慫慂するが如き広告は之を差し止むべきものとす。但し個々商店内に至りたる者之を礼拝することあるは差支なし（後略）

これは、朝鮮に流入する日本人の持つ神社に関わるさまざまな信仰形態の中に、為政者が増設を積極的には望まない神祠が存在しており、これに対する制限を設けるという方向性を示したものと言えるだろう。例えば「京城」の三越百貨店屋上に「商売繁盛」祈願として設置されていた稲荷[19]や鉱山の「安全祈願」のための祠、さらには日本の遊郭で多く見られた区域内の稲荷等を指す。これらは、稲荷信仰や、神仏習合の歴史を持つ八幡信仰等に由来するものである。稲荷とは一般的には、商売繁盛を願うものである。例えば百貨店というモダニティのシンボルの屋上に稲荷を祀ることは、日本人居留民にとってはなじみのあることであっても、朝鮮人には奇異な現象に映ったことと想像される。それは、朝鮮人に神社参拝をさせる施政方針にとって障害ともなりかねないと総督府によって判断されたものと考えられる。

もっとも、この通牒に関わらず神社は朝鮮人とはほぼ無縁のものであった[20]。一九二五年に朝鮮神宮が完成した時に行われた鎮座祭においては、「拝殿の前まで行くと、内地人は脱帽して拝《ママ》をし、鮮人《ママ》はクルリ踵を廻して帰る」(傍点原著者)様子が観察されている[21]。

鎮座祭だけではなく一九三〇年代に入っても、この状況は続いていた。神職養成機関である神宮皇学館では毎年「夏季神社奉仕」と称する神社実習を実施していた。全国の諸神宮・神社で神職体験をする実習生を、植民地の神社で受け入れたのは朝鮮神宮だけであった。その実習生による率直な感想がある。いわく、一九三三年は「朝鮮人の参拝が無いのは淋しかった[22]」、翌三四年の実習生は「大部分の鮮人《ママ》は未だ無関心[23]」というものであった。また、一九四〇年代の「京城」で女学校生活を過ごした羅英均《ナヨンギュン》は、「神社の前で拍手を打って頭を下げるのも、観光客がものめずらしげに眺めているにはいいが、まじめな顔で自分たちがするようなことではなかった[24]」と述べている。「総鎮守」である朝鮮神宮が朝鮮人に敬遠されている状況は、かくして一九二〇年代から四〇年代まで変わらなかった。

一九三五年の天皇機関説事件を受けた「国体明徴」運動の高まりを受けて、同年には続けて二種の通牒が出された。それが七月の「神社神祠ノ境内ニ銅像又ハ碑表建設ノ件[25]」と、一〇月の「神社ノ施設改善ニ関スル件」である[26]。前者により境内の建造物が「祭神又ハ国家ト直接関係アルモノ」に制限された。そして後者により神社への専任神職の就業を強く促し、神祠に対しても「神社ト為スヲ前提トシテ設ケシメラルル趣旨」であるとの警告がなされた。この通牒には「神社境内ト公園トヲ混同セル向アルガ如キモ其ノ区分ハ判然セシメ境内ヲ遊園化セシメザルコト」「神社境内ノ森厳ヲ維持向上」させることさせることなどの文言が入れられた。これは神社が「天皇崇敬」という一点にのみ役立つものとして整備されねばならないことを強調したものであり、当時の神社の中には「遊園化」したものや「森厳」さのないものがあったことがうかがわれる。「神祠ニ関スル件」に規定された総督の許可を受けずに設置される神祠（無願神祠と称された）も相当数存在したようで、三六年に無許可の神祠への罰則規定が設けられた後の三九年に至っても以下のように無願神祠の建立に関する通牒[27]が各道知事宛に出されている（傍線引用者）。

> 標記の件（引用者注：無願神祠の建立を指す）に付ては屡々通牒に及び居るところ今以て許可なく公衆の参拝の用に供すべき神祠を設立する向あり而も一時の情勢に駆られ神祇奉齋の本義を解せず又永遠の思慮を闕ぎ《ママ》其の建設位置、社殿の構造様式等適当ならず為に神祠の尊厳を期し難く却て尊貴なる国風の宣布に累を及ぼし折角勃興の域に在る敬神観念に悪影響を与ふる虞あり真に遺憾に付神社神祠に対する事前の監督を厳重にせられ苟くも許可なく公衆の参拝に供すべき神祠を建立するが如き無事之様一段の配慮相成度。

この通牒から、「尊貴なる国風の宣布」のために設置されるべき総督府にとっての理想の神祠と現実の神祠のあいだの埋めがたい溝をうかがい知ることができる。

「抑制傾向」の背景の二番目として、神祠が「不敬」状態に置かれることに対する神社関係者の危機感を指摘したい。朝鮮神職会は、例えば一九三五年の総会で「神祠祭事には今尚非神職又は神道宗教家を以て奉仕せしむるの向きあり。徹底的調査取締方の件[28]」を可決することにより、その危機感を表明している[29]。この決議には、神職による「神道宗教家」への軽侮と警戒の念が滲む。宗教行政に所管されていた教派神道や神道系新宗教関係者もまた、神職にとっては敵対的存在であった。

これらを通じて、日本人が伴ってきた多様な神社のありさまの中から、「国体」に沿わないものを排除していきたいという方向性においては、植民地官僚と神職とで一致していた様子がうかがわれる。[30]

本節冒頭で述べたように「神祠ニ関スル件」が加筆される形で改定され、神祠設置が抑制、厳格化されたことは、「神社神祠設置中止説」のように、一般には強く受け止められたようである。これらのことが、三五年を頂点に三八年まで神祠の新規創設許可数が減少したことの背景となったと考えられる。

前年の二二件から年間で九件という急激な新規設置許可件数の減少を見せた一九三八年には、総督府や道単位で「中止説」を打ち消そうとしたことが、例えば「神社神祠創立及造営　中止説은《は》全혀《く》風説　全北서《より》各郡에《へ》發牒」という報道や[31]「半島に於ける神社造営支障なし　神社神祠の創立竝造営に関する本府通牒」[32]という神職会報記事などから読み取れる。

ちょうどこの時期は、「皇国臣民化」に関わる施策が次々と実施されていた時期に当たる。例えば、三七年九月には「学校愛国日」が開始され、当日の神社での式典への団体での参加が奨励され、同年一〇月には「皇国臣民ノ誓詞」の斉誦が開始された。[33]翌三八年には「陸軍特別志願兵」制度と「第三次朝鮮教育令」による新制度（普通学校から小学校への名称変更、朝鮮語の選択科目化）が施行された。また同年、国民精神総動員聯盟が結成され、以降順次「愛国班」が設置された。そして三九年一一月の朝鮮民事令改定（「創氏改名」）に至った。このような「皇国臣民化」施策が進展する中で、神祠に関しては右肩上がりに増設されたわけではないこと、特に三七年から翌年にかけては神祠のあらたな設置が急激に抑制されるという、一見逆行するような状況が現れていたことは注目に値する。

次節では、神祠設置の代表者についてその民族と職業の点から検討したい。

第三節　神祠設立を申請した代表者と実際の管理者――一九三二年から一九三九年まで

（一）日本人申請者の場合

本項では、一九三二年から三九年までのあいだに神祠の設置を朝鮮総督に申請した者として『朝鮮総督府官報』に記載された名前から、韓国国史編纂委員会韓国史データベース[34]と『職員録』を用いて職業を調べ、日本人と朝鮮人の申請者の相違について検討する。

『朝鮮総督府官報』には、「○郡○面に○神祠設立の件○外《ほか》○名より願出に付○月○日之を許可せり」というように定型的に記載されている。この中の「○外○名より願出」に注目し、ここに申請者の筆頭として個人名が記載されている人物に着目する。

現段階ではいまだ不明の分も多いが、日本人申請者の場合、会社経営、役員等地域の民間人「有力者」と思われる層に加えて、学校組合管理者、郵便所長が確認できる。郵便所長の場合、同郡内の複数の所長が同時期に申請する事例が見られる。教員や学校組合管理者も見られることも重要であるが、その数は郵便所長には及ばない。

代表者に会社経営者の次に郵便所長が多い理由として、朝鮮における郵便所長のポストは日本人に独占されており、さらにこれらの日本人は酒造業や運輸業の役員も兼務するなど地域の有力者となっていたことを挙げたい。右記の「国史編纂委員会韓国史データベース」で知る限り、郵便所長は「併合」後間もない一九一〇―二〇年代から同じ人物が務めている例が数多く確認でき、中には親子で同職が継承された例も見られる。例えば、一九三三年に神祠設置許可を受けた岡崎貫一（黄海道瑞興郵便所長）は、統監府時代の一九〇八年に通信手として朝鮮に渡り、「併合」後は逓信書記を経て一九二五年から瑞興郵便所長となった。三四年に神祠設置許可を受けた古賀正藏（慶尚北道玄風郵便所長）は、一九一五年から継続して同職にあった。三六年に許可を受けた伊藤徹亮（平安北道車輦館郵便所長）は、統監府時代から郵便所長を務めていた父親の職に、三一年から任じられていた。(35)

一見無関係のように見える神社と郵便所ではあるが、例えば先行研究では郵便所員の「思想善導の使者」としての性格が「国民総力運動」と容易に結合されることが指摘されている。(36) 当時の郵便貯金や簡易保険は戸別集金、勧誘がなされていた。さらに逓信官署の「敬神運動」の一環として、「学校愛国日」「愛国日」に先立って「逓信精神作興行事」としての神社参拝等を毎月一日に設定していた。「学校愛国日」が一般を対象に「愛国日」として拡大された時、あらためて逓信局は「逓信愛国日」として神社参拝、皇居遙拝、「皇国臣民ノ誓詞」斉誦などを実施することにした。(37) その他、神宮大麻（当時は日本内地の神宮神部署《かんべしょ》が頒布したもので、一般には神棚に祀る伊勢神宮のふだ）と「奉安棚」を逓信局が取りまとめて各部局に配布した。その数は一九三七年には神宮大麻一二〇〇枚、「奉安棚」五〇一個である。(38)

このような総督府の「思想善導」政策との近接性のみならず、地域の中で個々の郵便所と神社とが連携する事例も存在した。京畿道仁川神社の「初宮詣愛の貯金(39)」、慶尚北道大邱神社の「報国愛児貯金(40)」がそれである。これらは、初宮詣に参拝した親に予め少額の入金をした貯金通帳を贈与し、神社から郵便所に連絡をして、後日所員がその家庭を訪問し手続きをするといった巧妙なものであった。また、郵便所が納税事務を担当したこともあり、神祠設置のための寄付の要求を行いやすかったとも考えられる。

郵便所長が神祠設置申請にあたって神祠の設置場所の選定にも関わっていた事例も確認できる。(41) 地域社会における郵便所長は、例えば『職員録』に掲載されるような官吏とは言い難く、他方会社経営のような純然たる民業とも言えない。このような「半官半民」の特色は、行政当局ののぞむような形（一方では「国体」に沿わないような日本人のさまざまな信仰を抑制した形、他方では寄付者、建設のための労働力、維持管理者、参拝者として朝鮮人を動員する形）での神祠の設置を推進するために適合的だったのではないだろうか。

（二）朝鮮人申請者の場合

次に朝鮮人申請代表者の職業について述べる。次頁表4-2から明らかなように、朝鮮人が代表者となる場合、高い割合で郡守か邑面長（町村長に該当）であった。この点は、日本人申請代表者とは明確に異なっている。

第一節で触れたように、平安南道では一九三五年に郡守に対して「神社建設要綱」が通知された。これを裏付けるように平安南道の場合は、その全体数を見れば限定的ではあるものの、実際に郡守がこれに応じた事例が見られる。

済州島の朝鮮人面長。神祠に「奉務」したという。
（1941年頃撮影。個人蔵。）

例えば、一九三六年の平安南道で許可された四神祠の申請代表者の内訳をみると一人が日本人（郡産業技手）、三人が朝鮮人で、この三人のうち一人は面長、

表 4-2　『官報』上の申請代表者の職業

年	官署		郡守、邑面長（元面長含）		校長／訓導		郵便所長		自営業、会社経営		不明	
	日本人	朝鮮人	日本人	朝鮮人	日本人	朝鮮人	日本人	朝鮮人	日本人（学校組合管理者数）	朝鮮人	日本人	朝鮮人
1932	0	0	0	0	2	0	1	0	5 (1)	0	3	0
1933	1	0	0	1	1	0	3	0	4 (1)	1	6	1
1934	0	0	0	2	1	0	2	0	11 (2)	0	4	0
1935	4	0	0	6	0	0	3	0	10 (3)	1	7	0
1936	1	0	0	5	0	0	4	0	7 (0)	0	4	0
1937	0	0	2	3	0	0	5	0	3 (2)	0	6	1
1938	0	0	0	0	0	0	0	0	3 (1)	0	5	1
1939	2	2	0	117	5	1	3	0	7 (0)	2	12	19
合計	8	2	2	134	9	1	21	0	46 (9)	4	47	22

典拠：国史編纂委員会韓国史データベース、『朝鮮総督府及所属官署職員録』。

残る二人が郡守である。翌年許可された二神祠の申請代表者は二人とも郡守である。このように、「神社建設要綱」の通知以後、郡守同士が競うような雰囲気が作られていたものと推定される。

　こうした郡守の心情を知る手掛かりとして、一九三六年と三七年に神祠設置申請を行った邊基燦《ピョンギチャン》の事例を挙げたい。邊基燦は、一九一一年総督府測量課技手、二五年総督府林野調査委員会通訳生を経て、三三年平安南道孟山郡守となり、三七年には同道成川郡守となった。そして、郡守となった各郡でいずれも、自らが申請代表者となり神祠設置を申請した。[42] この人物について、『尹致昊《ユンチホ》日記』に、以下のような記述がみられる。[43]

> 邊基燦は孟山郡守だ。彼は月あたり九八円しか貰わないのだが、平均して二〇円ほどもの大金をあらゆる寄付に持ち出さねばならない。この男は初めて官職を得た時には、六〇〇円かそれ以上を、地方の上役たちに贈り物をするのに借金せねばならなかっ

た。そうするほかなかったのだ。（筆者訳）

この記述から、邊基燦が郡守となるために多額の資金を借りねばならず、郡守となってからも「あらゆる寄付」がのしかかっていたことがうかがわれる。朝鮮人にとっての神祠申請というものが、「忠誠」の証であるとともに、その「忠誠」がポストの維持に関わった可能性と、（神祠設置は寄付が要求されたわけだが）郡守として実際に持ち出さねばならない寄付金の大きさを示しているものと言えるだろう。

表4-2に示した一九三九年の朝鮮人邑面長一一七人は、圧倒的に全羅南道の「一面一祠」政策実施によるものである。あらためて、どれほどの圧力が全羅南道の邑面長に一律にかけられたかを物語るものと言える。このことについては、次節（二）で検討する。

第四節　「一面一祠」政策の実施過程

（一）神祠の建造と維持に駆り出される小学校長と児童

本節では、神祠設置、維持管理と小学校との関係について述べたい。人件費が支出されない神祠の実際の管理者として小学校長が期待されていたことは、一九三五年平安南道の「神社建設要綱」でも確認した。そして、先行研究において一九三九年二月時点の朝鮮総督府内でもこうした小学校長の役割が話し合われていたことを示す報道があったことが指摘されている。(44) この話は同時に朝鮮神職会にも伝わっており、神職会報には「一説に伝えられるが如く神祠所在地小学校長の兼務説が実現し得られるならばその人を得たるものと云ふべき(45)」、「神社と学校と自治庁とを三位一体的生命の聯絡ある一機能たらしめる(46)」などと大いに賛意を示している。

ここでいう小学校とは、一九三八年第三次朝鮮教育令下で小学校に名称変更した普通学校（朝鮮人対象初等学校）を含む。否、むしろ以降の金浦郡の例で示すように、朝鮮人対象小学校の方がその数と規模において日本人対象校を圧倒している。

「一面一祠」政策と学校との関わりを考えるために具体的事例を見てみよう。京畿道金浦郡では一九三七年に日本人が申請代表者となって面の中心地に神祠が一つできた後、残る八面には三九年の一一月末に一斉に設置許可され、「一面一祠」が完成されている。この八面のうち六面については朝鮮人面長が申請代表者となっていることが確認できた。

同郡の例でさらに注目したいのは、「申請代表者」としての面長とは別に、実質的な神祠管理者として小学校長（朝鮮人対象校）が、設置許可の少なくとも五カ月以前から「講習会」に出席して訓練されたことである。

朝鮮では全部の神社に専任の神職が就業していたわけではなかった。まして「一面一祠」の速度に合わせるように神職を養成することは不可能であり、神祠に専任神職を置く財政上法律上の裏付けもなかった。そのため、各地域の有力者が「神祠奉務者」として祝詞等の講習を受けることになった。一九三八年に朝鮮における神職養成のために設立されていた皇典講究所朝鮮分所が朝鮮神宮を会場に「神祠奉務に関する講習会」を実施した。(47) なお皇典講究所とは、当時の神職養成機関であった国学院大学神道専門部も神宮皇学館も経ずに、学階という資格を取得して神職になる場合の修業機関である。同講究所朝鮮分所は、朝鮮神宮宮司を所長に朝鮮神宮境内に設置された。他にも各道単位で、同様の奉務者講習会を行うようになっていた。

しかしこれらとは別に、三九年六月一四日から一八日まで朝鮮神宮で、「神祠奉務に関する講習会」が開催された。これは皇典講究所朝鮮分所の開催した講習会ではなく、京畿道金浦郡教育会が、同会の会員（すなわち校長を中心とする教員）のみを対象として特別に皇典講究所朝鮮分所に要請して主催された臨時的な講習会であった。五日間にわたり朝鮮神宮で実施されたこの特別な講習会に郡内の校長らが参加し、(48) その後一一月になって金浦郡に八神祠が認可され、郡内九面すべてに神祠が創設されたのである。同郡において、日本人対象小学校があるのは三七年に神祠が設置された金浦面のみであった。

このことから少なくとも金浦郡においては、申請代表者としての朝鮮人面長の同意があるだけでなく、設置許可前の段階から（それを「総代」と呼ぶかどうかは別として）(49) 実質的な神祠の管理者として校長が想定されていたこと、校長がそれに応じていたことが判明する。一九三九年段階の金浦郡の朝鮮人対象小学校は九校あり、日本人校長が七人、朝鮮人校長が二人である。申請代表者としての朝鮮人面長と、実質的管理者としての（日本人が多くを占める）校長とが、役割分担をするように神祠に関わったことが透けて見える。(50)

このような校長への期待は、他の道においても同様であった。江原道は一九三九年、新年度から一面一祠政策のために本格的な予算を計上することとなり、それと同時に「主宰は各面にある小学校長が担うようにする」ことが報じられている。(51) 一六八面から成る江原道の学校数（三七年時点）は、すべて公立で日本人対象小学校が二六校、朝鮮人対象小学校は一七七校（うち四年制九六校、六年制八一校）計二〇三校、うち三〇人程度が朝鮮人校長であった。(52)

ここでは、一面一校政策が完了しているため各面に少なくとも一人ずつ校長が存在していることを前提としていることが重要である。校長に期待されたことは、神祠の「主宰」だけでなく、その学校の児童を設立のための労働力、そして維持管理、祭礼の参列者などとして動員することであった。

まず、設立のための労働力としての側面を確認しておく。京畿道開豊郡中面では、「面、警察、学校、三機関が協力して」神祠を設立しようとした[53]。その過程で、中面公立普通学校児童は「基地と参道の工事」に青年団等に先んじて動員された。着手された日は三八年三月六日の愛国日である。校長が協力者となるということは、学校教育における「愛国心」涵養の名目で、無報酬の労働力をたやすく得るにことにもつながった。同じ頃忠清南道唐津郡の順城公立小学校（朝鮮人小学校）では、労働力として児童が動員されたばかりでなく、学校所有の山林や児童個人に資金を拠出させた[54]。

そのようにして設立された神祠は、完成後はどのように「不敬」状態にさせずに維持管理するかという問題が生ずる。ここでも児童は動員された。少し時期をさかのぼるが、一九三四年の平安南道順川郡順川面の神祠の事例には、翌年の平安南道で示される小学校への期待を先駆ける形を見いだせる。同祠は、三四年一〇月に竣工し、一一月一五日に設立許可されていたが、総代会が開催され総代が推挙されたのは一二月二〇日に至ってのことであった。この時の総代会では、「順川面内学校生徒の応援参加を求め朔日十五日に掃除を行う」ことに決定した[55]。ここで言われる「順川面内学校生徒」の内訳とその規模を調べてみると、順川尋常小学校日本人児童八綱八名、順川普通学校の朝鮮人児童およそ六五〇名（推定）[56]、順川公立中堅農民校の朝鮮人生徒二九名である。このことは、実質的管理者として校長が期待されたことだけでなく、その校長に命じられるところの「実働部隊」が、地域の学校に通う圧倒的に多数の朝鮮人児童であったこと、そうした児童動員への期待は三五年の平安南道の「神社建設要綱」に先駆けて具体化していたことを明示する。なおこの順天面の神祠の設置を申請した代表者は金化俊《キムファジュン》郡守であるが、「総代」には日本人郵便所長が推挙されている[57]。

もう一つの例として、京畿道楊州郡金谷面の神祠（一九三六年九月竣工）の例を挙げよう。この神祠は「普通学校に隣接」するように建てられ、「鎮座祭」には「全生徒が終始直立不動の姿勢を以って威儀を正し静粛に長時間起立」していたと報じられている[58]。金谷普通学校の当時の在学児童数は推定四三〇名である[59]。この事例からは、朝鮮人児童の動員だけでなく、そもそも神祠設置の場所として「普通学校に隣接」する場所が選定されていたことが注目される。

一九四一年に総督府学務局から出された『朝鮮に赴任する国民学校教員の為に』というガイドブックには、朝鮮における学校の役割が「地方村落の文化的中心[60]」であると述べられている。ここでは、「朝鮮では生徒の校外環境をなす社会が低度の文化にあるため、学校教育を内地と同程度の効果あらしめるためには職員は率先社会教育の尖兵となって立たなければならない。ここに朝鮮における教育機関の二重の任務がある[61]」とも述べられている。この露骨に差別的な記述は、学校を一歩出れば、植民地（特に「文化的」側面の）政策を貫徹するための手段を見出しえない状況を忠実に語っている。そしてこの言葉のとおり、日本の神社なるものは、小学校とセットでしか拡大する道はなかった。第一節（一）で掲げた回想に見られる「シンサ」と学校の一体化状況は、このようにして用意された。

（二）全羅南道の事例に見る極限的な様態

神祠新設が抑制される傾向は、一九三九年二月末に全羅南道[62]が「一面一社・祠」政策を急激にかつ大規模に推し進め始めたことにより変化する。「一面一社・祠」を文字通り実現させたのは一九四五年に至るまで、全羅南道た

表 4-3　全羅南道「一面一祠」の開始状況

官報掲載日	所在地	名称	届出人	職業	許可日
1939/2/27	順天郡樂安面	神明神祠	金宰杓外12名	面長	2/23
1939/2/27	順天郡雙安面	神明神祠	申喆休外20名	面長	2/23
1939/2/27	順天郡別良面	神明神祠	金琫溱外21名	面長	2/23
1939/2/27	順天郡松光面	神明神祠	李涫祚外12名	面長	2/23
1939/2/27	順天郡黄田面	神明神祠	高寔柱外27名	面長	2/23
1939/2/27	順天郡西面	神明神祠	任泰攸外14名	面長	2/23
1939/2/27	順天郡海龍面	神明神祠	蘇鎭浩外12名	面長	2/23
1939/2/27	谷城郡梧谷面	神明神祠	安圭善外10名	面長	2/23
1939/2/27	谷城郡玉泉面	神明神祠	金東根外10名	面長	2/23
1939/2/27	谷城郡古達面	神明神祠	林簣澤外10名	面長	2/23
1939/2/27	谷城郡火面	神明神祠	許駿煥外10名	面長	2/23
1939/2/27	長城郡北一面	神明神祠	高光弼外10名	面長	2/23
1939/2/27	長城郡北上面	神明神祠	金福洙外９名	面長	2/23
1939/2/27	長城郡東化面	神明神祠	金采洙外10名	面長	2/23
1939/2/27	長城郡森西面	神明神祠	李興杓外９名	面長	2/23

典拠：『朝鮮総督府官報』、『朝鮮総督府及所属官署職員録』、「国史編纂委員会韓国史データベース」。

だ一道であった。そのためここで、一九三九年以降全羅南道でどのように「一面一祠」が実施されていったのか確認する。

前項の金浦郡の「一面一祠」完成の過程から、「郡による申請の一様さ」（面ごとの時期的ずれがないこと）、「以前からある神祠は日本人が申請代表者となり、三九年以降の申請代表者は主に朝鮮人面長」という傾向が確認できる。このことは、全羅南道においてもあてはまる。全羅南道は、三九年の二月二三日に一五神祠の設置を許可したのを皮切りに、同年だけで一〇回にわたって計一三四神祠を設置許可している。まず、二月二三日の設置許可は表4-3のようになされた。

この表から、全羅南道における「一面一祠」は、郡を単位として実施されていることが判明する。これは、「一面一祠」政策への対応の速度を、各地の郡守が競合的に裁量したということを示すのではないかと考えられる。

神祠設置を届け出た代表者の名前は、全員が朝鮮人の面長であったことが確認できた。その後の代表者も圧倒的に面長ではあるが、このように同日に許可された神祠のうち全員がそうであるという例は、この日しか見られない。すなわち、

表 4-4　谷城面の事例

官報掲載日	所在地	名称	届出人	職業	許可日
1939/2/27	谷城郡梧谷面	神明神祠	安圭善外10名	面長	2/23
1939/2/27	谷城郡玉泉面	神明神祠	金東根外10名	面長	2/23
1939/2/27	谷城郡古達面	神明神祠	林箕澤外10名	面長	2/23
1939/2/27	谷城郡火面	神明神祠	許駿煥外10名	面長	2/23
1939/3/2	谷城郡兼面	神明神祠	金炳基外10名	面長	2/25
1939/3/2	谷城郡立面	神明神祠	郭雲鶴外10名	面長	2/25
1939/3/10	谷城郡石谷面	神明神祠	國吉求方外10名	谷城産業	3/1
1939/3/10	谷城郡木寺面	神明神祠	李相赫外10名	面長	3/1
1939/3/10	谷城郡三岐面	神明神祠	鄭鎬碩外10名	元面長	3/1
1939/3/10	谷城郡竹谷面	神明神祠	趙煥奎外10名	面長	3/1

典拠：『朝鮮総督府官報』、『朝鮮総督府及所属官署職員録』、「国史編纂委員会韓国史データベース」。

行政機構の末端において、「一面一祠」政策への対応が郡守のみならず全面長の恭順ぶりを測定する一種の踏み絵であったために、「一番乗り」にはずらりと面長が並ぶことになったと推定できる。

ここで、谷城郡の事例（表4-4）を参照されたい。谷城郡は全部で一一面から成る。一九三七年谷城面に、雑貨商で学校組合管理者でもある日本人が代表となって神祠の設置が許可されていた。[63]したがって、三九年に「一面一祠」政策が実行される段階では一〇面が設置対象であったことになる。そのうちの四面が、「一面一祠」実施の皮切り日である二月二三日に設置許可された。残りのうち二面はやはり朝鮮人面長が代表者となって二月二五日に許可され、さらに残った四面も三月一日に許可され、わずか一週間に満たない期間で「一面一祠」許可を終了した。この事例でまず注目したいのは、一週間に満たない短期間であっても、許可日が「遅れた」二つの郡は現職の面長が代表となっていないということである。このことは、朝鮮人の面長の中で神祠の設置申請をめぐる競合だけでなく「逡巡」「抵抗」が見られたことを意味すると言えるのではなかろうか。面長が申請代表者とならない場合、例えば光陽郡津月面、光山郡極楽面では校長経験者がその任にあたった事例が確認できる。[64]

次に着目したいのは、表4-4の「届出人」面長の名前の横の「外一〇名」

である。既述のように谷城郡は一一面から成る。「届出人」はどの面でも一様に代表者を合わせて一一人である。これは、申請者として面長同士が連名した可能性を示すものと思われる。

全羅南道において「一面一祠」は一九四一年に達成された。三五年の通牒「神社ノ施設改善ニ関スル件」において、神祠は神社に「昇格」することを前提とするとされてはいたものの、神祠が神社になった例はきわめて少なく、全羅南道では麗水神祠が麗水神社となった事例（三九年八月一五日許可）のみであった。

前項で触れた平安南道の事例のようには、郡守それ自体の人名は全羅南道においては資料上は見えづらいものの、表4-3、表4-4から神祠設置申請が郡ごとに行われていることが明確に示される。そのため、道ごとに、郡ごとに、面ごとに神祠の設置を競合させるような雰囲気は朝鮮全体に存在し、それの極まった状況が全羅南道において現れたものと考えられる。

全羅南道で一年に一三四祠というほど極限的な設置強要事例は、実際の建設や管理者育成の面でほとんど追いつかない状況を生み出した。それを示す例の一つとして、神祠に常駐の神職は不在であったので実質的管理者としての「神祠奉務者」が全羅南道において一度に大量に（何百人という規模で）速成されねばならなかったはずにもかかわらず、特にそのための講習会が開催された記録が『朝鮮神宮年報』にも朝鮮神職会会報にも確認できず、一九三九年に朝鮮神宮を会場に実施された「神祠奉務者講習会」にも全参加者四八名中全羅南道からはただ一名であることを挙げることができる[65]。これらのことから、全羅南道においては、『官報』で見る限りは著しく多くの神祠が創設されることになったものの、実際の建設にあたっては、寄付金の集まりや管理者としての校長の協力を得ることが困難であったことがうかがわれる。

（三）変質する神祠――一九四〇年代

前項で見たような「設置申請」の形式上の拡大は、四〇年代に他の地域に対しても同様に展開していった。例えば四一年以降京畿道や黄海道の神祠設置許可には、全羅南道とまったく同様に郡ごとに同一の日に複数の神祠設置許可が次々に出される状況が見られる。

だがこれとあわせて、一九四〇年以降には特に全羅南道の神祠が激増する時期に統一的に使用された「神明神祠」になるという点も考察が必要である。「神明」とは天照大神が祭神であることを意味する。「神明」を外して「神祠」（表4-3「名称」参照）ではなく単に「神祠」という名称の設置許可が始まり、四二年以降一例を除きすべて「神祠」の名称で統一されていったことの一つの理由として、三〇年代に総督府が抑制しようとしていた日本人の有するさまざまな信仰への一定の抑制（二（二）参照）を、神祠数の拡大を優先するために緩めざるを得なかった事態なのではないかと考えられる。

この視点からは、栗田英二が巨文島の神祠の事例をもとに一定の考察を行っている。[66] 栗田は、「神祠」の登場を日本人の「国家神道以外の祭神（特に神仏習合的要素）」と関連づけ、日本人の「金毘羅さん」などの私的信仰を総督府が「公的な信仰の内に取り込んだ」と考察し、神社に関わって明治以来存在し続けた「国家意志と民衆意識のずれ」（傍線原著者）の存在を見出そうとしている。巨文島の日本人移住社会のケースにおいて、この考察は説得力を持つ。しかし、朝鮮全土に神祠の拡大が図られたということは、日本人社会の成立しない地域にも神祠が設置されたことを意味する。このことはいかに考えるべきだろうか。

本書では、一つの仮説を示しておきたい。それは、四〇年代には各地の神祠が実態として朝鮮人の娯楽の場として、あるいは朝鮮在来祭祀の場として、総督府による「尊貴なる国風の宣布」の期待とは全く異なる場所へと変質する度合いを強めたのではないか、その変質を認めないことには神祠設置の実現が不可能だったのではないかということである。またそのために「神明」という天照大神を示す言葉を使用しないこととするルールが定着したのではないかということである。換言すれば、「国家意志と朝鮮人の意識のずれ」の妥協点としての「神明」呼称撤廃という解釈である。

第一章や第二章で指摘したように、全ての神祠ではないものの、いくつかの地域の神祠では勧学祭や大祓式、児童の日参も行われた。しかしそれに加えて、神祠が「尊貴なる国風の宣布」とは異なる目的で使用されるケースが新聞記事に散見される。例えば、三七年一一月、江原道金化郡では神祠を会場にして、在来の「山川祭祀」(洞祭、洞は面に次ぐ地域の区分)を「洞神祠祭」と名前を変えて実施した[67]。三八年九月京畿道驪州の神明神祠で祭祀後に体育大会が開催されている[68]。三九年一〇月には江原道伊川神祠でも神祠奉賛行事の運動会が、京畿道金浦郡の神明神祠では警察の射撃会が行われた[69]。一九四二年から黄海道平山郡南川神祠の例祭では、前年までと異なり弓とシルム(日本の相撲に類似した娯楽)の大会が開催された[70]。同年には、朝鮮全土の神社神祠の例祭において昼間の飲酒が許可された[71]。ほかにも同年黄海道延安神祠で「蹴球大会」、咸鏡南道新興神祠では「体育大会」、華川神明神祠では「素人劇」、咸鏡南道釈王寺雲峰公立国民学校の校庭では、「文山神祠奉納体育大会」が催された[72]。いまだ限られた調査ではあるが、あくまで行政・警察当局主導の「娯楽」であったにせよ、娯楽空間としての利用度合いは年々強まっていったと考えられる。

これらの報道から、地域社会の娯楽空間としての神祠利用や、在来祭祀を行う空間としての利用など、それまで朝鮮神宮に対しても関心を払わなかった朝鮮人と朝鮮人社会が、地域社会で自らの周辺に迫りくる神祠に対してどのようにしたたかに対応しようとしたのか、その一端をかいま見ることができるのではなかろうか。

だが、一九四〇年代の神祠は娯楽空間へ変質したというだけでは済まされない。本書序章で、これまでの神社参拝強要の問題は、主にキリスト教徒の「逮捕」「獄死」などの叙述に終始してきたことを批判的に論じた。しかし、やはりここで、逮捕という問題を取り上げねばならない。

一九四〇年代の神祠は、娯楽空間としての利用が試みられていたのと同時に、そこが不敬罪による逮捕の現場となる事態が生起した。二つの事例を挙げよう。まず、一九四二年「金武克明」（史料上姓名が判読困難のため創氏改名後の「氏名」のみ記す。）が不敬罪で懲役刑に処せられたが、その理由の一つは江原道揚口神明神祠で六百人以上の国民学校児童らとともに参列した祭祀で、「小児カ遊戯ヲ為スカ如キ」様子で拍手を打ったことであった。[73] 次に、同年羅相豊《ナサンブン》（創氏名「富田相豊」）は、全羅北道金堤神社において実施された「大東亜戦争第二次戦捷祈願祭及ビ祝賀式」において、神職の祝詞奏上中「低頭セサルノミカ　ズボンノポケットニ手ヲ突込ミ或ハ後ニ手ヲ廻シ」、祝詞が終わった所で「舌打」したことで逮捕され、懲役刑に処せられた。[74]

これらのケースから了知されるように、神社参拝に関わる逮捕という深刻な事態は、これまで主にキリスト教徒への弾圧として把握されてきたが、そればかりではない。信仰にもとづく不参拝の結果による逮捕ではなく、地域社会の神社神祠では、朝鮮人によるあらゆる軽微な行動が不敬と見なされ、逮捕され、投獄された。

強制的に地域社会で神祠が増設されればされるほど、朝鮮人の「拍手」が「小児」らしいか否かなど、ミクロな身体の挙措を絶えず監視せねばならない事態と、その結果不敬罪による逮捕者を出す現場を増やし続ける事態に陥った。近代朝鮮史研究者の宮田節子はかつて志願兵制度の展開を解明する中で、「『完全な日本人化』を求めれば求めるほど、支配者には朝鮮人がより朝鮮人にみえて来た」[75]という鋭利な指摘をした。この言葉は、一九四〇年代の神祠の実態をあらわすのにふさわしい。相撲でなくシルム、伝統の祭祀を神祠で実施、そして逮捕。これらに象徴される四〇年代の神祠は、朝鮮人をより朝鮮人らしく見せる空間にほかならない。

章括

はじめに、神祠は数の上で神社を圧倒していたことから、神社参拝強要の主たる現場は神祠であると推定した。そして、その神祠に関わる基礎的な史実を確認すること、そして公立学校（学校長、教員、児童）の「現場」への関わりに着目し検討することを本章の課題とした。

本章を通じて判明したことを以下にまとめたい。まず、一九三二年から一九三九年までの神祠創立状況を確認したところ、三六年の法令改定が一定のブレーキのように働き、「皇国臣民化」施策が次々と実行される時代状況の中で、神祠の増設はある期間抑制されていた。その理由として、一方で朝鮮人にとって神社があまりにも無縁のものであるのに対し、他方で日本人の有するさまざまな信仰の中から「尊貴なる国風の宣布」に資するものだけを設置したい朝鮮総督府や神職と、実際に許可を得ずに無願神祠を建てる一般の日本人との思惑の溝があったことが考えられた。

次に、神祠設置の申請代表者の職業を調べたところ、朝鮮人と日本人の場合には明確な差が見られた。具体的にはいまだ不明分も多いものの、朝鮮人申請者の場合は概ね地方行政区分の首長（郡守や邑面長）であり、日本人の場合には自営業で学校組合管理者を兼ねている人物や郵便所長が見られた。神祠設置は、植民地朝鮮の地域社会における日本人郵便所長のありようの一側面も映し出した。

神祠の設置許可が出された後、総代を選ぶ段になると設置代表者が総代にはならない事例が見られた。このように神祠設置申請の代表者と、実質的な管理者が異なった事例の場合、前者は朝鮮人、後者が日本人であるという事例が確認できた。また、実質的な管理者としては校長が名指されたこと、その期待は少なくとも平安南道において一九三五年から見られたこと、三〇年代後半になるにつれ朝鮮全体へと拡大したことが判明した。校長には日本人が多かったが、実際に清掃などに駆り出されたのは圧倒的多数の朝鮮人児童であった。日本人を対象とする小学校は地域の中で中心となる場所にしか存在しなかったため、「一面一祠」政策の進展の中では「一面一校」政策下で各面に設置された朝鮮人対象小学校（三八年三月まで普通学校）の児童が神祠の維持管理のため決定的に重要だったと言える。

さらに、京畿道金浦郡や全羅南道での「一面一祠」政策の進展状況を確認することを通じ、郡守や面長の「恭順の競い合い」が試される機会となったであろうこと、ただしその裏に「抵抗」「逡巡」もありえたことが推定された。さらに京畿道金浦郡の事例からは、朝鮮教育会の地方支部が直接に関与して朝鮮人対象小学校長が予め訓練されたことが確認できた。

ただし一九三九年以降の全羅南道のように、大規模な「一面一祠」政策が実施された事例においては、実際の建設よりも「設置許可数」が重視され、実質的な建設への着手や完成、維持管理は後回しになったものと推察された。しかしその全羅南道においても、面長が申請の代表者とならない場合には校長経験者がその任を負う事例があったことも見逃すことはできない。

はじめに、「朝鮮神宮に見られたような、参拝者の多くを学校（特に初等教育機関の児童を取り込むこと）に依存するという傾向が変化するのかどうか」と書いた。このことに関しては、児童を参拝者としてあてにすることに先立ち、地域社会に神祠を創設すること――土地の提供、整地、継続的清掃など「不敬」状態に陥らせないような維持管理――自体が、学校に寄りかかってこそ成し遂げられるという様態の一端を展望できた。

朝鮮人にとっての神祠の記憶について冒頭で引用したが、法的に神社であれ神祠であれ、あるいは神宮大麻奉斎施設であれ、参拝させられた朝鮮人にとってみれば「シンサ」である。その記憶は、一九四〇年代においては、神社・神祠が学校に依存することなくしては存在し得なかった実状を浮かび上がらせる。一九三五年の新聞報道に見られた平安南道知事の期待（「神官には小学校長が奉仕し社務所も差当り学校職員宿舎に置く」）すなわち神祠の実質管理者としての校長への期待は、四〇年代にかけて平安南道に限らず具体化していった。それは逆に、神社・神祠が地域社会に拡大していくにあたっては、「一面一校」政策で面に一つは建てられていた朝鮮人対象小学校（三八年三月まで普通学校）以外に頼みの綱がなかった状況を物語る。植民地において現地の児童が通う公立小学校とは、一体何を期待されるどのような場所だったのかということの一つの姿を、このことは示している。

本章最後に、学校に依存しつつ設置された神祠が、四〇年代には一方で朝鮮人社会で娯楽空間として利用される機会が増加しつつ、他方では軽微な挙動が不敬と見なされる現場となったことを示した。神祠増設を強行すればするほど、捕縛の現場が増加する事態ともなり、総督府の期待（「尊貴なる国風」）から乖離していった。朝鮮の地域社会への神祠の拡大は総督府の期待するような「神祠らしさ」を予め喪失することと引き換えに強行され、逮捕者を増やし、自縄自縛の度合いを深めていった。

本章では、地域社会はどのように神祠設置にあたって学校に依存したかという点に焦点を当てた。本書の最後に次章では、学校側の問題に焦点を当て、植民地の学校は、なぜ教育を行う上で神社と密接な関係を持つことになるのかということに着目し、その歴史的構造と意味を検討する。

注

(1)「昭和八年六月五日朝鮮総督府告示第二五九号」(『朝鮮総督府官報』一九三三年六月五日掲載)による。

(2)四一年に江原神社(江原道)・光州神社(全羅南道)、四三年に全州神社(全羅北道)、咸興神社(咸鏡南道)も国幣小社に位置付けられた。台湾においては、一九〇一年に台湾神社が官幣大社として創建されて以降、一九四二年になって新竹神社と台中神社が、四四年に嘉義神社が国幣小社となった。国幣小社の社格を持つ神社は時期により異なるが日本内地に四〇社程度あり、概ね「地域の一の宮」にあたる神社である。

(3)佐藤弘毅戦前の海外神社一覧Ⅱ」『神社本庁教学研究所紀要』三号(一九九八年)は八二社、青井哲人前掲書、二〇〇五年)は八一社としている。

(4)同様に神社参拝が奨励された日本内地の「興亜奉公日」の開始は一九三九年である。

(5)「九〇〇祠以上」というのは、『朝鮮総督府官報』によって設置許可を受けたことが確認できる神祠数を指す。このほか、百貨店や遊郭などに設置された「私的」な祠(無願神祠)を合わせると一〇〇〇を超すものと思われる。例えば朝鮮神宮権宮司を務めた竹島榮雄は、敗戦時の神祠の数を一〇六二としている。森田芳夫『朝鮮終戦の記録』(巌南堂書店、一九六四年)、一〇八頁表参照。

(6)朝鮮の神祠に関する日本の先行研究としては、青野正明「朝鮮総督府の神社政策」『朝鮮学報』一六〇輯(朝鮮学会、一九九六年)、同「朝鮮総督府による神社・神祠の増設政策(中編)――一面一神社・神祠設置方針を中心に」『国際文化論集』四一号(桃山学院大学、二〇〇九年一二月)。高谷美穂「植民地朝鮮における神社政策の展開と実態」『姜徳相先生古希・退職記念　日朝関係史論集』(新幹社、二〇〇三年)、三五七―三九〇頁、などを挙げることができる。青野(二〇〇九年)では、一九三九年以降に実施されていった「一面一神社・神祠」方針は、実際には一九三五年に開始された「心田開発」政策の中心課題であったことが明らかにされている。高谷美穂は、神祠設置は地方ごとの差が大きかったこと、中でも道のみならず同じ道でも郡ごとに設置状況に差があったことを指摘している。なお「神奈川大学二一世紀COEプログラム　海外神社(跡地)に関するデータベース」では、全羅南道を中心に一六祠しか掲載されていない。

http://www.himoji.jp/database/db04/index.html 同データベース二〇一一年改訂版ではさらに数が減少している。

（7）当時の使用例にならい「児童」を用いるが、朝鮮人には義務教育制度が存在せず、就学年齢が一様でなかったことは注意しておかなくてはならない。

（8）九雲六〇年編集委員会編『九雲六〇年』（教育文化院（韓国）、二〇〇三年）、一九一頁。

（9）茂長初等学校総同窓会編『茂長百年史』（茂長初等学校（韓国）、二〇一〇年）、三〇二頁。ほかに忠清南道大述国民学校卒業生も「校庭にシンサがあった記憶があります」と回想している。大述初等学校八〇年史編纂委員会編『大述初等学校八〇年史』（大述初等学校（韓国）、二〇一〇年）、六二一頁。

（10）前掲青野（二〇〇九年）参照。

（11）『鳥居』第五巻第七号（朝鮮神職会、一九三五年七月）、九頁。

（12）『大阪朝日新聞』朝鮮西北版、一九三五年一二月五日。

（13）「校長さんたちに神前行事を伝授」『大阪朝日新聞』朝鮮西北版、一九三五年一一月一三日。

（14）『大阪朝日新聞』朝鮮西北版、一九三六年六月五日。

（15）「国体観念を明徴にし帝国の真使命を確認せしめ以て衆庶の国民的信念を確乎不抜に培う為実施すべき方策」に対する答申。金根熙「『皇民化政策期』の神社政策について」『姜徳相先生古希・退職記念日朝関係史論集』（新幹社、二〇〇三年）、四〇七頁―四〇八頁。他に「一郡一社建立」を慶尚北道、平安南道、咸鏡南道が答申した。

（16）『朝鮮中央日報』、一九三五年一〇月一九日。

（17）前掲青野論文（二〇〇九年、一三九頁）は『朝鮮総督府統計年報』にもとづき一九三八年に一八祠としている。いずれの数字をとっても減少傾向であることは確実である。ただし「設置許可」件数と、実際の竣工数にずれが生じるという問題が存在することには注意しておきたい。

（18）「神祠創立ニ関スル件」昭和八年八月内務局長通牒　各道知事宛（平南道ヲ除ク）、朝鮮神職会『朝鮮神社法令輯覧』（帝国地方行政学会朝鮮本部、一九三七年）、二八六頁―二八八頁。引用にあたりカタカナを平仮名にした。

（19）前掲「神奈川大学二一世紀COEプログラム　海外神社（跡地）に関するデータベース」参照。

（20）しかしこのことは、通牒が出された一九三〇年代前半に参拝の強要が朝鮮人に対して行われなかったことを意味するものではない。すでに一九二〇年代には神社参拝の強要事例は存在していることは改めて確認しておきたい。前掲山口（二〇〇六年、八五頁―八六頁）、本論第一章参照。

（21）小笠原省三編述前掲書、七三頁。

（22）『神路』一一号（神宮皇学館神道学会、一九三三年一二月）、一八三頁。『神路』は神宮皇学館神道学会という学内の研究団体の機関誌である。この団体は、一九一八年に同校本科に在学中だった手塚道男（朝鮮神宮初代禰宜）らによって創設されたものである（「神宮の文化事業（神宮皇学館）」『神宮・明治百年史　上』（神宮司庁、一九六八年）、三六五頁参照）。

（23）同右一二号、一九三四年一二月、一四三頁。なお実習学生の感想に見られる朝鮮人参拝の様子は、前章で分析した夏季早朝参拝開始後に若干様相を変えた。

（24）羅英均前掲書、一五二頁。

（25）「神社神祠ノ境内ニ銅像又ハ碑表建設ノ件」昭和一〇年七月　内務局長通牒　各道知事宛。朝鮮神職会『朝鮮神社法令輯覧』（帝国地方行政学会朝鮮本部、一九三七年）、二四三頁―二四四頁。

（26）「神社ノ施設改善ニ関スル件」昭和一〇年一〇月内務局長通牒　各道知事宛。同右、二四〇頁―二四一頁。

（27）「無願神祠ノ設立ニ関スル通牒」昭和一四年五月一六日、内務局長通牒　各道知事宛。『鳥居』第九巻第六号（朝鮮神職会、一九三四年六月）、七頁。

（28）「朝鮮神職会通常総会　議案及び建議案」『鳥居』第五巻第九号（朝鮮神職会、一九三五年九月）、九頁。

（29）その後も神祠が急激に増加し始めた三九年には彼らの望むようには地方の神祠が管理されていない状況について、「日常の奉仕はおろか中祭以下の祭典に至つては全く放任せられているのが実状ではあるまい（引用者注：「アルマイカ」の誤り？）。従って其の奉仕は、おそらく神祠崇敬者総代其他が当っているのであろうが、単なる神祠管理の観念以外には凡そ神祇知識を持たず況んや祭式に至っては全然素人とも云うべき人々」（「神祠奉務の重要性」『鳥居』第九巻第三号（朝鮮神職会、一九三九年三月）、一頁。「崇敬者総代其他」の人々を強い口調で非難している。

（30）台湾では神祠にあたるものを「社」と呼んだが、同時期（一九三四年以降）台湾においても「社」の新たな設置は抑制されたことが、蔡錦堂によって明らかにされている。蔡錦堂『日本帝国主義化台湾の宗教政策』（同成社、一九九四年）、一四四頁―一四九頁。

（31）『毎日新報』一九三八年一一月七日。

（32）『鳥居』第八巻第一一号（朝鮮神職会、一九三八年一一月）。

（33）学務局長通牒第二六六号「国民意識ノ強調ニ関スル件（別紙）」。

（34）韓国「国史編纂委員会」のサイトを参照。http://www.history.go.kr/app.main.Main.top

（35）伊藤徹亮が郵便所長となったのは二五歳の時で、神祠設置申請をした当時は三〇歳である。ほかにも三六年に設置許可を受けた水沼知一（京畿道陽城郵便所長）、安田清行（京畿道廣州郵便所長）は、「併合」の年から郵便局書記または書記補を務めている。履歴はいずれも右記「国史編纂委員会韓国史データベース」による。

(36)福井譲「朝鮮総督府の逓信官僚とその政策観―朝鮮簡保制度の施行を中心に―」松田利彦・やまだあつし編『日本の朝鮮・台湾支配と植民地官僚』(思文閣出版、二〇〇九年)、三五六頁―三五八頁。
(37)『昭和十二年度　朝鮮総督府逓信年報』(朝鮮総督府逓信局、一九三八年一一月)、四一頁。
(38)郵便所は一九三五年現在朝鮮内に七三〇所(内出張所六か所)であった。同右参照。
(39)『鳥居』第九巻三号(朝鮮神職会、一九三九年三月)、六頁。
(40)『神威』第五六号(大邱神社、一九三八年五月)、七頁。
(41)「社務日誌　一九四一年四月二〇日」『昭和十六年　年報』(朝鮮神宮社務所、一九四二年)、一〇頁。
(42)一九三六年三月二六日平安南道孟山郡孟山面　神明神祠設置申請許可。一九三七年八月一八日平安南道成川郡成川面　神明神祠設置申請許可。『朝鮮総督府官報』一九三六年三月三一日、一九三七年八月二四日掲載。
(43)大韓民國文教部國史編纂委員会編『韓國史料叢書第十九　尹致昊日記十』(一九三四年五月二九日木曜日)、一九八八年、二六七頁。この日記は英語で書かれた。「地方の上役たち」の原語は"Provincial Superiors"であり、道知事を含む可能性が高いものと思われるが複数形で記されていることも興味深い。
(44)前掲青野(二〇〇九年)、一六五頁。
(45)『鳥居』第九巻第三号(朝鮮神職会一九三九年三月)、一頁。
(46)『鳥居』第九巻第五号(朝鮮神職会一九三九年五月)、一頁。
(47)『年報』各年版掲載の「社務日誌」によれば以下のように年一、二回実施されている。
第一回　一九三九年三月二一日から二三日まで。
第二回　同年七月二〇日から二六日まで。
第三回　同年一〇月二二日から二五日まで。
第四回　一九四〇年六月二日から一五日まで。
第五回　一九四一年一一月五日(閉講日記載なし)。
第六回　同年一一月一二日から一八日まで。
(48)『鳥居』第九巻第六号(朝鮮神職会、一九三九年六月)、八頁。この記事には「小学校長等約二十名を集めて」とあるのみで、校長以外に教育行政担当者などが入っているのかどうか確認できない。参加者二〇名に対し神祠と面の数は九であることを考えると、各面の小学校から校長だけでなく教員も参加していた可能性が考えられる。
(49)高谷前掲論文では、『官報』掲載の「申請代表者」を「総代」としているが、これらは別のものである。

(50)「神祠ニ関スル件」では「総代（長）」という言葉が用いられているが、実際には『年報』上では「神祠奉務者講習会」開催といったように、「神祠奉務者」という言葉も用いられている。現段階ではこれらの区別については確認できず、本書では「実質的管理者」という言葉を、こうした「総代（長）」と「神祠奉務者」とを指すものとして用いる。
(51)『毎日新報』、一九三九年二月二三日。
(52)『資料集成』第六〇巻、「学事参考資料」、一二頁。朝鮮人校長数と面数は『職員録』。ただし、『職員録』に記載される名前から民族が判別し難い例が見られるため、概数でしか把握できない。
(53)『毎日申報』、一九三八年三月一七日。なおこの時目指された「神祠」は、同年四月に「大麻奉安殿」として一応の完成を見た（『毎日申報』一九三八年五月六日）。同郡では、神祠が公的に設置許可された記録はない。
(54)『毎日新報』、一九三八年八月八日。
(55)『毎日申報』、一九三四年一二月二七日。
(56)『昭和十一年　朝鮮諸学校一覧』（一九三七年、朝鮮総督府学務局編）によれば、三六年五月末時点で同郡内の一学級平均児童数が七二・二名。順川普通学校の学級数は九学級。翌年には一学級増により、さらに七〇名以上児童数が増加したと推定される。渡部学・阿部洋共編『史料集成』第六〇巻（龍溪書舎、一九九八年）所収。
(57)「総代」をその地域の有力な日本人が担当することは、この順天面の事例だけではない。限られた資料ではあるが、例えば四二年に黄海道安岳郡で神祠が廃止され神社が創設された時の総代長は、学校組合管理者や消防組頭等を務める岡田謙作という人物であった。『鳥居』第五巻第二号（朝鮮神職会、一九三五年二月）、七頁。韓国国史編纂委員会韓国史データベース。
(58)『鳥居』第六巻第一〇号（朝鮮神職会、一九三六年一〇月）、一二頁。
(59)『昭和十一年　朝鮮諸学校一覧』（一九三七年、朝鮮総督府学務局編）によれば、三六年五月末時点で同郡内の一学級平均児童数が七一・七名。金谷普通学校の学級数は六学級。渡部学・阿部洋共編『史料集成』第六〇巻（龍溪書舎、一九九八年）所収。
(60)『朝鮮に赴任する国民学校教員の為に』（朝鮮総督府学務局学務課、一九四一年）は、日本内地から朝鮮に赴任する教員に向け「朝鮮認識強化」（同、三頁）を目的に作成されたガイドブックである。執筆者署名はない。『일제파시즘기 한국사회 자료집（日帝ファシズム期韓国社会資料集）』五巻（方基中編著、ソンイン（韓国）、二〇〇五年）所収。
(61)同右、一〇頁。
(62)当時の全羅南道知事は新貝肇である。神社行政を担当していた内務部長は李源甫である。李源甫はこの「計画」に着手した直後の三九年三月に総督府学務局社会教育課に異動している。この「計画」を完成させたのは後任内務部長として総督府から着任した金大羽である。金大羽は「皇国臣民ノ誓詞」の原案作成に関わったとされる（水野直樹「皇民化政策の虚像と実像――「皇国臣民ノ誓詞」についての一考察」国立歴史民族博物館編『「韓国併合」一〇〇年を問う　二〇一〇年国際シンポジウム』（岩波書店、二〇一一年）、一〇一頁。なお、道知事であった新貝肇は逓信官僚であったことが前掲福井論文で明らかにされている（末尾資料2-2参照）。神祠設置申請者に郵便所長が多かったこととの関連を強く想起させる。

(63)『朝鮮総督府官報』一九三七年四月七日。

(64)『朝鮮総督府官報』一九三九年三月一日。職業は前掲「国史編纂委員会韓国史データベース」による。

(65)講習会の参加者のうち、朝鮮人名は七人確認できる。このうち一人は道地方課勤務であることが判明するが、残りは不明である（『鳥居』第九巻第四号（朝鮮神職会）一〇頁。全羅南道で独自の講習会が行われた形跡がないことについては、現段階で確認可能な資料を探しえないだけであり、例えば光州神社など当該地方の大きな神社を会場に何らかのことが行われた可能性は消すことはできない。しかしその場合にも新聞や朝鮮神職会会報には掲載されるのが自然であろうと筆者は推定している。

(66)栗田英二「植民地下朝鮮における神明神祠と『ただの神祠』」崔吉城編『日本植民地と文化変容―韓国・巨文島―』（お茶の水書房、一九九四年）、第六章。

(67)『毎日申報』、一九三七年一一月二五日。

(68)『毎日新報』、一九三八年九月一八日。

(69)同右、一九三九年一〇月二一日。同二八日。

(70)同右、一九四二年一〇月一三日。

(71)同右、一九四二年一〇月一三日。

(72)同右、一九四二年一〇月二二日、二四日、二五日、二六日。

(73)朝鮮総督府裁判所院昭和一七年刑控第二八四号判決。

(74)全州地方法院昭和一七年刑公第三五〇号判決。

(75)宮田節子『朝鮮民衆と「皇民化」政策』（未來社、一九八五年）、七三頁。

第五章　学校内に神社を創る

神宮大麻と学校儀礼空間

各学校のさきがけとなった東大門小学校屋上の大麻奉祀殿。
(『鳥居』(朝鮮神職会、1934年4月)。)

第一節　朝鮮での神宮大麻頒布

（一）日本内地における神宮大麻の位置付け――一九三〇年―三四年

ここまで、朝鮮内の神社が学校に依存する構造の史的展開を論じてきた。本章では視点を学校側に移し、朝鮮人対象学校の儀礼のための道具立てとそれが形成する空間について、特に神宮大麻と「御真影」に着目して検討する。[1] 神宮大麻とはもともとは明治以前から神宮御師により配られていた札（ふだ）であり、近代に至り（一九〇〇年以降）伊勢神宮附属の組織である神宮神部署が毎年一〇月に一括頒布するようになったものを言う。[2]

はじめに、学校儀礼のシンボルとしての教育勅語と「御真影」について、朝鮮への導入という面から確認しておく。教育勅語は、帝国主義の時代における不適合の問題が存在した。それに加え、植民地では井上哲次郎の教育勅語改定論に見られるように、異民族への不適合性が論じられていた。[3] 先行研究によれば「併合」直後の一九一〇年代から既に教育勅語の朝鮮への適用に関して朝鮮総督府は消極的であり、[4] 二〇年代になると朝鮮教育令から「教育ハ教育ニ関スル勅語ノ旨趣ニ基キ」で始まる第二条が削除された。しかし理念の不適合を抱えながらも、道具立てとしての謄本は「併合」直後に学校への交付の手続き規定が定められ、[5] 朝鮮人教育の場で利用され続けた。その状況は植民地「解放」の時まで継続したが、一九二〇年代以降の朝鮮における教育勅語謄本の取り扱われ方や学校儀式の様態を知るためには、研究が十分に蓄積されているとは言い難い。

また、朝鮮の「御真影」に関わる先行研究を確認すると、朝鮮全体への交付枚数や、四三年時点での朝鮮人対象校への交付枚数が三一八一校のうち七二校だったことなどが明らかにされている。[6]しかし数字を示す以上の本格的な考察は行われていない。ほかに朝鮮において天皇への「忠誠」を誓うものとして、「皇国臣民ノ誓詞」はよく知られているものの、その制定は一九三七年一〇月に至ってのことである上、これまでの研究では事実として触れられるだけで、使用の実態やその影響力に関わる研究の蓄積はほとんど無い。

このような、いわば道具立ての重大な欠如の状況をふまえ、朝鮮人対象校では、天皇を崇拝させるためにどのような装置が在りえたのか、どのような儀式が行われたのか、実際どのような空間であったのか等について、資料にもとづき確認し論証する作業が必要である。

次に、本章が特に神宮大麻に着目する理由について述べる。朝鮮でも台湾でも、天照大神を祭神とする伊勢神宮の神札である神宮大麻が大量に頒布された。[7]このことは、学校の問題とは別個に、もっぱら宗教政策上の問題と見なされ、神社に関わる政策の一部として論じられてきた。[8]しかし本章で詳しく述べるが、神社の札《ふだ》という「宗教的」道具立ては日本内地の学校では限定的な入り込み方であったのに対し、植民地では学校儀礼空間において重要な位置を占めただけでなく、その主要な受け手が学校・教員・児童生徒であった。

序章でも触れたように、佐藤秀夫は近代に形成された「天皇制のマツリ」（学校での最重要儀式）と「日本の伝統的な『マツリ』」（神道教義の上で重要な祭祀）とのあいだに亀裂があり、学校儀式が後者に影響されつつも前者で構成されていたことを指摘する。[9]「天皇制のマツリ」は、神社祭祀とは少し距離を置き、教育勅語と「御真影」により「非宗教」を装った。しかし「天皇制のマツリ」と「非宗教」は「教育と宗教の衝突」論争[10]に見られるように矛盾を内包したものである。特に一九三〇年代以降、キリスト教系学校へ神社参拝が強要された際、「天皇制のマツリ」の「非宗教」という装いの破綻は顕わになった。[11]

しかし朝鮮に関しては、問題はそこに留まらない。教育勅語の理念が適用困難であり「御真影」がほぼ無かったことから、学校儀式はもともと「非宗教」を装うことさえなされなかったとも考えられる。他方「宗教的」な道具立ては、キリスト教を抑圧する存在としてだけでなく、学校教育でより広く重い意味を持たされたのではないか。こうした問題意識から本章では、朝鮮での神宮大麻や「御真影」の配布状況を解明し、天皇制と学校をめぐる問題構造の朝鮮における現れ方を展望した上で、なぜ学校が神社参拝・神棚拝礼を朝鮮人児童に要求することになるかということを解明したい。

まず本節では朝鮮の学校における神宮大麻の存在について検討する。本項ではその前提として一九三〇年頃の日本内地において、学校で神宮大麻がいかなる懸念を惹起していたのかということを確認するため、滋賀県神棚事件について述べる。一九二九年一〇月、滋賀県神職会は県の補助金を得て県下の全小学校に神棚を配布し、翌三〇年一月に、各学校の「大麻神棚の受不受」「奉安の場所」等を、組織的に「照会」「視察」した[12]。神棚の配布は文字通り神棚の設置を促しただけでなく、神宮大麻の収受をも促すものであった。これに対し仏教界、特に浄土真宗側から強い反発が起こった[13]。この事件を機に神社が宗教か否かをめぐる「神社問題」論争は激化した。そもそも神宮大麻をその中央に置くべきものとされる神棚を学校に設置するかどうかをめぐる争いに始まる論争であったために、神社の頒布する「神札」の宗教性が議論の俎上にのせられた。神宮大麻は、この「神札」にほかならない[14]。

浄土真宗諸派は一九三〇年一月に「神社問題卑見」を、宗教法案の議論中であった神社制度調査会に提出した。そこには、このように「神札」の宗教性が批判されている[15]。

神社は断じて宗教との交渉を有せざる国民道徳の中心たらざるべからず、然るに現在の神社には種々の宗教的意義の付随を許すもの少なからず（略）宗教信念に投合する神符護札を授与する如き　祖先の霊の威力万能を認め、幽明相通ずる宗教信仰の内容を帯ぶるあり（略）凡そ真宗の立場としては　一、正神には参拝し邪神には参拝せず　二、国民道徳的意義に於て崇敬し宗教的意義に於ては崇敬する能はず　三、神社に向つて吉凶禍福を祈念せず　四、此の意義を含める神札護札を拝受する能はず（傍線引用者）

さらにこの動きを受けてキリスト教諸団体も、五月に「神社問題に関する進言」を神社制度調査会に提出した。[16]これは、「神社問題卑見」よりも短いものであるが、「祭祀形式の宗教的内容を除き且つ祈祷、祈願、神札、護符の授与、又は葬儀の執行、其他一切の宗教的行為を廃止せられたき事」「所謂生徒参拝の強制問題、神棚問題等の如き悵事を惹起せしめざる事」（傍線引用者）と、より具体的に学校教育に関わる問題に踏み込んだ。

ここから、真宗、キリスト教の両意見書とも「神札」収受を宗教行為と見なしたことがわかる。重要な点は、第一に宗教諸団体の厳しい批判は公立小学校の事件を契機としたこと、すなわち宗教諸団体が運営に関わる学校ではなく、公立学校で行われる教育の本質に関わっていたこと、第二に神社制度調査会という政策立案の中枢に持ち込まれたこと、第三に少なくとも一九三四年頃までは、滋賀県だけでなく鹿児島県、広島県、三重県など広く同様の問題が起こっていたことである。[17]三四年六月に開かれた真宗大谷派宗議会では、引き続く神棚問題への真宗としての対応が「時局柄」慎重であるとして、末寺の議員が滋賀県、三重県の事例を出して幹部を猛烈に批判した。[18]

また、第一章で検討した高松四郎の手記には、高松の就任時、朝鮮神宮に対し「守札、神札も不都合なり」と内務局長以下「大部分高官」が言っていたと記されている。[19]以降では、こうした一九二〇年代の朝鮮総督府の状況や、一九三〇年滋賀県神棚事件に象徴されるような日本内地の状況があったにもかかわらず、朝鮮の学校で神宮大麻が、神棚だけでなく屋外型の神社類似の施設を伴って拡大する様態について分析する。

（二）神宮大麻・神棚・「大麻奉祀殿」——一九三四年—三六年

本項では、一九三〇年代前半から中葉にかけての神宮大麻の朝鮮での拡大状況につき検討する。本来神宮大麻は、学校ではなく「伊勢の神宮から各家庭に」[20]各地域の神職により頒布するものとされていた。全国の地方神職会が頒布を担当し、朝鮮では朝鮮神職会が、台湾では台湾神職会がそれぞれ一九三三年から頒布を担当していた。[21]

しかし朝鮮において神宮大麻は、実際には学校で数多くまつられ、また学校を通じ児童生徒の家庭へも配布された。以下で、なぜ神職が「各家庭に」頒布するものである神宮大麻が学校でまつられたか、ということを考察する。

はじめに、頒布対象となった朝鮮の「各家庭」の数を確認すると、一九三五年で約四二六万世帯（うち推計一二万世帯弱が日本人世帯）である。[22] 表5-1は、朝鮮における神宮大麻の頒布状況を表にしたものである。大麻頒布数は一九三四年から三五年にかけてと、三六年から三七年、三七年から三八年にかけて顕著に増加している。毎年一〇月に朝鮮神宮で行われた神宮大麻頒布式には、少なくとも三四年以降学校長も出席していることが確認できるため、[23]日本内地で「神棚事件」が続く三四年の段階から頒布対象として学校が想定されていた可能性がある。三四年三月、京城府東大門公立小学校（日本人対象校）屋上に「大麻奉祀殿」が完成し、これは「朝鮮内の小学校・普通学校に魁」たものと評される。[24]

加えて三四年から三五年にかけての増加は、「心田開発運動」との関係に注意したい。ここまで縷々述べたように朝鮮では農村振興政策の一環として、社会教化の分野において宗教の利用を企図した「心田開発運動」が三五年初頭に開始された。

三五年五月には、政務総監通牒として「学校ニ於ケル敬神崇祖ノ念涵養施設ニ関スル件」が出された。これは、もともとは江原道知事（道は県に該当）から総督府政務総監宛に出された伺への回答である。伺の内容は補習学校、農民訓練所においては農耕儀礼に関わる「祠堂」を設けて参拝させ「根強キ信仰生活ニ導キ度」、朝鮮人対象初等学校には「職員室ニ神棚ヲ設置シ朝鮮神宮ノ守札ヲ奉祀シ児童ヲシテ随時参拝セシメ度」というものであった。「心田開発運動」が農村振興政策の中の運動であったことから、この照会に見られる農耕に関わる祭礼を採り入れようとする姿勢は、「心田開発運動」と関わっていることが推量できる。

江原道の伺いに対し総督府は次のように回答し、あらためて全道に発牒した[25]。

一　学校ノ校庭又ハ実習地等ニ学校職員竝ニ生徒児童崇敬ノ対象トシテ祠宇ヲ設ケテ神祇ヲ奉斎シ又ハ学校ノ講堂（講堂ナキ場合ハ職員室）ニ神棚ヲ設ケ皇大神宮大麻ヲ奉斎スルハ妨ナシ　但之ガ奉斎ニ当リテハ左記ニ依ラシムルコト

(イ) 祭神　祭神ニ付テハ天照大神其ノ他公認セラレタル神祇トシ其ノ祭典ニ付テモ神社ノ祭式ニ準ゼシムルコト

(ロ) 祠宇ノ建築様式　祠宇ノ建築様式ハ神社ノ特質ニ鑑ミ我国固有ノ神社建築ノ様式ニ依ラシムルコト

(ハ) 神棚　勅語謄本ヲ奉置セル学校ニ於テ神棚ヲ設クル場合ハ勅語

表5-1　大麻頒布枚数

年	頒布枚数
1932	42,948
1933	45,078
1934	48,410
1935	80,092
1936	75,364
1937	176,578
1938	578,038
1939	848,576
1940	1,263,648

典拠：『鳥居』（朝鮮神職会）一九三三年―四〇年。

謄本ニ向ヒ右側同高位トセシムルコト
二　皇大神宮大麻ノ意義概ネ左ノ如シ為念
大麻ハ神宮神部署ニ於テ調製頒布スルモノニシテ臣民ガ皇大神宮ニ日夕参拝シ得ザルニ付各家庭ニ奉祀シテ日夕皇大神宮参拝ノ対象タラシメントスルニ在リ故ニ各神社ニ於テ頒布スル守札又ハ玉串トハ意義ヲ異ニス
（傍線引用者）

この回答の次の点に注目したい。まず、職員室に設けたいという伺に対し、「学校ノ講堂（講堂ナキ場合ハ職員室）ニ神棚ヲ設ケ」というように、職員室よりも講堂に神棚を設置させようとする点である。講堂は児童生徒の目に触れる機会が多く、かつ学校儀式の空間である。その意味で職員室より重い役割を担わせようとしたものと読める。そして、神宮大麻の「意義」を「守札」とは異なると説明する点である。滋賀県神棚事件を機に出された意見書では「神札護札を拝受する能はず」のように同種の宗教行為として言及されていたが、それとは明らかに異なる。学校で行われる神社参拝を正当化する際に用いられた神社非宗教の建前が[26]、神宮大麻にも適用されるという総督府の拡大解釈的な見解を読み取ることができる[27]。日本内地では「神棚事件の如き恨事を惹起せしめざること」と意見されていた神宮大麻が、こうして朝鮮では公立学校の講堂でまつられることになった。

同じ三五年秋、総督府学務局主唱で朝鮮教育会を通じ教員に一万個近い神棚が頒布されることとなった[28]。当時公立の朝鮮人対象初等学校における朝鮮人の教職員数は約七五〇〇名であり[29]、神棚の設置されていない朝鮮人教員家庭を主たるターゲットとして神棚が頒布されたものと推定できる。そしてこの段階で、朝鮮人教員にとって朝鮮の家屋の構造上神棚が存在しないため神宮大麻をまつらないという「逃げ道」が閉ざされた。

教員への頒布と同時に、警察署員に対しても一万個以上の神棚が頒布された[30]。表5‐1で示したように、三四年まで五万枚以下であった朝鮮の神宮大麻頒布数は、三五年に一挙に三万枚以上増加した。二万個に迫る数の神棚が教員と警察署員への頒布されたことは、神棚には神宮大麻をまつるということを考え合わせれば、この神宮大麻の三万枚の増加のうち大部分は教員と警察官の購入に拠っていたことを示しているといえる。

なお警察署員への頒布を主導したのは総督府警務局警察課長だった新貝肇である。新貝は逓信官僚であり、のちに総督府逓信局長も務める人物であるが、この時は警察・内務行政を担当している。また、前章で明らかにしたように一九三九年以後全羅南道での神祠設置が急激に進められたわけだが、その時の道知事がこの新貝肇である（末尾資料2‐2参照）。

ともあれ三五年、一挙に二万個以上にも及ぶ新しい神棚が必要となった。しかし、朝鮮で神棚を迅速に供給することは困難であった。そのため、神棚の製作を工業学校等の生徒に「実習」として行わせることとなった。工業学校の生徒はほぼ朝鮮人で構成されていた。「実習」という教育活動の名のもとに、神棚なるものを見聞したことのない朝鮮人生徒が無償での製作を強いられたのだった[31]。

また、時を同じくして三五年九月には、「学校職員ノ敬神思想徹底ニ関スル件[32]」という学務局長通牒が出された。それは、教員は神棚を家に設けねばならないことを示した上で、「各学校ニ於テハ所在地ノ神社又ハ神祠ヲ中心ニ生徒児童等ニ対シ敬神思想ノ涵養ニ努メツツアルベキモ或ハ神社神祠ノ存セザル地方モアルベク此ノ場合克ク四囲ノ実情ヲ勘案シ校内清浄ノ地ヲトシテ大麻ノ奉祀殿ヲ設クル等適宜ノ方途ヲ講ジ生徒児童ノ教養ニ資」（傍線引用者）するようにと、神社神祠[33]の無い地域では校地内に「大麻ノ奉祀殿」を設置するように指示するものであった。

ここで神棚ではなく「大麻ノ奉祀殿」が推奨された理由は、教員の家庭には神棚を設置すべきことは当然ながら、

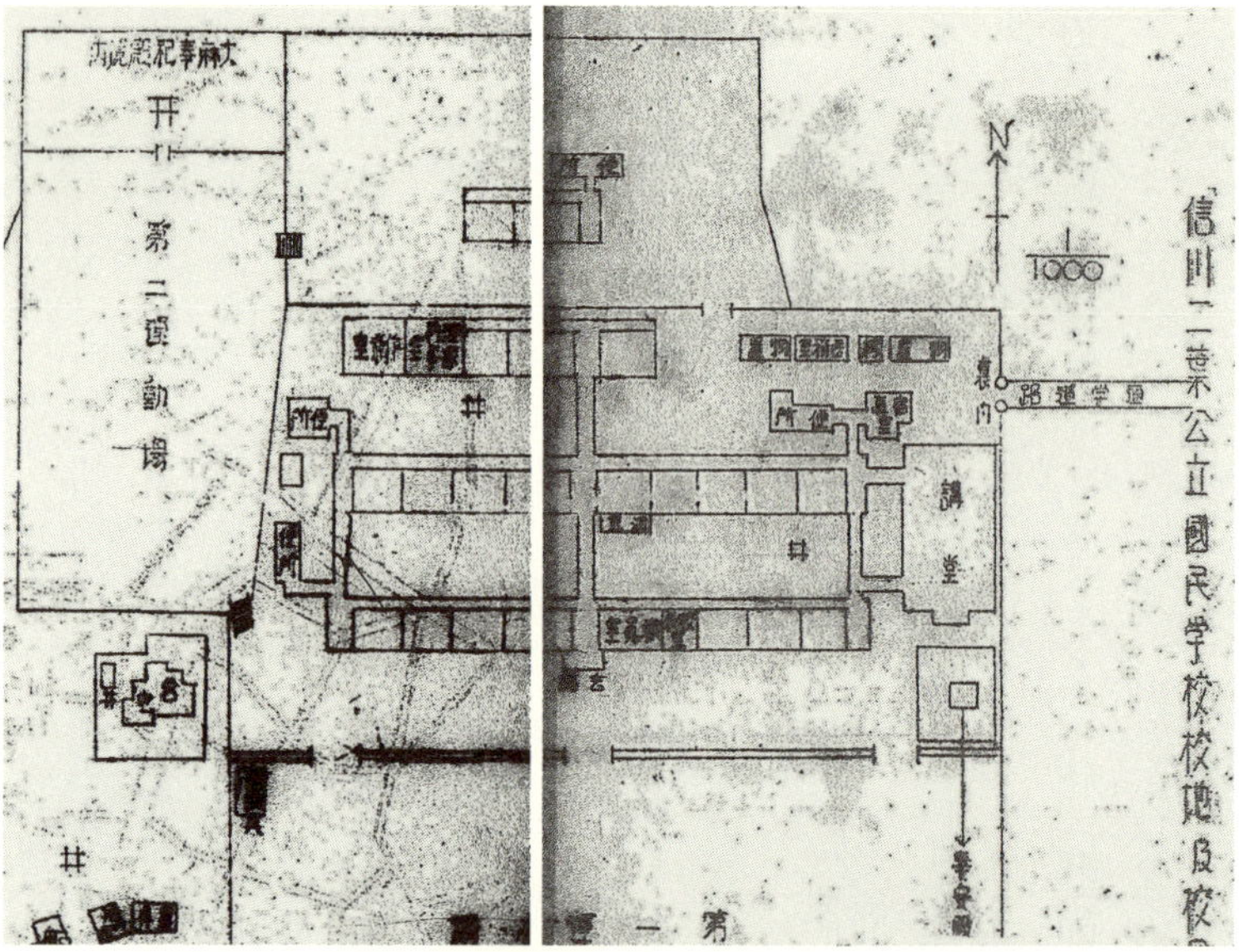

地図４　学校平面図に見える大麻奉祀殿（左上に鳥居の標示と「大麻奉祀殿境内」の文字。右下に奉安殿）。（「本邦ニ於ケル教育制度状況関係雑件　外地一般関係　御真影並ニ教育ニ関スル勅語奉戴方申請関係」『外務省茗荷谷研修所旧蔵記録　戦中期植民地行政史料　教育・文化・宗教篇』（マイクロフィルム、ゆまに書房、2003年）、２コマの写真を並べたもの）。

学校の屋外に神社型施設を設けることが、地域の神社の代替となるという判断があったことがうかがわれる。「大麻ノ奉祀殿」は、全く神社同様の形であったことが写真資料から裏付けられる。[34]

日本内地では家庭内の神棚にまつる大麻が、朝鮮では校内の神棚に加え屋外の神社型設備にまつられた。[35]これが神社型であったことは、「学校ニ於ケル敬神崇祖ノ念涵養施設ニ関スル件」（三五年五月）の「祠宇ノ建築様式ハ神社ノ特質ニ鑑ミ我国固有ノ神社建築ノ様式ニ依ラシムルコト」との文言に適う。この通牒を一つの機として学校に「大麻奉祀殿」が設置されたものと考えられる。

学校でまつるにあたっては、一枚一〇銭で毎年交換するという神宮大麻の性格[36]が「不敬事件」誘発への警戒感を和らげ、その宗教性如何に拘泥することなく受け入れられたものと考えられる。

三五年一二月には、咸鏡南道咸州郡の公立初等学校に神宮大麻が配布され「大麻殿」が「児童の拠金」により設置された。この時に配布された学校は、郡内の日本人対象校全四校のうち二校、朝鮮人対象校全二〇校のうち一九校である。[37]この事例は、神宮大麻とその設備普及の主な対象が朝鮮人対象初等学校であり、設置の財源も児童に依存していたことを示している。同じ頃京畿道水原郡安龍公立普通学校では、「大麻奉安殿」設置のための「共同貯金」が開始された（完成は三八年二月）[38]。神宮大麻の施設が「奉安殿」と称されるのは、現段階で資料上確認できるのはこの事例のみであるが、「御真影」不在の学校で、神宮大麻がその代替物としての役割を一定程度担った可能性をうかがわせる。

このように金銭の負担も強いながら神宮大麻を学校に普及させる方策が重ねられる中、一九三七年末からは一部の朝鮮人対象校に対し「御真影」が交付されることになった。それは、「御真影」と神宮大麻をめぐる新たな問題を惹起することになる。そのことは次節で詳述することにして、本節の最後に、同時期の日本内地の事例を紹介しよう。全国で「先見性」を評価された千葉県東金小学校の「神棚教育」の実践である。

千葉県の東金小学校では、一九三五年から、「集団訓練」の一環として教室に神棚を設けて「神前奉仕」を行う実践がなされた。地域の拠点校たる東金小学校の実践は全国的に注目され、千葉県下各校に展開していった。しかし一九三八年、この実践は千葉県議会で批判の的となった。ただし教室に神棚をまつることとの宗教性の是非ではなく、形式的に神棚を設けさえすれば良いと考える教員社会への批判であった。[39]

日本内地では学校に神棚を設けることが、全国的に注目される「先見性」を帯びていると認識されていたこと、そしてその組織的な実施は千葉県だけと推定されること、さらには三八年に千葉県議会で一定の批判がなされたことが、朝鮮の場合との相違を考える上で重要である。

第二節　朝鮮の「御真影」とそれをめぐる混乱

（一）朝鮮の学校儀式規程と教育勅語謄本

本項では再び朝鮮に話を戻し、朝鮮の学校への「御真影」交付と、それと神宮大麻の関係をめぐる混乱について述べる。まず「御真影」の検討に先立ち、朝鮮人対象校での教育勅語謄本をめぐる状況と、学校儀式に関わる規程につき概観する。

教育勅語謄本は、先行研究では一九一二年までには「公立普通学校のほとんどすべて」に交付されたと指摘される。[40] それ以降に設立された学校についても朝鮮内の学校を網羅的に紹介する『朝鮮教育大観』（一九三二年刊）[41]によると、開校後一年以内には教育勅語謄本交付が行われている。[42] 教育勅語謄本「奉護」設備は屋外の場合も「勅語（の）奉安所」と呼ばれていた。[43]

次に学校儀式関係の規程を見てみよう。第一次朝鮮教育令下で定められた「普通学校規則」（明治四四年府令第一一〇号）には、紀元節等休業日を定める条文はあれども、学校儀式に関する記述は無い。そのため第二次朝鮮教育令までの一一年間は、勅語謄本はあるものの学校儀式が法律上は構想されないままの状況であったと考えられる。

第二次朝鮮教育令下の「普通学校規程」（大正一一年府令第八号）に至り、「御真影」関連部分を除いた儀式規程が加えられ、第三次朝鮮教育令下の「小学校規程」（昭和一三年府令第二四号）では日本内地の規則とほぼ同文になった（次頁表5-2）。条文を日本内地の「小学校令施行規則」（明治三三年文部省令第一四号）の該当部分（第二八条）と比較してみよう。朝鮮の「普通学校規程」では、「御影」関連部分が全く記載されなかったことから、「併合」以後二七年間以上にわたり、朝鮮人対象校への「御真影」交付が法的に想定されなかったことが判明する。またその後の第三次朝鮮教育令下の規程でも、表5-2の傍線部が全文異なることから、「複写御真影」は「解放」に至るまでありえなかったことが読み取れる。

なお、そもそも母語の異なる朝鮮人児童生徒にとって教育勅語は、例えば校長が捧げ持つ所作の珍妙さとして回想される。[44] 学校儀式の「非宗教」性を装う道具立ての重要な一つである教育勅語は、期待される機能を果たすことが困難だったことがうかがわれる。その状況の中で、「御真影」もまた不在だったわけである。

（二）「御真影」交付 ── 一九三七年（その一）

本項では、一九三七年末に始まる朝鮮人対象校への「御真影」交付につき検討する。本章のはじめに述べたとおり、三七年末に至り初めて朝鮮人対象校の一部に「御真影」が交付された。

前節で見たように、この時適用されていた第二次朝鮮教育令下の普通学校規程では、「御影ニ対シ奉リ最敬礼」が存在していなかった。したがって、法制度上の整備がなされないまま突然の交付であった。[45] 結果として、多くの普通学校に「奉安殿」も存在しないままであった。

表 5-2　儀式規程の比較

朝鮮の普通学校	日本内地の小学校
第二次朝鮮教育令下の普通学校規程（1922年（大正11）年2月15日朝鮮総督府令第8号第43条）	小学校令施行規則（1900（明治33）年8月21日文部省令第14号第28条）
紀元節、天長節及一月一日ニ於テハ職員及児童、学校ニ参集シテ左ノ式ヲ行フヘシ	紀元節、天長節及一月一日ニ於テハ職員及児童、学校ニ参集シテ左ノ式ヲ行フヘシ
一　職員及児童「君カ代」ヲ合唱ス	一　職員及児童「君カ代」ヲ合唱ス
（該当する条文なし）	二　**職員及児童ハ　天皇陛下　皇后陛下ノ御影ニ対シ奉リ最敬礼ヲ行フ**
二　学校長ハ教育ニ関スル勅語ヲ奉読ス	三　学校長ハ教育ニ関スル勅語ヲ奉読ス
三　学校長ハ教育ニ関スル勅語ニ基キ聖旨ノ在ル所ヲ誨告ス	四　学校長ハ教育ニ関スル勅語ニ基キ聖旨ノ在ル所ヲ誨告ス
四　職員及児童ハ其ノ祝日ニ相当スル唱歌ヲ合唱ス	五　職員及児童ハ其ノ祝日ニ相当スル唱歌ヲ合唱ス
（該当する条文なし）	御影ヲ拝戴セサル学校及特ニ府県知事ノ認可ヲ受ケ複写シタル御影　若ハ府県知事ニ於テ適当ト認メタル御影ヲ奉蔵セサル学校ニ於テハ前項第二号ノ式ヲ闕ク　又唱歌ヲ課セサル学校ニ於テハ第一号及第五号ノ式ヲ欠クコトヲ得

典拠：内閣官房局編『明治年間法令全書　第三三巻―6』（原書房、一九八三年）、韓国学文献研究所『朝鮮総督府官報』（復刻版、亜細亜文化社、一九八五年）。表中の傍線は筆者による。

この時、普通学校二八校、高等普通学校九校、女子高等普通学校九校に「御真影」が交付された。これを、当該年の朝鮮人対象校数と、民族別教員比率の観点から見てみよう。

表5-3から、中等教育機関には優先的に交付されたこと、中等教育機関の教員は圧倒的に日本人であることがわかる。初等学校への交付は第一段としての二八校、その後は表5-4に示したように四五年までのあいだに

表5-3　校種別民族別教員数と朝鮮人教員比率、「御真影」交付率（一九三七年末時点）

公私立別	教育段階別	校種別	日本人教員 (a)	朝鮮人教員 (b)	外国人教員 (c)	合計 (d)	朝鮮人教員比率 (b/d)	三七年の「御真影」交付率
官公立	初等	官公立普通学校	4,518	8,035	0	12,553	64.0%	1.1%
	中等	公立高等普通学校	304	52	1	357	14.6%	93.8%
		公立女子高等普通学校	87	33	0	120	27.5%	81.8%
私立	初等	私立普通学校	59	571	0	630	90.6%	0.0%
	中等	私立高等普通学校	34	189	3	226	83.6%	0.0%
		私立女子高等普通学校	34	135	11	180	75.0%	0.0%

典拠：宮内庁書陵部所蔵『御写真録』（昭和一二年版）。『昭和一二年一一月学事参考資料』（朝鮮総督府学務局、一九三八年、渡部学・阿部洋共編『日本植民地教育政策史料集成朝鮮篇』第六〇巻（龍溪書舎、一九八八年）所収）。

表5-4　一九四五年までの「御真影」交付学校数と交付率

対象（すべて公立学校）	「御真影」交付枚数 (a)	※公立学校数 (b)	四五年までの交付率 (a/b)
朝鮮人対象初等学校	77	3,717	2.1%
朝鮮人対象中学校	17	47	48.9%
新設中学校（民族共学）	6		
朝鮮人対象高等女学校	13	48	41.7%
新設高等女学校（民族共学）	7		
実業学校・師範学校・専門学校（民族共学）	39	127	30.1%
合計	159	3,939	4.0%

※1943年5月末現在。中学校・高等女学校は9割の在学を目安に朝鮮人対象と判断し、民族割合が拮抗するものは共学とした。学校合計数も同様に計算した。
実業補習学校、各種学校、官立大学は37年以降交付を確認できないため除外した。
典拠：宮内庁書陵部所蔵『御写真録』（昭和一二年—昭和二〇年版）。『朝鮮諸学校一覧』（朝鮮総督府学務局、昭和一二年—昭和一八年版）。
※日本人対象校は除外。

四九校（合計七七校）であり、公立に限定しても初等学校への交付率は二％程度に留まった。私立学校へは初等・中等含め一切交付されなかった。「御真影」を交付された初等学校は都市部の大規模校だけで、「京城」府内の学校が多い。

ではなぜ初等学校にはほとんど交付されなかったのか。『御写真録』（宮内公文書館所蔵）を確認すると、申請学校名、児童生徒数、創立年に続けて「奉安所ヲ設ケ且御真影奉護規程ヲ設ケテ奉護ノ万全ヲ期ス」との文言が一律に見られる。ここで再び表5-3を見ると、交付率が低いかゼロの校種（公立普通学校、私立全校）は朝鮮人教員比率の高さにおいて共通する。換言すれば「御真影」を交付するか否かの選別自体に、朝鮮人教員への不信を読み取ることができる。

普通学校の教員の六割以上は朝鮮人教員であり、現在の韓国の学校記念誌類にはしばしば、当時の回想で実際に授業の中で朝鮮人としての民族性を保持し続けるように指導する朝鮮人教員の存在や、日本人教員との角逐の様子が語られている[46]。交付の前提が「奉護ノ万全」であったことを合わせて考えると、普通学校に占める朝鮮人教員の割合の高さが、為政者に懸念されたものと言える[47]。

中等教育機関への交付状況を見てみると、朝鮮人対象の公立高等普通学校（民族共学の新設校を除く。三八年四月に中学校へ改称）は、四〇年末までに全校、公立女子高等普通学校（民族共学の新設校を除く。三八年四月に高等女学校に改称）は全一一校中九校と、ほぼ行き渡った。当面交付を見送られたのは、全州公立女子高等普通学校（二六年創立、三八年全北公立高等女学校に改称、四四年二月交付）、咸興公立女子高等普通学校（三五年創立、三八年咸南公立高等女学校に改称、四三年一二月交付）である。三七年時点の教職員の人数と民族別割合は[48]、全州公立女子高等普通学校で教職員一一名、専任教職員六名（うち朝鮮人四名）である。咸興公立女子高等普通学校は教職員七名、専任教職員六名（うち朝鮮人二名）である。朝鮮人教職員比率の高さが影響したという仮説が裏付けられる。

中等教育機関に対しては、日本人教員の数の力に「奉護」を期待して「御真影」交付が許された。しかし三九年一〇月に「御真影」を交付された東莱公立中学校の「奉安殿」前では、生徒が大便をして逮捕され懲役刑に処せられた[49]。「御真影」のために設けられることになった「奉安殿」が新たな「不敬」を引き起こす現場となる状況を生んだと言える。その後四〇年代にかけて、特に新設の中学校・高等女学校で民族共学化が進められたが、「御真影」交付は当初の勢いを全く失った。

（三）神棚移設指示——一九三七年（その二）

前項で詳述したとおり、一九三七年末に朝鮮人対象校に、初めて「御真影」が交付された。本項では「御真影」不在だった朝鮮の学校において、教育勅語謄本と神宮大麻がどのような空間を形成していたか、そこへ「御真影」が登場した時にどう変化したかということについて検討する。

そもそも三七年末まで朝鮮人対象校には「御真影」が無いため、「奉護」対象は教育勅語謄本だけであった。「大麻奉祀殿」が推奨されるに至り、それが神宮大麻だけでなく教育勅語謄本の「奉護」設備を兼ねる事例が生まれた。釜山府は一九三七年、以下のように「大麻奉祀殿ニ勅語謄本ヲ奉安スルノ件」を通牒している[50]。

大麻奉祀殿ニ勅語謄本ヲ奉安スルノ件

首題ニ関シ別紙甲号写ノ照会ニ対シ乙号ノ通回答セシ旨其ノ筋ヨリ通達アリタルニ付了知相成度

（甲号）昭和一二年七月一二日

学校校庭ニ大麻奉祀殿ヲ兼ネタル勅語謄本奉安庫ヲ設置シ夫々奉安箱ニ納メ奉安スルハ一応支障ナキヤニ認メラルルモ尊崇ノ対象タル大麻ト勅語謄本トヲ同奉祀殿内ニ奉安スルハ観念上稍疑義アルニ付何分ノ儀御回答相煩度追而差掛リタル案件モ有之ニ付至急御回答仰度

（乙号）昭和一二年八月四日

七月一二日附来照首題ノ件差支無之ニ付了知相成タシ

追テ其ノ場合ハ大麻ヲ向ツテ右側ニ奉置スル等慎重ノ注意ヲ払ヒ万遺漏ナキヲ期セラレ度為念（傍線引用者）

ここでは、大麻と勅語謄本とを同じ空間に置くことが「疑義アル」ものであったことが注目される。三七年の朝鮮では、先の引用で示されるように、教育勅語謄本と神宮大麻を併置する際は神宮大麻を右に置くことが「遺漏なき」設置方法とされた。このように考えられた理由は、現段階では立証が困難である。[51] しかし第一節（二）で引用した三五年の通牒「学校ニ於ケル敬神崇祖ノ念涵養施設ニ関スル件」の中でも、「教育勅語謄本ヲ奉置セル学校ニ於テ神棚ヲ設クル場合ハ勅語謄本ニ向ヒ右側同高位トセシムルコト」と指示されていることから、「教育勅語謄本は左、神宮大麻や神棚は右」という方針が存在したことは明らかである。

先述のように三七年末になって、一部とはいえ朝鮮人対象校に「御真影」が導入されることになった。この時初めて「御真影奉安設備」を設ける必要とともに、講堂の正面中央は神宮大麻か「御真影」か、をめぐる混乱が生じた。そのため慶尚北道知事から総督府学務局長にあて、次のような伺が出された。講堂中央正面にすでに神棚を設けており、その神棚を移設することなく「御真影」を受領し、学校儀式のつど神棚を右側に移設し、式後に講堂中央に戻すことにしたいが、それに「疑義生シタル」ため「御意見」を得たいというものである。
少なくとも慶尚北道の朝鮮人対象校において、「御真影」は一校も無い中で、講堂の正面中央にはすでに神棚が設けられていたこと、慶尚北道としては神棚を右側に儀式のたびに移動させるという苦肉の（あるいは、珍妙な）対応を考えたことが判明する。講堂内の神棚設置は「学校ニ於ケル敬神崇祖ノ念涵養施設ニ関スル件」（三五年五月）に照応するものであり、右側への移動という発想は「大麻奉祀殿ニ勅語謄本ヲ奉安スルノ件」（三七年九月、ただし慶尚南道釜山府の通牒）とも共通する。これに対し総督府は、学務局長発各道知事宛の通牒「御影奉安ニ関スル件」を出した(52)。

御影奉安ニ関スル件
首題ノ件ニ関シ慶尚北道知事ヨリ伺出アリタル処別紙甲号ノ通回答致シタルニ付御了知相成度
慶尚北道知事宛　学務局長
（甲号）
一　神宮大麻ヲ講堂内ニ奉斎シ　天皇皇后両陛下ノ御真影奉安所ヲ同シ講堂内ニ設クル場合　御真影奉安所ハ室内正面中央トシ大麻ハ可成左右何レカノ位置（室内清浄ノ場所ニシテ参拝者ノ親シミ易キ位置ナラハ室内上方適当ノ位置ニ奉斎シ可ナルモ出入口上方ハ避クルコト）ヲ選ヒテ奉斎シ四大節等一時的ニモ奉遷スルコトナク常時一定ノ場所ニ安置ノコト
二　天皇皇后両陛下御真影ノ講堂内奉安所ハ廉アル際奉遷ノ外常時空位ノ儘トシ平素清浄ヲ保ツコト従ツテ従来講堂内中央正面ニ大麻ヲ奉斎シアリタル学校ハ　御真影下賜ヲ機会ニ前項ニ依リ大麻ヲ恒久的ニ奉遷シ置ク様設備ノコト（傍線引用者）

総督府学務局の回答は、中央の位置は「御真影」のために「空位」としておくこと、これを機に神棚を移設することであった。一九三七年に一部にではあれ新たに登場した「御真影」のため、既存の方針が組み直されたと言える。これは、「御真影」の登場した朝鮮人対象校の学校儀式空間における「御真影」の中心的役割、神棚の補助的役割を意味すると考えられる。

ただし朝鮮神職会は、それまでにも「氏子教化」の観点から神宮大麻の普及に精力を傾けてきたわけであるが、その宗教家的熱意は学務行政の意図とは時に無縁で、「朝礼」に関する次の主張（三七年の神職会報）に見られるようにファナティックなものであった。[53]

校長よ、壇を降れ！　而して校長自から職員生徒を随へて正面に向へ！　そして恭しく一同最敬礼せよ。天照皇大御神様と、天皇陛下に対し奉り。
然る後校長初めて登壇し校長生徒相互の挨拶、その他必要の事を行へ。この意味に於ても吾々は学校に御真影奉安殿を兼ねたる神殿式の大麻の奉安殿の建設が続々実施せられむことを願望して已まざるものである。

朝鮮神職会にとっては、大麻も「御真影」も同じ「神殿」に奉られねばならないものであり、「御真影奉安」だけでは不足と感じられていた。大麻普及をめぐり、学務行政と神職会とのあいだに動機や認識の相違が存在したことは注意が必要である。

第三節　一九三八年以後の儀礼空間

(一) 神宮大麻頒布の実態――一九三八年

神宮大麻頒布数は三七年から三八年にかけて三倍近くに増加する(第一節表5-1参照)。これは、三八年から朝鮮総督府が積極的な頒布に乗り出すためである。本項では、神宮大麻頒布数が大幅に拡大する状況のもとでの実態について検討する。

一九三八年の日本内地では、第一節の末尾で述べたように、千葉県の「先駆的」実践である「神棚教育」が形式的であると千葉県議会で批判された。三八年段階の千葉県ではまだ、県議会が「神棚教育」に一定の批判勢力となり得たことは、朝鮮の事例を考える上で重要であろう。そもそも議会というものが存在しない植民地朝鮮では、千葉県とは逆に、同年以後総督府の介入によりますます加速的に大麻・神棚が地域社会へと拡大してゆく。

さきに、神宮大麻頒布に学校という回路が三四年頃から構想されていたと指摘した。三八年頃からはまつる場としての学校が、頒布者としての役割も担うことになった。実際に児童生徒を通じた朝鮮人家庭への配布例が複数確認できる。[54] 設備がないための「不敬」を防ぐためか、神宮大麻よりも神棚を入学式や卒業式で配布した例[55]もあった。しかし学校を経路としても家庭に配布された神宮大麻は放置され、「不敬の行為」として、次に示すように時に警察の捜査対象になった。[56]

忠南公立舒川小学校ニ於テハ児童ヲ通シ国体明徴敬神崇祖ノ念ヲ昂揚セシムル目的ヲ以テ　昭和一三年度三五〇枚ノ大麻ヲ児童ニ一体宛配給奉祭セシメタルカ　其後実情調査ヲ為シタル処　或ハ物置ニ放置シ或ハ温突ニテ焼却スル等不敬ノ行為者アルヲ発見セシヲ以テ　所轄署ニ於テ背後関係ヲ極秘裡ニ捜査中ナリ

「或ハ物置ニ放置シ或ハは温突《オンドル》ニテ焼却」されることはもとより、そもそも学校が「実情調査」を行ったことも、学校側の抱いた不信感を示すものとして重要である。神職会だけでなく学校という回路を通じたとしても、神宮大麻が朝鮮人家庭に入り込むことの不可能さは明白である。

三八年夏から秋にかけて、総督府が全面的に協力して各道大麻頒布奉賛会が組織され、朝鮮神職会が担当してきた頒布の役割に「邑面職員」(邑面は町村に該当)が動員された。(57) 神宮大麻は、伊勢神宮の神宮神部署から朝鮮神職会へ、朝鮮神職会から各道庁に置かれた各道大麻頒布奉斎会へ、各道大麻頒布奉斎会から各府郡島に置かれた奉斎会支部へ、各支部から各邑面に置かれた分会へ、行政網を通じ頒布されることになった。頒布を担当する各道奉斎会、各支部、分会はそれぞれ所定の頒布手数料を得た。(58)

それまで頒布を担当してきた神職から見ればこの組織化は、神職会の財政を潤すだけでなく、宗教家的熱意(前節参照)を満足させるものでもあったと考えられる。朝鮮神職会はこの制度改定にあたり、事前に「満場一致の賛意」(59)を示した上、「画期的強力なる頒布陣容を見るに至った(略)。本年度の大麻頒布は驚異的実績を示し、半島精《ママ》神分野に輝かしき光明を示すであらう」と喜びを表した。(60) 同年朝鮮神職会が得た「手数料」は総頒布枚数から約六〇〇〇円と推定される。

しかし、神宮大麻は邑面職員を動員して朝鮮人家庭へも頒布されるにはされたが、当時朝鮮には、郡守も面長(村長に該当）もすべて朝鮮人で占められる地域が多数であった。従って、頒布される側のみならず頒布者も朝鮮人という例が広く見られたことが推測できる。かくして、さらなる「不敬」の状態が現れることになった。[61] 朝鮮神職会会報には、大麻頒布者になった朝鮮人の「打開け話」が次のように掲載されている。[62]

（引用者注―神社への）参拝はそれでも団体で子供からやるようになったが、その尊い伊勢の大麻を家庭に祀るについては、第一に訳を分からせることが必要で、その次には拝む方法がわからない。それからどこへどうして祀ればいいかも知らせてほしい。内地人の家は解っていると思うが、朝鮮の細民の家ではどこに祀ればいいのか。次にはその尊い大麻を何故毎年取りかえるのか、之は私達が聞かれてもよく解らないから非常にこまる。色々の人に聞くとその人毎に違った事を云うので、どれが本当だか迷ってしまうのでよく今日は教えてもらいたい。こんな訳で上から命令されるから大麻を祀らせるけれども、どうしてよいか本当に心に解っていないので、却って不敬になる様なこともあると思う。私は大麻を祀るためにもっと徹底して教育を先ず行ってもらいたい。

（傍線引用者）

朝鮮人にとって神宮大麻は、神社参拝以上に「よく解らない」ものである。[63] 神社参拝は「団体で子供から」行われている。神宮大麻も神社と同じことだと理屈づけて学校で行うよりほか、受け入れられる余地はなかった。行政の対応のエスカレートが、地域でさまざまな混乱を招く。その状況の中で、こうして学校の敷地内だけが神宮大麻への拝礼を朝鮮人に日常的に強要し得るほとんど唯一の空間であり、強要されるのは必然的に朝鮮人児童であるという様態がますます鮮明になっていった。

（二）「皇国臣民ノ誓詞」──一九三八年─三九年

本項では、神宮大麻頒布に朝鮮総督府が本格的に介入し始めたのとほぼ同時期に制定された「皇国臣民ノ誓詞」[64]について述べる。

一九三七年一〇月、三カ条の「皇国臣民ノ誓詞」が定められ、朝会と儀式において斉誦することとされた。朝鮮教育会が配布した誓詞のカードには、ハングルで日本語の発音が記された。先行研究では、誓いを声に出すことが内容理解に優先したものと指摘される。[65]こうした身体規律の強制はほどなく、為政者から見ればいっそう苛立たしい事態を招いた。三八年七月、釜山府は「徒ニ単ナル暗誦ニ終ラシムルガ如キコト」にならぬよう注意喚起した。[66]また、同年八月の『京城日報』誌上で同社社長は「丁度坊さんが御経を唱えるような風でどうも感心できない」と、率直に述べた。[67]さらに同年慶尚南道の晋州中学校（晋州高等普通学校から改称）では、「皇国臣民」を「亡国国民」と言い換えて斉誦したことがもとで、六人の生徒が退学処分とされた。[68]

誓詞はただ諳んずることを要求されたのではなく、例えば金化公立尋常小学校（朝鮮人対象校）では「各教室正面に誓詞の額が掲げられ、出入りの度に敬礼が励行された。[69]長水公立尋常小学校（朝鮮人対象校）では、「皇国臣民ノ誓詞実践日誌」が制定された。[70]その日誌は児童用誓詞の第一条「私共は大日本帝国の臣民であります」に続けて「宮城遙拝、大麻奉祀殿奉拝、国語愛用は心から出来ましたか。」と予め記載された質問に答えさせるものであった。ここではそれ自体が空虚な誓詞を具体化する回路の一つとして、「大麻奉祀殿奉拝」が利用されたことが重要である。

一九三九年一一月には、朝鮮教育会主導で朝鮮の全児童生徒学生と教育関係者の拠金をもとに、朝鮮神宮境内に

皇国臣民誓詞之柱
（『官立京城女子師範学校卒業アルバム』。個人蔵。）

「皇国臣民誓詞之柱」という建造物が築かれ(71)、その前での「挙措」に関する通牒「皇国臣民誓詞之柱ノ前ニ於ケル挙措ニ関スル件」が発せられた(72)。その通牒には、個人の場合も宮城に対し最敬礼のあと、「声ニ出スト否トヲ問ハス誓詞ノ本旨ヲ胸中ニ繰返シ忠誠奉公ノ念ヲ新ニスルコト」（傍線引用者）が定められた。

誓いの斉誦は大麻と異なり「宗教」色からは遠い身体規律である。それが発牒後間もなく無力さを露呈する中で、額、柱などのモノと「挙措」とが用意された。しかしそれは、「御真影」交付が新たな「不敬」状態をもたらしたのと同様に、為政者にとってさらなる不信感・苛立ち・警戒をかき立て循環させる装置になった。

（三）慶尚道の学校における「大麻奉斎殿」設置計画――一九四〇年前後

本項では、『紀元二千六百年祝典記録』（以下『記録』とする）の中の「第五編　其ノ他内外地ニ於ケル事業」に掲載された朝鮮についての記録を用いて、一九四〇年前後の段階ではどのような「奉祝」事業が計画されたのかということを確認する。それを通じてあらためて、神宮大麻に限らず天皇崇拝に関わる諸装置の実態について考察する。

『記録』は、「政府の公式記録」として、一九四三年に一二部だけ発行されたものである。[73] 日本内地の事業に関しては道府県ごとの「統計」に大きな差があり「これだけに頼るのは危険[74]」と言われる。そのため実施記録としてではなく、あくまで計画としての概略的理解しか得られないことを予め断っておかねばならない。

『記録』では、慶尚北道の事業は学校以外も含めて計四五五事業記載されているのに対し、黄海道はわずか五事業など、その道の人口等規模の差異を考慮しても事業数の隔たりが大きい。ここでは慶尚北道と慶尚南道（学校以外も含めて計二一一事業）を、一定の信頼度あるものと判断し、慶尚南北道の全事業のうち各学校が主体となった計画を見てみたい。なお、表中の全ての計画は公立学校によるものである。

表5-5と表5-6から両道共通の傾向が見られる。まず朝鮮人対象初等学校の場合、最も多いのが「大麻奉斎殿」計画である。特に慶尚北道では圧倒的と言って良い。次に、二番目と三番目に来るのは「そのほか」「植樹」（慶尚北道と慶尚南道で順位は逆）であり、四番目に「銅像・塔・額・碑」が来る。この中では二宮尊徳、楠正成像が大部分を占め、人物は台湾や日本内地の学校の計画と共通する。「皇国臣民誓詞之柱（塔）」は、「皇国臣民ノ誓詞」を石の柱に刻んだものであるが、朝鮮人対象校に特徴的に見られるものの選ばれた順位は低い。

次に、日本人対象初等学校の場合、最も多いのは「そのほか」であり、ピアノ購入やラジオ設置など多様である。「皇国臣民誓詞之柱（塔）」は一例も見られない。また、中学校と高等女学校は朝鮮人校、日本人校共通して「大麻奉斎殿」も「国旗掲揚塔・校旗調製」も「皇国臣民誓詞之柱（塔）」も、一例も見られないことが特徴的である。中等教育機関では、初等学校に比すれば「御真影」交付済の学校が多かったこととの関連がうかがわれる。

両道の計画を見る限り、これまで本章で引用した資料に見える「大麻奉祀殿」ではなく「大麻奉斎殿」の語がほぼ

表 5-5　慶尚北道下学校の計画（対象民族不明の一校を除く）

校種別	大麻奉斎殿※1	神社関係※2	奉安殿・奉安庫	皇国臣民誓詞之柱（塔）	銅像・塔・額・碑	国旗掲揚塔・校旗調製	植樹	そのほか
朝鮮人対象初等学校	86	14	13	12	14	9	38	48
日本人対象初等学校	2	2	5	0	7	1	8	17
朝鮮人対象中学校・高等女学校	0	0	1	0	1	0	1	11
日本人対象中学校・高等女学校	0	1	0	0	1	0	0	4
実業学校・師範学校（民族共学）	0	0	0	1	0	0	1	3
計画の合計数	88	17	19	13	23	10	48	83
平均事業予算	¥601	¥494	¥3,330	¥278	¥489	¥179	¥104	¥1,721

※1改築、境内整備を含む。
※2神棚、神祠、神符等。
典拠：『近代未完史料叢書二　紀元二千六百年祝典記録』（一九巻、ゆまに書房、二〇〇二年）、『昭和一四年度　朝鮮諸学校一覧』（朝鮮総督府学務局、一九四〇年）。
※分類は筆者による。

表 5-6　慶尚南道下学校の計画

校種別	大麻奉斎殿※1	神社関係※2	奉安殿※3	皇国臣民誓詞之柱（塔）	銅像・塔・額・碑	国旗掲揚塔・校旗調製	植樹・造林	そのほか
朝鮮人対象初等学校	24	2	2	2	12	2	13	10
日本人対象初等学校	3	0	1	0	3	1	2	4
朝鮮人対象中学校・高等女学校	0	0	0	0	0	0	0	3
日本人対象中学校・高等女学校	0	1	0	0	1	0	2	3
実業学校・師範学校（民族共学）	1	1	1	0	1	1	8	2
計画の合計数	28	4	4	2	17	4	25	22
平均事業予算	¥522	¥1,437	¥1,667	¥82	¥479	¥134	¥550	¥1,679

※1改築、境内整備を含む。
※2鳥居献納、神祠等。
※3敷地整備含む。
典拠：『近代未完史料叢書二　紀元二千六百年祝典記録』（一九巻、ゆまに書房、二〇〇二年）、『昭和一四年度　朝鮮諸学校一覧（朝鮮総督府学務局、一九四〇年）。
※分類は筆者による。

一律に使用されているため、学務行政による何らかの指示か、道や学校同士の連携の可能性が考えられる。日本内地の学校関係の事業計画を通覧すると、「御真影奉安殿建設」が目立ち、神棚を含む大麻設備の記述は管見の限り全道府県あわせて一五例で、名称の統一はない。

神棚でなく屋外型の大麻設備を朝鮮人対象初等学校が計画した背景には、一つには三五年の通牒「学校ニ於ケル敬神崇祖ノ念涵養施設ニ関スル件」により、すでに神棚が校内（講堂）に存在したのではないかということが考えられる。もう一つには、やはり同年の通牒「学校職員ノ敬神思想徹底ニ関スル件」で「神社神祠ノ存セザル地方」に「大麻ノ奉祀殿」が推奨されたことが示すとおり、地域における神社の不在を補完する役割が期待されたことが考えられる。前章で検討したように、当時朝鮮では神祠（小型の神社）を各面（面は村に該当）に設置する「一面一祠計画」を実行しようとしていた。しかし慶尚北道と慶尚南道は、この「一面一祠」の進捗度がそれぞれ二七％、一九％で敗戦、「解放」に至った地域である。(75)

さらに費用面でも、「大麻奉斎殿」は寄付金により賄う金額として「妥当」との判断が学校側にあったのではないかとも推測される。完全な防火対策が重要となる「奉安殿」は二〇〇〇円内外であるのに対し、「大麻奉斎殿」の平均価格は六〇〇円前後である。また、「皇国臣民誓詞之柱（塔）」と「銅像」を比較した場合、より高額であるにもかかわらず、多くの朝鮮人対象校が「銅像」を選んだことにも注目したい。「銅像」は「誓詞之柱」と異なり、基本的に「挙措」を要求するものではない。また、前節で見たような誓詞自体の無力さを表しているようにも読み取れる。「奉祝」事業を通じ、学校における天皇崇拝の諸装置の中でも「大麻奉斎殿」が、短期間に慶尚道の朝鮮人対象初等学校に寄付を強要しつつ拡大したものと推定できる。(76)

（四）一九四〇年代の朝鮮人対象学校における神棚・神宮大麻

最後に、一九四〇年代の朝鮮人対象学校における神棚・神宮大麻と朝鮮人の関係を映し出す事例として、二つ紹介したい。その一つは、晋州公立中学校「神棚示威事件」の事例、もう一つは、私立啓星初等学校校長逮捕の事例である。

まず「神棚示威事件」についてであるが、四一年三月、慶尚南道の晋州公立中学校で卒業式の後、右手に卒業証書、左手に卒業記念品の神棚を掲げ持って、アリランやクェジナチンチンなど朝鮮の民謡を歌いながら街を行進するという「神棚示威事件」が起こった。以下、同校記念誌からの引用である(77)。

> 毎年卒業式を終えると、教師たちは卒業生を引率して公園にある晋州神社へ行って参拝し、卒業記念品として神棚（原注：檜で玩具のようにできた木工で、この中に日本の開国神を奉安した箱）を一台ずつ授与したものだ。授与する時には「家庭できちんとお祀りして、忠良な皇国臣民になれ」という厳粛な訓示をした。（中略）三月三日、卒業生六四名が一一時頃卒業式を終え、神社参拝をして神棚を一つずつ受け取って、矗石楼《チョクソンヌ》（引用者注：晋州の史跡）の前に至るや、姜大根《カンデグン》たちは河忠洛《ハチュンナッ》を中に入れ、円を作って「メンバー集まれ」と叫んだ。姜大根と河忠洛らは先頭に立って進みアリランを斉唱した。（中略）神棚を踏んで破壊する者もいたが、後に続いた金《キム》成圭《ソンギュ》がのちのことを考え破片を拾い集めて下水口に流しては前進した。（筆者訳）

さきに述べたように、朝鮮人生徒の通う実業学校で「実習」の名目で大量の神棚が製作されていた。そのような神棚を配布された朝鮮人中学生は（義務教育が布かれず入学年齢が遅いため二〇歳前後の生徒も多かった）、配布されるや否や踏みこわすのであった。

次に、第二章で大祓式への参列に関連して論じた校長個人の信仰と、児童の神社参拝強要の関連についてここで再び触れたい。カトリック教徒である朝鮮人金永浩《キムヨンホ》啓星学校長（私立初等学校）の場合、教員を通じ児童に大麻配布を行ったが、自宅ではそれへの嫌悪を口にし塵箱に捨てたことで不敬罪で逮捕され、懲役三年に処されるという事態に至った。(78) これは、神宮大麻の処置が不敬罪の対象となった事件であり、それ自身は個人の信仰への弾圧にほかならない。しかしもう一つ、金永浩校長は児童への神宮大麻配布には特に抗しなかったということも、特別な権力空間としての学校に着目するという本書の論点から重要である。

ここでは、自らの信仰を個人として守った校長は逮捕された。しかし教育の目的で神社参拝、神宮大麻配布に協力したという意味では、一面では学校権力を背景とした児童への強要でありながら、他面では結果として児童を廃校への圧力から守った側面もあり得る。朝鮮人であり、校長であり、カトリック教徒であるという位相の中で、かように複雑な意味を持つ「校長による強要」の姿も見逃されてはならない。

章括

本章で述べたことを以下にまとめる。第一に、朝鮮における学校儀式のためのモノの配置の特有さである。日本内地では教育勅語謄本と「御真影」で構成された学校儀式であるが、朝鮮では教育勅語が機能を十分果たしえない中で、特に初等学校では「御真影」もまた存在しなかった。否、朝鮮人教員が六割以上を占めた初等学校には、「奉護ノ万全」が期待できず、「学校の『本尊』[79]」たる「御真影」を交付できる状況ではなかった。

そうした「正規」かつ「非宗教」的道具立てが欠如した中で、「御真影」のための空間である講堂中央正面に神棚が設置された。日本内地で「神棚問題」を惹起していたまさにその時期から、朝鮮の学校では大麻とその設備が入り込んだ。学校への大麻とその設備の導入は、勅語謄本対大麻、「御真影」対神棚のように、学校儀式の道具立ての「非宗教」の秩序に宗教的要素が入ることで、奇妙で独特の混乱を引き起こした。

第二に、職員室でなく講堂への設置が推奨された神棚には「御真影」の代替機能が期待されたと考えられるが、校舎外の「大麻奉祀（奉安・奉斎）殿」には、地域に神社が存在しないという植民地に固有の状況を補完する役割もまた期待された。すなわち、大麻には天皇・皇祖崇敬という、本来教育勅語や「御真影」が担っていた学校教育上の目的と、日本内地の地方改良運動や、朝鮮の「心田開発運動」に見られたような、地域の神社を利用しての社会教化という二重の役割が期待された。しかし朝鮮で実際にそれを担ったのはひとえに学校であった。しかし中等教育機関では、奉安殿は「不敬」状態にさらされ、「皇国臣民ノ誓詞」は「亡国臣民」と言い換えられ、神棚は踏み壊された。かくして、初等学校への圧力はますます酷烈になっていったものと考えられる。

また日本内地では、一九三四年頃までは仏教側による大麻・神棚への「抵抗」が広く確認でき、三五年の「国体明徴」を経て千葉県では「神棚教育」が展開するものの、それも三八年に県議会で批判の的となったこともあらためて確認しておきたい。朝鮮には、「抵抗」を明瞭に示す真宗などの仏教団体が存在せず、そもそも議会というものも存在しない植民地であり、千葉県議会で「神棚教育」が批判されたのと同じ三八年からは、朝鮮総督府が直接大麻頒布に介入した。千葉でブレーキがかけられているまさにその時に、朝鮮ではアクセルが踏み込まれたのである。

最後に、天皇制と教育をめぐる問題構造の朝鮮における現れ方の特性について述べたい。学校儀礼空間における「非宗教」の装いが成立し得なかった朝鮮では、一方では大麻のような宗教的仕掛けも「皇国臣民ノ誓詞」のような身体規律も共通して、言葉による意味付けが著しく簡略化された。しかし他方で学校儀礼は、「非宗教」かつ「正規な」道具立てを欠いたまま、宗教による神秘らしさと、極端な身体規律（「挙措」）の両極に割かれようとした。その両極の片側である宗教的側面では、見えやすい「抵抗」とはまた異なり、「第一に訳を分からせることが必要」という根本的な「壁」に直面した。そして反対の極、すなわち宗教性を排し単純化した身体規律の側面では「皇国臣民ノ誓詞」が「坊さんの御経」と化す事態に突き当たることとなった。

「天皇制教育の逆機能」が「周辺部におしやられていた人々の教育」の中に存在することを、久木幸男はつとに指摘している(80)。本書のはじめからここまで述べきた中に見る限り、天皇崇敬教育の貫徹を目指して導入された、神社・神祠・大麻殿・神棚・奉安殿など一つ一つの仕掛け・装置の中に、期待された「効果」を発揮しえた道具立ては一つもなく、むしろ支配者が植民地支配の当初から抱え込んでいた内部の齟齬や矛盾した構造を忠実に露呈し続けることにだけ役立った。したがって内部の撞着や裂け目を露わにするこうした装置が増えれば増えるほど、それを設置した人々は自らが営々と作ってきた構造の中で、苛立ちにかられながら次なる手立てを探し出そうとせざるを得なかった。

注

(1) 本書では、三(四)大節等の学校儀式に加え、学校生活上の礼法を含む意味で「儀礼」を用いる。

(2) 一般には大麻とも呼ばれ、「天照大御神の標章」として神棚の中央に置かれるものとされる(『神道史大辞典』(吉川弘文館、二〇〇四年)。国学院大学日本文化研究所編『神道事典』(弘文堂、一九九四年))。日本内地では一九二七年から各地方神職会が頒布を担当した(同右『神道事典』(弘文堂、一九九四年))。台湾では一九三二年から台湾神職会が頒布を担当した(蔡錦堂『日本帝国主義下台湾の宗教政策』(同成社、一九九四年)、一七八頁)。朝鮮でも同年度から朝鮮神職会が頒布を担当した(一九三三年八月各道知事宛内務局長通牒「神宮大麻及暦頒布ニ関スル件」前掲『朝鮮神社法令輯覧』、三四一頁)。

(3) 久木幸男編『二〇世紀日本の教育』(サイマル出版会、一九七五年)、二〇頁。同「明治期天皇制教育研究補遺」『教育学部論集』六号(佛教大学、一九九五年三月)。佐藤秀夫編前掲書、三七五頁—四一六頁。駒込武前掲書(一九九六年)、九五頁—一〇〇頁。

(4) 本間千景『韓国「併合」前後の教育政策と日本』(思文閣出版、二〇一〇年)、六三頁—六六頁。

(5) 平田諭治「日本統治下朝鮮における教育勅語の導入」『教育学研究紀要』第四二巻第一部(中国四国教育学会、一九九六年)、一一七頁。

(6) 朝鮮全体では四四四枚、公立朝鮮人対象初等学校への交付枚数は四三年時点で三一八一校のうち七二校、公立日本人初等学校へは六七二校中一四〇校とされる。小林輝行「旧日本植民地下諸学校への「御真影」下付(I)(II)」、『信州大学教育学部紀要』六六号、六七号(一九八九年八月、一二月)。佐野通夫『日本植民地期の展開と朝鮮民衆の対応』(社会評論社、二〇〇六年)、一一一頁。

(7) 神宮大麻は原則として「頒布」(有償)するものである。しかし、学校に関わる資料で用いられる言葉の多くは「配布」である。本書では資料に従って「頒布」「配布」両方を使用する。

(8) ただし、宗教政策研究においても神社参拝の問題を論ずる中での部分的叙述にとどまる。蔡錦堂『日本帝国主義下台湾の宗教政策』(同成社、一九九六年)、第五章。金根煕「『皇民化政策期』の神社政策について」『姜徳相先生古希・退職記念日朝関係史論集』(新幹社、二〇〇三年)。

（9）佐藤秀夫編（一九九四年）前掲書、三三二頁―三三七頁。
（10）一八九〇年から九一年にかけて起こったいわゆる「内村鑑三不敬事件」を井上哲次郎が「教育と宗教の衝突」と題する論文を書き批判したことを指す。（詳細は久木幸男「教育と宗教の衝突」第一次論争、第二次論争（久木幸男編『日本教育論争史録』所収）参照。）
（11）矛盾の綻びは、日本内地では上智大学靖国神社不参拝事件や美濃ミッション事件などが示す通りである。朝鮮での神社参拝をめぐる軋轢や葛藤に関しては、韓晳曦『日本の朝鮮支配と宗教政策』（未來社、一九八八年）、李省展『アメリカ人宣教師と朝鮮の近代――ミッションスクールの生成と植民地下の葛藤』（社会評論社、二〇〇六年）などで詳らかにされている。
（12）長谷外余男「神棚問題に就て（下）」『皇国時報』第三八六号（一九三〇年六月）、六頁。長谷は当時多賀神社宮司であり、滋賀県神職会副会長であった。
（13）わけても僧侶であり彦根商業学校教諭でもあった藤井厳が県に強く反対を働きかけ、結果逆に休職を命じられることになった。赤澤史朗『近代日本の思想動員と宗教統制』（校倉書房、一九八五年）、一五九頁―一六四頁。
（14）注（2）（「神宮大麻」の定義）参照。
（15）『中外日報』、一九三〇年一月一六日。
（16）『皇国時報』、三八六号、一九三〇年六月一日。
（17）『中外日報』、一九三四年六月一九日。『敬愼』第七巻第三号（台湾神職会、一九三三年九月）、七六頁。
（18）「大麻問題爆発す」、同右『中外日報』。
（19）第一章第一節参照。
（20）入江晃『皇国臣民敬神読本』（近澤商店印刷部、一九四一年）、二二〇頁。
（21）昭和八年八月各道知事宛内務局長通牒「神宮大麻及暦頒布ニ関スル件」『朝鮮神社法令輯覧』（朝鮮神職会、一九三七年）三四一頁。各道大麻頒布奉賛会については『鳥居』第八巻九号（朝鮮神職会、一九三八年九月）、六頁―七頁。
（22）『昭和一〇年　朝鮮国勢調査報告』、朝鮮総督府、一九三七年。
（23）『鳥居』第三八号（朝鮮神職会、一九三四年）、一一頁。三八年の頒布式にも校長の参列を確認できる（同第八巻一一号、一九三八年一一月、五頁）。
（24）『鳥居』第三〇号（朝鮮神職会、一九三四年三月）、八頁。
（25）昭和一〇年五月、各道知事宛政務総監通牒。朝鮮神職会編『朝鮮神社法令輯覧』（帝国地方行政学会朝鮮本部、一九三七年）、三五四頁。
（26）ただしこの時期の神社非宗教論は、神社は一般的な宗教とは異なる特別な宗教であるという実質的な「国民的宗教論」を含みこんでいたという畔上直樹の指摘は、朝鮮の事例においても重要である（畔上前掲書、第七章）。

(27) 神社参拝の非宗教性を主張した一九三二年の上智大学靖国神社不参拝事件をめぐる文部次官回答でも、「札」の非宗教性については触れられていない。
(28) 『鳥居』第五巻一一号(朝鮮神職会、一九三五年一一月)、一六頁。
(29) 『昭和一二年度　朝鮮諸学校一覧』(一九三七年、渡部学・阿部洋編『史料集成』(第六〇巻、龍渓書舎、一九八八年)。
(30) 『鳥居』第五巻一一号(朝鮮神職会)一九三五年一一月)、一六頁。
(31) 同右、同頁。「心田開発一石二鳥案　警官・教師の家庭に先づ神棚を置く　職業学校生徒に謹製さす　全鮮《ママ》から注文が殺到」『京城日報』、一九三五年一〇月二三日。
(32) 昭和一〇年九月　各道知事宛　学務局長通牒。朝鮮神職会『朝鮮神社法令輯覧』(帝国地方行政学会朝鮮本部、一九三七年)、三五六頁。
(33) 神祠については前章参照。
(34) 京城府東大門公立小学校の事例(『鳥居』第三一号(朝鮮神職会、一九三四年四月)一頁写真)。京城師範学校附属第二国民学校(朝鮮人対象校)の事例(金昌國著『ボクらの京城師範付属第二国民学校』(朝日新聞出版、二〇〇八年)、二九頁写真)。
(35) ただし日本内地においても「昭和一〇年代」職員室に神棚を設置する事例が見られたことは指摘されている(山本信良・今野敏彦『大正・昭和教育の天皇制イデオロギー』(新泉社、一九八六年)、二九七頁)。
(36) 朝鮮神宮神職であった入江晃の手になる『皇国臣民敬神読本』(前掲、二二〇頁)には「大麻は毎年新たにお受けする習慣になって居ります(略)清々しい心持ちで、新しい年を迎えるに当って、先ず第一に新しい大麻をお迎えし、神宮崇敬の心をいよいよ新たにし、年頭に於いて皇国臣民としての自覚を喚起するように致したいのであります」と説明される。
(37) 『鳥居』第六巻第二号(朝鮮神職会、一九三六年二月)、八頁。この時参加しなかった学校の不参加の理由については現段階では不明である。
(38) 三八年二月の完成時に計画以来「二年六箇月」と記されているため、三五年夏頃に着手されたと思われる。『鳥居』第八巻第二号(朝鮮神職会、一九三八年二月)、一四頁。
(39) 「神棚教育」については、前田一男「戦時下教育実践の史的研究 ―― 東金小学校・国民学校を事例として」『日本教育史研究』第一四号(日本教育史研究会、一九九五年)、山田恵吾『近代日本教員統制の展開 ―― 地方学務当局と小学校教員社会の関係史』(学術出版会、二〇一〇年)、第六章参照。
(40) 平田諭治前掲論文、一一八頁。
(41) ただし全校についての謄本交付状況が記載されているわけではないため、確実な交付率は不明である。西村緑也『朝鮮教育大観』上中下巻(朝鮮教育大観社、一九三二年、渡部学・阿部洋編『史料集成』第四〇巻―四二巻(一九八九年)所収)。

（42）私立学校に関しては、一九一五年「教育ニ関スル勅語謄本下付方ニ関スル件」により交付の道筋が付けられた。大正四年一二月学第一八六五号、各道長官宛。

（43）『忠清南道　教育要綱』（忠清南道、一九三七年）、四二頁—四四頁。忠清南道だけでなく京畿道の竹添公立普通学校でも屋外設備が「勅語の奉安所」と称されているため、この名称の一般的使用が推定される。西村緑也同右『朝鮮教育大観』上巻（渡部学・阿部洋編『史料集成』第四〇巻、一九八九年、一一九頁）。

（44）羅英均前掲書、一五二頁。ヒルディ・カン前掲書、二〇三頁。京畿高等女学校生だった羅英均は、白手袋で勅語謄本を「高々と掲げ」る校長の姿を「正直言ってみっともなかった」と振り返る。

（45）これは、南次郎総督の「暴走」に近いことだったと推察する。このことについては二〇一二年教育史学会第五六回大会（樋浦郷子「植民地朝鮮の「御真影」——不在と偏在」）で発表し、現在別稿を準備中である。

（46）茂長初等学校總同窓会編『茂長百年史』（茂長初等学校（韓国）、二〇一〇年）、三一五頁。南陽百年史編集委員会編『南陽百年史』（南陽初等学校（韓国）、一九九八年）、一四三頁。江原教育史編集委員会編『江原教育史』（江原道教育委員会（韓国）、一九八〇年）、一三五頁—一三六頁。

（47）日本内地では私立大学の「御真影奉護規程」において宿直から外国人教員が外されたこと、「奉戴」の場面でも外国人への手渡しは避けられたことが、先行研究で指摘される。久保義三編前掲書、五六頁—五七頁。同『昭和教育史　上』（三一書房、一九九四年）、二一七頁。

（48）『昭和一二年一一月　学事参考資料』（朝鮮総督府学務局学務課、一九三八年、渡部学・阿部洋編『史料集成』第六〇巻、一九八八年所収）、一二二頁。

（49）鄭在貞「日帝下朝鮮における国家総力体制と朝鮮人の生活——「皇国臣民の練成」を中心に」『日韓歴史共同研究委員会第一期第三分科会報告書』（日韓文化交流基金、二〇〇五年）、三七九頁。

（50）「大麻奉祀殿ニ勅語謄本ヲ奉安スルノ件」、釜内一九四四号（一九三七年九月一日）。釜山府『昭和一四年四月現在　例規集（学事関係）』（渡部学・阿部洋編『史料集成』第八巻、一九八七年所収）、七五頁。

（51）筆者は、「左尊右卑」（対面する側から見て右が優位、左が劣位）の（日本の）習俗から神宮大麻の優位を想定したものと推量している。「左尊右卑」については秋葉隆「禁縄と注連縄」『朝鮮民俗誌』（六三書院、一九五四年、礫川全次編『左右の民俗学』、批評社、二〇〇四年所収）を参照した。

（52）昭和一二年一二月二三日学第三〇六号。各道（除慶北）知事宛。『現行朝鮮教育法規』（朝鮮行政学会、一九四二年）、二二五頁—二二六頁。

（53）川村五峯「学校の朝礼と神拝問題」『鳥居』第七巻第三号（朝鮮神職会、一九三七年三月）、九頁。

(54)生徒の八割以上を朝鮮人が占めた開城公立商業学校では、生徒全員に毎年神宮大麻を配布しただけでなく、入学試験時に「試験用神棚」を用いて一人ずつ礼法の試験が行われた(『鳥居』第八巻第四号〔朝鮮神職会、一九三八年四月〕、七頁。一九三八年京城女子師範学校の卒業生は、全員が神宮大麻を配布された。共学であった同校在学生の民族別内訳は、概ね六割が朝鮮人である〔同右『鳥居』、同頁。民族割合は『昭和一四年　朝鮮諸学校一覧』〔朝鮮総督府学務局、一九四〇年〕による〕。

(55)釜山第二公立商業学校(全員が朝鮮人生徒)では三八年から神棚が新入生に配布された。『釜商百年史』(韓国語、釜山商業高等学校同窓会編纂発行、一九九五年)、九九頁。なお、実業学校は原則民族共学であったが、釜山では第一商業学校が日本人のみ、第二商業学校が朝鮮人のみの在学状況で、こうした事実上の別学は、一七校の公立商業学校のうち釜山の二校と京城公立商業学校に見られた。前掲『昭和一二年一一月学事参考資料』(渡部学・阿部洋編『史料集成』第六〇巻、一九八八年)、三三頁―三四頁。

(56)『昭和一四年前半期　朝鮮思想運動概況』(宮田節子解説前掲、一八四頁)、三三頁。

(57)『鳥居』第九巻第一一号(朝鮮神職会、一九三九年一一月)、五頁。

(58)一万枚の神宮大麻を頒布した場合、一枚一〇銭のため収入は一〇〇〇円となる。その中から各分会(邑面)が一五〇円、支部(府郡島)が五〇円、各道奉斎会が一〇円、朝鮮神職会が一〇〇円を得て、残る六〇〇円を伊勢神宮の神宮神部署に納めるという方式であった。『鳥居』第八巻九号(朝鮮神職会、一九三八年九月)、六頁―七頁。

(59)『鳥居』第八巻第七号(一九三八年七月)、二頁。

(60)『鳥居』第八巻第一一号(一九三八年一一月)、一頁。

(61)「不敬」の実態として、例えば「或は箪笥にしまい、或は押しピンで壁にはりつけ、多くはただこれを放置」したことが『日本人の海外活動に関する歴史的調査』(執筆者署名なし)に記されている。大蔵省管理局編『日本人の海外活動に関する歴史的調査』第二巻朝鮮篇一(復刻版、ゆまに書房、二〇〇〇年)、四三九頁。

(62)『鳥居』第九巻第一〇号(一九三九年一〇月)、五頁。

(63)翌三九年五月には、総督府から「懇切なる奉斎方法の指導」をすべきであるとの通牒が各道知事宛に出された。『鳥居』第九巻五号(朝鮮神職会、一九三九年五月)、七頁。

(64)「国民意識ノ強調ニ関スル件」昭和十二年一〇月二日学第二六六号。各道知事、京城帝国大学総長、各官立学校長、各公私立専門学校長宛。

なお、誓詞自体は通牒の本文ではなく「別紙」での交付となっている。通牒本文ではなく「別紙」部分に「服膺」させる文言すべてを記す形式、本文には「皇国臣民ノ誓詞」というその名称が記されない形式は、教育勅語渙発の形式と同一である。このことは、朝鮮人にとっての誓詞の位置付けを考える上で重要である。

『官報』明治二三年一〇月三一日掲載「北海道庁　府県宛　文部省訓令第八号」「直轄学校宛　文部省訓令（無号）」「別紙　勅語」参照。

(65) 水野直樹「朝鮮史研究会関西部会例会報告「皇国臣民ノ誓詞」と「皇国臣民之柱」についての考察」『朝鮮史研究会会報』一六八号（朝鮮史研究会、二〇〇七年）、三頁。

(66) 昭和一三年年七月五日「皇国臣民ノ誓詞ノ斉唱普及方ニ関スル件」釜内一四五三号、釜山府『昭和一四年四月現在　例規集（学事関係）』（渡部学・阿部洋編『史料集成』第八巻、一九八七年）、七七頁―七八頁。

(67)「愛国朝鮮を語る座談会（八）」『京城日報』、一九三八年八月二五日。この座談会には塩原時三郎総督府学務局長も出席し、田口弼一社長の発言を受け「それは学校長に依ってです。詰り指導者が本気で真心込めてやっていれば自然その精神が生徒を感化しているのですがネ」と応じた。

(68) しかし翌月になり、処分を保留とされ復学した。晋高七〇年史編纂委員会編『晋高七〇年史』（晋州高等学校同窓会（韓国）、一九九五年）、一一四頁。

(69) 神野修「児童訓育上の諸施設」『朝鮮』第二八七号（朝鮮総督府、一九三九年四月）、五一頁。

(70)『朝鮮の教育研究』第一二四（特集）号（京城師範学校附属小学校内朝鮮初等教育研究会、一九三八年一二月）、一八九頁―一九〇頁。

(71) 設計は彫刻家朝倉文夫で、高さ約一六・七メートル、幅約二五・五メートル。朝鮮神宮正面参道左側を整地して建造された。『鳥居』第九巻第一二号（朝鮮神職会、一九三九年一二月）、四頁。

(72) 学務局長発、昭和一四年年一一月二八日。『文教の朝鮮』一七六号（朝鮮教育会、一九四〇年四月）、八一頁。

(73) 古川隆久「解題」『近代未完史料叢書二　紀元二千六百年祝典記録』別巻（ゆまに書房、二〇〇二年）、一八二頁。

(74) ただし「外地」記録については「資料価値が高い」と評されている。同右古川隆久「解題」、一九四頁―一九五頁。

(75) 竹島榮雄朝鮮神宮権宮司の資料にもとづき森田芳夫が作成した一覧により計算した。森田芳夫『朝鮮終戦の記録』（巌南堂書店、一九七九（初版は一九六四）年）、一〇八頁。

(76) この傾向が朝鮮全体について言えるか否かの検討は、今後の課題である。現段階では「大麻奉斎殿」計画は、当該地方の「一面一祠」計画の進捗度と反比例するのではないかと推量している。

(77) 晋高七〇年史編纂委員会編前掲書、一一六頁。

(78) 全州地方法院昭和十八年刑公第一三七号判決。

(79) 佐藤秀夫前掲書（一九九四年）、解説一九頁。

(80) 久木幸男前掲「明治期天皇制教育研究補遺」、一二五頁―一二六頁。

補論　神職会会報というメディア

朝鮮神職会会報『鳥居』について

一九二〇年代以後、全国神職会の下部組織である地方神職会の会報出版が盛んになる。[1]台湾神職会、朝鮮神職会も同様であった。朝鮮神職会会報『鳥居』は、これまで国学院大学渋谷図書館で閲覧可能な一九三八年から三九年の分を除き、ほとんどその性格はもとより存在すら明らかになっていなかった。ここでは、筆者が古書店や神社関係者を訪ねて収集した『鳥居』の記事一覧（末尾資料3）とともに、この雑誌の位置付けについて若干の補足を行っておきたい。

朝鮮神職会の場合、一九二〇年代から「ガリ版刷一枚」の会報を発行していたが、これについての詳細は一切わからない。一九三一年一〇月に『鳥居』第一号が発行された。月刊五銭（年間購読料五〇銭）で、筆者が現存を確認できたのは四一年一二月号までの計一二〇部あまりのうち約八〇部である。

会報編集部はおよそ一〇年のうちに朝鮮神宮社務所、京城神社社務所、再び朝鮮神宮社務所と移動した。編集部の移管を画期として一九三一年一〇月号から三三年九月号まで（朝鮮神宮編集）を第一期、三三年一〇月号から三七年（月不明、京城神社編集）を第二期、三八年一月以降（朝鮮神宮編集）を第三期と見なすことができる。概ね三〇年代前半を朝鮮神宮で、神社が「神秘」化を強める三〇年代半ばには京城神社で、「皇国臣民化」関係の諸施策が次々実行される三〇年代後半は再び朝鮮神宮で編集されていたことになる。執筆者署名に実名はほとんど見られない。筆名からは、朝鮮神宮編集期にはほとんどが朝鮮神宮神職であったこと、京城神社編集期には天晴会という教化団体の関係者の執筆が増えることがうかがわれる。以下でそれぞれの時期の特色について概観し、見出し一覧（末尾資料3）もこの区分に即して提示することとする。

末尾資料3を参照されたい。まず第一期は、朝鮮神宮社務所で編集された。この時期の特徴は、朝鮮神宮禰宜が編集を担当し、冒頭に「明治天皇御製」が置かれ、皇室関係記事（「宮廷録事」）が掲載されているなど、天皇と皇室への接近が図られていることである。また、論説欄が存在しないため、主張性が次の第二期に比すれば希薄である。ただし、本論第一章（勧学祭の分析）や第二章で触れた「勧学祭を提唱す」（早山静夫）「諸国大祓の提唱」（横井時常）が掲載されるのはこの時期である。

一九三四年七月の朝鮮神職会総会で、朝鮮神職会事務局が朝鮮神宮から京城神社社務所へと移転することになった（第二期）。朝鮮神宮の一〇周年記念祭（一九三五年）を控えての多忙化によるものであったようだ。これに伴い『鳥居』編集も京城神社神職が担当することになった。同年一一月号から、編集発行人は小林郷一京城神社次席社掌に変更された。[2] 小林に関しては、『神道人名辞典』一九五五年版にも八六年版にも記載はないものの、国学院の同窓会名簿である『院友会名簿』（一九四二年版）に名前が記載されている。ほかの京城神社の神職も多くは『院友会名簿』でのみ名前を見つけることができる。ここから、神宮皇学館卒業生がきわめて多かった朝鮮神宮（第三章参照）と京城神社のあいだでは、日本内地と同様に神職養成校同士の人事の対抗関係があったものと考えられる。

京城神社で編集が開始されて間もなく『鳥居』の題字が『朝神鳥居』と変更された。『朝神』（朝鮮神職会の略称）の挿入には、朝鮮神宮の「エリート」的神職だけに会報を専有させるべきではないという考えがあった。「編集後記」が「走馬燈」に変更され、「明治天皇御製」「宮廷録事」が消え、冒頭に論説が掲載され始めた。こうした、京城神社による朝鮮神宮への対抗的姿勢は、次の言葉に明確に示されている。「『鳥居』は半島随《ママ》一の神道雑誌でもあり、朝神の機関紙でもある。或る一二の者に依ってのみ作らるべきものではない」「鳥居は断じて殿上人の花暦ではない[3]」。

京城神社神職は、それまでの『鳥居』を、一部の「殿上人の花暦」だと認識していた。「殿上人」とは朝鮮神宮神職を指すことは明らかである[4]。両神社は距離的には隣接していたにもかかわらず、『鳥居』の記事執筆に関わる協力体制はほとんど見られない。京城神社に編集部が移管されてから、文章を載せた朝鮮神宮神職は早山静夫のみである。早山は、末尾資料1（朝鮮神宮神職一覧）で示すように朝鮮神宮ではきわめて珍しく、神宮皇学館卒業生（無試験で神職資格が付与される）ではなく神職高等試験合格者として採用された神職であった。

もともと両神社には「趣」の違いが存すると言われていたが[5]、こうした両神社のあいだの

「違い」は、例えば神祠設置（本書第四章参照）をめぐる表現の相違にも象徴的に現れ出ている。具体的に見てみれば、第一期の『鳥居』で神祠設置は、「神祠設置許可」というタイトルで総督府から許可を受けた神祠の場所等事実が淡々と記載されている。これに対して第二期においてはそれに加えて、「美わしき融和の実」「内鮮《ママ》人の地と汗の結晶」「朝鮮人氏子の美談」など、朝鮮人が参画していることをことさらに感情的な言葉で取り上げるようになる。朝鮮神宮で『鳥居』が編集されていた時代にも、神祠設置の申請代表者が朝鮮人である事例はあるものの、京城神社編集期のような表現は見当たらない。

　一九三八年には、『鳥居』編集部は再び朝鮮神宮社務所へと戻された（第三期）。この時から編集者名は、朝鮮神宮の嘱託か主典が務めたが、それぞれ一年を経ずして交代するようになった[6]。この時期の『鳥居』からは、総督府の神社に関わる政策の中で以下の二つが大きく変化したことがうかがわれる。その第一は神宮大麻の頒布が強力かつ組織的に行われ始めたことである（第五章参照）。第二は、神祠の激増である（第四章参照）。例えば神祠設置に関して、京城神社編集期の神祠設置をめぐる感情的な表現は見られなくなる。神祠の総数はこの時期に激増するのであるが、それと反比例するように感情的な言葉は消え、淡々と伝達するという趣が強くなる。ほかにも朝鮮人神職養成機関（皇典講究所朝鮮支部）が朝鮮神宮境内に開校したこと、朝鮮で第二の官幣大社たる扶餘神宮[7]や京城・羅南の両護国神社創建や、大日本神祇会朝鮮支部への名称変更などの大きなできごとがある。しかしこれらに対する論評的な記述は少なく、戦時紙量統制の影響もあろうが、連絡事項を伝達するといった性格へと変化していることがわかる。

　全体を見渡して興味深いのは、京城神社編集期が、朝鮮における神社制度の大きな改編の時期（三六年七月―八月）や「心田開発運動」とも関わる「非宗教」の形骸化の深まる（「神秘」化のより強まる）時期と重なっていることである。この時期に国幣小社となった京城神社で、『鳥居』が編集されていた。岡山県の神職のありかたを分析した畔上直樹は「下から」のファシズムという言葉で、一九二〇年代以降の府県社以下神社神職が全国神職会でも発言権を強めてゆくことを指摘している。このことは、朝鮮で言えば京城神社に当てはめて考えることができる。ただし朝鮮の場合、京城神社に見られる「下から」のファシズム的な思考様式は、ムーダンや洞祭など朝鮮在来の信仰との融合を図ろうとした点に大きな特色がある。

　朝鮮神宮神職にとって「神秘」の足場は日本内地の土着的な習俗だったと言える。しかし京城神社では、なおいっそう濃密な「神秘」の足場から朝鮮人との「内鮮一体」化が企図されていた。朝鮮神宮とはやや方法の異なる「下から」のファシズムは、一九三五年に国幣小社に列せられて、宮司はじめ神職が国家の官吏となった後にも変わることはなかった。

　惜しむらくは未発見の部分もいまだ多いことである。特に、一九三七年の五月から一二月の発行分は、「（学校）愛国日」、「皇国臣民ノ誓詞」、朝鮮人対象校への「御真影」公布など、本書の内容にもかかわる重要な施策が次々と実施された時期であり、もしも発見できたならば、それに対する朝鮮神宮ないし京城神社の思想や関わりかた、ひいては近代の神職像そのものを知る貴重な手掛かりとなることは疑いない。

残りの『鳥居』の発見に力を尽くすこととともに、メディアとしての性格、位置付け等について、他の神職会誌（例えば台湾神職会会報『敬慎』）との比較検討も、今後必要な作業である。

注

（1）例えば栃木県神職会では『栃木県神職会報』、滋賀県神職会では『淡海神園』、東京府神職会では『東神』、台湾神職会では『敬慎』などが刊行されていた。概ね一九一〇年代後半から二〇年代にかけて創刊された。

（2）編集部の移管に関しては前任者の朝鮮神宮禰宜仲公は、「せめて『鳥居』だけでも神宮で育ててもらいたい」との要望もあったと述べている。『鳥居』第一一巻第一〇号（朝鮮神職会、一九四一年一〇月）、二頁。

（3）「鳥居は云う」『鳥居』第五巻第二号（朝鮮神職会一九三五年二月）。

（4）京城神社神職と朝鮮神宮神職とのあいだに緊張感が漂っていたことは、『鳥居』編集部移管直後の次のような言葉にも表れている。「頭が変って（略）俗事片々辛苦多しとや（略）笛吹けども踊らずとも云えり」（走馬燈）、「大いに国体神道を宣揚し、民心の帰趨を正しうすべき時に当って、内に頼む力なくんばいかでか世道人身を稗益し得べき」（「昭和九年を送る」）『鳥居』第四巻第一一号、一二号（朝鮮神職会、一九三四年一一月、一二月）。

（5）三〇年代から四〇年代にかけて三度朝鮮半島と中国大陸の神社を視察した国学院大学教授の河野省三は、朝鮮神宮と京城神社について「何れの神職諸君も日鮮《ママ》融和を念願して奉仕されてをるが、前者の施設にはいわば官僚的な風があり、後者にはいわゆる民衆的な趣きが存する」と記す。河野省三「鮮満《ママ》と華北の神社」（四八年稿）、小笠原省三前掲書（一九五三年の復刻、ゆまに書房、二〇〇四年）、五一七頁。

（6）以下で各担当者を概観しておくと、まず一九三七年後半から三八年一〇月（通号八五号）までの約一年は、朝鮮神宮嘱託の武林健一が担当した。武林は大阪府出身で、一九三〇年に神宮皇学館本科を卒業し、三三年まで四条畷神社に出仕したが、その後数年のブランクを経て、三八年から朝鮮神宮嘱託（神職ではない）となった。三九年一〇月に、新京神社に勤めることとなり朝鮮神宮を辞した。次に一九三八年一〇月（通号八六号）から三九年六月（通号九三号）まで八カ月を、朝鮮神宮嘱託の岩下傳四郎が担当した。岩下に関する経歴は一九四一年に『大陸神社大観』を出版したこと以外は不明。『昭和一二年　年報』（三八年発行）

で神宮職員に名前が記載されるが、職員としてはこの年以外に記載はない。朝鮮神宮嘱託職員を長く務めた小山文雄が『大陸神社大観』への序文に「東京以来の知友なり」と記す。小山は東京時代は全国神職会本部の事務主事であったため、岩下も全国神職会と何らかの関係があったものと推察する。一九三九年七月（通号九五号）から一九四一年一月（通号一一三号）まで一年半は、全国神職会機関紙『皇国時報』編集主任であった入江晃が担当した。入江は三一年に国学院大学を卒業してすぐに『全国神職会会報』編集部に入り、神職としては初めて三九年三月朝鮮神宮に着任し、三九年一二月に官幣大社宮崎神宮に異動した。戦後は八代宮宮司を経て東京大神宮権宮司（『神道人名辞典』神社新報社、一九五五年）。入江の後、宮田定繁朝鮮神宮主典が編集発行人となり、一九四一年二月（通号一一四号）から同年八月までの六ヶ月間を、次いで大工原英夫主典が一二月までの六ヶ月を担当した。四二年以降の編集担当者は資料未発見のため不明である。

（7）百済の古都に扶餘神宮を創建することが、一九三九年六月に決定された。当初完成は四三年一〇月の予定であったが、実際には四四年前半まで中等教育機関から大規模な動員をすることによって整地の作業を行っていた。女学校もキリスト教系学校も動員された。例えば『毎日新報』一九四三年一〇月五日参照。

結章

「御礼参拝」集合写真の場所（ソウル特別市南山公園噴水広場）から望む
現代の南山。序章扉写真に写る稜線を参照されたい。
（2012 年 8 月 29 日筆者撮影）

第一節　「神道を奉ずる朝鮮」を目指した彼らは、なぜ児童に依存したのか――本書の要約

構造物がいよいよ本格的に瓦解をはじめた時、そのシステムを構築する側にいた人間は、たしかに、ただやみくもに、力づくでその瓦解を防ごうとした。それが、可視的で暴力的な、これまで「神社参拝の強要」として叙述されてきたものだ。それは氷山の一角である。本書は学校と神社との関係性に注目しながら、海面下の姿を含めた氷山の姿全体を覗き込み、描き出すことを目指した。はじめに本書の内容を、なぜ学校だったか、なぜ児童だったかという観点に即して要約する。

第一章（勧学祭の分析）では、朝鮮神宮竣工（一九二五年）半年後から開始された修身教科書授与奉告祭（三四年に勧学祭に改称）に着目し、その展開過程を分析した。この行事は朝鮮神宮竣工当時、相対的に神社の利用に不熱心な態度を示した総督府に憤っていた高松四郎初代宮司がはじめたものであった。「御礼参拝」は当初学校ごとに実施されていたが、三四年以降はこれに加えて個人でも行うものとされた。個人での「御礼参拝」には、校名と名前を記した「誓詞」を朝鮮神宮に提出させるという仕掛けを創出した。それは「リツパナニツポンジン」となることを「自発」的に誓わせるという、個々の心のありかたのレジメンテーションであり、三七年に総督府学務局が導入した「皇国臣民ノ誓詞」に先駆けていた。[1] 勧学祭は、四〇年代には各地域の神社・神祠（小型の神社）で実施されるようになった。

この行事が開始されたことの背景として、朝鮮神宮宮司高松四郎の思想の中に児童の参拝を重視していたことが

あった。それは高松が二〇歳代の頃から日本内地の神社で行った思想と実践の延長上にあった。内務省神社局もまた修身書の配布を奨励していたことがうかがわれるものの、神社を宗教でなくてはならぬと明言する高松は、内務省の奨励した「勧学祭」という名称には抵抗感を持ち、朝鮮神宮のそれは「修身教科書授与奉告祭」という珍しい名称になった。

第二章では、大祓式という祭祀への参列様態について分析した。「お祓い」は、帝国憲法の定める「信教の自由」に抵触するという議論が、日本内地の神社制度調査会ではなされていた。しかし朝鮮神宮大祓式では、一九三二年から学校の参列が開始された。「宗教性」や（日本の）「習俗」へのこだわりは、阿知和安彦二代目宮司の思想の反映である。はじめは青年層が期待されたが、後に児童層の動員が強化されるようになった。ただしこの行事への私立学校の参加は三六年頃までは低調であり、それが黙認される雰囲気が存在した。校長たちが行事ごとに「宗教性」を判断し、各校長によりその判断は大いに幅があった。しかし、校長が大祓式への参列を拒むことは、南次郎総督自ら参列した三六年一二月以後困難になったと考えられた。

大祓式へは、当初青年層の参列が朝鮮神宮により期待されたものの、その期待が貫徹しなかった。三二年に初めて学校として参列したのが京城第二公立高等女学校であったことに象徴されるように、三六年には学校からの参列者が四〇〇人以上に増加した大祓式だが、この年までの内実は日本人対象校、中でも女子対象校が多かった。翌三七年には参列者が一〇〇〇人以上となるものの、青年層が増加したのではなく、初等教育機関、特に朝鮮人対象校からの参列者が前年比一〇倍の増加を示したことが大きく影響した。このことから、青年層の取り込みがうまくいかなかったという結果が、朝鮮人対象初等教育機関への依存度を高めることにつながったと推察できる。

一九四〇年代には、日本内地の神社では低調だった大祓式を復興させるキャンペーンが内務省神社局を改組した神祇院で実施された。神祇院教務官には、朝鮮神宮と大邱神社で勤務した神職が任じられていたことを明らかにした。

第三章では、一九三六年に開始された行事である夏季早朝参拝を分析対象とした。朝鮮神宮は、中等教育機関を含む公私立学校と各種教育機関を対象に参拝証を配布したが、参拝証提出者の「統計」からは圧倒的に初等学校が応じたこと、その過半数が朝鮮人児童であったことが判明した。

初等学校が応じたことの背景として、学校数自体が中等教育機関に比して格段に多いこと（ただし日本人校に比して朝鮮人校の少なさは大きな社会問題だったことは注意が必要である）、学校が夏休みの「指導」の一環として参拝を奨励したこと（夏季早朝参拝期間は夏休み期間の二倍）、そして三七年にはそれを「京城」府学務課が総督府に先駆けて追認するような形で、戦争との関わりにおいて奨励したことが考えられた。

夏季早朝参拝は、資料上判明する限り三七年以降大邱神社（慶尚北道）で、四〇年代には京城神社や地域の神祠でも実施された。このほか節分祭での「立春札」の朝鮮人への配布など、三六年の神社制度改定を機に高い社格に位置付けられた神社を中心に、神職養成機関である神宮皇学館卒業生のネットワークを一つの足がかりにしつつ、ほかの朝鮮神宮独自の行事も各地域へと展開していった。大邱神社日参会の分析からは、日参会の期間中、全参拝者に占める朝鮮人児童の参拝割合は圧倒的であり、それは朝鮮神宮の比ではないこと、背景にある近隣校の協力態勢が明らかになった。ここから、朝鮮人の地域社会における神社の姿をさらに分析する必要が浮かび上がった。そこで第四章では簡易な神社である神祠を、第五章では各学校の神棚と神宮大麻施設とを検討対象とした。

第四章（神祠設置様態の分析）では、朝鮮の地域社会に神祠が設置されようとする際どのように学校に依存するのか、なぜそうなるのかという視点から、神祠設置、維持への学校の関わりを検討した。三五年に農山漁村振興運動の一環として宗教利用を企図した「心田開発運動」が提唱されるに至ると、神社参拝要求はことさらに激しいものとなっていった。三六年には神社関係法令が大幅に策定・改定され、国幣小社という日本内地の高い社格が、朝鮮の神社に導入された。そのほか各地方官庁からの公金の支出が「慣例」から法令を根拠とするものになった。三九年以降四五年までのあいだに、それまで存在した約四〇〇の神祠に加え、各地域に五〇〇以上の神祠が新たに設置された。

一九三六年までに「一面一校」(一村に朝鮮人対象初等学校一つ)が成立したことが前提となり、その各初等学校校長の協力と児童の「応援参加」が要求された。かかる依存なくしては、神祠の設置と維持は困難であった。さらに、そもそも神祠設置申請前から設置場所として学校近隣が選定されるなどの形で、神祠設置申請段階から学校(朝鮮人対象初等学校)の存在が前提とされた。

日本内地の地方改良運動などでも地域教化に神社の利用が企図されたように、朝鮮の「心田開発運動」でも神社の利用は期待された。しかしそもそも神社が存在せず、異なる習俗を持つ朝鮮社会においては、学校をおいてほかに頼るものは皆無であった。そのため、社会教化や社会統合という役割が期待され神社・神祠が設置されるにあたって、神社の「総代」など自発的担い手となる日本人がほとんど存在しない朝鮮の地域社会では、行事への参列や清掃等の維持管理だけでなく、神祠設置の拠金や労働へも児童が「教育」の一環として利用された。そして、学校は学校教育の場であるとともに、「社会教育の尖兵」としての役割も期待され、四〇年代には学校と神社が一体化する様相を呈するに至った。

第四章では、地域社会の側から神祠設置に対する学校への期待について検討したわけだが、第五章では、反対に学校の立場から神棚、「大麻奉斎殿」利用へと傾く様相とその背景について分析した。「京城」府をのぞくほとんどの朝鮮人対象初等学校では、学校儀式の重要な装置である「御真影」は不在だった。朝鮮人教員の多い初等学校では、「奉護ノ万全」を期せなかったためである。

そうした朝鮮人対象校では、講堂の正面中央という学校儀式時の「御真影」の定位置に神棚設置が奨励された。本来期待された天皇を崇拝させる役割の代替物として、神棚が（宗教性の問題を踏み越えて）利用された。加えて、屋外には大麻奉斎殿（奉祀殿）という神社型の施設が設けられた。特に大麻奉斎殿の設置は、忠清北道や慶尚南道、慶尚北道といった、官報上設置許可された神祠数の少ない地域で進められた。

校舎内では学校教育における「御真影」の代替として神棚が、校舎外（しかし校地内）では神社代替物として大麻奉斎殿が、同時並行的に作られた。これは、第四章の結論と同様に、学校教育としての天皇・皇祖崇敬に加え、「社会教育の尖兵」[2]としての役割を期待される存在が学校をおいてほかに何一つない状況を物語る。

第一章から第四章までは、神社の行事や神祠設置に協力するという側面から学校について述べた。しかし第五章では、学校が協力する立場にあっただけでなく、「御真影」が存在しないなど日本内地とははじめから大いに異なる背景を持ったために、積極的に神棚・神宮大麻の利用を行ったことを明らかにした。

本書第三章までにおいて、政策意図とは異なる神職の「熱意」と学校の協力関係について明らかにした。勧学祭・大祓式・夏季早朝参拝に共通することは、第一に「自発性」を強要するという撞着、第二に総督府の政策や学務行政とは相対的に関係の浅い所で、神職の主導と校長の協力関係によって開始されていることである。第四章と第五章では、神祠設置や神宮大麻配布、「御真影」交付は、必ずしも「右肩あがり」にエスカレートするのではなく、「京城」から各地域へと同じような時間とプロセスを経て展開するのでもないことを示し得た。例えば神祠設置は全羅南道で酷烈に推進され、校内の大麻奉斎殿は慶尚南北両道で多く見られた。そしてそれぞれの設置や拝礼等挙措の要求とほぼ同時に、絶え間なく確実に植民地支配の抱え込んだ深刻な矛盾や裂け目が露呈した。

神職と校長は、実際には総督府官吏であるものの、行政とは直接関係のない宗教家、教育者としての行動原理を併せ持ち、互いの利益の合致するところで政策意図とさしたる関係がなくとも密接に協力した。しかしそれは「勅語謄本・「御真影」と大麻の正しい併置の仕方」について学校が学務行政に指示を仰ぐなどの珍奇な事態を惹起した。こうした矛盾は、学務行政と学校生活、あるいは学校にとって重要な儀式と神道教義上重要な祭祀、また内務行政と神職の思想とのあいだでも頻繁に起こった。

例えば、宗教性を排した身体規律である「皇国臣民ノ誓詞」は当初から為政者のねらいとしたような「効果」を持たず、学校では独自に「皇国臣民ノ誓詞実践日誌」を作成し大麻奉斎殿拝礼という「宗教」的なものと結びつけられた。あるいは、神職会は「御真影」と大麻とを同じ「神殿」にまつるべきと主張したが、学務行政担当者は両者を別個に扱うべきであり、学校の講堂では「御真影」が講堂の中央正面となるべきことが通牒された。またあるいは、「愛国日」式典に学校団体として参列することを総督府は奨励したが、神職は同じ時期にも個人による「したしみ」を持たせようと個人による日曜ごとの定日参拝を参拝証の仕掛けを伴い実施した。三五年末に平壌で神社不参拝が深刻な問題となった時、学務官吏は「神社に霊はいないと指導しても良い」とミッションスクールに指導したが、こうした「儀礼」化が進展すればするほど、神職は「神霊」の存在を声高に主張した。

植民地統治政策や学校教育や神職の願い自体が重なり合う時には必ず同時に綻びも起こった。特別な権力空間たる学校で、朝鮮人児童はそうした齟齬も含みこんだ抑圧をまるごと最終的に引き受けねばならなかった。

第二節　神社・学校の相互依存と支配構造の瓦解——仮説の実証

次に、本書で展望できたことについて述べる。序章で述べた仮説は以下の三点であった。第一に植民地朝鮮において学校儀式の道具立てには、勅語理念の不適合や写真非交付による欠如があったために、神社参拝が日本内地よりも過度に重い役割を持たされたのではないか。第二に日本内地と異なる植民地に固有の問題構造中の最下層で神社参拝へと駆り出されることになるのが、より低年齢層の就学者ではないか。第三に神社参拝という、日本内地の学校儀式よりも一歩「神秘」側に寄る形で装われた学校儀式的な機能は、「皇国臣民ノ誓詞」に象徴される、「挙措」（身体規律）のさらなる強化と、逆に神社参拝よりもなお「神秘」（宗教性）を強調する方向の両方向に割かれようとし、それぞれの面で分解するのではないか。

第一の点については、次のことを実証した。そもそも教育勅語は学校教育の中核であるだけでなく、理を超えた問答無用の「神秘」を内在させ続けた近代の神社にとっての大典でもあったことがあり、神社と学校はもともと相互に親和しやすい土壌を持っている。ただし実際には、教科書を贈与し神社参拝を行わせることなどは、神社にとっての宗教的感化への欲望と、「御真影」なき初等教育にとっての代替という思惑の相違を抱えてもいた。しかしそこで否応なく朝鮮人児童が巻き込まれ依存され続けて、三〇年代には一人の児童につき団体と個人で二度の「御礼」を行わせる、「誓詞」を提出させるなど、その様態は日本内地と比較できないほど苛烈に行われた。

そうした過度な、神社の学校への依存、学校の神社への依存は、夏季早朝参拝の事例からも明らかになった。これらは朝鮮神宮に限った問題ではなく、三〇年代半ばから四〇年代にかけて神祠が地域社会に設置されるとともに拡大していった。また、神職は一貫して「非宗教論」に率直に批判的であり「国教化」を主張するため、本来なら児童への参拝要求が信教の自由を侵犯する懸念が出されかねない事例（特に大祓式や神宮大麻配布）が、公立学校教育においても頻発した。しかし一九二〇年代の江景公立普通学校の一例を除き、大きく報道される問題とならなかったのは、第一に児童の足元に学校教育空間に特有の「小道具」による監視や「罰」が絶え間なく設定され、それが教育と見なされたためである。第二に、植民地には日本内地のように真宗や県議会など、神宮大麻・神棚に一定の「抵抗」を示していた勢力や仕組みが存在し得なかったことがある。

一九三八年、第三次朝鮮教育令の交付により初めて「御真影」の存在を前提とする学校儀式規程へと変わったことと、朝鮮神宮参拝者数が同年をピークに減少し始めることが同時に起きた。これは、「御真影」という「正規な」儀礼装置の代替としての神社・神棚という筆者の推論を裏付けるものとして注目に値する。(3)

第二の点については、植民地に特有の問題構造として、まず神社数が圧倒的に少ないこと、そのため簡易な神社である神祠の設置が企図されたことを実証した。序章で若干述べたが、神社参拝の問題はこれまで「『皇民化政策』の一環として神社に集団参拝が強要された」あるいは「キリスト教徒に深刻な弾圧がなされた」という語り以上の歴史像はほとんどなかった。しかし植民地における神社参拝は、特に地域社会の事例から、まずそこに神社など存在しないために造ることから始まるという事実が、逆に児童への抑圧に繋がる構造を持っていることが判明した。また、一九三〇年代前半までに「一面一校」政策により、一つの面（村に該当）に一つの普通学校が完成したことは、その後「一面一祠」政策の実行に有利に働いた。一面に一人の学校長が確実に存在するようになったためである。

そして、官吏を除き日本人がほとんど存在しない地域社会において神社・神祠なるものは、学校をおいてほかに頼るべき存在は皆無であった。そのために、神祠設置要求を最も直接に受けた面長や郵便所長などの地域有力者たちは、次のことに加担することになった。すなわち、参拝の前段階から神祠設置のための無償労働や設置後の清掃など参拝以外の維持管理にも、神祠管理役としての初等学校長の監視のもと児童を日常的に駆り出すことである。

第三の点については、植民地の初等学校における神社参拝が学校儀礼的役割として重視される前提として、まず「奉護」に関わる朝鮮人教員への不信や「不敬」への虞れから「御真影」がほぼ皆無であったことを立証した。だが三〇年代半ば以降、いわゆる「皇国臣民化」の諸施策が実行される時期においては、神社数の圧倒的な少なさ（朝鮮人初等学校の数は約三〇〇〇校、神社は約八〇社）、神祠設置の抑制とともに、代替的儀礼教育としての神社参拝は次のような二方向に割かれようとした。一つは、「皇国臣民ノ誓詞」にハングルで読み方を付して意味不明のままに暗誦させたことに象徴されるように、テクストの意味を無化し身体規律だけを強制する方向へ。もう一つは神社参拝よりもなお「宗教性」が論点に上っていた神宮大麻・神棚拝礼というそもそも理を超えた問答無用の「神秘」の足場の方向へ。

そして、挙措・身体規律的側面では「坊さんの御経」と化する事態に陥り、「神秘」的側面では「第一に訳をわからせることが必要」というような、ある意味では民族的「抵抗」よりもなお深刻で根本的な「壁」にぶつかる。もっとも、挙措的側面が「坊さんの御経」と化す自体もまた、実は「神秘」へと循環してゆくとも考えられる。宗教行為たる「坊さんの御経」も本質的には信仰せぬ人間にとって「訳」のわからない「神秘」の世界だからである。

繰り返しになるが、ほぼ「御真影」不在の朝鮮の初等学校では、天皇崇敬教育のための手段として、神社参拝が中心に据えられた。神社参拝は本来、「祈り」のような心の中の動きと、「拍手」「拝礼」のような身体の動きという二側面から成るものである。しかし一九三〇年代後半から四〇年代には、一方では団体規律として、あるいは恭順の立証として身体挙措の要求が強化される。また他方では、「尊い大麻を何故毎年取りかえるのか」(第五章)という問いさえ許されない「神秘」の側面に引っ張られる。かくして神社参拝ではセットで要求された二側面が乖離しつつ、両極同士の空虚な循環が起こりながら崩壊に至る。

第三節　絶え間ない要求、果てない苛立ち ── 多様な抑圧と「壁」

(一) 圧迫の主体

以下本書で明らかにした各主体が、児童を神社参拝させた要因をそれぞれ分け持った側面をまとめて述べる。第一に神職は、政策意図とは別個の宗教的な「熱意」のもと、儀礼的な厳粛さを求める愛国日[4]の団体参拝等とは異なり、個人的親しみを引き起こそうと懸命に児童生徒を参拝させようとして、さまざまな仕掛けを創出した。朝鮮神宮二代目宮司である阿知和安彦は、「非宗教」としての神社崇敬でなく「国教」としての信仰を求めた。序章で、宗教的活動を制限された立場からの神職像という神社界の語られ方の問題に触れた。これに対し、朝鮮において神職は一九二〇年代から四〇年代まで一貫して、総督府の意図とは異なる次元で朝鮮人の神社参拝の慫慂にきわめて「主体的」、熱心、独自な働きを見せたことを示した。

第二に校長は、児童を連れて「お祓い」の行事に参列するだけでなく、神宮大麻を学校にまつり、さらにそれを児童生徒に配布し、「実情調査」を行うこともあった。地域社会では、神祠設置申請の代表者を引き受けることや、神祠完成前に管理者としての講習を受けて維持管理にあたり、児童に祭祀参列や日常的な清掃等を行わせた。関連して、学務官吏と校長らで構成された朝鮮教育会は、「神祠奉務者講習会」を特別に開催する、「皇国臣民誓詞之柱」を朝鮮神宮に奉納する、朝鮮の全教員に「神棚」希望の「取り纏め」を行うなど、組織的、積極的な政策の執行役としての側面があった。

第三に、地域社会の朝鮮人面長や日本人郵便所長は、神職と神祠設置の場所を相談し、その設置申請を行った。その際には学校の位置が重視された。全羅南道では一九三九年以降神祠設置が、面長の申請のもと急激に進展した。

第四に、中等教育機関生徒は、「民族意識が芽生え[5]」、奉安殿に対し「不敬」な行いをしたり、校長が教育勅語謄本を捧げ持つ所作を「みっともない[6]」と感じた。そのことは結果として、例えば大祓式の参列の例から、間接的ながらも神社参拝者の動員源として初等学校児童への依存度を高めることになったと推察された。また中等教育機関には「御真影」が優先的に交付された。このことも結果として、初等教育機関に大麻奉祀殿設置が集中する間接的要因であるとも言える。さらに、一部実業学校においては、「実習」の名目で神棚の製作が行われた。

もとより中等教育機関の生徒に、大祓式の参列を拒否する自由や「御真影」交付・神棚の製作を拒むことが認められたとは到底言うことはできない。しかしここでは、中等教育機関の校長は何らかの意図で出席に消極的でありそれが許容されたこと、中等教育機関には「御真影」交付率が高かったことをあらためて指摘したい。初等学校と異なるそれらのことにより中等教育機関の生徒は少なくとも個人による神社参拝は免れ得たという側面も持つとも考えられ、それは結果として神職や教育関係者の憤懣を招き、間接的にではあれ初等学校へのしわ寄せにつながったとも言える。

全体を通じて、「神社参拝の強要」問題とは、実際にはそれだけでなく、大麻収受、神祠のための土地や金銭の提供と整地等の労働、清掃、行事参列など、絶え間のないさまざまな要求が積み重なり、神社に関わるあらゆる強要として、いたる所で存在する齟齬や杜撰さ、角逐さえも内包した形で朝鮮人初等学校児童に圧しかかる構造を明らかにした。

(二) 神社参拝を促す側から見た時の「壁」

前項では、神職、校長、面長や郵便所長、中等教育機関生徒の存在に着目した。本項では同様に、これらが、神社参拝を強要する各権力の意図にとって「壁」になる側面をも同時に有していたことについて述べる。第一に神職は、その宗教的熱意により、官僚の形式的な祭祀参列の様子や「非宗教」(「崇敬」)としての神社参拝に批判を続けた。第二に校長は、勧学祭には参列し修身書をもらうものの、大祓式には参列しないという対応を選ぶことが一九三六年頃まではあり得た。その他の祭祀への参列様態を見ても校長の対応は個人の判断の余地があったと考えられる。第三に面長は、一九三九年以降全羅南道で激しい神祠の増設が実施された際、神祠の設置申請代表者にならないか、または少なくとも「逡巡」を示した形跡があった。第四に中等教育機関の生徒は、秘密結社等の組織化はもとより、神棚をもらうや否や踏み壊すなど、日本人校長や教員にとって、神職にとって、学務行政やその他植民地支配の貫徹を図ろうとする官僚にとって、「民族意識が芽萌えかて、環境の不良分子に煽られ」(7)る苛立たしい「壁」であった。

面長も神職も、従順な政策執行者ではない側面がある。神社参拝は直線的に執行される状況ではない。その錯綜した状況自体がそのまま、児童を神社参拝に追い立てた。右に挙げた四者はそれぞれ強要する側、される側として両面を有しているが、児童だけはもっぱら強要される側としての側面しか有さない。

第四節　無限定的な「神秘」の諸権力の様相

日本内地では「お祓い」への学校の参列は政策決定レベルでは懸念が表明されていた。しかし朝鮮では三二年から大祓式への学校の参列が始まり、三七年には一〇〇〇人以上が参列した。少なくとも大祓式への生徒参列に関しては、朝鮮総督府の政策的意図とは直接的な関わりが見られないところから始まっていた。

神宮大麻に関して言えば、日本内地では神社参拝は愛国心を示すものとされた（三二年）が、大麻については宗教諸団体の強い反発を引き起こしていた（明治維新期以降一九三四年頃まで）。他方朝鮮では三四年から大麻は学校にまつられはじめ、三五年には教員に神棚を頒布、三八年頃からは児童生徒の家庭にも大麻が配られ、学校によっては「実情調査」が実施された。神社神祠不在の地域では、校内の屋外に大麻奉斎殿が設置された。

校長の協力体制については、勧学祭には参列するが大祓式には参列しないという選択もあるが、両者に参列するという選択もある。夏季早朝参拝に、近隣校でも熱意を見せない学校もある。これらが校長の判断のもと行われる。また、「御真影」の定位置である講堂の中心に神棚を設置する。一応「非宗教」の道具立てである「御真影」の代替として「宗教的」なモノが入り込み、それが「正規」な秩序を混乱させる。

日本内地では、民祭を支える地域的基盤が一応存在した。しかし朝鮮においては、（日本の習俗である）民祭の基盤が存在しない。そこへ「総鎮守」としての朝鮮神宮が出現し、官祭が導入される。日本内地の学校では官祭の影響を受けつつ、「御真影」と教育勅語で独自に形成された「学校マツリ」（序章参照）が導入されたわけだが、朝鮮人対象校の「学校マツリ」は「御真影」が一九三八年の第三次朝鮮教育令まで法的に構想されないなど、きわめて「非正規」な形態であった。そうした学校において、「お祓い」のような民祭的習俗的な行事も児童に要求された。

朝鮮神職会会報で「英霊公葬論」（戦死者の葬祭を神道式にする主張）が掲載されるのも、大祓式への生徒参列が開始されるのも同じ三二年であり、これは日本内地よりも早い。また、大邱神社や京城神社など日本人居留民の設置した祠に源流をもつ神社も、もともと「無格」社のため葬祭関与は実質的に自由だったわけだが、これらが国幣社に列格された後も、葬祭関与を止める様子はなかった。「非宗教」の内在させる「神秘」はこのような形でも官国幣社に入り込んだ。

第五節　神社参拝を学校との関係から見る

（一）強要とは何か

序章で、強要を身体的・暴力的な事態とのみ捉えることの問題を指摘した。ここで、各章から明らかになる幅広い強要の具体をあらためて示しておきたい。

勧学祭の誓詞は、日本人になる誓いと教科書への御礼とを要求しただけではない。それに学校名と名前を記入して提出させることで、間接的な監視を可能にする「小道具」であった。大祓式では校長と一人から数人の児童生徒が参列をすることによって、校長が児童生徒の挙措を監視できる形式であった。朝鮮神宮夏季早朝参拝や大邱神社日参会では、参拝証を提出することで勧学祭同様の監視が可能となった。学校名や祭祀・行事ごとの参列者名が『年報』に公開されるということは、各校長に「児童への参拝強要を強要する」圧力として機能したとも言える。

神祠の設置様態の分析からは、神祠の場所選定の段階から学校が重視されること、神祠設置申請代表者に学校組合管理者が多いことなどから、地域社会で神祠設置を実行した人々の中に、学校への依存が明確にみられた。これは換言すれば、序章で触れたような「学校ならばしかたがない」という認識（学校の有する権力への社会的承認）のあらわれとも言える。学校で配布された神宮大麻は、自宅に持ち帰ったあとどう処理するのか「調査」が行われた。あるいは、「宮城遙拝、大麻奉祀殿奉拝、国語愛用は心から出来ましたか」（第五章）と印字された日記に答えを記入させる事例もみられた。序章で述べたように学校教育は、常に「懲戒」や評価を伴っている。すなわち、「成績を下げるぞ」「罰するぞ」という一種の脅しを伴い監視が行われる。

無論右のような道具立ては、もともとは監視や脅しそのものを意図してはいない。神職には神職の願いがあり、校長には校長の願いがあり、それらは「皇国臣民化」などの朝鮮総督府による政策意図とはずれていることもしばしばある。否、絶えず「神秘」の足場から神社の宗教化・「国教」化を主張し続けた高松四郎や阿知和安彦ら神職の願いは、政策意図と明確な齟齬がある。しかし、これらが裂け目も弥縫も角逐も含みつつ折り重なって結果として、「小道具」の持つ魔法的な力を利用した絶え間ない脅しと監視の空間を作り上げた。その構造は、時に「後方から刑事等数人が厳しい監視をする」(序章21頁参照、神職早山静夫の回想)という文字通りの監視以上に暴力性を発揮したのではないか[8]。

本書カバー写真(一五三頁にも掲載)は、日本人女性教員が朝鮮人男子児童と国幣小社大邱神社で撮った記念写真である。この写真の様態は、「強制的に額ずかせる」等これまでの神社参拝強要の叙述では説明できない。しかし、本書の検討を通じてあらためて見るならば、神社参拝が強要されたことをただ否定することもまたできないだろう。女性教員を神社に向かわせる校長や神職や神社メディアなどの間接的な圧力や、朝鮮人児童を神社で緊張の面持ちで直立させるための教員から児童への懲戒や賞罰などの「学校教育」の力が、ここに発現し交錯する様態を、象徴的に見ることができる。

(二) 時期ごとの特徴

末尾資料2-1「関連年表」を参照されたい。本書では、学校と神社の関係という視点を取り入れて分析することにより、第一に神社に関わる多様な強要は少なくとも一九二〇年代には存在していたこと、第二に、三〇年代半ばは、先行研究がすでに明らかにしているように神社参拝が団体規律、儀礼として強化される一つの画期としては重要であるが、それと並行し、また絡み合いながら、個人的参拝の要求もまた強められゆくことを示した。

第一の時期として一九二〇年代は、公立学校における神社参拝強要の事例が日本内地よりも早くから生起し、朝鮮神宮創設時には総督府は神社を利用した社会統合に明らかに消極的であった。この時期には、朝鮮神宮創立とともに日本内地から任命された「殿上人」的神職(補論参照)らの「孤軍奮闘」的な朝鮮人児童への参拝要求が特徴的である。

次いで三二年頃から三七年頃までが第二の段階である。この時期には、児童に対し、神社・神祠を設置するための労働や金銭の要求、設置後の清掃等地域社会における維持管理の要求、「信仰」心を伴う日参の要求などが、「誓詞」や参拝証などの監視を伴い時々刻々と酷烈なものとなっていった。

朝鮮神宮参拝者数は、一九三八年をピークに減少し、以後一度も三八年の参拝者数に及ぶことはなかった。これは、朝鮮人対象校における「御真影」への拝礼が制度上は可能になった第三次朝鮮教育令の発効と照応しており、「御真影」の代替としての神社・神棚・神宮大麻という本書の結論を裏付ける。

このように考えてみれば、一九二〇年代にはすでに始まっていた学校に対する神社参拝とそれに関わる絶え間ない要求は、三〇年代前半から三七年まで、「御真影」交付に道筋がつく第三次朝鮮教育令までの時期には、植民地統治政策や軍事政策上の要求と、神職の宗教教化への欲望と、教員の職業上の責任感などを絡ませあいながら酷烈に重ねられたと言える。

第三の段階として三八年以後は、朝鮮神宮参拝者数は頭打ちとなり、扶餘神宮は完成せず、各地の神祠は同年まで設置数が減少、その後地域によっては神祠が激増したものの、朝鮮人在来祭祀の場や伝統的娯楽の場として、天皇崇敬という支配者の期待とは異なる空間となっていった。しかしだからと言って、この時期の神社参拝要求を、軽微なものとみなすことはできない。この時期の要求の内実は、「武運長久祈願」を目的とする団体規律的参拝にとどまらず、地域の神祠で拍手の打ち方や「舌打」を監視し見つけ出して逮捕するなど、微細な身体挙措に対する狂信的な要求へと質が変化したのである。この段階においては、露骨で可視的な、特定の身体規律の要求が苛烈なものとなり、前段階までの個別的な「信仰」心への要求というものが後景に退き、身体挙措の統制への要求だけが日々重みを増した。これまでの研究で、あるいは歴史教科書等で取りあげられてきたのは、この最終的な事態だけであった。

本書の内容を踏まえてこの最終的な形骸化の事態を見てみれば、神社参拝を要求したのは官憲のような目に見える直接の権力執行主体ばかりではないことは明らかである。一九四〇年代に至って、力づくで瓦解をとどめようとしても到底とどめられないような、はじめから植民地支配に内包される幾重もの亀裂と自家撞着を抱え込んだ構造物を、それまでの時期において「主体的」に「懸命」に構築してきた人々が存在する。その人々こそ、あるいは朝鮮人児童の心身を監視の仕掛けで絶え間なく縛り上げた、またあるいは「舌打」やポケットに手を入れるという軽微な挙動を「不敬」だとして文字通り捕縛したその紐を、まぎれもなく握り締めていた主体なのである。

第六節　残された課題

最後に、本書で触れることのできなかった課題を挙げる。まず、実業教育機関・高等教育機関、伝統的教育機関たる書堂、特に女児に多かった不（非）就学者については、筆者の力不足により研究対象から外してしまった。次に、一九四〇年代の神社と学校の関係については、資料上の制約もあり基礎的な史実についてさえ触れることができなかったことも多い。

そして、神社参拝を行った朝鮮人児童の心象の具体相、それこそは「魔法の杖」が最も直接働きかけようとした対象であったと思われるが、本書ではほとんど見出すことができなかった。そこには教師や神職との日常の関係性の中で、涙、怯え、怒り、震え、緊張、不安、あるいは褒められて誇らしい、叱られて悔しく恥ずかしい、日本人になりたい、なりたくない、そうしたさまざまな心の様相が存在したはずだ。植民地において果てしなく繰り出されねばならなかった「魔法の杖」がねらいとするその先には何があるのか、ということを意識して研究を進め、深めてゆかねばならない。

ほかにも課題は数多い。まずは次のような目の前の課題に取りかからねばならない。一つには、より大きな社会的、政治的な文脈や問題構造との関連を眺め渡しながら個別的な特性と相互関係性を論じ明らかにすることである。例えば日本が展開していた戦争の情勢や、国際関係、教育政策で言えば「宗教的情操」の涵養や教学刷新評議会設置など、本書で取り上げた内容と無関係でないさまざまなことがらに、触れることができなかった。

また一つには、資料に直接浮かび上がらない多くの問題の存在を自覚的に認識し捉えようとすることである。本書では、朝鮮語新聞資料として『毎日申報』(三八年以後『毎日新報』)を多く用いた。しかし同新聞は、朝鮮語で発行されはしたものの実質は総督府の御用新聞であり、朝鮮語新聞で唯一一九四〇年代に発刊停止を免れた媒体である。したがって、この新聞に掲載できなかった史実こそが極めて重要であるとも言える。こうした問題は、日記や回想を用いるにあたっても常に胚胎されている。例えば日記を書き、それが何らかの形で現代に残されている人物は性別や社会的地位の偏りがあるという事柄に対しても、いっそう自覚的かつ慎重でありたい。

さらに大きく長期的な課題として、学校教育と天皇制について、帝国全体を射程に含めての研究を本格的に行いたいと考えている。本書では、学校儀式の道具立てとして「御真影」と教育勅語を挙げ、特に第五章ではそれら道具立ての空間配置の植民地における特質について考察した。しかし、天皇崇敬を貫徹させようとする重要な役割を担わされている学校儀式は、これらの道具立てだけで構成されたのではない。例えば、学校儀式の締めくくりに置かれた唱歌の存在をどうとらえるべきか。教科としての唱歌に関する先行研究は存在するものの、儀式の中の唱歌についてはまだまだ検討され、明らかにされねばならないことが多い。あるいは神社との関連でいえば、修身だけでなく、教科書の中の天皇・皇室・神社崇敬教育のための教材を、各教科の相互関連性・教育課程・指導計画のレベルまで分析し(例えば第五期国定教科書『初等科国語一』の「天の岩屋」と『初等科音楽一』の同名教材など)、その意味と役割も明らかにしなくてはならないだろう。

本書の冒頭で、新任教員だった杉山とみさんの回想を紹介した。日本人植民者の回想から、朝鮮人児童の心情をすべて読み取ることはできない。しかしあくまで日本人であり教員であるという立場と視点を通じたものであるとはいえ、その文面にはたしかにそこで対峙していた朝鮮人児童の闊達さや不安感がにじむ。

筆者の今後の研究も、歴史に対し真摯に向かい合い、植民地支配の中で生きた人々の心に緊張感をもって迫るものであらねばならないとあらためて思う。

注

(1)もっとも、一九二〇年代北海道の第二伏古尋常小学校では、アイヌ児童に「ヨキ日本人トナル覚悟デゴザイマス」との誓詞を唱和させていたことが、竹ケ原幸朗により明らかにされている(竹ケ原幸朗「近代日本のアイヌ教育　同化教育の思想と実践」『教育のなかのアイヌ民族　近代日本アイヌ教育史(竹ケ原幸朗研究集成第一巻)』(社会評論社、二〇一〇年)、四五頁(初出は同名論文『北海道の研究』第六巻近現代編二(高倉新一郎監修、桑原真人編、清文堂、一九八三年))。こうした、誓いを要求する「教育」のありかたは、より広く深い視角から慎重に考究されねばならない課題と考えている。

(2)『朝鮮に赴任する国民学校教員の為に』(朝鮮総督府学務局学務課、一九四一年)、一〇頁。『일제　파시즘기　한국사회　자료집(日帝ファシズム期韓国社会資料集)』五巻(方基中編著、ソンイン(韓国)、二〇〇五年)所収。

（3）小学校一般には「御真影」はほとんど交付されなかったことは第五章で述べたが、朝鮮神宮のあった「京城」の小学校は例外的に高い交付率を示している。

（4）一九三七年七月の盧溝橋事件以後総督府学務局主導で「愛国日」が設定された。愛国日は「学校の愛国日」とも報道されており、毎月六日の愛国日には朝鮮神宮はじめ各地方の神社で行われる式典に多くの児童・生徒・学生の団体が動員された。三九年日本内地で「興亜奉公日」が開始されるとそれに合わせ毎月一日になった。

（5）井田末喜「皇国臣民化の教育に就て」『朝鮮』第二八七号（朝鮮総督府、一九三九年四月）一五頁。

（6）羅英均前掲書、一五二頁。

（7）井田前掲論文。

（8）このように、植民地支配空間における暴力的な事態とは何を意味するのか、ということを根本的に問い直そうとする時、ミシェル・フーコーの『監獄の誕生 ―― 監視と処罰』が想起される。同著でフーコーは、身体の「四裂き」に象徴されるような、一八世紀までの「けばけばしい」身体刑から近代における規律・訓練、そして収監に代表される「いっそう巧妙かつ当たりのやわらかい苦痛」への歴史的変貌過程と社会における権力というものの正体を掘り下げた。

従来植民地における神社参拝強要の叙述は、日中戦争本格化以後の軍事上の要請に関わる「けばけばし」さ、あるいは「収監」というフーコー流の結論とも言いうる側面に目を奪われて、それ以前の時期に「巧妙かつ当たりのやわらかい苦痛」があったか否か、あったとすればそれはどれくらいの苦しさや痛さを、いかなる権力主体が「巧妙」に強いた歴史を反映しているのかという問題の所在をほとんど看過してきたのではないだろうか。

一九三〇年代後半の、軍事上要請された神社参拝は日本内地でも数多くあった（例えば荻野末『ある教師の昭和史』（一ツ橋書房、一九七〇年）参照）。したがって、この時期の神社参拝がどのようであったかということだけを見ていては、植民地権力の実像も植民地に固有の痛覚も「戦時体制」の言葉の中で閑却されかねない。

ミシェル・フーコー（田村俶訳）『監獄の誕生 ―― 監視と処罰』（新潮社、一九七七年）、一三頁。暴力と権力の概念に関しては、萱野稔人『国家とは何か』（以文社、二〇〇五年）の分析に示唆を受けた。

＜資料１＞　朝鮮神宮神職一覧

朝鮮神宮職員には宮司・権禰宜・禰宜・主典（待遇官吏）、出仕・楽師・衛士等（雇員）がいた。本表では、朝鮮神職会を構成した主典以上の神職のみ掲げる。神宮皇学館卒業を確認できた人物は通し番号を○で囲む。

番号	職位	在職	氏名（旧氏）	着任前履歴（『神宮皇学館一覧』氏名掲載順位／学年人数）※1	離任後1945年までの履歴（**ゴシック太字**は朝鮮内の役職）	出典 ※2
①	宮司	1925–31	高松四郎	原籍福島県。1875年生まれ。1898年3月神宮皇学館本科7期卒業（2/9）。1901年国幣小社弥彦神社宮司、21年別格官幣社東照宮宮司。25年官幣大社朝鮮神宮宮司。30年神宮皇学館評議員。	31年官幣大社橿原神宮宮司、34年官幣大社札幌神社宮司、40年官幣大社住吉神社宮司。	A（3）
②		1931–40	阿知和安彦	原籍愛知県。1873年生まれ。95年神宮皇学館本科卒（1/2）。97年1月神宮宮掌兼神宮皇学館教授。同年7月別格官幣社建勲神社宮司兼皇典講究所京都分所専務理事、神職養成部創設、1906年官幣中社吉田神社宮司、精華女学校創立に参画。12年4月別格官幣社東照宮宮司。16年12月神宮禰宜。23年2月神宮神部署主事、同愛知支署長。26年5月国幣中社諏訪神社宮司。長崎県皇典講究所長。31年4月官幣大社朝鮮神宮宮司。39年朝鮮皇典講究分所学階検査委員。40年1月扶餘神宮造営委員会委員。	40年8月依願免官幣大社朝鮮神宮宮司。「**皇道宣揚会**」**会長**（40年）。42年10月愛知県県社神前神社社司。	A（1）（3） C（昭16–17） G（昭15/10/14） H
③		1940–45	額賀大直	原籍千葉県。1877年生まれ。1902年神宮皇学館本科卒10期卒業（3/4）。04年12月別格官幣社寒川神社宮司、07年7月官幣大社札幌神社宮司、官幣大社浅間神社宮司を経て25年10	45年11月朝鮮神宮廃止事務終了後解職。	A（1）（3）

				月別格官幣社東照宮宮司。29 年官幣大社八坂神社宮司。38 年 2 月官幣大社住吉神社宮司（勅任待遇）。40 年官幣大社朝鮮神宮宮司。		
④	権禰宜	1936–41	吉田貞治	原籍青森県。1900 年生まれ。24 年神宮皇学館本科卒（8/27、⑧鈴木と同期）。三重県立津中学校教諭を経て別格官幣社常盤神社禰宜。28 年国幣中社鹽釜神社禰宜。33 年官幣中社住吉神社宮司。35 年 10 月官幣大社朝鮮神宮権宮司。	1941 年 2 月別格官幣社豊国神社宮司。	B（41/3/no772） C（27） E（昭 11/11）
⑤		1941–45	竹島榮《よし》雄	原籍三重県。1905 年生まれ。1927 年神宮皇学館本科卒。東照宮、松尾神社、吉田神社、北野神社を経て柞原八幡宮宮司、41 年朝鮮神宮権宮司。	45 年 11 月朝鮮神宮廃止事務終了後解職。	A（1）（3）
⑥		1925–32	手塚道男	原籍栃木県。1897 年生まれ。大田原中学校卒業。1920 年神宮皇学館本科卒業（20/24）。同年埼玉県立工業学校教諭。1920 年 10 月明治神宮主典。1925 年 4 月朝鮮神宮事務取扱。同年 10 月朝鮮神宮禰宜。	1932 年長野県国幣中社生島足島神社宮司。1936 年神奈川県国幣小社箱根神社宮司。1941 年愛知県祭務官。1943 年官幣大社松尾神社宮司。	A（1） B（773） C（昭 2） D
⑦		1932–37	仲《なか》公《いさお》	原籍三重県。1897 年生まれ。1911 年尾鷲男子尋常高等小学校高等科卒。16 年独逸学協会中学校卒。1917 年神宮皇学館専科卒（11/21）。同年鎌倉宮主典。19 年引本神社社掌。20 年国学院大学夏季講習会修了。27 年官幣大社朝鮮神宮主典。1932 年禰宜。	1937 年**国幣小社大邱神社宮司**（初代）。43 年**国幣小社京城神社宮司**。	A（1） C（昭 2） G（昭 7/10/14） J
⑧		1937	鈴木重道	原籍北海道。1902 年生まれ。1924 年神宮皇学館本科卒（13/27、④吉田と同期）。神宮文庫書記を経て 28 年から 34 年まで埼玉県立久喜高	1938 年**国幣小社平壌神社宮司**。1941 年**朝鮮総督府祭務官**。43 年福島県伊佐須美神社宮司。	A（2）（3） C（昭 2） E（昭 13/1）

	禰宜			等女学校勤務。34 年北海道県社余市神社社司（養父を継ぐ）。37 年 1–3 月内務省主催神職長期講習会第 1 回修了、同年 5 月官幣大社朝鮮神宮主典。37 年 12 月 28 日禰宜。		
⑨		1938–41	岡本正勅《まさのり》	原籍岡山県。1903 年生まれ。21 年神宮皇学館専科卒（2/6、㉒水野と同期）。同年 5 月平壌神社出仕。24 年 1 月平壌神社社掌。25 年官幣大社朝鮮神宮主典。	1937 年**国幣小社平壌神社禰宜**（初代）。38 年 9 月**官幣大社朝鮮神宮禰宜**。41 年 7 月**国幣小社平壌神社宮司**。	A（2）（3） C（昭 2） D
⑩		1941–43	宮田定繁	原籍高知県。1928 年神宮皇学館本科卒。32 年東萊高等普通学校、36 年釜山中学校、40 年官幣大社朝鮮神宮主典。41 年同神宮禰宜。	1943 年 10 月 7 日**国幣小社大邱神社宮司**。	C（昭 15）
⑪		1943	川崎健吾	原籍長崎県。1932 年神宮皇学館本科卒。37 年朝鮮神宮出仕。38 年 5 月 28 日応召。39 年 12 月 6 日朝鮮神宮主典。大日本神祇会朝鮮本部（前朝鮮神職会）主事を経て 43 年 10 月 5 日朝鮮神宮禰宜。同月 13 日関釜連絡船遭難事故により死亡。	没。	E（昭 13/6） G（昭 18/10/13）
⑫		1943–45	大工原英夫	1933 年神宮皇学館本科卒。41 年朝鮮神宮主典。43 年 10 月 13 日朝鮮神宮禰宜。	45 年 11 月朝鮮神宮廃止事務終了後解職。	C（昭 15）
⑬	主典	1925–30?	矢野（田中）永治	原籍三重県。1902 年 6 月 30 日生まれ。1924 年神宮皇学館専科卒（1/28）。同年唐沢山神社、25 年朝鮮神宮主典。	30 年神宮神部署神部補、41 年神宮権禰宜。	A（1） C（昭 2）
⑭		1925–30	宮永卓爾	1904 年広島県私立日彰中学校 3 年修業。10 年神宮皇学館専科卒（1/22）。神宮司庁勤務を経て 1911 年 9 月京都府官幣中社白峰宮主典。1912 年広島県厳島神社主典。1925 年朝鮮神宮主典。	1931 年長野県国幣中社諏訪神社禰宜。	C（昭 2） D G（昭 6/7/30）

15	主典	1929–32	所　茂	原籍広島県。1897年生まれ。岩国中学校卒。1927年国学院教習科乙種卒（資料Bでは皇典講究所神職養成部卒）。朝鮮出仕を経て1930年同主典。	国幣小社吉備津神社禰宜（着任年不詳）。39年6月「海外神社奉仕員養成所」入所、3か月の合宿訓練。広東神社社司（42年現在）。	B（710） K
⑯		1929–37?	山田早苗	原籍岡山県。1896年生まれ。1919年神宮皇学館専科卒（11/21）。21年岡山県県社徳守神社社掌。24年国幣小社中山神社主典。25年官幣大社朝鮮神宮創設とともに主典。	1939年**府供進社元山神社社掌**。43年**同社司**。	A（3） C（昭3） D E（昭14/1）
⑨		1925–37	岡本正勅	「禰宜」欄参照。	「禰宜」欄参照。	「禰宜」欄参照。
17		1932–38	早山静夫	原籍神奈川県。1903年生まれ。26年皇典講究所神職養成部教習科卒。神職高等試験合格。27年4月神宮宮掌。神宮神部署勤務。32年11月官幣大社朝鮮神宮主典。	1938年**国幣小社龍頭山神社禰宜**。41年**国幣小社江原神社宮司**（初代）。44年山口県住吉神社宮司。	A（1） E（昭14/1）
⑱		1932–37	横井時常《ときひさ》	原籍愛知県。1906年生まれ。28年神宮皇学館本科卒。同年官幣大社朝鮮神宮出仕。1931年主典。	1937年**国幣小社大邱神社禰宜**。38年12月25日官幣大社住吉神社主典。39年8月別格官幣社藤島神社宮司。40年神祇院教務官。41年海軍省出向。44年神祇院教務官。45年別格官幣社靖国神社権宮司。	A（2）（3） C（昭3） E（昭14/9） G（昭6/8/26）
19		1933–38	宮永博顯	33年官幣大社朝鮮神宮主典。	1938年3月31日**水原神社社掌**。39年**邑供進社水原神社社掌**。	E（昭13/4） E（昭14/1）
20		1936–38	飯田助三	30年朝鮮神宮出仕。36年官幣大社朝鮮神宮主典。	1938年**国幣小社京城神社主典**。39年**国幣小社龍頭山神社主典**。同年11月30日**国幣小社京城神社主典**。	E（昭16/1） F（昭13）
㉑		1936–38	池田良八	原籍佐賀県。1909年生まれ。30年神宮皇学館本科卒。同年官幣大社朝鮮神宮出仕。35年主典。	1938年**皇典講究所朝鮮分所講師**。40年別格官幣社靖国神社主典。	A（1）（2）（3）

㉒		1938–42?	水野（佐伯）正陽	原籍愛媛県。1921年神宮皇学館専科卒（3/6、⑨岡本と同期）。27年国幣小社沼名前神社（職位不詳）。28年山東省青島神社主典。33年全州神社社掌。38年官幣大社朝鮮神宮主典。	1938年**道供進社全州神社社掌**。39年**官幣大社朝鮮神宮主典**。	C（昭3） E（昭14/1） F（昭15）
㉓		1938–39	小西武雄	原籍京都府。1931年神宮皇学館本科卒（㉔石垣と同期）。32年官幣大社朝鮮神宮出仕。37年国幣小社龍頭山神社主典。38年官幣大社朝鮮神宮主典。	39年11月17日朝鮮神宮主典を辞職、**元山公立高等女学校教諭**。	C（昭16–17） E（昭14/12） F（昭12）
㉔		1937–41?	石垣重石彦	原籍三重県。1931年神宮皇学館本科卒（㉓小西と同期）。36年官幣大社朝鮮神宮出仕。37年主典。38年応召。39年復職。	不詳	C（昭16–17）
㉕	主典	1937–44?	東 睦郎	原籍三重県。1931年神宮皇学館普通科卒。同年朝鮮神宮出仕。37年主典。38年4月–7月内務省主催第4回神職講習会受講。	不詳	C（昭16–17）
26		1937–38	佐伯昌德	1908年生まれ（資料Bから推定）。1937年朝鮮神宮主典。「院館いづれにも拘束されない立場」（資料B）。（「院館」とは国学院・皇学館のこと）	1938年官幣大社大和神社（奈良県）主典。39年新京神社勤務。	B（719） E（昭13/1）
27		1938–39	入江 晃	原籍茨城県。1909年生まれ。31年国学院大学神道部（3箇年専門部）卒。同年全国神職会会報『皇国時報』編集部に入る。39年3月編集主任から官幣大社朝鮮神宮主典。朝鮮神職会会報『鳥居』編集人兼務。	1939年12月官幣大社宮崎神宮主典。	A（1） B（701）
28		1938–40	横山義平	官幣大社氷川神社を経て1938年10月16日朝鮮神宮主典。	40年7月11日退職。**皇典講究所朝鮮分所書記**。	E（昭13/1） E（昭16/4） G（昭15/7/11）

㉙	主典	1939–44?	古河正三	原籍長野県。1933年神宮皇学館普通科卒。38年官幣大社朝鮮神宮出仕。39年主典。	不詳	C（昭 16–17）
⑩		1940	宮田定繁	「禰宜」欄参照	「禰宜」欄参照	C（昭 15）
㉚		1940–41	鎌子八郎	原籍愛知県。1911年生まれ。1834年神宮皇学館本科卒。橿原神宮、八坂神社を経て1937年朝鮮神宮出仕。38年5月28日応召。39年12月7日朝鮮神宮主典。	41年2月**朝鮮総督府祭務官補**。神祇院設置とともに全国8か所に祭務官、各県に祭務官補が任じられた。この時の朝鮮総督府祭務官は高松四郎の長男忠清。	A（1） E（昭 13/6） E（昭 16/2）
⑫		1941	大工原英夫	「禰宜」欄参照	「禰宜」欄参照	C（昭 15）
㉛		1940–44?	朝比奈（佐藤）正憲	原籍大分県。1914年生まれ。1936年神宮皇学館本科卒。官幣大社竈山神社（和歌山県）を経て40年朝鮮神宮主典。	不詳	C（昭 15）
32		1941–43	大橋義知	原籍静岡県。1916年生まれ。1937年国学院大学卒。同年朝鮮神宮出仕。38年12月1日応召解除。39年5月19日応召、40年同出仕。41年主典。	1943年11月30日愛知県へ出向被命。	G（昭 14/5/19） G（昭 18/11/30） I
㉝		1942–44?	伊地知親雄	1939年神宮皇学館本科卒。	不詳	C（昭 15）
34		1942–44?	小池田康男	1940年—41年朝鮮神宮出仕。42年同主典。	不詳	G 職
㉟		1943	荒川孝	原籍静岡県。1937年神宮皇学館本科卒。国幣小社菅生石部神社主典を経て1943年朝鮮神宮主典。	不詳	C（昭 16–17）
36		1943	山口了古	不詳	不詳	G 職

※１『昭和二年神宮皇学館一覧』までは、氏名掲載順が、いろは順でも50音順でもないため、席次順と推定。翌年以降は50音順。
※２ 出典は以下のとおり。
A『神道人名辞典』、神社新報社、各年版。（1955年版を（1）、86年新刊行版を（2）、91年改訂版を（3）と記す。）

B『皇国時報』、皇国時報発行所、各号。（　）内は号数。

C『神宮皇学館一覧』、神宮皇学館、各年版。(『昭和二年神宮皇学館一覧』を(昭 2)と記す。)

D 横田康『朝鮮神宮紀』、国際情報社、1926 年。

E『鳥居』、朝鮮神職会、各号。(「昭和十三年一月刊」を(昭 13/1)と記す。)

F『朝鮮総督府及所属官署職員録』、朝鮮総督府、各年版。(昭和十三年版を(昭 13)と記す。)

G『朝鮮神宮年報』(朝鮮神宮社務所、各年)。「職員一覧」を「職」、「社務日誌昭和十六年版八月一二日」を「日」昭 16/8/12 と記す。)

H 阿知和安彦先生歌集刊行会編『五十鈴の流れ』、私家版、1956 年。
I　ご親族提供資料
J　韓国國史編纂委員会韓國史データベース
K『昭和一八年度用　院友名簿』、財団法人国学院大学院友会、1942 年。

<資料2-1>　本書関連事項年表

	朝鮮神宮関係	学校関係			内務（神社関係）行政	日本内地	
		公立学校	私立キリスト教系学校	学務行政			
1919	7. 朝鮮神社創建告示			8. 内務部から学務局独立、. 柴田善三郎局長着任	7. 朝鮮神社創建内閣告示		1919
1920							1920
1921							1921
1922				2. 第二次朝鮮教育令公布　10. 長野幹局長着任			1922
1923							1923
1924		10. 江景公立普通学校神社不参拝事件		12. 李軫鎬局長着任			1924
1925	6. 朝鮮神宮へ改名し竣工 8. 祭神論争 10. 高松四郎宮司着任	10. 朝鮮神宮鎮座祭参列	10. 朝鮮神宮鎮座祭不参列	10. 鎮座祭不参列を黙認	6. 朝鮮神社を神宮に改称する告示 8. 祭神論争		1925
1926	4. 修身教科書授与奉告祭開始	4. 修身教科書授与奉告祭に参加					1926
1927							1927
1928							1928

1929		10-. 光州学生運動		1. 松浦鎮次郎局長着任　10. 武部欽一局長着任		12. 神社制度調査会設置	1929
1930							1930
1931	4. 阿知和安彦宮司着任			6. 牛島省三 局長着任 9. 林茂樹局長着任	内務局長が朝鮮神職会会長を兼ねる	9. 柳条湖事件	1931
1932	2. 節分祭開始 6. 大祓式学生参列開始	6. 大祓式に京城第二高女生参列	9. 平壌慰霊祭不参加	4. 学務局長が勧学祭に初参列		5-. 上智大学靖国神社不参拝、配属将校引き揚げ事件	1932
1933		6. 大祓式に京城府内校長学生参列		8. 渡辺豊日子局長着任	9. 土地収用令改定（神社建設の為収用可能に）	8. 美濃ミッション排撃事件　1-. 滋賀県神棚事件	1933
1934	4. 修身教科書授与奉告祭を勧学祭に改称 5. 尚武祭開始	3. 東大門小屋上に大麻殿完成		各道で「一面一校」が完成		3. 大島高等女学校廃校	1934
1935	3. 桃花祭開始	朝鮮教育会が取りまとめ、教員家庭に神棚頒布	11. 校長会の平壌神社参拝、崇實学校長ら不参加	1-.「心田開発」運動 9. 大麻殿設置の通牒　11. 平安南道で校長が祝詞講習	神祠設置許可数減少	6. 同志社神棚事件 8. 国体明徴声明 11. 教学刷新評議会設置	1935
1936	7. 夏季早朝参拝開始		1. 崇實学校長罷免	5. 富永文一局長着任 6 大祓式に政務総監初参列 12. 大祓式に総督（南次郎）初参列	8. 神社・神祠制度大幅改定、京城神社・龍頭山神社が国幣小社に列格	10. 教学刷新評議会答申	1936

1937	7. 大邱神社日参会開始 9. 朝鮮神宮定日参拝開始	9. 愛国日開始 12.「御真影」一部に交付		7. 塩原時三郎局長（心得）着任 9. 学校愛国日開始 10. 皇国臣民ノ誓詞制定	8. 大邱神社・平壌神社が国幣小社に列格	7. 日中戦争拡大	1937
1938		児童生徒家庭に大麻、神棚配布	神社参拝問題による廃校相次ぐ	3. 第三次朝鮮教育令公布、普通学校を小学校に改称	10. 大麻頒布系統組織化、扶餘神宮創建決定		1938
1939		この頃、二千六百年奉祝計画策定 春川公立中学校常緑会事件		11.「皇国臣民誓詞之柱」朝鮮神宮境内に竣工（朝鮮教育会献納）	2. 全羅南道で「一面一祠」開始 4. 京城・羅南に護国神社創建決定	9. 興亜奉公日設定	1939
1940	8. 額賀大直宮司着任 朝鮮各地で勧学祭	11. 乃台事件（釜山東莱公立中学校等学生運動）				10. 内務省神社局が神祇院に改組 12. 大祓の奨励	1940
1941	朝鮮神職会が大日本神祇会朝鮮本部に改名		啓星学校長大麻廃棄で「不敬罪」実刑	3. 国民学校令に準じ国民学校規程公布 3. 真埼長年局長着任	10. 光州神社・江原神社が国幣小社に列格	3. 国民学校令公布	1941
1942				10. 大野謙一局長着任	10. 神祠例祭で飲酒を許可	1. 大詔奉戴日設定	1942
1943					11. 京城・羅南護国神社竣工、鎮座祭		1943
1944				8. 厳昌燮局長着任	5. 咸興神社・全州神社が国幣小社に列格		1944
1945							1945

＜資料2-2＞　本書関連人物年表　※朝鮮での在勤は網掛け

	朝鮮神宮宮司			朝鮮総督府内務（神社行政）関係官僚			
	高松　四郎（1875-1958）	阿知和　安彦（1873-不詳）	額賀　大直（1877-1961）	石黒　英彦（1884-1945）	池田　清（1885-1966）	新貝　肇（1896-不詳）	
1919			11. 官幣大社氷川神社宮司	8. 朝鮮総督府江原道第三部長			1919
1920		6. 神宮文庫主幹		5. 平安北道第三部長	8. 警視庁総監官房外事課長	文官高等試験合格	1920
1921	12. 別格官幣社東照宮宮司			2. 平安北道警察部長		5. 東京帝国大学法科大学卒業	1921
1922				5. 総督府内務局地方課長	10. 岐阜県警察部長	7. 朝鮮総督府逓信副事務官	1922
1923	東照宮拝観料廃止問題が騒動になり、暗殺が計画される	2. 神宮神部署主事		5. 欧米出張	10. 内務書記官、内務省神社第一課長	3. 同逓信事務官 4. 京城郵便局	1923
1924					12. 神社局総務課長		1924
1925	10. 官幣大社朝鮮神宮宮司		10. 別格官幣社東照宮宮司（高松の後任）	朝鮮神宮祭神論争で天照大神と明治天皇二神とする「意見書」を書く		平壌郵便局長事務取扱	1925
1926	4. 修身教科書授与奉告祭開始	5. 長崎県国幣中社諏訪神社宮司					1926
1927				2. 台湾総督府文教局長		総督府海員審判所理事官	1927

1928					1. 京都府書記官・警察部長		1928
1929	1.「山梨総督に呈する書」執筆		官幣大社八坂神社宮司		2. 大阪府警察部長 7. 本省神社局長	10. 総督府逓信局庶務課長	1929
1930						総督府逓信局経理課長	1930
1931	4. 官幣大社橿原神宮宮司	4. 官幣大社朝鮮神宮宮司		5. 奈良県知事（高松と再会） 12. 岩手県知事	6. 朝鮮総督府警務局長、朝鮮神職会顧問	欧米視察	1931
1932		2. 節分祭開始 6. 大祓式学生参列開始		9. 岩手県立六原青年道場を開設、神殿設置			1932
1933				3. 昭和三陸地震・大津波		黄海道警察部長	1933
1934	橿原神宮新建造を内務省に働きかけ「左遷」4. 官幣大社札幌神社宮司	4. 勧学祭個人御礼参拝開始 5. 尚武祭開始					1934
1935	札幌神社の神宮昇格を目指す	3. 桃花祭開始 10. 朝鮮神宮鎮座十周年祭		「朝鮮招魂社」設置要望を朝鮮神職会会報に寄稿		江原道内務部長	1935
1936		7. 夏季早朝参拝開始			4. 北海道庁長官、札幌神社の神宮昇格を目指す	6. 総督府総督官房人事課長、中枢院書記官	1936

1937		9. 定日参拝開始		6. 北海道庁長官（池田清の後任、高松と再会）	6. 大阪府知事	7. 全羅南道知事	1937
1938		4. 皇典講究所朝鮮分所開所、所長就任	2. 官幣大社住吉神社宮司（知事は池田清）	8. 札幌神社境内に開拓神社創建 12. 文部次官			1938
1939				9. 依願免本官	9. 警視総監	2. 全羅南道で一面一祠開始	1939
1940	8. 官幣大社住吉神社宮司（額賀の後任）	1. 扶餘神宮造営委員 8. 依願免本職	8. 官幣大社朝鮮神宮宮司		1. 依願免本官	9. 咸鏡南道知事	1940
1941						6. 総督府逓信局長	1941
1942		10. 愛知県県社神前神社社司		6. 大政翼賛会錬成局長	1. 海軍司政長官	10. 総督府司政局長（内務局改組）	1942
1943				10. 辞任	8. 大阪府知事	中枢院書記官長	1943
1944							1944
1945				没	8. 貴族院勅選議員		1945

主要参考文献：
『五十鈴の流れ』（私家版、1956 年）。
『朝鮮総督府及所属官署職員録』（朝鮮総督府、各年版）。
高松忠清編『選松廼舎遺稿』（私家版、1960 年）。
『鳥居』（朝鮮神職会）。
韓国國史編纂委員会データベース
秦郁彦著・戦前期官僚制研究会編『戦前期日本官僚制の制度・組織・人事』（東京大学出版会、1981 年）
『北海タイムス』（北海タイムス社）。
『北海道神宮史　上』（北海道神宮編、1991 年）。

＜資料３＞　朝鮮神職会会報『鳥居』見出し一覧

第１期　　朝鮮神宮編集第１期

※旧字体は新字体に改め、不適切な表現も煩を避け<ママ>を省略して表記する。

号数	年月日 編集発行人 印刷所	記事タイトル	署名
6	昭和７年３月１日	忠勇なる戦死者の葬儀は必ず神式で行われたい	からむら生（ママ）
10	昭和７年７月１日	神ながらの心から時局を	
	手塚道男	祭政一致と挙国一致と	ときつね
	谷岡商店印刷部	朝鮮神宮（これから、朝鮮の神社を綴る）	
		神社と神棚との方位	天晴会幹事川村十二郎
		七月の話題	
		七夕祭から日本精神の発揚へ	しげる
		神祠の設立と管理と	をやま
		神宮御寄進御神宝刀の研磨奉仕	
		神宮撤下の御神宝を拝受したる朝鮮神社の腰折集	杉野神川
		全国神職会	
		湖南神職会	
		海州神社神庫新築其他改修工事	
		神庫の新築	
		神祠の設立	
		社殿の増改築	
		天晴会の月次修道会	
		阪本儀式課長の来鮮	
		満州国の奉天から	在奉天　高島生
13	昭和７年10月１日	満州国の承認と神道精神	
	手塚道男	満州国の活発問題（2）	陸軍大臣金子定一氏講演

	谷岡商店印刷部	旅嚢を展いて	かはむら生
		お祭月の十月	稲廼舎
		結婚式は神社の大前で	佳津緒
		朝鮮神宮毎日参拝会組織さる	
		北九州の農村を視察して神社鎮祭と精神の帰一を思ふ	始興郡南面長趙重完
		全国教化連合団体代表者大会と天晴会	
		全国教化連合団体代表者大会提出議案	天晴会
		元山神社へ大鳥居を奉献及川久次郎氏の寄篤	
		全州神社に郷軍優勝奉告祭	
		尚州神祠改築委員会正副委員長を決定し土地問題解決について協議	
		鎮海神社の御神庫造営費近々寄付募集開始	
		天晴会月次修道会	
		朝鮮神宮早起会六周年記念式を挙行	
		平田氏の辞任	
		山川氏釜山へ来任	
		会長理事の出張	
		朝鮮からお別れすることば	手塚道男
16	昭和8年1月1日	（巻頭言）	
	仲公	四方拝、歳旦祭、元始祭	
	近澤商店印刷部	神社参拝について	
		清州神社	
		神苑の鶏	早山生
		敬神美談	
		大田高女と御尊影切抜	
		現代の誤れる虚礼廃止問題	
		氏子及崇敬者	
		皇国平和長歌及反歌	対馬厳原町日野清三郎

		編集後記	
		年賀広告	
18	昭和8年3月1日	明治天皇御製	
	仲公	皇霊祭	
	近澤商店印刷部	神社問題に容喙する角張氏の蒙を啓く	榊原武橋
		予算委員会に於ける朝鮮神職会補助削減問題	
		帝国人口は九千三十九万	
		氏子及崇敬者（前承）	
		教育による敬神観念の涵養	小西生
		明治大帝の聖像　立命館大学で奉祀	
		メーソン博士に与う（一）	朴駿榮
		寄贈雑誌	
		伊勢中心の大聖地計画	
		幣帛料国庫負担案両院通過	
		平康東邊神明神祠御鎮座祭	
		入学案内京都国学院	
		祭術祝日謹話　八束清謹著	
		編集後記	
19	昭和8年4月1日	明治天皇御製	
	仲公	宮廷録事	
	近澤商店印刷部	神武天皇祭	
		メーソン博士に与う（二）	朴駿榮
		飛騨郡神職会で敬神崇祖の奨励	
		勧学祭の全鮮的普及を要望す	
		春川神社	
		朝鮮神宮祈年祭	
		教育による敬神観念の涵養（続）	小西生

		氏子及崇敬者（前承）	
		血書を奉じて祈願	
		朝鮮神宮大前で京城健児団成る	
		明治町の幼少年結団式	
		天晴会の集りと其の運動	
		師範卒業生が神社に宣誓富山県では新例	
		会員異動	
		寄贈雑誌	
		編集後記	
20	昭和8年5月1日	明治天皇御製	
	仲公	宮廷録事	
	近澤商店印刷部	連盟離脱と国民の覚悟	
		国際連盟離脱に際して煥発された聖詔	
		皇道・王道・覇道に就て	朝鮮総督府学務局長林茂樹
		群山神社（朝鮮の神社を綴る8）	
		李王殿下朝鮮神宮御参拝	
		朝鮮神宮詣で	普通学校児童
		朝鮮神職会理事会	
		靖国神社臨時大祭遥拝式全鮮神社一斉に執行	
		会員動静	
		新嘗祭の献穀田粟の奉耕地地鎮祭執行	
		朝鮮神宮へ宝剣奉納斎藤総理と栗原代議士が	
		乃木神社造営寄付金を募集	
		日本一の大鳥居	
		神職官待遇改善案内務省神社局で立案	
		神社及祖霊中心の全国稀な神道青年団	
		神祠設立許可	

		寄贈雑誌	
		編集後記	
21	昭和8年6月1日	明治天皇御製	
	仲公	皇道・王道・覇道に就て	朝鮮総督府学務局長林茂樹
	近澤商店印刷部	農道歌	
		朝鮮民衆と信仰心	朴駿榮
		全州神社（朝鮮の神社を綴る9）	
		諸国大祓の提唱	ときつね
		昭和七年度神宮大麻暦頒布実数比較表	
		全国神職大会	
		湖南神職会忠北清州神社に於て	
		第四回天長節奉祝の夕	
		内務省神社局が神職講習所を設置	
		公益団体寄付者の行賞	
		惟神教団の講習会	
		神祠設立許可	
		会員動静	
		寄贈雑誌	
		編集後記	
		神職総会と氏子総代会	
22	昭和8年7月1日	神職会総会	
	仲公	国威発揚祈願祭	
	近澤商店印刷部	全国神職会より松尾平壌神社々掌表彰さる	
		荘厳なりし戦病没者慰霊祭	
		全鮮神社神祠氏子崇敬者総代会	
		会長式辞及内務局長告辞	

		総督府西岡地方課長講演要領	
		神職総会出席者	
		氏子総代会神職会ニ対スル要望	
		全鮮神社神祠氏子崇敬者総代会の請願と決議	
		朝鮮神職会講習会	
		祭式受講中の所感	杉野清造
23	昭和8年8月1日	明治天皇御製	
	仲公	避暑より征暑へ	とき
	近澤商店印刷部	朝鮮の宗教民俗に就いて	城大教授秋葉隆述
		本居大人直毘霊解説天晴会修道会にて	
		明治天皇御製拝誦会七月九日第二回開催	
		錦州最初の日ノ本神社創建　天照大神、明治天皇奉斎	
		裡里神社	
		上代内鮮の関係と帰化人の偉業の断面	稲廼舎（池田）
		建国発祥の宮崎県が率先して神官俸給国庫負担を要請	
		愛媛の農学校に農業神社の創建	
		穀物田地鎮祭次第	
		春川農業の穀物田	
		天晴会の御製拝誦会—朝鮮神宮大前で—	
		編集後記	とき
24	昭和8年9月1日	明治天皇御製	
	仲公	回顧の秋月	とき
	近澤商店印刷部	読者に檄す	
		松島神社（朝鮮の神社を綴る 11）	
		上代に於ける敬神の俗	城大教授松本重彦講述
		皇后陛下御着帯奉祝御安産祈願祭	

		第三回御製拝誦会八月十三日	
		大学教育粛清に関し鳩山文相へ激励電話天晴会より	
		各神社の献詠募集	
		神社起源の管見	宮永蘆東
		広告（井上芳太郎商店、大久保眞敏商店）	
		編集後記	とき
25	昭和8年10月1日	明治天皇御製	
	仲公	始政記念日を迎えて	
	近澤商店印刷部	鮮満民族の出自に就て	井口寅次（編集者抄出）
		上代に於ける敬神の俗（二）	城大教授松本重彦講述
		泰仁神社（朝鮮の神社を綴る12）	
		神宮大麻頒布式	
		全鮮氏子総代会委員会	
		大田神社御祭神増加	
		阿知和会長出張	
		神社神祠の画期的施設	
		創立七周年記念会兼臨時総会天晴会	
		広告（井上芳太郎商店、大久保眞敏商店）	
		編集後記	ときつね
26	昭和8年11月1日	明治天皇御製	
	仲公	国民精神作興ニ関スル詔書	
	近澤商店印刷部	皇大神宮の大麻と暦の頒布式	
		金堤神社（朝鮮の神社を綴る13）	
		菊花節の唱導に際して	朴駿榮
		菊湯は神ながらの道のみそぎの意味である	正木準章
		菊湯に用ゆる野菊に就いて	鯨左衛門

		明治節にふさわしき菊料理五人前	元京城第一高等女学校教諭井上ミナ
		菊餅の由来	薫生
		菊入朝鮮料理	京城女子高等普通学校教諭　孫貞圭
		和漢薬用の文献	
		国民精神作興詔書煥発十周年に関する通知	
		全鮮神社神祠氏子総代実行委員会朝鮮神宮に於開催	
		神祠設立許可四件	
		阿知和会長及小山総督府属神宮神部署に於ける大麻及暦頒布式並頒布事務談合会に出席	
		新嘗祭精米、精粟献納式終了	
		広告（井上芳太郎商店、大久保眞敏商店）	
		編集後記	
27	昭和8年12月1日	明治天皇御製	
	仲公	癸酉を送る	冠山
	近澤商店印刷部	大正天皇を追慕し奉る	
		大晦日の大祓一家揃って産土様へ	
		神宮大麻及暦本の頒布に就いて	神宮神部署
		神宮大麻及暦昭和七年度頒布種類別員数表	
		朝鮮神職会一年史	
		菊薫る明治節に朝鮮神宮献詠歌披講式	
		朝鮮氏子総代連合会規約成る	
		総督国旗尊重の訓話　平壌の某学校で	
		国民教化問題懇談会　渡邊新学務局長を迎えて	
		勧農祭と社稜祭　全羅北道の各学校で	
		第四回御製拝誦会	
		会員異動	
		京城農業学校社稜祭	

		全州高女に神棚奉斎	
		広告（大久保眞敏商店徽章部、大久保眞敏商店）	
		編集後記	いなと
28	昭和9年1月1日	明治天皇御製	
	仲公	紀元二千五百九十四年　年頭之辞	冠山
	近澤商店印刷部	光は東方より　日嗣の御子は世界に跳梁する群魔排して御降臨遊ばされた	ときつね
		我が国は神国也	ときつね編
		犬に絡つわる信仰に就て	佳津雄
		皇室典範御制定の後　初めて皇太子お生れ	
		戌年にふさわしい神事　犬追物	
		狛犬雑考	早山生
		犬の伊勢神宮	稲廼舎
		江景神社（朝鮮の神社を綴る 14）	
		第十九・二十両師団　入営奉告祭執行　朝鮮神宮の大前で	
		朝鮮神宮献詠歌　昭和九年分兼題発表さる	
		皇子御降誕奉告祭　全鮮各神社の大前で	
		朝鮮神宮奉賽会設立せらる	
		羅南の精神作興	
		阿知和会長出張	
		神祠設立許可	
		川口、羽生両氏退職	
		編集後記	ときつね
		年賀広告	
		広告（大久保眞敏商店徽章部、大久保眞敏商店）	
29	昭和9年2月1日	皇太子殿下御誕生奉祝歌	
	仲公	全鮮氏子総代各位に望む	朝鮮神宮禰宜仲公

	近澤商店印刷部	惟神の道の英訳	東海
		社会施設に対する一考察	朴駿榮
		非常時の紀元節に際し国土平定の横刀を忍ぶ	ときつね
		非常時の波に起る大伴・物部祖神崇拝の声	中外日報
		愛国報国機大学高専号献納会成る	
		伊勢皇大神宮内宮神楽殿の新記録	
		神祠設立許可	
		神職養成校生徒募集	
		広告（朝鮮歌話会、大久保眞敏商店）	
		編集後記	ときつね
30	昭和9年3月1日	後醍醐天皇御製	
	仲公	西に共和政権の混乱を思わする時東に王道楽土の完成を見る	ときつね
	近澤商店印刷部	建武中興六百年祭に当り謹んで往時を偲び奉る	稲廼舎主人
		祈年祭	
		皇霊祭	
		雛祭の沿革と飾り方	山田早苗
		地久節に際し愛国婦人会主催のもとに　婦人報国祭執行	
		靖国会創立さる	
		大麻の洋行南洋其他に六十万体	
		斯界の諸権威を網羅し神社雑祭式の統制協議会	
		五万円を投じ群山神社改築境内拡張等関係者協議	
		お宮の前を通る時の心得標語	
		村上義光父子を合祀する大門神社創建計画	中外（日報）
		広瀬神社創建運動	
		慶北金泉神社御造営寄付者へ褒賞	
		神職異動	
		満州国皇帝陛下に賀表捧呈　天晴会より	

		天晴会の常任幹事制度と事務分担	
		広告（朝鮮歌話会・大阪屋号書店、大久保眞敏商店）	
		編集後記	ときつね
31	昭和9年4月1日	東大門小学校大麻奉仕殿鎮座祭実況（写真）	
	仲公	さくら音頭	ときつね
	近澤商店印刷部	神道的国民教育の必要を感じ　勧学祭の普及を要望す	早山静夫
		天長節の沿革	宮永蘆東
		海州普通学校と敬神美談	
		龍頭山神社と龍尾山神社（朝鮮の神社を綴る 15）	
		春に相応しき　朝鮮の婚姻	佳津緒
		愛国運動戦線の展望（其の一）	いなと編集
		誉の新嘗祭献穀の耕作者	
		白衣の春	小山光
		大麻奉祀殿の設置　京城・東大門小学校に於て	
		伊勢神宮で斎戒の厳修を第一義に	
32	昭和9年5月1日	明治天皇御製	
	仲公	我等が皇太子殿下の初端午を迎え奉りて尚武祭を提唱す	ときつね
	近澤商店印刷部	靖国神社国祭実施に付請願　天晴会全国教化団体大会に決議案提出	
		今泉定助先生歓迎茶話会	
		異国に使せし村垣淡路守の気位	
		端午とその行事　五日には一家揃って産土様へ	
		李王、同妃両殿下咸興神社参拝	
		神職の待遇改善　官国幣社府県社以下神社職制に関する二勅令改正さる	
		朝鮮神職会理事会	
		神道講演会　朝鮮神職会主催	
		龍頭山の神社資料展覧会	

		大田駅の無名氏	
		愛国運動戦線の展望（其の二）	いなと編集
		御製拝誦会	
		バナナを売って台湾の蕃社に神社建立	
33	昭和9年6月1日	明治天皇御製	
	仲公	草木物云う言葉に非ずして神の声を聞くべき時は来た	ときつね
	近澤商店印刷部	神人感応　真の参拝に就て	曳田神宮小宮司のラジオ放送（ときつね編集）
		太平洋を越えて紐育に最初の神社	メーソン氏書簡（いなと編集）
		早くも東郷神社建立の議起る	
		全国神職会に地方神職会より提出されたる近来稀な議案の数々	
		或る神説より見たる夕立と鳴神	
		風薫る海軍記念日に李健公同妃両殿下朝鮮神宮御参拝	
		面目一新する大邱神社	
		京城師範学校纛島農場に勧農神社創建	
		朝鮮神職会の総会、講習会	
		牛島内務局長　本会会長を内諾さる	
		皇典講究所の祭式講習	
		全国神職会に出席の本会員	
		全国教化団体代表者大会出席者歓迎　天晴会にて、奥山、荻野両氏を招待する	
		御製拝誦会　五月十三日	
		第五回天長節の夕　京城内鮮府民超満員盛況　天晴会の恒例行事	
		神職補命	
		神祠設立許可五件	
		阿知和本会々長東京方面へ出張	
		編集後記	ときつね

34	昭和9年7月1日	明治天皇御製	
	仲公	国旗制定八十周年再記念日に当り日章旗の精神を再考	いなと
	近澤商店印刷部	会長送迎の辞	常務理事仲公
		吾に神約あり	冠山逸人
		神明神祠（通称加藤神祠）京城付近に新に認可された神祠（其の一）	
		神明神祠（通称漢江神祠）京城付近に新に認可された神祠（其の二）	
		国旗制定まで　日章精神は神代に胚胎	稲廼舎
		愛国運動戦線の展望（其の四）	いなと編集
		朝鮮神職会総会　予定を変更して七月中旬に	
		夏季講習会案内	
		編集を終えて（いなと）	
36	昭和9年9月1日	明治天皇御製	
	仲公	太陽礼讃	いさを
	近澤商店印刷部	皇道と神道	神宮奉賛会長今泉定介（文責在記者）
		神道と水戸学	羅津　藤田元就
		姓名哲学	水原　三宅霊楓
		中秋の月見に就いて	いなと
		献詠歌を募る	
		海外研究家の要望に応じ　日本古神道宣示	
		全国神職会副会長交迭	
		皇太子殿下に小型神輿を献上　全国神職会から	
		龍川神社の清浄に努力の満人	
		高知市に勤皇志士を祀る神社建設運動	
		広告（朝鮮仏教社、大久保眞敏商店）	
		編集後記	いさを

第 2 期　京城神社編集期　※号数は 42 号から第 5 巻第 3 号に名称変更した。便宜上（　）を付して通し番号を付す。

号数 ※	年月日 編集発行人 印刷所	記事タイトル	署名
37	昭和 9 年 10 月 1 日 小林郷一 谷岡印刷部	朝鮮乃木神社の御鎮座	
		国民精神の作興と乃木神社の建設　芽出度く御鎮座祭を行うまで	
		外地に於ける代表的模範建築　乃木神社の社殿様式　内務省技師角南隆氏の傑作	
		森厳荘重なる　御鎮座関係諸祭奉仕	
		御鎮座祭記念乃木将軍余香展覧会	
		神徳讃仰	
		神馬「壽号」銅像	
		思出も深き故将軍の御遺品　御宝物の数々　御神徳を偲びつつ感激拝観の記	
		故将軍の遺志を体して伯爵乃木家の辞爵	
		半島民至誠の結晶　乃木神社寄付金概況　建設予定の諸造営物	
		手水舎	
		乃木神社御鎮座奉祝　記念講演会概要	
		御鎮座奉祝　諸催し物	
		小学児童の眼に映じた御鎮座祭	
		美談おちば籠	
		朝鮮少年乃木会発会式　少年少女を通じて神徳の宣揚に労む	
		皇道と神道（承前）	神宮奉賛会長今泉定介
		内鮮人協力して　各地に神祠の建設　美わしき融和の実現わる （洪原神祠の御鎮座祭　歓喜に踊り狂うた面民） （江原道横城神祠御鎮座）	

		社地を拡張して　平壌神社御造営始まる　文禄役使用の砲筒発掘	
		献穀田修祓式　忠州邑と海州郡の光栄	
		献上穀納受式	
		東郷神社御創建　池田侯邸内を提供　記念会発起人会で大綱決定	
		敬神徽章の頒布　京城神社敬神会員の活動	
		広告（山口県鹿野村女子道社）	
		広告（社寺工務所、朝鮮仏教社）	
		編集後記	秋弘
38	昭和9年11月1日	（写真）牛島会長式辞を朗読す	
	小林郷一	朝鮮神宮大前に於て　伊勢神宮大麻頒布式　秋雨静けく煙る十一月一日	
	谷岡印刷部	朝鮮神職会執行	
		大麻暦頒布式状況	
		満州に於ける神社に就いて　視察の帰途朝鮮ホテルに於て	小笠原省三
		朝鮮神宮大前に於て献詠歌披講式　風雅なりし王朝時代をしのびつつ	
		朝鮮神職会役員確定	
		神道と水戸学（承前）	羅津　藤田元就
		山地奉斎より都心奉斎へ	天外
		世を挙げて皇国精神に目覚む	
		（京城に於ける国民精神作興週間）	
		（皇室中心主義に転向して　十字架を焼く　宣教師もすごすごと引き揚ぐ）	
		（御遺文集中不穏文字の発見　日蓮宗法難　内務省断乎、発禁処分か）	
		（謡曲蝉丸上演禁止か）	
		半島と縁故深き高麗神社奉賛会設立	
		南鮮の古都全州神社に都勢更生祈願文　邑長恭しく奏上す	
		朝鮮禊会の活動	
		会員動静	
		広告（朝鮮仏教社、社寺工務所）	

		走馬燈	天南風
39	昭和9年12月1日	昭和九年を送る	天外
	小林郷一	(写真)大田神社婦人敬神会発会式	
	谷岡印刷部	諸祭録事　新嘗祭の御儀	
		(宮中の御儀　滞りなく御親祭)	
		(朝鮮神宮)	
		(京城神社)	
		天晴会発願の聖躬御安泰祈願祭	
		三殿下朝鮮神宮御参拝	
		平壌神社御造営用材	
		秋晴の十一月二十八日　航空神社例祭	
		釜山港空前の人出　渡津橋竣工式の賑わい　挙式の一例	
		郵便物の編集を考慮して　朝鮮神宮奉賛歌締切延期	
		朝鮮神宮奉賛会事業進捗	
		朝鮮乃木会設立	
		神道と水戸学(承前)	羅津　藤田元就
		神祠設立許可	
		非常時展望	
		(ラヂオを通じて国民精神作興　明治大帝御製奉唱)	
		(大田神社を中心として敬神婦人会発会式)	
		軍神広瀬神社建設の工程進捗	
		朔望の早朝神酒を授与　京城神社敬神会の活動	
		満州事変戦没勇士の英霊　新京忠霊塔納骨式	
		朝鮮少年乃木会	
		天晴会々員相互実修会	
		古事記の講談化	
		時代が生んだうどん祭と理髪神社	

		教化青年団宣誓式祝賦	
		国境警備の尊き犠牲者　靖国神社へ合祀上申	
		全州と門松	
		走馬燈	天南風
40	昭和10年1月1日	聖代の新春を寿ぐ	
	小林郷一	(写真) 皇大神宮御鳥居の黎明	
	谷岡印刷部	年頭感あり	
		竹の薗生の御栄え	
		(皇太子殿下初御誕辰)	
		(照宮様御誕辰)	
		(澄宮殿下御誕辰)	
		(北白川宮殿下　練武の御ほまれ)	
		(李辰琬姫御結婚)	
		日本精神に就いて(一)	京城帝国大学教授白井成允
		乃木神社御神橋清拭	
		十六年間待望の　黄登神祠設立	
		順天神社建立具体化す	
		渡橋神事	
		明治天皇御製拝誦会　天晴会定例神宮参拝後開催	
		年賀広告	
		走馬燈	天南風
41	昭和10年2月1日	道民の信仰問題	
	小林郷一	(写真) 御鎮座十年の朝鮮神宮大鳥居	
	谷岡印刷部	神宮大麻に就いて(上)	早山静夫
		「鳥居」は云う	
		日本精神に就いて(二)	京城帝国大学教授白井成允

		乃木将軍を偲ぶ（中）	朝鮮軍司令部高級副官陸軍大佐山口直人
		信仰問題に関する座談会　二月二日開催　主催者学務局長渡邊豊日子氏	
		鳥居考（一）	津村勇
		燕岐神社（朝鮮の神社を綴る 16）	
		神祠設立許可	
		神社神祠道別調	
		神社参拝激励　江景郵便局長の美挙	
		海州神社完成の域に向う	
		大久保眞敏氏の光栄　褒賞を下賜さる	
		神職養成各校生徒募集	
		会員動静	
		走馬燈	をやま
(42)	第五巻第三号	招魂社建設の機運来る	
	昭和 10 年 3 月 1 日	（写真）勤政殿内に於ける警察官招魂祭神壇	
	小林郷一	日露戦役三十年を迎う	
	谷岡印刷部	心生活の転機	
		崇神人誘導の機会	
		左右の地位に関する考察（一）	植田夏彦
		神宮大麻に就いて（下）	早山静夫
		朝鮮招魂社請願運動	
		是正さるべき創業神社観	
		咸興神社（朝鮮の神社を綴る 17）	
		全南郵便所一斉に神棚鎮祭模範を示す	
		刻々たる熱と力とを以て　躍進する天晴会　第四回総会兼新年会	
		軍浦公普校農工具祭　紀元の佳節に面民の総出動	
		敬神家小田垣大久保の両氏褒状を授与せらる	
		山神を奉斎して二十年	

		肉弾三勇士銅像建設	
		朝鮮禊会打合会	
		宮城県神職会神職養成部生徒募集	
		走馬燈	をやま
(43)	第五巻第四号	朝鮮神宮御鎮座十周年	
	昭和 10 年 4 月 1 日	(写真) 桜花繚乱たる馬山神社の社頭	
	小林郷一	日本精神に就いて (三)	京城帝国大学教授白井成允
	谷岡印刷部	鳥居考 (二)	津村勇
		内地昭和八年度官国幣社経済状況調	
		内地昭和七年度府県社以下神社収支決算額調	
		内鮮同工の結婚説話 (上)	をやま
		左右の地位に関する考察 (二)	植田夏彦
		乃木将軍を偲ぶ (下)	朝鮮軍司令部高級副官陸軍大佐山口直人
		角和少佐鬼ヶ島征伐物語　奄美大島カソリック　治の困難と私	川村五峯
		大邱神社境内に砲弾塔建設続いて銅馬建設の工程進む	
		新音楽創造　雅楽を基調とした管絃楽を宮内省初めて大衆より募集	
		羅津神社建設計画	
		全国の小学校児童をして伊勢参宮無賃輸送計画	
		興国神社建立の儀	
		欧米各国識者間に日本精神研究熱昂騰	
		朝鮮神職会主催第一回伊勢参宮団	
		走馬燈	をやま
(44)	第五巻第五号	心田開発の提唱は可　土俗信仰圧迫は不可	
	昭和 10 年 5 月 1 日	(写真) 半島出色の京城神社内石燈篭	
	小林郷一	日本精神に就いて (三)	鮮神講習会筆記　京城帝国大学教授白井成允
	大海堂印刷株式会社	内鮮同工の結婚説話 (下)	をやま

		京畿道水原郡台章面の光栄　穀物田始耕式	
		穿き違えたる日本化　外来思想同化に関する一考察	
		朝鮮神宮御鎮座十周年奉祝大祭ポスター図案懸賞募集規定	
		馬山神社（朝鮮の神社を綴る 18）	
		朝鮮神職会主催第一回伊勢参宮団情況	
		神祠設立許可	
		神前結婚に則り李𨫼（金偏に遇のつくり）公殿下御結婚式	
		盛大なりし武徳祭	
		勤政殿裡しめやかに　殉職警察官招魂祭	
		風なお寒き訓練院原頭に　京城府主催大招魂祭	
		京城神社社頭に石燈篭献設奉献祭	
		神社関係賞勲局表彰	
		素盞鳴命の御遺跡に　曾戸茂梨神社建設	
		江景早起会	
		天安神社の近況	
		咸興神社近況　小普学童の浄化奉仕	
		会員動静	
		広告（朝鮮仏教社）	
		走馬燈	をやま
(45)	第五巻第六号	国体観念の徹底と逓信部内の敬神活動	
	昭和 10 年 6 月 1 日	（写真）春日形照明燈	
	小林郷一	朝鮮招魂社の建設　実現を切望す	岩手県知事石黒英彦
	大海堂印刷株式会社	朝鮮神宮奉讃唱歌当選者発表	
		鳥居考（三）	津村勇
		塵袋	天外
		明治十年西南役初頭に於ける乃木大将	乃木神社御鎮座記念講演大意陸軍中将摺澤静夫
		禊行事礼讃　朝鮮禊會主催元山桃の禊座談会筆録	

		朝鮮禊会主催元山禊修者名	
		朝鮮禊会規約	
		左右の地位に関する考察（三）	植田夏彦
		神祠設立許可	
		愛宕様のデンデン狸	ふみを
		閑院宮殿下御差遣皇典研究所諸会議	
		全国神職会第十回評議員会	
		梨本宮殿下台臨　第一回全国神職大会	
		朝鮮靖献社主催　大楠公六百年遥祭	
		日露戦役三十周年戦没者慰霊祭	
		日本精神を強調すべく招魂祭を純神道に改む　大分県当局の大英断	
		鳥致院実科女学校校内神祠鎮座祭　心田開発時代相として各学校続々神殿設立	
		少年乃木会第二回宣誓式　五月五日乃木神社大前に於いて新加盟会員百五十余名	
		天晴会新陣容	
		広告（山川友一装束店）	
		神式を採用した李貞淑女子告別祭　淑明女高普校庭に於て五月十日午前十時執行	
		天晴会と中江鎮　平北道会議員和気氏の加盟	
		会員人事	
		走馬燈	をやま
(46)	第五巻第七号	朝鮮に於ける固有神道と祭神の問題	
	昭和10年7月1日	(写真) 明神造の石鳥居	
	小林郷一	朝鮮神職会主催日本精神顕修講習会八月八日より同八日まで五日間	
	大海堂印刷株式会社	ジョセフ・メーソン博士の日本精神観と創造の東洋	天晴会常任幹事金澤愚庵
		乃木大将訓話の普及　乃木大将のことばに内鮮各方面から意外の共鳴	朝鮮乃木会理事川村五峯

		大邱神社（朝鮮の神社を綴る 19）	
		神祠設立許可	
		随感随筆（城ヶ島の燈、湯島聖廟、梨泰里）	
		朝鮮神宮御鎮座十周年奉祝大祭ポースタア図案当選者発表	
		学校に於ける神祇奉斎	
		神社神祠の工作物形像建設取締	
		神職を総動員して選挙の廓清	
		全北道農村振興運動敬神観念の強調　ここに心田開発あり	
		昭和九年度神宮大麻及暦道別頒布成績表	
		天晴会大田支部設立の機運進む　岩村学務課長及び藤田神職等の尽力	
		京城神社鎮火祭　市斎主祝詞奏上	
		平南道を風靡して敬神運動に着手　安武知事の指導方針　国体の明徴を強調	
		降りしきる豪雨も物かわ　元山神社社頭に額く　恩師の平癒を祈る普校生涙ぐましき童心天に通ず	
		神ながらの道講讃　天晴会の真摯な研究会員外有志参聴歓迎	
		広告（朝鮮仏教社）	
		天明山忠魂碑前に　羅南師団招魂祭	
		全鮮十三派神道家を糾合して　朝鮮神道連盟結成　朝鮮神宮大前に結成式挙行	
		国境の守護神　雄基神祠御建設　二万円を募集して広壮なる神殿を造営	
		会員人事	
		走馬燈	をやま
(47)	第五巻第八号	宗教的情操涵養に就いて　中央部教育者の錯覚的論議	
	昭和 10 年 8 月 1 日	吾人はすべからく先ず日本人たらざる可からず　本末を転倒するなかれ	川村五峯
	小林郷一	朝鮮神宮奉讃唱歌（歌詞、楽譜）	
	大海堂印刷株式会社	左傾思想の崩壊と　日本精神の時代性　凋落を辿るコミンテルン大会	金澤愚庵
		左右の地位に関する考察（四）	植田夏彦

		平安神社（朝鮮の神社を綴る 20）	
		神祠設立許可	
		鳥居考	津村勇
		少年乃木会小話	
		随感随筆（近江六景）	
		神社神祠の境内に銅像碑表建設取締	
		国旗は神社より授与されたい　天晴会より朝鮮神宮京城神社へ請願	
		敬神会奉仕の神酒拝戴　月次会は毎月十五日に変更　京城神社社務所に開催	
		中江鎮警察署員　大麻特別拝戴　坂本署長自ら範を示して是を署員全員に及ばさしむ	
		やまとばたらき実修　大人も子供も大よろこび　天晴会第二修道会	
		朝鮮みそぎ会主催　夏のみそぎ　白川子爵星野掌典も講演　金剛山温井里小学校に	
		献詠歌締切九月末日　明治神宮献詠歌兼題表発	
		広告（山川友一装束店）	
		走馬燈	をやま
(48)	第五巻第九号	昭和九年度朝鮮神職会総会　総裁今井田政務総監告辞	朝鮮総督府政務総監今井田清徳
	昭和 10 年 9 月 1 日	［写真）講習会開始奉告祭記念撮影	
	小林郷一	総会に於ける会長挨拶	朝鮮神職会長牛島省三
	大海堂印刷株式会社	昭和九年度朝鮮神職会総会八月三日苦熱と戦いつつ京城神社社務所に開催す	
		朝鮮神職会通常総会　議案及び建議庵	
		昭和九年度朝鮮神職会日誌抜粋	
		本会主催　地方講演　長途の疲労も厭われず連続的なる講演行脚	
		朝鮮神職会主催日本精神顯修講習会開始奉告祭より終了奉告祭まで五日間を精神修養のため精進	
		忍従の奉仕者	
		慶州ほとり（詩）	小山翠村

		左右の地位に関する考察（五）	植田夏彦
		小学校卒業児童百五十万人参宮無賃計画先づ三十万人を限るかそれなら実現可能だ	
		国民家庭祭神宮大麻の奉斎拡大　警察協会の簡易神棚　全鮮各駅の神棚設置　文明琦氏の私費提供	
		御鎮座以後初度の乃木神社例祭　戦利砲の除幕式に始まり日露戦役座談会に賑う三日間	
		学習院の縁故地片瀬に乃木将軍銅像建設	
		朝鮮みそぎ会座談会	
		御神楽殿の舞女　練磨に精進す　朝鮮神宮十周年祭に小普校生名誉の奉仕	
		孟中神祠御創建　熱心家の一致協力で此寒村に神祠を創建	
		翠野神祠鎮座祭	
		公州高等普通学校武道場に　武神を奉斎す	
		走馬燈	をやま
(49)	第五巻第十号 昭和 10 年 10 月 1 日 小林郷一 大海堂印刷株式会社	朝鮮神宮御鎮座十周年祭の盛儀を迎え奉りて	
		（写真）新に成れる朝鮮神宮記念奉賛殿	
		御神徳全土に光被する半島の守護神朝鮮神宮御鎮座十周年を寿ぎまつる奉祝祭と恒例大祭	
		神祠設立許可	
		瑞雲靉靆き　奉祝の気全市に漲る　京城神社例大祭	
		泣く子も止まる鬼清正	
		国民的盛儀国歌「君が代」制定と朝鮮―迫る五十五年記念―	金澤愚庵
		晋州神社（朝鮮の神社を綴る 21）	
		乃木神社献詠歌披講式	
		満州事変戦没勇士慶源守備隊慰霊祭	
		進永小学校校庭に神祠創設	
		朝鮮神宮表参道入口大燈篭寄贈	

		名も桜井の小学校に楠公銅像建設	
		始政二十五周年記念清州神社御遷座	
		広告（山川友一装束店）	
		全州神社表参道大宮橋竣工	をやま
		走馬燈	
(50)	第五巻第十一号	朝鮮に於ける国幣社御創立の機運　来年度に於いて二社実現に内定	
	昭和10年11月1日	（写真）朝鮮神宮御鎮座十周年奉祝祭奉奏御神楽五十鈴舞	
	小林郷一	朝鮮神職会主催昭和十年度神宮大麻及暦頒布式	
	大海堂印刷株式会社	総裁告辞	
		神宮大麻及暦の頒布に就いて	
		朝鮮神宮大前に於いて伊勢神宮大麻頒布式　朝鮮神職会厳修	
		神宮神部署　大麻、暦頒布始式情況　全国的盛儀に参列して感激に咽ぶ	大和田五月
		神祠設立許可	
		朝鮮氏子総代連合会　全鮮の氏子総代一堂に相会して　第二回総会挙行	
		揃いも揃って氏子連合会会長副会長の名誉	
		走馬燈	をやま
		第二回総会告辞及祝辞	今井田政務総監、牛島朝鮮神職会長
		朝鮮民族の天神崇拝　朝鮮氏子総代会連合会第二回総会席上講演筆録	京城帝国大学教授秋葉隆
		漸く其の実現期に入れる　朝鮮神職会及び氏子総代連合会多年の要望報いられ　斯道振興に関する積極的動向を表示	
		広告（山川友一装束店）	
		始政二十五周年と神職の覚悟	
		始政二十五周年に際して本会会員表彰せらる	
		京城神社における熱田神宮遥拝式	
		平壌神社御改築成り遷御及び例祭	
		拍手は高鳴る　警務通信両局の敬神運動　先づ庁内及び家庭に一斉に神棚を奉斎せしむ	

		平南道の一面一社計画　安武知事の提唱	
		風蕭々慰霊の秋　慰霊祭執行	
		会員人事	
(51)	第五巻第十二号	昭和十年の回顧	
	昭和 10 年 12 月 1 日	(写真) 退鮮記念　乃木神社参拝の植田謙吉大将	
	小林郷一	瑞光漲り十一月二十八日第二親王殿下御誕生　半島民草の歓喜極まり津々	
	大海堂印刷株式会社	浦々に奉祝の赤誠	
		三笠宮御創立と宮号の御由来	
		明治節当日に朝鮮神宮奉賛殿ニ献詠歌披講式	
		神祠現在数調	
		鳥居考	津村勇
		国体明徴に関し　今泉定助翁各地に講演　朝鮮総督の招聘によって開催宇	
		垣総督以下各局長知事の熱誠	
		羅南神社 (朝鮮の神社を綴る 22)	
		寒風骨をも砕く月尾島に朝鮮禊会菊のみそぎを断行す	
		広告 (山川友一商店)	
		忠清南道に於ける大麻暦頒布始奉告祭	
		長水警察署長の至誠により　大麻殿奉鎮祭	
		全州神社主催　官国幣社絵図展覧会	
		大田神社座談会	
		神社不参拝問題の根拠　執拗の平壌ヤソ教徒	
		年賀芳名募集	
		会員動静	
		走馬燈	を
(52)	第六巻第一号	新春を迎えて	
	昭和 11 年 1 月 1 日	(写真) 朝鮮総督宇垣一成閣下筆「神徳無窮」	

	小林郷一	年頭所感	内務局長牛島省三
	大海堂印刷株式会社	皇道精神を以って思想界を浄化せよ	神宮奉賛会長今泉定助（記者編集）
		年末年始マイクの妙音	
		埼玉県入間郡高麗村鎮座　高麗神社奉賛会の運動	
		苦しき口吻　一基督教信者の国体観を評す	川村五峯
		朝鮮乃木神社の大前に義士祭を執行せよ　義士祭と乃木将軍　義挙に対する将軍の関心	
		金泉神社（朝鮮の神社を綴る 23）	
		門松の起源	
		神祠設立許可	
		鳥致院敬神婦人会　燕岐神社大前に於いて十二月一日産声を挙ぐ	
		北鮮・南鮮	
		朝鮮神宮献詠歌募集	
		咸北茂山警察署構内に　神殿の創設　署員の和衷協同ですみやかに実現した	
		内地の穀物感謝祭に対して　朝鮮にては新嘗祭遥拝式　天晴会主催朝鮮神宮前広場にて行わる	
		黄海道初等学校長等　神拝法の講習	
		全北扶安郡平橋里普通学校社稜祭　児童及び父兄の献備米を横山如す置高なして奉仕	
		清州神社御造営　基金造成進展す　予算金五万円　年内には完了の意気込	
		黄海道谷山、新渓に神祠鎮座祭	
		公州公立農業学校主催　瑞穂神社の豊年祭　午後は奉納角力に賑った	
		拝山閑話	南山麗人
		会員動静	
		走馬燈	を
		年賀広告	

(53)	第六巻第二号	神社の本義　不参拝問題は国家の不祥事	
	昭和 11 年 2 月 1 日	(写真) 乃木軍戦利品　朝鮮乃木神社宝物	
	小林郷一	官民の総起立　心田開発の第一義　家庭祭事の励行	
	大海堂印刷株式会社	渡邊学務局長警告要旨　神社参拝の根本精神　平壌崇實学校関係　職員生徒不参拝の蒙を啓く	
		釜山倭館と龍頭山神社 (上)	小山翠村
		内地ニウズ	
		御恒例によって一月四日　宮中政始の御儀　厳かに執行わせ給う	
		神祠設立許可	
		皇大神宮森厳美を復旧　御神域を大拡張	
		皇典研究所御創立総裁　有栖川宮五十年祭	
		咸南咸州郡小普校　一斉に大麻殿奉斎	
		咸南道神祠の情勢　一面一社の実現いまだし	
		朝鮮乃木神社初参拝　幕営其のままの乃木式薩摩汁と汁粉の直礼	
		全北神職会同人の年頭言	
		全国にめずらしい降雪祈願祭	
		全国神職会主催　第三回神職講習会	
		二十周年祭を契機として　水原神社改修	
		天外雑筆 (行長と舎利塔、心ころころ、自らを卑下する者の愚)	
		会員動静	
		走馬燈	を
(54)	第六巻第三号	二つの問題　大麻頒布の成績と国幣社の実現	
	昭和 11 年 3 月 1 日	(写真) 社頭の春雪	
	小林郷一	内鮮共通せる祭祀に就いて (上) 中枢院講演要旨	宮内省掌典星野輝興 (記者編)
	大海堂印刷株式会社	祈年祭御親祭	
		昭和九年度官国幣社経済状況調　昭和十年十二月調	
		昭和九年度官幣大社朝鮮神宮経済状況調　昭和十年四月調	

神祠設立許可
鮮内神職逐年増加調　昭和十一年二月現在神社五十二社
学務局長通牒を発して神社参拝の要道を説く　不参拝問題も円満に解決民心帰向の要諦を知らしむ
地方費より一万円供進　平壌神社御造営後記　公共団体神社費支弁の先鞭をつけたる平壌府
漸く蘇る半島の神社御造営熱勃興
公共団体より神社費供進に関し各神社の陳情情況
大邱神社改築計画進捗
咸興神社御造営問題
光州神社御造営計画
解氷期をまって清州神社御造営
松島神社造営未だし
忠南燕岐神社境内　参道工事近く着手
釜山倭館と龍頭山神社（中）　小山翠村
内地ニウズ
江原道敬神運動の具体化　道知事告示を以って道内一般に指針を示す
二月号掲載家庭祭事励行の好評
総督精神を打ち込んで　朝鮮民暦の改正
愛宕神社の創設者　森丸太郎翁の篤行
朝鮮教育令を遵奉　平壌崇専存続決議　不参拝問題全く清算
広告（山川友一装束店）
警察の神聖化　大麻と警察官　敬神思想を昂揚して警察精神を顕現発揚す
神社参拝忌避を打倒　平壌東雄会起つ
全北道益山郡庁の神社参拝励行
走馬燈　を
(55)　第六巻第四号　祭神問題　半島の特殊性と当局の根本方是

	昭和 11 年 4 月 1 日 小林郷一 大海堂印刷株式会社	内鮮共通せる祭祀に就いて（中）中枢院講演要旨	宮内省掌典星野輝興（記者編）
		神祠設立許可	
		新嘗祭に朝鮮より献穀田奉耕者の名誉	
		地方課長を始め神社問題に関し各官相継ぎ東上	
		釜山倭館と龍頭山神社（下）	小山翠村
		昭和九年度京城神社龍頭山神社経済情況調	
		全国神職会主催第三回神職講習会状況	
		面目を全く一新　郡山神社の御改築	
		京城南山の偉容　乃木神社宝物館	
		みそぎで胆と識を練る　中堅警察官講習会　総督府警務局の英断	
		朝鮮人教育の根本問題　国史教科書改正機運　国際観念と徹底	
		天晴会昭和十一年度事業計画	
		會寧神社の拠出金　各地流行に漏れず　朝鮮人側負担の協議	
		大田敬神婦人会の参宮	
		天晴会昭和十一年度事業計画	
		天晴会定期総会	
		紀元二千六百年祭典祝典其他祝典事務局設置奉祝記念事業	
		広告（山川友一装束店）	
		内地ニウズ	
		会員動静	
		走馬燈	文
(56)	第六巻第五号 昭和 11 年 5 月 1 日 小林郷一 大海堂印刷株式会社	祭神問題（その二）　国魂神と住吉神社	
		内鮮共通せる祭祀に就いて（下）中枢院講演要旨	宮内省掌典星野輝興（記者編）
		池田前局長の栄転　在任五年間の功績は偉大　朝鮮神職会にとり一大打撃	
		総督府内規、地鎮祭より修祓式　献穀田奉耕に関する次第　誠心誠意奉仕すべき厳儀	

		江原道の敬神運動　心田開発に関する具体案　道知事孫永穆氏熱誠の致す處　地方実情に即し全鮮に呼び掛く	
		対外文書御記載の御称呼を今後「日本国天皇」と御改め	
		蘇塗考（上）	天外道人
		釜山和館と龍頭山神社（下）	小山翠村
		昭和十年度決算　京城神社龍頭山神社経済状況調　昭和十一年四月調	
		キリスト教系学徒の神社不参拝問題に対する検討	天晴会常任理事　金澤愚庵
		会寧神社の内鮮人醵出金状況	
		広告（山川友一装束店）	
		東宮傳育官に　石川岩吉氏任命さる　国学院大学出身の名誉	
		元山神社大祭日　朝鮮側も祭典に参加決議　変更案はお流れ　数十年の歴史を尊重	
		四月四日臥牛山麓に　清州神社地鎮祭官民多数参列盛大裡に　御造営第一歩を踏出す	
		内鮮人の地と汗の結晶　軍浦神祠落成す　雨中にもかかわらず　落成祭を盛大に挙行	
		大田神社敬神婦人会　参宮団無事帰田	
(57)	第六巻第六号	非常時の齎したる必然的朝鮮神社令　発布期切迫と其準備	
	昭和11年6月1日	三種神器論	神宮奉齋会長今泉定助（記者編）
	小林郷一	政務総監通牒　心田開発に関する件（一）	
	大海堂印刷株式会社	皇室の御栄　東宮御仮御所の地鎮祭と黄心黄の御印章下賜	
		梨本宮殿下台臨のともに　第二回全国神職大会　皇典講究所関係諸会議終る	
		本会役員の更迭	
		蘇塗考（下）	天外道人
		六月一日より勲記の御称号を　大日本国天皇と御改定　東京帝宮は単に宮城と改め給う	

		全国神職会長より表彰された　藤富國太郎氏の名誉　朝鮮最初の栄光に輝く四十年の久しき神社功労者 落花異聞 神祠設立許可　(小鹿島神社) 若葉かをる五月八日　朝神理事会開催　午前九時各理事参集京城神社社務所に議決 北鮮の雄都に相応しく　咸興神社造営問題台頭　森厳なる神域を造成せん 平壌神社境内植樹　一般からの献木を希望　神社境内の緑化に努力 内地ニウズ (沖縄カトリック宣教師引き揚げなど) 先ず道社を目ざして　大邱神社造営計画具体案の成立　一島二二郡より五万円大邱府より五万円の募集 宮内省雅楽部新曲公募 警察神祠の設立 全南金堤郡竹山面　献穀田地鎮祭　公職の一部を辞して橋本邑長全力を打込む 人参耕作者信仰目標　半島唯一人参神祠建設 広告 (山川友一装束店) 光州神社雅楽部設立 全国刑務所に遙拝所新設　精神的更生を目ざして　再犯の根絶を期せんとす 五月二四日午前十一時　大田神社敬神婦人会　府内を総動員して　第二回総会を開催 燕岐神社敬神婦人会　五月十七日春季総会執行 朝鮮に於ける骨董的　神社寺院規則の改革　神社令発布と共に自然解消新寺院規則の発令は当然	
(58)	第六巻第七号 昭和11年7月1日	氏神精神　内鮮民族統一の完成　敬神崇祖の根本方策 朝鮮に於ける神社建築及びその施設に就いて (上)	 内務省神社局技師角南隆 (記者編)

	小林郷一	聖上陛下御親ら　玉体を清めさせ給う　大祓の御儀　節折の古式も床しく御慣例として御執行	
	大海堂印刷株式会社	総督府地方課の激忙　歴史的空前　国幣社御列格準備　京畿・慶南両道内務部及び関係氏子役員の大奮闘	
		竹田宮殿下御来鮮	
		内地ニウズ（池田長官着任早々札幌神社改修など）	
		総督府の招聘により　神社局角南技師来鮮　半島の神社を視察し　痛烈なる批判を下す	
		昭和十一年度府県費よりの神社供進金予算額　昭和十一年度道府県費中神社費に関する調	
		朝鮮神職会主催神社に関する特別講習会開催　八月二三日より同二七日まで　京城神社社務所内	
		政務総監通牒　心田開発に関する件（二）	
		将軍の従卒大川榮一郎氏　朝鮮乃木神社に余生奉仕	
		蔚山神祠境内拡張につき　氏子総代連合会の活動　石原会長の熱誠遂に目的を達成す	
		現計画のままでは国幣社昇格は無理　大邱神社の設計変更と造営基金募集の要項	
		小雨そぼ降る中に警察官消防手招魂祭勤政殿しめやかに恒例として執行せらる	
		昭和十一年度湖南神職会総会　群山神社に崇敬社総代をも動員	
		咸北城津郡鶴上面松興神祠崇敬社総代の尽力により精神作興の顕現具体化	
		（写真）完成せる松興神祠	
(59)	第六巻第八号	朝鮮神社制度の改正に就て	政務総監談
	昭和11年8月1日	特集号発行について、特集号目次	
	新神社制度特集号	朝鮮総督府告示第四百三十四号	
	小林郷一	勅令	

	大海堂印刷株式会社	府令	
		朝鮮総督府告示四百四十号	
		道より供進することを得べき神社　府より供進することを得べき神社	
		訓令	
		試験委員任命	
(60)	第六巻第九号	昭和十年度朝鮮神職会総会　会長大竹内務局長挨拶	
	昭和11年9月1日	（写真）講習会開始奉告祭記念撮影	
	小林郷一	昭和十年度朝鮮神職会総会　八月二二日午前九時　京城神社社務所に開催	
	大海堂印刷株式会社	宣言	
		神社関係官の総起立　神社に関する特別講習会斯界画期的の時勢に適応	
		本会主催祭祀の徹底を期す	
		講習会開催会長挨拶　講習会終了会長挨拶	
		昭和十年度朝鮮神職会事務記録	
		南原神社創立	
		神祠創立許可	
		朝鮮に於ける神社建築及びその施設に就いて（下）	内務省神社局技師角南隆（記者編）
		乃木神社献詠歌披講式	
		日清戦没者の犠牲者　古志少佐慰霊祭　水原邑官民を挙って八達山上碑前に執行	
		カトリック信徒も神社参拝を励行すべし　ローマ法王庁闡明　司教に日本人擁立	
		全北県金堤郡守敬神の範を示す	
		朝鮮事情宣伝用写真懸賞募集規程	
		（広告）自働献燈器　山口県慈道社	
(61)	第六巻第十号	新朝鮮総督の　明朗神社中心主義　神祇を興隆して民俗を醇化せよ	
	昭和11年10月1日	国幣小社列格に輝く龍頭山神社略記	

	小林郷一	神祠設立許可	
	大海堂印刷株式会社	金泉神社総代会	
		日本精神と乃木将軍	第四十旅団長山下奉文
		相州の片隅に　乃木小学校創設　サルバンチェ女史の企	
		遠く伯林へ　コッホ神社模型を出品	
		營口農村神祠設立要綱	満州營口日本領事館内高島正太郎
		平安南道内務部長　神社崇敬を高調	
		半島に於ける　官祭招魂社建設の儀台頭　其実現は一般に期待せらる	
		神社に関する特別講習会　科外講演　朝鮮の祭祀　朝鮮史編纂委員　小田省吾	
		金谷神祠鎮座祭	
		(広告) 山川友一装束店	
		大邱神社の設計方針　東京二本松技師に委嘱　旧殻を脱した神域にする	
		会員動静	
(62)	第六巻第十一号	十月三十一日執行　皇大神宮大麻頒布式式辞	朝鮮神職会長大竹十郎
	昭和 11 年 11 月 1 日	(写真) 勅使参向の南朝鮮総督	
	小林郷一	朝鮮神職会主催　神宮大麻及暦頒布式状況　恒例に依り朝鮮神宮大前に厳修	
	大海堂印刷株式会社	神宮大麻及歴本の頒布に就いて	朝鮮各道頒布本部　朝鮮神職会
		年賀芳名募集	
		明治大帝御衣　奉安殿を仁川に構築　御衣讃仰会の手により	
		朝鮮神宮創始　菊湯奉告祭　十一月一日執行の予定	
		京城神社龍頭山神社の国幣社列格　燦たり勅使参向奉告祭の盛儀　瑞雲靉靆とこしへに　伝えらるべき空前の儀	
		勅使南総督参向して京城神社列格奉告祭歴史的空前の盛儀　十月十四日前夜祭より二十日後日祭迄	
		奉祝祭直会挨拶	京城神社宮司市秋弘

		(写真) 国幣小社京城神社御列格奉祝大祭ポスター、スタンプ	
		街も港も満艦色　龍頭山神社列格の盛典　勅使大野政務総監参向　釜山港空前のにぎわい	
		将来府民の上に一層の御加護を　感激の山本釜山府尹談話の形式で発表す	
		内地ニウズ	
		供進制度制定第一年　輝く各社例祭譜 (朝鮮神宮　京城神社　龍頭山神社仁川神社ほか)	
		臥牛山麓歓喜に沸立ち　清州神社御鎮座祭	
		速やかに日本の国法に遵えと　教皇ピオ十一世も神社参拝是認　清南学校不参拝問題解決	吉岡内務部長声明
		各家庭も当局に協力せよ　神社参拝励行秋の例祭に一段と殖え明朗の中に行われた	学務局長富永文一氏談
		(広告) 山川友一装束店	
		国大教授加藤玄智博士　神道目録を脱稿　明春三月出版して学界におくられる珠玉	
		金堤神社御鎮座十年祭	
		高山里古墳発掘によって　四神旗のいわれ判明　漆喰壁画として発見	
(63)	第六巻第十二号	華やかなりし　昭和十一年を送る	
	昭和11年12月1日	(写真) 市副会長の朝鮮服	
	小林郷一	神祇史上より見たる内鮮の関係 (上)　昭和十一年十一月一日 DK より放送	小山文雄
	大海堂印刷株式会社	独逸大使館を通じて　乃木神社全景の依頼　親日家シリング氏　献詠詩歌と朱印を希望	
		神社建築に就いて　鮮内各社計画の状況と設計並に施工者の選択　附社寺工務所の進出	
		恒例に依り明治の佳節　献詠歌披講式　奉賛殿裡ゆるやかに綾小路流の朗詠	
		あまりに行事が多い　朝鮮では統一強化　警務局長調査に乗出す	

		わっしょい。わっしょい！京城神社の大祭にこども御輿のお供をして	川村生
		江原道洪川神祠に　国旗掲揚塔建設　朝鮮人氏子の美談	
		十一月七日より十三日迄　全鮮における　国民精神作興習慣　効果有意義におわる	
		第一回氏子総代会に於いて　全国神職会長より表彰された龍頭山神社氏子総代長白石馬太郎氏の栄誉	
		(写真) 最近の白石馬太郎氏	
		新嘗祭遥拝式朝鮮神宮境内において　天晴会恒例により執行	
		日本歌舞の海外輸出　ニッポンカブキとノードラマ	大和田生
		仁川神社　齋館社務所儀式殿竣工　朝鮮宮島は実現困難	
		師走初旬三日間の講演　今泉翁の来鮮　機会ある毎に来鮮されて屡々高風高節に接したい	
		(広告) 山川友一装束店	
		大田神社の敷地拡張問題　李忠南道知事の談	
		清州忠魂碑愈々成る　招魂社建設運動勃興機運に乗じて	
		毎月一日大邱ぐ神社に　女給さん団体参拝　女給矯風会を設立して婦徳を磨き品性を向上する	
		巻頭写真説明	
(64)	第七巻第一号	新年のことば	
	昭和 12 年 1 月 1 日	(写真) 威勢のいい牛の当り年 (京城南山天満宮)	
	小林郷一	(写真) 勅題田家雪	
	大海堂印刷株式会社	年頭ノ辞	朝鮮総督府内務局長大竹十郎
		京城神社列格奉告祭の豪華版	
		(写真と解説) 朝鮮稚児も参加した内鮮一如のお祭気分縮図	
		年賀広告	朝鮮神職会幹部
		朝鮮神職会主催　神社に関する特別講習会講演　神社と我が国体	国学院大学学長　文学博士河野省三述
		年賀広告	朝鮮氏子総代会連合会

		年賀広告	朝鮮神宮、群山神社
		年賀広告	京城神社、春川神社、浦項神社
		年賀広告	龍頭山神社
		年賀広告	平壌神社　開城神社
		年賀広告	仁川神社
		日本語戦線異状あり　全世界に向って活躍　正科で教える大学もある　二十数ヶ国に波及拡大	
		年賀広告	感興神社　海州神社
		年賀広告	密陽神社　大田神社
		朝鮮神宮裏参道　十二月十八日奉告祭執行	
		京城神社職員の名誉　氏子総代の決議により　宮司以下表彰せらる	
		年賀広告	公州神社
		大田神社敬神婦人会主催　映画の夕	
		平壌神社に敬神修養会が誕生	
		内務省主催神職長期講習会　中心人物養成のため	
		磯部百三翁の歌集　松の實出版せらる	
		年賀広告	金堤神社　平安神社　水原神社
		（広告）山川友一装束店	
(65)	第七巻第二号 昭和12年2月1日 小林郷一 大海堂印刷株式会社	＜主張＞国幣社祭神問題　各社一律の不合理を排撃　朝鮮固有の蔡神を活かせ	
		皇室の御近状	宮内大臣官房謹記
		昭和十一年度京城神社龍頭山神社更生予算　但し八月一日より三月末日まで	
		神社と我が国体（二）	国学院大学学長　文学博士河野省三述
		新城博士が訂正を申し込んだ孔子様の誕生日　科学的見地から数理的に太陽暦になおした十月三日	
		宮中に於ける歌会始厳かに行わせらるる　光栄に輝く預選歌七首	

歌会始御披講の御模様と其歴史　出雲路通次郎氏謹話
内地ニウズ（笑いの神社建設計画ほか）
宇治山田に押寄せた人波　新年神都奉賽の民草　元日だけの参拝者　神都人口の二倍を数ふ
半島の春　神国の風儀は先ず神詣でから　上々吉の鮮内各社昭和第十二年の新年
史実を通じて内鮮一如へ　普通校教科書の改訂　今春新学期から実施
現下の国情に鑑み　半島の建国まつり　大々的に施行
十五箇年苦難の結晶　純正朝鮮史の完成六篇三十七巻五萬頁出版会の偉観近日公刊
ぽんとなげだした神棚一千個無料配布　無名の紳士より京城神社に　頒布方を一任した美挙
聖慮畏し国境守備部隊へ侍従武官御差遣
平壌、大邱ぐ両神社を　国幣小社に昇格内定　付大邱神社の十二年度予算
江原道の総社　春川神社御造営近し
外国軍隊最初の皇居遥拝式ドイツ軽巡洋艦エムデン号靖国神社に花輪をささぐ
（写真）寒国の神社情景朝鮮乃木神社神池の今日此頃　スケートは昼夜隆盛を極む
道知事を会長に頂き　光州神社奉賛会設立　東京小林工務所　原地測量は既に終った
海州神社新年祭事
厳寒の候も何のその『時代を知れ』と神職長期講習会いよいよ火蓋を切る朝鮮より藤田大田神社社掌参加
（広告）山川友一装束店
メーデーから建国祭へ
李朝時代の祭場　経学院の開放　心田開発の一助に

		学童少年団の新結成　英国式のボーイスカウトではなく皇道精神の具現化	
		会員動静	
(66)	第七巻第三号	＜主張＞祭政一致論	
	昭和 12 年 3 月 1 日	南総督の全鮮初巡視（写真）	
	小林郷一	総督の道中風景　巡視西鮮の旅	
	大海堂印刷株式会社	神社と我が国体（三）	国学院大学学長　文学博士河野省三述
		神祇史上より見たる内鮮の関係（下）　昭和十一年十一月一日 DK より放送	小山文雄
		学校の朝礼と神拝問題	川村五峯
		内地ニュース（富士山の頂上で「福は内」ほか）	
		倭城台放送	（朗）
		半島の施政四半世紀の今日　半島の公職者国語を使用せよ　南総督国語愛護の根本精神を普及して	
		汎太平洋平和博に神祇館特設　愛知県神職会の事業	
		頒布スタンプ捺印等全国神職大会開催　名古屋市公会堂で	
		（半島ニュース）	
		南総督全州神社参拝	
		海州で神道講演	
		南総督海州神社参拝	
		天晴会春季総会	
		海州神社御造営計画実施検分	
		酒の守護神を祀る　馬山酒醸造組合で	
		半島小国民の感激　御真影奉拝	
		仁川神社で記念祭　仁川沖の思い出	
		皇太神宮の祭日制定　衆議院へ上程さる	
		神社奉納写真展　大邱神社昇格記念	
		会員動静	
		編集雑筆	

(67)	第七巻第四号	＜主張＞「鳥居」は躍進する	
	昭和 12 年 4 月 1 日	総督の敬神　人情の総督	
	小林郷一	経学院の地方風教是正	総督府学務課長富永文一
	大海堂印刷株式会社	四月　半島の例祭	
		半島小国民に呼びかく神社参拝歌を合唱せよ全鮮学童に社頭参拝歌合唱の実行を提唱して半島教育界の協賛を望む	
		古韓に奉齋せられた建邦神	
		(倭城台放送)	
		神武大帝の聖業に絡む伝説　美々津の搗入れ団子	小山文雄
		半島の神道人を語る (一) 阿知和安彦氏　朝鮮神宮宮司	
		半島の神道人を語る (二) 市　秋弘氏　京城神社宮司	
		(紀行) 早春西鮮行　大和田五月	
		(鳥居文芸)	
		(半島ニュース)	
		群山神社御造営　愈々近く工事に着手	
		南総督龍頭山神社参拝	
		平壌神社敬神修養会状況	
		国旗掲揚運動	
		南総督鎮海神社参拝	
		祝祭日に祝菓子	
		本府のトーキー	
		半島宗教の現況	
		(会員動静)	
		(編集雑筆)	朗

第 3 期　　朝鮮神宮編集第 2 期

号数 ※	年月日 編集発行人 印刷所	記事タイトル	署名
(77)	第八巻第一号	戦捷の春を迎えて	
	昭和 13 年 1 月 1 日	（写真）勅題　新苑朝　朝鮮神宮にて	
	武林健一	年頭の辞	総督府内務局長大竹十郎
	行政学会印刷所	軍国新春譜	
		寅歳と千人針	池田良八
		昭和十三年の視野　躍動する半島斯界を語る（一）	岩下傳四郎
		講究分所物語り　神職養成の店開き進む	
		靖国神社献詠	
		社頭の声	
		社頭漫語（一）	鳥磨
		年賀広告	朝鮮神職会幹部
		年賀広告	皇典講究所朝鮮分所
		年賀広告	朝鮮氏子総代連合会
		幣帛供進使に随行して	鉄道局参事　安宅守道
		年賀広告	朝鮮神宮群山神社社務所　群山神社崇敬者
		年賀広告	京城神社
		年賀広告	平壌神社
		年賀広告	海州神社
		今年は当り年寅年生れの人々	
		年賀広告	龍頭山神社
		（人事動静）	
		年賀広告	

		年賀広告	仁川神社　浦項神社　金泉神社
		南京陥落奉告祭祝詞　於朝鮮神宮大前	
		年賀広告	光州神社　羅南神社　春川神社
		年賀広告	公州神社
		順天神社鎮座祭	
		謹告	鳥居編集部
		年賀広告	密陽神社　大田神社　藤田元就
		（広告）朝鮮神職会編纂　朝鮮神社法令輯覧	
		年賀広告	感興神社　天安神社　鎮南浦神社
		年賀広告	その他
(78)	第八巻第二号	＜主張＞半島大衆への神祇教育　志願兵制度後の思想動向に備えよ	
	昭和13年2月1日	台湾に於ける神社の興隆と朝鮮の現状に付て	朝鮮総督府理事官河村雅亮
	武林健一	洞祭の記	朝鮮神宮禰宜　鈴木重道
	行政学会印刷所	（神祇話題）外国領土での神社奉齋の場合	三井物産京城支店長大塚俊雄氏談（文責在記者）
		社頭漫語（二）靖国神社の事　神社参拝作法の事　手水鉢不浄の事　神宮大麻初穂料の事　紀元二千六百年の記念事業　神社社殿の建設に付て　神社敷地の事	鳥磨
		葦牙雑話	田中初夫
		（寄贈新刊紹介）朝鮮人の進むべき道	
		（神祇話題）神祇に関する平易な本が欲しい	三越支店長　三輪邦太郎氏（文責在記者）
		挨拶	皇典講究所朝鮮分所長阿知和安彦　田中初夫
		（寄贈新刊紹介）日本精神	
		原稿募集	鳥居編集部
		南京陥落戦捷奉告祭祭文	尹致昊
		講究所朝鮮分所の陣容進む	
		職員児童の共同貯金で大麻奉安殿成る　水原安龍普通学校の美挙	
		神職養成機関の実現　愈々四月より開所の運び	

		（神祇話題）朝詣礼讃	千代田生命京城支部長　笹間博氏談
		（広告）山川友一装束店	
		（広告）神拝の作法　朝鮮神祇学会発行　朝鮮神社法令要覧	
(79)	第八巻第三号	事変下に於ける神社造営問題	
	昭和 13 年 3 月 1 日	敬神思想の趣向に就いて	朝鮮総督府　小山文雄
	武林健一	愛国機命名奉告祭祝詞	
	行政学会印刷所	学階試験執行広告	皇典講究所朝鮮分所
		讃仰日記	朝鮮神宮禰宜鈴木重道
		続葦牙雑話	田中初夫
		（広告）神拝の作法　朝鮮神祇学会発行　朝鮮神社法令要覧	
		皇典講究所朝鮮分所神職養成部規程	
		皇典講究所朝鮮分所神職養成部入所生募集要項	
		（社頭の声）	
(80)	第八巻第四号	画期的半島新制度実施の祝典	
	昭和 13 年 4 月 1 日	（写真）事変下の祈年祭　朝鮮神宮に於ける	
	武林健一	「八紘一宇」の聖詔謹解	吉田貞治
	行政学会印刷所	社教第二八号　八紘一宇の聖旨宣明に関する件　学務課長	
		讃仰日記（二）	朝鮮神宮禰宜鈴木重道
		朝鮮志願兵制度実施竝朝鮮教育令改正奉告祭祝詞案	
		開城商業の神祇教育　入学試験に神拝作法を課し職員生徒挙って神宮大麻拝受	
		京城女子師範の卒業奉告祭	
		全鮮一斉に入学祭執行	
		歴史的制度実施の奉告祭	
		朝鮮神職会理事会開催	
		内務省主催祝詞講習会に参加して	

		原稿募集	鳥居編集部
		（叙任及辞令）	
		（人事動静）	
(81)	第八巻第五号	国対明徴に付て道知事会議に於ける南総督訓示	
	昭和13年5月1日	（写真）全道知事の朝鮮神宮参拝	
	武林健一	東久邇中将殿下朝鮮神宮に御参拝の後　陸軍病院を御慰問遊ばさる	
	行政学会印刷所	端午と行事	
		李王妃両殿下　五年ぶりの御帰城　半島の山河栄光に充つ	
		皇太子殿下の御近状　御健やかに幼稚園の御日課	
		讃仰日記（三）	朝鮮神宮禰宜鈴木重道
		畏し九官幣社に有難き御沙汰	
		盟邦伊太利施設団入城　右手を高く翳してファシスト最高の敬礼で　先ず朝鮮神宮に参拝	
		国幣社の祭式　総督府令を以て交付	
		百済聖人を大阪で祭祀　池田大阪府知事の英断	
		半島最初の盛儀　国幣社御遷座祭大邱神社に執行さる	
		本誌減頁	
		（ポケットニュース）朝鮮神職会総会　全国神職会大会　分所養成部開催　学階試験終了	
		事変後の時局と社頭祭　海州神社	
		原稿募集	鳥居編集部
		（社頭の声）	
		通牒	
		（人事動静）	
		（広告）山川友一装束店	
(82)	第八巻第六号	＜主張＞朝鮮招魂社創建の急務	

	昭和13年6月1日	（写真）海軍献納機「報国号」命名式	
	武林健一	洗心雑記	鈴木重道
	行政学会印刷所	朝鮮神職会総会開催　六月二十日から引き続き特別講習会	
		支那に奉斎すべき神社の基本的条件を定む　海外神社問題研究会発表	
		全国神職会評議員会	
		帝都便り	朝鮮神宮主典東睦郎
		一月以降設立許可の神祠	
		（ニュース）	
		殉職警察官消防手招魂祭　殉職憲兵慰霊祭　木浦敬神婦人会祈願祭　木浦の敬神家表彰　献納機報告号命名式	
		大田神社敬神婦人会総会　徐州陥落奉告祭	
		（広告）山川友一装束店	
		皇典講究所評議員会	
		（人事動静）	
(83)	第八巻第七号	半島各地白衣の勇士御慰問の　東久邇宮妃殿下を迎え奉る	
	昭和13年7月1日	＜主張＞大麻の新頒布系統と家庭祭祀振興問題	
	武林健一	支那事変一周年記念を迎う	
	行政学会印刷所	夏の随筆（一）求心力と遠心力	朝鮮神宮池田良八
		夏の随筆（二）大邱を語る	大邱神社鬼塚武彦
		夏の随筆（三）神苑の初夏	龍頭山神社小山光
		夏の随筆（四）素通り朝鮮	朝鮮神宮岩下傳四郎
		事変下半島神職の総意を表示して　神祇道光被の時局に備う昭和十二年度朝鮮神職会総会	
		内務局長告示　宣言　本会会則一部改正　昭和十三年度以降の大麻頒布に伴に関する件　北支皇軍へ感謝の電文　新入会者紹介	
		松本、飯田両講師を迎えて　本会主催の神職講習会　六日間朝鮮神宮豊榮寮で開催　講習会開会会長挨拶	

		総会出席者　講習会会長挨拶	
		昭和十三年度朝鮮神職会収予支算書	
		国威宣揚武運長久祈願祭祝詞　朝鮮神職会主催	
		支那事変戦死病没者慰霊祭　朝鮮神職会主催	
		(ニュース) 松島神社奉賛会経費三十万円計上　湖南神職会総会開催	
		朝鮮禊会行事	
		大祓詞竝国威宣揚祈願詞奉誦　朝鮮神宮で挙行	
		(広告) 敬神乃志遠里	
		横尾伍長よりの陣中便り	
		(人事動静)	
(84)	第八巻第八号	＜主張＞銃後国民の集団勤行	
	昭和 13 年 8 月 1 日	(写真) 勤労奉仕女学生隊観察の南総督	
	武林健一	東久邇妃殿下御参拝記	朝鮮神宮宮司阿知和安彦
	行政学会印刷所	本府諮問神職会答申　家庭祭祀の興隆に対する答申	
		朝鮮軍司令官中村大将正式参拝	
		朝鮮部落祭の認識	朝鮮総督府嘱託村山智順
		半島青年団を選抜　伊勢神宮参拝団　仁川神社主催	
		皇軍将兵戦没者に対する公葬は神式により厳修せられたし	
		葬場祭竝慰霊祭案	
		国民精神総動員連盟組織大綱	
		(広告) 山川友一装束店	
		(広告) 敬神乃志遠里	
		平壌神社宮司松尾正技氏帰幽	
		(人事動静)	
		謹んで訂正	
(85)	第八巻第九号	＜主張＞大陸神社の祠官養成問題への一提言	

	昭和 13 年 9 月 1 日 武林健一 行政学会印刷所	朝鮮部落祭神 齋戒に就いて 皇紀二千六百年記念事業に関する要綱 忠南江景邑に於ける戦死者神葬祭 朝鮮に於ける昭和十三年度以降大麻頒布に関する要綱 （広告）社寺工務所（朝鮮出張所開設の辞） 朝鮮神宮献詠歌募集 （広告）敬神乃志遠里　訂正再版 （人事動静） 本誌広告料	朝鮮総督府囑託村山智順 朝鮮神宮禰宜鈴木重道
(86)	第八巻第十号 昭和 13 年 10 月 1 日 武林健一 行政学会印刷所	＜主張＞国民精神総動員朝鮮連盟の結成と半島神職の使命 神宮大麻及暦頒布の開始 事変色を反映し意義深き始政記念祭恒久化さる 全州神社奉賛会組成され　活発なる活動開始さる 国幣小社平壌神社宮司鈴木重道氏新任さる 神宮大麻及暦頒布式に河村相談役出席 本誌減頁に就いて 始政記念祭祝詞 （広告）社寺工務所（朝鮮出張所開設の辞） 御挨拶　岡本正勅 （人事動静） 本誌広告料	
(87)	第八巻第十一号 昭和 13 年 11 月 1 日 武林健一 行政学会印刷所	＜主張＞大麻頒布の普及と家庭祭祀問題 最近に於ける神社造営の概況と神社神祠創設の激増　最近に於ける神祠設立許可 半島に於ける神社造営支障なし　神社神祠の創立竝造営に関する本府通牒	

		漢口陥落戦捷奉告祭祝詞	
		（写真）大麻頒布式に於ける大麻授与	
		恒例に依り朝鮮神宮大前に神宮大麻及暦頒布式厳修　朝鮮神職会主催　政務総監告示	
		大麻頒布式参列者　頒布総代答辞	
		会長式辞　朝鮮神職会長大竹十郎	
		教育道場と聖地建設への要望	
		鮮内神社供進金一覧　地方神社費調（昭和十二年度道神社費調）	
		神宮大麻奉齋心得映画製作	
		江原神社に二神を合祀	
		国定教科書に神宮大麻の記事採録	
		北支保定に神社創立	
		鮮内神社供進金一覧　地方神社費調（昭和十三年度道別神社費調）	
		半島神職軍務公用者現在	
		年賀芳名募集	
		挨拶　横山義平	
		（広告）山川友一装束店	
		（人事動静）武林健一ほか	
(88)	第八巻第十二号	＜主張＞　基督教徒の転向と儒林の覚醒　事変下半島の昭和十三年を送る	
	昭和 13 年 12 月 1 日	大麻奉齋と半島人の敬神状態	朝鮮総督府理事官河村雅亮
	岩下傳四郎	各道大麻頒布奉齋会直接頒布者に希望	朝鮮神職会
	行政学会印刷所	齋戒に就いて	平壌神社宮司鈴木重道
		鮮内神社供進金一覧　地方神社費（昭和十二年度府別神社費調）	
		鮮内神社供進金一覧　地方神社費（昭和十三年度府別神社費調）	
		神社功労者として杉野清造氏表彰さる　全神創立十周年式典に於いて	
		鮮内神社供進金一覧　邑別神社費調	
		鮮内神社供進金一覧　面別神社費調	

		年賀広告募集	
		(広告) 前田平八商店	
		(広告) 山川友一装束店	
		(人事動静) 応召解除ほか	
(89)	第九巻第一号 昭和 14 年 1 月 1 日 岩下傳四郎 行政学会印刷所	事変後三年を迎えて　国民精神朝鮮連盟の進展を待望	
		(写真) 勅題　朝日映島	
		年頭の辞	総督府内務局長大竹十郎
		各神社刊行物寄贈依頼	
		(年賀広告) 朝鮮神宮	
		齋戒に就いて	平壌神社宮司鈴木重道
		通牒　官国幣社以外の神社境内地竝に社殿其の他工作物の取扱基準に関する件	
		半島基督教代表者神宮御陵参拝　転向の第一歩　神域に額く皇民の姿　阿知和朝鮮神宮宮司引率	
		半島神職の卯歳生れの人々	
		(年賀広告) 朝鮮神職会幹部　皇典講究所朝鮮分所　朝鮮氏子総代会連合会　京城神社　龍頭山神社　大邱神社　平壌神社	
		(年賀広告) 仁川神社　咸興神社　開城神社　元山神社　密陽神社　金泉神社　大田神社　同敬神婦人会　城津神社　江景神社	
		(年賀広告) 水原神社　松島神社　羅南神社　清津神社　燕岐神社　平安神社　天安神社　忠州神社　江原神社　清州神社	
		(年賀広告) 社寺建築業礒部某　江界神社　雄基神社　東山神社　金堤神社　皇典講究所朝鮮分所神職養成部	
		(年賀広告) 鎭海神社　榮山浦神社　浦項神社　松興神祠　海州神社　公州神社　群山神社	
(90)	第九巻第二号	＜主張＞　招魂社の神社制度化と半島に護国神社の創建	

	昭和14年2月1日	難関突破の一大勇猛心を振起せむ	昭和十四年建国祭委員長後藤文夫
	岩下傳四郎	節分　朝鮮神宮立春札	
	行政学会印刷所	建国祭家庭奉祝　「梅の節句」のお奨め	
		神宮大麻の奉斎に就いて（上）	朝鮮神宮権宮司吉田貞治
		橿原神宮の八紘祭　神宮大神都実現の緒	
		神祠奉務者の講習会　皇典講究所朝鮮分所主催で開催	
		通牒　神職の国礼に依る葬祭関与の件	
		半島基督教代表者伊勢神宮参拝報告	
		学階試験執行	
		國學院大學学生募集　神宮皇學館学生募集	
		（広告）前田平八商店	
		（広告）山川友一装束店	
		（年賀広告）榮州神祠総代長	
		昭和十四年度朝鮮神宮月次献詠会	
(91)	第九巻第三号	＜主張＞　神祠奉務の重要性	岩下生
	昭和14年3月1日	神宮大麻の奉斎に就いて（下）	朝鮮神宮権宮司吉田貞治
	岩下傳四郎	雛祭の由来	
	行政学会印刷所	祈年祭について	朝鮮神宮主典小西武雄
		初宮詣慈愛の貯金　氏子入りと神社の貯金奨励　仁川神社で実施中	
		神祠奉務者の講習会　来る三月十七日より向う一週間皇典講究所朝鮮分所で開講	
		朝鮮神職会理事会開催　総会提出議案を審議	
		神祠奉斎の積極運動　各道で一面一社方針決定	
		（人事動静）	
		山口國學院生徒募集	

(92)	第九巻第四号 昭和 14 年 4 月 1 日	＜主張＞扶餘に官幣社御創立　神祇祭祀の本義を闡明し内鮮一体化の実を挙げよ	
	岩下傳四郎	扶餘を中心としたる古代の内鮮関係に就て(上)	朝鮮総督府編集官中村榮孝
	行政学会印刷所	事変下半島神職の重責に鑑み神威の顕現と神国の興隆に貢献せん　朝鮮神職会総会盛大に開催さる	
		宣言　総会に於ける神職会長の式辞　総会に於ける内務局長の告辞　北支派遣部隊への感謝電文	朝鮮神職会代表大竹十郎
		昭和十四年度朝鮮神職会収支予算書	
		総会第二日目　会員建議案	
		神職講習会　講義題目竝に講師	
		新入会者紹介	
		皇典講究所朝鮮分所神職養成部の第一回卒業式挙行さる　内務局長の告辞府令	
		生徒総代の答辞　神職養成部の第二回生入所	
		皇典講究所朝鮮分所で学階検定試験を執行	
		神祠奉務者の講習会　朝鮮神宮豊榮寮で有意義に開講　神祠奉務者よりの感謝文	
		護国神社の制度成る　関係勅令竝内務省令公布さる	
		忠清南道扶餘の地に官幣社を御創立	
		(人事動静)	
		訓令	
		(五行ニュース)水瀬宮の御改称・御昇格　朝鮮神宮で修身教科書を授与	
		全鮮各道知事朝鮮神宮に参拝	
		齋藤齋子爵等朝鮮神宮に参拝　銅像に生きる重剛先生　熊野村が公民教科書に　内務省神社局長の更迭	
		明治神宮靖国神社へ献穀　朝鮮神宮の靖国神社遥拝式	
		謹告　入江晃　齋藤重彦	

		（広告）前田平八商店	
		（広告）山川友一装束店	
(93)	第九巻第五号	＜主張＞神道的国民生活の強化　神祇祭祀と家庭生活の融合徹底を図れ	
	昭和 14 年 5 月 1 日	扶餘を語る（一）	小山翠村
	岩下傳四郎	顔かたち	國學院大學教授澤田五郎
	行政学会印刷所	扶餘を中心としたる古代の内鮮関係に就て（下）	朝鮮総督府編集官中村榮孝
		京城竝羅南に護国神社を創立　政務総監を会長に奉賛会設立さる	
		鮮内四箇所に於て　雅楽講習会を開催　半島神職の要望を負うて五月下旬より	
		全羅南道各面に神祠百三十四社を創立	
		半島人百名を以て神道研究会を結成　五月十四日発会式挙行さる	
		大麻奉齋の厳正指導に付各道知事宛通牒を発す	
		八紘之基柱の基材石を本府及各道より寄贈	
		（人事動静）入隊等	
		神社神職及神祠一覧表	
		（質疑応答）	編集部
		（広告）前田平八商店	
		（広告）山川友一装束店	
(94)	第九巻第六号	＜主張＞神社神祠の維持経営　将来の発展に必要なる経済的基礎を確立せよ	
	昭和 14 年 6 月 1 日		
	岩下傳四郎	（写真）扶餘神宮御鎮座予定地	
	行政学会印刷所	内鮮一体の帰趨	国民精神総動員朝鮮連盟幹事　玄永燮
		扶餘を語る（二）	小山翠村
		伊勢神宮の感激	京城府蓬莱公立尋常小学校　朱英和
		扶餘神宮を御創建　官幣大社に列せらるる　去る十五日社殿建設創立仰出さる	

		畏き御聖旨を拝して	小磯拓相謹話
		皇典講究所評議員会	
		全国神職会評議員会	
		無願神祠の建立に関し内務局長より通牒	
		（五行ニュース）神祇特別官衙設置の運動　半島青年団が朝鮮神宮へ献穀	
		橿原宮崎両神宮に燈籠を奉献	
		朝鮮神宮で奉賛殿南庭を拡張　南総督等朝鮮神宮に勤労奉仕　朝鮮神宮社頭で排英国民大会　神官神職戦没将士慰霊祭	
		皇典講究所朝鮮分所の講習会　朝鮮神宮神璽を全南神祠に奉遷　海外神社奉仕員養成所開講	
		（質疑応答）	
		（人事動静）	
		（広告）山川友一装束店	
(95)	第九巻第七号 昭和 14 年 7 月 1 日 入江晃 行政学会印刷所	＜主張＞　神祇教育の強化徹底青少年教育の方針を確立し次代を建設する国民を練成せよ	
		扶餘神宮御祭神の御事績	國學院大學教授植木直一郎
		近作五首	阿知和安彦
		扶餘を語る（三）	小山翠村
		国威宣揚武運長久祈願祝詞	
		（質疑応答）	
		来る八月十九日より　本会神職講習会を開催　十八日には臨時総会を開く	
		皇典講究所朝鮮分所で　第二回神祠奉務者講習会　来る七月二十日より一週間開催	
		神宮神部署主催の第九回雅楽講習会	
		湖南神職会を神祇研究会と改称	
		全国神職会副会長に中野神社局長就任	
		神社局の拡充強化　新に指導課造営課成る	

		（編集後記）	
		全国神職会副会長　宮西惟助氏逝く	
		（広告）前田平八商店	
(96)	第九巻第八号 昭和 14 年 8 月 1 日 入江晃 行政学会印刷所	＜主張＞　神国的国家理想の完成事変による精神的効果を助長し将来の日本文化を基礎づけよ	
		思想戦と日本精神	朝鮮軍報道部　芥川浩
		神祇特別官衙設置の急務	全国神職会長　水野錬太郎
		扶餘を語る（四）	小山翠村
		支那事変二周年記念日に於ける朝鮮神宮の国威宣揚武運長久祈願祭祝詞	
		（質疑応答）	
		内鮮一体の聖地　扶蘇山上永遠の神域に　扶餘神宮宮地清祓の儀行わる更に二式挙行	
		来る二五日道庁会議室で　朝鮮氏子総代会総会開催　劈頭朝鮮神宮で祈願祭執行	
		皇典講究所朝鮮分所主催の　第二回神祠奉務者講習会六日間にり有意義に終了	
		西岡前本会副会長に記念品を贈呈す	
		明治神宮で献詠歌募集	
		全羅南道麗水面に麗水神社創立さる	
		津元鞍山神社雇員が学階二等試験業に合格	
		全国神職会を中心に　神祇特別官衙設置運動	
		（広告）前田平八商店	
		（広告）山川友一装束店	
(97)	第九巻第九号 昭和 14 年 9 月 1 日 入江晃	諭告　（愛国日を以て興亜奉公日に充てる）	朝鮮総督　南次郎
		（写真）鳴子引	
		旱害克服には矢張り精神力	国民精神総動員朝鮮連盟幹事　由上治三郎

	行政学会印刷所	「興亜奉公日」には神社の知識を深めましょう	西田道子
		往還抄	洗心道人
		半島神職の重責に鑑み　神職会臨時総会を開催　重大時局に対応する方途を講ず	
		澤田・三東両講師等を迎え　神職講習会有意義に開催　六日間に亙り朝鮮神宮豊栄寮で	
		総会竝講習会出席者	
		野上神宮神部署長を中心に大麻に関する座談会	
		斯界多年の要望に応じ　従軍神職制度公布　明治三十七年の陸達改正さる	
		扶餘神宮造営事務規程成る　造営委員会と造営事務局設置さる	
		山川龍頭山神社宮司勇退	
		朝鮮神宮の毎朝神拝詞	
		朝鮮神宮で雨乞祈願	
		学階試験執行	
		（人事動静）	
		全鮮の氏子総代に対し　南総督熱烈の訓示　朝鮮氏子総代会終る	
		宣言　総会次第　議事進行　慰問電文　慰問委員　議案審議	
		石原会長の式辞	
		南朝鮮総督訓示	
		本会提出議案	
		大竹内務局長告辞	
		建議案	
		神祇特別官衙設置に関する内務省の具体案決定　内務省の外局として実現か	
		謹告　山川鵜市　松本浩通	
		朝鮮神宮献詠歌募集	
		（広告）神社建築業　松山吉四郎	

(98)	第九巻第十号	神の前に一つになれ	
	昭和 14 年 10 月 1 日	(写真)月前披講	
	入江晃	思想国策の確立	神道研究会常務理事　高義駿
	行政学会印刷所	私の望む神職	神宮奉斎会長　今泉定助
		朝鮮連合青年団歌「皇国青年歌」	
		新に会員となりて　龍頭山神社宮司松本浩通	
		昭和十四年度朝鮮各道神社予算調査一覧表	
		往還抄(二)	洗心道人
		名誉の負傷に変わらぬ感謝　銃後後援強化週間設定　来る十月三日より一週間	
		官幣大社吉野神宮で　後醍醐天皇六百年御式年祭　十月一日より三日間に渉り執行	
		内務神社局の参与七名決定す	
		神宮皇學館の大学昇格　昇格費を明年度予算に要求	
		大邱神社に主典一名増員	
		(人事動静)	
		国威宣揚武運長久傷病軍人平癒祈願祭詞	
		神職は進んで　忠霊塔の建設に協力せよ　全国神職会より通牒	
		十月十八日より五日間に亙り　靖国神社臨時大祭　新に英霊一万余柱を合祀	
		昭和十四年度神宮大麻及暦頒布予定申込数	
		十月一日午前十時より　神宮大麻暦頒布始奉告祭　本会より小山理事参列	
		南大門横旧消防署敷地を朝鮮神宮外苑に	
		阿知和朝鮮神宮宮司　南鮮の各神社を視察	
		(広告)前田平八商店	
		(広告)山川友一装束店	
(99)	第九巻第十一号	日常生活の道徳化を具現せよ	

	昭和14年11月1日	（写真）朝鮮神宮参拝の李王妃殿下	
	入江晃	内鮮一体と日本精神	緑旗連盟主幹　森田芳夫
	行政学会印刷所	七五三祝の話	
		十月二十三日朝鮮神宮に於て　神宮大麻頒布式を挙行　大野政務総監始め関係者多数参列	
		大麻頒布式に於ける大竹朝鮮神職会長式辞	
		大麻頒布事務打合会に於ける内務局長の指示事項	
		大野政務総監告辞	
		紀元二千六百年の新年御題「迎年祈世」と御治定	
		李王同妃殿下朝鮮神宮に御参拝	
		橿原の聖地拡張　社殿の造営成る　来る十一日から本殿遷座祭	
		（人事動静）	
		朝鮮神宮の献詠披講式	
		（広告）大麻と神棚　大陸神道連盟発行	
		年賀芳名募集	
		謹告　全国神職会への拠出金	朝鮮神職会
(100)	第九巻第十二号	昭和十四年を送る	
	昭和14年12月1日	（写真）　新装成れる皇国臣民誓詞之柱	
	入江晃	神宮大麻に就いて	神宮神部署長　野上正篤（ラジオ講演録）
	行政学会印刷所	昭和十五年七月より　神祇院設置に決定　予算三十余万円承認さる	
		二千六百年の紀元節祭当日　全国各神社で大祭を執行　春秋曠古の大祝典を繰り展ぐ	
		皇国臣民誓詞之柱竣工　朝鮮神宮境内に一異彩	
		神宮皇學館の昇格予算承認さる	
		森厳壮大なる社殿成り　橿原神宮本殿遷座祭　去る十一十二両日盛大に執行	

		浄闇に拝す神代の絵巻　石清水八幡宮の遷座祭　古式により荘厳に執行さる 国幣小社大邱神社の本殿遷座祭厳修さる　十一月二十日午後七時より 官国幣社に昇格を期し五県社着々準備を進む 皇典講究所朝鮮分所神職養成部入所生募集要項 （人事動静）飯田助三ほか （広告）天晴会理事長　肥塚正太謹著『神陵皇陵巡拝謹記』　官幣大社朝鮮神宮宮司阿知和安彦述『大麻と神棚　家庭の神祭心得』	
(107)	第十巻第七号 昭和15年7月1日 入江晃 行政学会印刷所	新体制下の神道的使命 半島農村の進むべき道（二）―祭祀と農業について― 雅楽について この感激 満州国建国神廟を御創建　畏し　天照大神を奉祀 京城・羅南に創立する　護国神社基本計画決定　七月十八日評議員会開催さる 朝鮮神職会創立二十五周年　来る八月十六日　祈願祭・表彰式執行　物故会員慰霊祭も挙行 神社創立許可申請の件に付　内務局長より通牒を発す 来る八月十七日より　神職講習会を開催　朝鮮神宮豊榮寮で 朝鮮神職会で　巡回皇道講演会　鮮内二十二箇所で開催 朝鮮神宮で神楽講習会を開催 七月三十一日より京城神社で禊会 松島神社敬神婦人会で総会及慰安会開催 （人事動静） 紀元二千六百年奉祝　神楽舞の普及講習会　全国十四箇所で開催 扶餘神宮の地鎮祭　七月三十日盛大に執行 来る九月二十一日　橿原神宮及外苑に於て　全国神社関係者大会	 朝鮮総督府嘱託　八尋生男 朝鮮神宮楽師朝鮮神職会講師　飛騨邦富 石原六一（旧名石泰瑀）

		（広告）京文社	
		（広告）前田平八商店	
		（広告）山川友一装束店	
		（広告）神社建築業　松山吉四郎	
(110)	第十巻第十号	（写真）朝鮮神宮例祭に勅使参向	
	昭和 15 年 10 月 1 日	詔書（三国同盟）	
	入江晃	神社と惟神道に就て（二）	朝鮮神宮権宮司吉田貞治
	行政学会印刷所	諭告　（三国同盟）	朝鮮総督南次郎
		祓いに就て（承前）	朝鮮神宮主典宮田定繁
		神宮大麻！全鮮の家庭頒布予定数百余万体　十月二三日朝鮮神宮に於て頒布式盛大に挙行さる	
		大竹神職会長式辞	
		紀元二千六百年式典当日各神社で奉祝祭を執行　内務局長の通牒発せらる	
		神祇院官制正式に決定す十一月上旬実現か	
		馬山平安両神社で　雅楽講習会	
		龍頭山神社御造営奉賛会成る	
		朝鮮神職会主催の　皇道講演会終る各地とも盛会を極む	
		昭和十六年新年御題「漁村曙」と仰出さる	
		半島の国民組織　新体制成る	
(111)	第十巻第十一号	（写真）浦安の舞（朝鮮神宮にて）	
	昭和 15 年 11 月 1 日	紀元二千六百年式典、勅語	
	入江晃	神社と惟神道に就て（三）	朝鮮神宮権宮司吉田貞治
	行政学会印刷所	記念に何を遺す（平易な言葉の呼びかけ）	
		神祇院の開設	神祇院発表
		朝鮮神宮の献詠歌披講式	
		斯界多年の懸案たる神祇院創設さる　去る十一月九日官制公布	

		内地の五県社　国幣社に列格す　十一月一日に仰せ出さる 天智天皇を奉祀する　近江神宮鎮座祭十一月七日盛大に挙行さる 元山神社の紀元二千六百年奉祝祭（写真入り記事） （広告）『季節と祝祭日之解説』（水野正陽）年賀芳名募集（朝鮮神職会鳥居編集部）、前田兵八商店、山川友一装束店、松山吉四郎	
(112)	第十巻第十二号 昭和15年12月1日 入江晃 行政学会印刷所	（写真）冬来る 紀元二千六百年を送る 神社と惟神道に就て（三） 冬山十首 雅楽としての高麗楽に就て 朝鮮神職会製作映画『半島に祈る』概説	 朝鮮神宮権宮司吉田貞治 朝鮮神宮嘱託朝鮮神職会嘱託講師飛騨邦富
(113)	第十一巻第一号 昭和16年1月1日 入江晃 行政学会印刷所	（巻頭言）年頭に題す 惟神の道と臣道実践 神道の実践を望む 果して、これで、いいのか 神宮大麻の奉齋に就て 新体制の門松　質素に美俗は尊重 （神社だより）忠州神社、晋州神社、鎮南浦神社　国幣小社平壌神社　群山神社　平安神社　桊山浦神社　安東神社　海州神社　鎮海神社　咸興神社 （短波調）朝鮮神宮へ祈願　泰国へ親善の城大医学部隊　神饌米を捧持して光栄の青年団東上　晴の駅伝選手誉の凱旋　奇篤の集配手 （続き）扶餘神宮勤労奉仕隊に憩いの家　国旗尊重無料洗濯奉仕　始政以来三十年の誠心　志願兵の赤心 漁村曙（歌） 厳かに執り行わせられた賢所御神楽の儀 聖なる汗に遺族の感謝　護国神社の勤労奉仕	 朝鮮神職会副会長朝鮮神宮宮司額賀大直 国幣小社龍頭山神社宮司松本浩道 平壌神社宮司鈴木重道 神祇院 国幣小社龍頭山神社宮司松本浩道

		神都扶餘の市計　七日晴れの起工式	
		清明心の振起発揚　大祓に関する通牒発せらる	
		祭祀研究委員会生まる	
		巳年生れの半島神道人	
		人事動静	
		（年賀広告）	
(114)	第十一巻第二号	（写真）雪のどんど	
	昭和 16 年 2 月 1 日	臣道の実践と反省	
	宮田定繁	神社と惟神道に就て（五）	朝鮮神宮権宮司吉田貞治
	行政学会印刷所	短波調）氏神様で御用始　頼山陽神社創建　正月の参拝実に四十万	
		（年賀広告）府供進社　清津神社	
		祭祀と農業	朝鮮神宮嘱託八尋生男
		辞令　仲公　鈴木重道	
		往還抄	平壌神社宮司鈴木重道
		半島神祇会飛躍の年　有為の青年を募る　皇典講究所朝鮮分所神職養成部生徒募集	
		祭務官並祭務官補を置く　朝鮮総督府官制を改正	
		朝鮮神職会　祭祀研究委員会	
		皇大神宮の式年遷宮　五月山口祭奉齋されん	
		神社創立出願　本府の取扱方針改めらる	
		敬神観念の普及　神祇院の実践運動	
		神宮皇学館大学に　専門部開設	
		国幣小社龍頭山神社　御造営始まる	
		人事動静	
		（広告）皇典講究所朝鮮分所　前田兵八商店、山川友一装束店、松山吉四郎	
(115)	第十一巻第三号	祈年祭と農民精神の拡充	

	昭和16年3月1日 宮田定繁 行政学会印刷所	神社と惟神道に就て（六）	朝鮮神宮権宮司吉田貞治
		辞令（吉田豊国神社宮司、竹島朝鮮神宮権宮司）、竹島の挨拶	
		（年賀広告）鬱島神社	
		神の実在について	朝鮮神宮主典宮田記
		新刊紹介（『家庭の祭祀』平壌神社宮司鈴木重道著）	
		碧蹄館と神祠創立	朝鮮神宮主典大工原英夫
		祈年祭（二月十七日）宮中の畏き御儀	
		注目すべき神社整理案　全国神社主務課長会議	
		半島斯界の躍進　神社神祠の設立出願一九三件	
		人事動静	
		惟神道発揚を期して　全国官社に修養道場	
		京城神社新社殿　鳥瞰図なる	
		祈年祭とう敬米運動	
		本会新会長推戴	
		通信　（入江晃　山本壽雄　吉田貞治）	
		（広告）皇典講究所朝鮮分所　前田兵八商店、山川友一装束店、松山吉四郎	
第十一巻第四号 (116)	昭和16年4月1日 宮田定繁 行政学会印刷所	（写真）神職会総会？	
		告辞	内務局長上瀧基
		聖戦下　神祇界の拡充を期して朝鮮神職会総会開催せらる	
		北支派遣軍への感謝電文	
		式辞	朝鮮神職会々長　上瀧基
		昭和十五年度朝鮮神職会収支追加予算書	
		昭和十四年度末御大典記念基本財産積立金現在高報告書	
		（広告）『家庭の祭祀』鈴木重道著	
		朝鮮に於ける昭和十五年度神宮大麻及暦頒布数	
		惟神道の昂揚を語る朝鮮に於ける神社神祠数	
		尽忠の赤誠薫る　靖国神社春季臨時大祭	

		祭務官初会議	
		（広告）前田兵八商店、山川友一装束店	
(117)	第十一巻第五号	（写真）靖国神社臨時大祭遥拝式	
	昭和16年5月1日	靖国神社御親拝	
	宮田定繁	二千六百年を流れるもの	神宮皇学館教授鈴木文吉
	行政学会印刷所	朝鮮神宮外苑設置を提唱す	朝比奈正憲
		扶餘神宮奉賛会成る　四月二六日発起人会	
		惟神道の昂揚と神社行政の拡充強化	
		惟神道に則り時艱を突破せしめよ　地方長官会議の内相訓示　指示事項	
		神祇宣揚の具体的方策　祭務官初の会同	
		御紋章の使用取締	
		神徳の宣揚	
		敬神思想の普及	
		生活の神道化に紙芝居	
		蒙彊神社創建	
		満州国神社行政　近く全面的制度完成	
		全国神職会機構大拡充	
		神宮皇学館大学専門部官制	
		神職待遇向上　制調会で答申案を決定	
		（広告）『最新神社法令要覧』京文社　　前田兵八商店、山川友一装束店、大久保眞敏、藤富商会、松山吉四郎	
(118)	第十一巻第六号	（写真）朝鮮神宮神田仮苗代播種祭	
	昭和16年6月1日	全神改組と朝鮮	
	宮田定繁	神宮式年御造営と山口祭	神祇院
	行政学会印刷所	人事消息	
		神棚は一家の生命である（常会講演資料）	仁川神社社掌磯野勝見

		病床閑話（1）	井蛙生
		神社と内鮮一体に就て	朝鮮神宮　鈴川元章　咸明権
		辞令　宮田定繁へ常務理事を囑託　朝鮮神職会	
		全神改組に邁進　全国神職代表者会開催さる	
		重要問題審議　全神理事会開かる	
		惟神道の海外宣揚　官民代表の懇談	
		祭祀の根本的確立へ　審議会の設置	
		神祇新体制の確立を期して　皇講、全神評議員会	
		国家宗祀に奉仕の神職を本官とせよ　斯界に要望昂まる	
		特報　全神機構改正に即応　朝神緊急理事会招集さる	
		（広告）『最新神社法令要覧』京文社　　前田兵八商店、山川友一装束店、大久保眞敏、藤富商会、松山吉四郎	
(119)	第十一巻第七号	臣道実践と大祓	
	昭和 16 年 7 月 1 日	時局即応新体制確立に邁進せよ	（全国神職会評議員会での講演）全国神職会長水野錬太郎
	宮田定繁		
	行政学会印刷所	大日本神祇界寄付行為	
		全神評議員会　提出議案	
		大祓の普及徹底　内務局長より通牒発せらる	
		仮殿遷座祭の御儀に仕奉りて	国幣小社龍頭山神社宮司松本浩道
		朝鮮神宮神璽奉遷　全南八十余神祠へ	
		羅南護国神社地鎮祭　厳かに執行せらる	
		朝鮮神宮神田　初の御田植祭　執行さる	
		朝鮮神職会主催禊講習会開催さる	
		（広告）『大陸神社大観』大陸神道連盟　　前田兵八商店、山川友一装束店、大久保眞敏、藤富商会、松山吉四郎	
(121)	第十一巻第九号	「みそぎ」錬成のために	

	昭和16年9月1日	（写真）総督以下二日一夜の禊を了えて	
	宮田定繁	神社広場独立植栽木と其の保護	朝鮮神宮林苑嘱託　岡強
	行政学会印刷所	祭祀に残した朝鮮色	元山神社山田早苗
		社格と社司社掌の名称について	仁川神社磯野勝見
		学階検定試験執行、熱田神宮献詠歌募集、朝鮮神宮献詠歌募集	
		朝鮮総督以下本府局課長の禊講習会	
		公葬制など新諸問題に関し神祇界代表者懇談会	
		神職に代わり祭祀奉仕の為大陸科特設師範版二十余校	
		斎穂の神勅を奉戴　平壌師範版で農業理念徹底	
		公葬様式に関して建議　祭政一致翼賛会でも	
		黄海道主催　神祠奉務者講習会	
		御挨拶	大工原・朝比奈
(122)	第十一巻第十号	光州江原両神社御列格を祝す	
	昭和16年10月1日	鳥居十年の歩み　仲公、桜井正夫、松本浩道、杉野清造、高橋貢	
	大工原英夫	光州江原両社への勅使参向　御列格奉告祭の厳儀	
	行政学会印刷所	新宮司略歴　齋藤光州神社宮司　早山江原神社宮司	
		朝鮮神職会改組準備進む	
		大麻奉斎方法普及運動の展開	
		皇典講究所朝鮮分所神職養成部卒業式	
		鮮内大麻頒布始奉告祭	
		全鮮神祠奉務者講習会	
		辞令	
		祖神の洪範に則り　国民祭礼令を制定せよ　一条公、佐々木侯等首相に進言	
		「神仏」抗争問題の真相　東亜民族文化協会の発表	
		後記	大工原

(124)	第十一巻第十二号	禊に於ける修練－南総督の談話	
	昭和16年12月1日	稽往照来	
	大工原英夫	敬神奉公	朝鮮神宮宮司額賀大直氏講演（ラジオ講演録）
	行政学会印刷所	年賀広告につきて	朝鮮神職会鳥居編集部
		龍頭山神社御造営　工費七十八万円に増額　事業着々進む	
		各道神祇事務担任者事務打合会竝講習会開かる　—朝鮮神宮豊榮寮で	
		国民総力朝鮮連盟で　祓禊による「錬成教典」編纂	
		本会上瀧会長を送り鈴川会長を迎う	
		崇神天皇と神宮創建運動	
		講究所華北総署で北支神社制度確立研究	
		大政翼賛会大阪協力会議に神社に関する重要提案	
		翼賛会中央訓練所で皇道原理確立計画	
		神社中心の国民再組織研究、高山昇氏等の運動	
		満州に神祇会支部創設	
		祭政一致体制の具現へ祭祀審議会、具体案作成	
		合併神社の分離復旧考慮	

あとがき

本書は、二〇一一年九月に京都大学大学院教育学研究科に提出した博士学位論文をもとに、加筆修正を行ったものである。学位論文提出までに、次の論文を公表した（【　】は本書関連部分）。

・「朝鮮神宮と学校――勧学祭を中心に」『日本の教育史学』第四九号（教育史学会、二〇〇六年一〇月）。「植民地神社と学校の関係――勧学祭の分析」『日帝植民地主義を新たに読む』（韓国語）、韓国史の世界化事業団・韓国延世大学校国学研究院、二〇〇七年三月。【第一章】

・「朝鮮神宮大祓式への児童生徒動員――「崇敬」と「信仰」のあいだ」『朝鮮史研究会論文集』第四六号（朝鮮史研究会、二〇〇八年一〇月）。【第二章】

・「一九三〇年代後半の朝鮮神宮における夏季早朝参拝」『朝鮮学報』第二一五号（朝鮮学会、二〇一〇年四月）。【第三章】

・「一九三〇年代朝鮮の神祠設立――地域社会と学校をめぐって」『教育史フォーラム』第六号（教育史フォーラム・京都、二〇一一年三月）。【第四章】

・「植民地期朝鮮の学校における儀礼空間の形成――神宮大麻の位置付けに着目して」『日本教育史研究』第三〇号（日本教育史研究会、二〇一一年八月）。【第五章】

筆者の大学院での研究と本書の執筆にあたり、ご鞭撻とご支援を賜ったすべての皆様に御礼を申し上げたい。とくに、教育史学会、日本教育史研究会、朝鮮史研究会関西部会でさまざまな質問や助言を賜った方々、それぞれの論文化にあたって(場合によっては幾度も)査読を担当してくださった方々、各神社関係者およびご家族の方々に深く感謝申し上げる。本研究を進める過程で、日韓両国の数多くの大学図書館・公共図書館・文書館にお世話になった。一度訪ねただけの図書館も、問い合わせをしただけの図書館も含め、どの機関においても丁寧なご協力をいただいた。ライブラリアン、アーキビストとしての見識に感銘を受けたことも多かった。

次に記す方々との出会いによって本研究を始め、進め、結ぶことができた。幸福なめぐりあわせに感謝し、心から御礼を申し上げる(五十音順、敬称略)。

呉　成哲　　金鑚　俊樹　　姜　素美　　嵯峨井　建　　杉山　とみ　　高木　博志　　鄭　淳泰
トッド・ヘンリー　　水野　直樹

京都大学大学院教育学研究科で、本研究を真正面から導いたのは駒込武、背後を支えたのは辻本雅史である。両師は、私の喜びを私に先んじて大きく喜び、私の憤りや悲しみを私より強く深く憤り悲しむ。二人の師が作り上げた濃い情愛の空間で、世界中から集った学生達ときょうだいのように育てていただいた。このことは、今後の人生を生きる上での力強い支えであり誇りである。師の背中を見据えつつ、何よりもまず人の歓喜や悲憤をわがこととして喜び、怒り、泣く心を持ちたいと思う。

筆者の研究生活は韓国国際交流財団の支援なしには成り立たなかった。また本書の出版は京都大学の「平成二四年度総長裁量経費　若手研究者に係る出版助成事業」によるものである。心より御礼を申し上げる。最後に、出版を引き受けてくださった京都大学学術出版会と鈴木哲也編集長に感謝申し上げる。

二〇一三年三月

樋浦　郷子

主要参考文献目録

韓国語文献は※印を付す

A　新聞、定期刊行物、法令、辞典、史資料

石川準吉『国家総動員史　資料編　第四』（国家総動員史刊行会、一九七六年）。

『大阪朝日新聞』（朝鮮西北版、南鮮版）。

『神路』（神宮皇学館神道学会）。

韓国史辞典編纂委員会・金容権編『朝鮮韓国近現代史辞典　一八六〇-二〇〇五』（日本評論社、二〇〇六年）。

「君が代」訴訟をすすめる会編『資料「君が代」訴訟』（緑風出版、一九九九年）。

『基督申報』（京城鐘路朝鮮耶蘇教書会内基督申報部（富坂キリスト教センター編『日韓キリスト教関係史資料Ⅱ』、新教出版社、一九九五年所収））。

近現代資料刊行会企画編集『雑誌『朝鮮社会事業（戦前・戦中期アジア研究資料四）』（近現代資料刊行会、二〇〇七年）。

『近代神社行政史研究叢書Ⅰ　神社制度調査会議事録①』（神社本庁教学研究所、一九九九年）。

『近代神社行政史研究叢書Ⅴ　神社局時代を語る』（神社本庁教学研究所、二〇〇四年）。

『近代未完史料叢書二　紀元二千六百年祝典記録』（ゆまに書房、二〇〇二年）、別巻。

『京城案内』（朝鮮総督府鉄道局、一九三五年）。

『京城　仁川　水原　開城』（朝鮮総督府鉄道局、一九三八年）、昭和一三年版。

『京城日報』（京城日報社）。

『京城府史』（湘南堂書店、一九八二年（京城府発行一九四〇年の復刻））、第3巻。

『敬慎』（台湾神職会）。

『現行朝鮮教育法規』（朝鮮行政学会、一九四二年）。

『皇国』（皇国発行社）。

『皇国時報』（皇国時報社）。

國學院大学日本文化研究所編『神道事典』(弘文堂、一九九四年)。

『昭和一二年一一月　学事参考資料』朝鮮総督府学務局学務課、1938年(渡部学・阿部洋編『日本植民地教育政策史料集成　朝鮮篇』第六〇巻、一九八八年所収)。

『昭和一〇年　朝鮮国勢調査報告』(朝鮮総督府、一九三七年)。

『昭和四年の朝鮮神宮』(朝鮮神宮社務所、一九三〇年)。

『昭和五年の朝鮮神宮』(朝鮮神宮社務所、一九三一年)。

『昭和六年の朝鮮神宮』(朝鮮神宮社務所、一九三二年)。

『詳説日本史　教授資料』(山川出版社、二〇〇四年)。

『昭和一三年後半期　朝鮮思想運動概況』(宮田節子解説『一五年戦争極秘資料集第二八集　朝鮮思想運動概況』、不二出版、一九九一年所収)。

『昭和一四年前半期　朝鮮思想運動概況』(宮田節子解説『一五年戦争極秘資料集第二八集　朝鮮思想運動概況』、不二出版、一九九一年所収)。

『昭和十一年　朝鮮諸学校一覧』(一九三七年、朝鮮総督府学務局編)渡部学・阿部洋共編『日本植民地教育政策史料集成 朝鮮篇』(第六〇巻、龍溪書舎、一九九八年所収)。

『神威』(大邱神社社務所)。

『神祇月報』(京城神社社務所)。

神祇院総務局監修『最新神社法令要覧』(京文社、一九四一年)。

『神社協会雑誌』(神社協会)。

内務省神社局編『神社法令輯覧』(帝国地方行政学会、一九二六年)。

『心田開発に関する講演集』(朝鮮総督府中枢院、一九三六年)。

『神道史大辞典』(吉川弘文館、二〇〇四年)。

『神道人名辞典』(神社新報社、一九五五年、一九八六年、一九九二年)。

『神道理論体系』(新国民社発行、一九八四年)。

『全国神職会々報』(会通社)。

国民精神総動員朝鮮聯盟『総動員』(緑陰書房、一九九六年)。
※ソウル特別市史編纂委員会『ソウル歴史口述資料集(三)ソウルの人が体験した解放と戦争』(ソンイン、二〇一一年)。
※大韓民國文教部國史編纂委員会編『韓國史料叢書第十九　尹致昊日記十』(一九八八年)。
『台湾神社誌』(台湾神社社務所、一九二九年版)。

『中外日報』（中外日報社）。

『忠清南道　教育要綱』（忠清南道、一九三七年）。

『朝鮮』（朝鮮総督府）。

『朝鮮諸学校一覧』（朝鮮総督府学務局、一九三四年）。

『朝鮮神宮造営誌』（朝鮮総督府、一九二七年）。

『朝鮮神宮年報』（朝鮮神宮社務所、一九三三年―一九四四年）。

朝鮮神職会『朝鮮神社法令輯覧』（帝国地方行政学会朝鮮本部、一九三七年）。

『朝鮮総督府及所属官署職員録』（朝鮮総督府）。

『朝鮮総督府官報』（朝鮮総督府）。

『昭和十二年度　朝鮮総督府逓信年報』（朝鮮総督府逓信局、一九三八年一一月）。
※『朝鮮中央日報』（朝鮮中央日報社）。
『朝鮮に赴任する国民学校教員の為に』、朝鮮総督府学務局学務課、一九四一年（方基中編著『일제 파시즘기 한국사회 자료집（日帝ファシズム期韓国社会資料集）』五巻、ソンイン（韓国）、二〇〇五年所収）。

『朝鮮の教育研究』（朝鮮初等教育研究会）。
※『東亜日報』（東亜日報社）。
『鳥居』（朝鮮神職会）。

内政史研究会『飯沼一省氏談話第一回速記録』（内政史研究資料第七九集、一九六九年）。

西村緑也『朝鮮教育大観』上中下巻、朝鮮教育大観社、一九三二年（渡部学・阿部洋編『日本植民地教育政策史料集成　朝鮮篇』第四〇巻―四二巻、一九八九年）。

『値段史年表』（朝日新聞社、一九八八年）。

秦郁彦著・戦前期官僚制研究会編『戦前期日本官僚制の制度・組織・人事』（東京大学出版会、一九八一年）

広瀬順皓監修『外務省茗荷谷研修所旧蔵記録　戦中期植民地行政史料　教育・文化・宗教篇』（ゆまに書房、二〇〇三年）

釜山府『昭和一四年四月現在　例規集（学事関係）』（渡部学・阿部洋編『日本植民地教育政策史料集成』第八巻、一九八七年）。

『文教の朝鮮』（朝鮮教育会）。

『北海タイムス』（北海タイムス社）。

『北海道神宮史』上・下（北海道神宮史編纂会、一九九一年）。

※『毎日申報』（毎日申報社）。
※『毎日新報』（毎日新報社）。
『恩頼　朝鮮神宮御鎮座十周年記念』（朝鮮神宮奉賛会、一九三七年）。

山内祀夫編『奉天神社誌』（奉天神社社務所、一九三九年）。

『友邦』（中央日韓協会）。

B　図書

青井哲人「神社造営よりみた日本植民地の環境変容に関する研究　台湾・朝鮮を事例として」博士学位論文（京都大学、二〇〇〇年）。

青井哲人『植民地神社と帝国日本』（吉川弘文館、二〇〇六年）。

赤澤史朗『近代日本の思想動員と宗教統制』（校倉書房、一九八五年）。

葦津珍彦『国家神道とは何だったのか』（神社新報社（非売品）、一九八七年）。

アジアに対する日本の戦争責任を問う民衆法廷準備会編『アジア民衆法廷ブックレット　連続〈小法廷〉の記録③教育の戦争責任』（樹花舎、一九九五年）。

畔上直樹『「村の鎮守」と近代日本 ――「国家神道」の地域社会史』（有志舎、二〇〇九年）。

阿知和安彦先生歌集刊行会編『五十鈴の流れ』（私家版、一九五六年）。

池田正枝（聞き手川瀬俊治）『二つのウリナラ（わが祖国）―― 21世紀の子どもたちへ』（解放出版社、一九九九年）。

石田雄『明治政治思想史研究』（未來社、一九五四年）。

李省展『アメリカ人宣教師と朝鮮の近代 ―― ミッションスクールの生成と植民地下の葛藤』（社会評論社、二〇〇六年）。

入江晃『皇国臣民敬神読本』（近澤商店印刷部、一九四一年）。

入江曜子『日本が神の国だった時代 ―― 国民学校の教科書をよむ』（岩波書店、二〇〇一年）。

大森利憲『越後一ノ宮再建と高松宮司の活躍』（野島出版、一九九九年）。

大原康男ほか編『国家と宗教の間』（日本教文社、一九八九年）。

岡崎茂樹『時代を作る男　塩原時三郎』（大澤築地書店、一九四二年）。

岡田洋司『農本主義者山崎延吉』（未知谷、二〇一〇年）。

小川正人『近代アイヌ教育制度史研究』（北海道大学図書刊行会、一九九七年）。

荻野末『ある教師の昭和史』(一ツ橋書房、一九七〇年)。

小山文雄『神社と朝鮮』(朝鮮佛教社、一九三四年)。

加藤玄智編『神社対宗教』(明治聖徳記念学会、一九三〇年)。

萱野稔人『国家とは何か』(以文社、二〇〇五年)。

川瀬貴也『植民地朝鮮の宗教と学知　帝国日本の眼差しの構築』(青弓社、二〇〇九年)。

北村嘉恵『日本植民地下の台湾先住民教育史』(北海道大学図書刊行会、二〇〇八年)。

金昌國『ボクらの京城師範付属第二国民学校』(朝日新聞出版、二〇〇八年)。

金富子『植民地期朝鮮の教育とジェンダー』(世織書房、二〇〇五年)。

久保義三編『昭和教育史　上』(三一書房、一九九四年)。

黒田勇『ラジオ体操の誕生』(青弓社、一九九九年)。

見城悌治『近代報徳思想と日本社会』(ぺりかん社、二〇〇九年)。

児玉九一・有光次郎『神社行政　宗教行政』(常磐書房、一九三四年)。

駒込武『植民地帝国日本の文化統合』(岩波書店、一九九六年)。

子安宣邦『国家と祭祀―国家神道の現在』(青土社、二〇〇四年)。

蔡錦堂『日本帝国主義下台湾の宗教政策』(同成社、一九九四年)。

佐藤秀夫著(小野雅章ほか編)『教育の文化史1　学校の構造』(阿吽社、二〇〇四年)。

佐藤秀夫著(小野雅章ほか編)『教育の文化史2　学校の文化』(阿吽社、二〇〇五年)。

佐藤秀夫編『続　現代史資料　御真影と教育勅語Ⅰ―Ⅲ』(みすず書房、一九九四―一九九六年)。

佐野通夫『日本植民地期の展開と朝鮮民衆の対応』(社会評論社、二〇〇六年)。

島薗進『国家神道と日本人』(岩波書店、二〇一〇年)。

神宮司庁編『神宮・明治百年史』(神宮司庁文教部、一九六八年)、上巻。

神宮司庁編『神宮・明治百年史』(神宮司庁文教部、一九七〇年)、下巻。

神宮司庁編『神宮・明治百年史』(神宮司庁文教部、一九七一年)、補遺。

神社新報社編『近代神社神道史』(神社新報社、一九八六年増補改訂版)。

神道文化会編『明治維新神道百年史』(神道文化会、一九六八年)、第五巻。

菅浩二『日本統治下の海外神社 ―― 朝鮮神宮・台湾神社と祭神』(弘文堂、二〇〇四年)。

杉山とみ『ゆく言葉が美しくて』（私家版、一九九六年）。

杉山とみ『カスウォンキル　果樹園への道――ある日本人教師の自分史・上』（コリアプロジェクト@富山、二〇一〇年）。

鈴木重道『敬神之志遠里』（朝鮮図書出版株式会社、一九三八年）。

副田義也編『内務省の歴史社会学』（東京大学出版会、二〇一〇年）。

高松忠清編『松廼舎遺稿』（非売品、一九六〇年）。

竹ヶ原幸朗『教育のなかのアイヌ民族【近代日本アイヌ教育史】竹ヶ原幸朗研究集成第一巻』（社会評論社、二〇一〇年）。

趙寿玉証言（聞き手渡辺信夫）『神社参拝を拒否したキリスト者』（新教出版社、二〇〇〇年）。

遠山茂樹『遠山茂樹著作集』（岩波書店、一九九二年）、第六巻。

富坂キリスト教センター編『十五年戦争期の天皇制とキリスト教』（新教出版社、二〇〇七年）。

羅英均（小川昌子訳）『日帝時代、我が家は』（みすず書房、二〇〇三年）。

中濃教篤『天皇制国家と植民地伝道』（国書刊行会、一九七六年）。

西順蔵『日本と朝鮮の間　京城生活の断片、その他』（影書房、一九八三年）。

橋谷弘『帝国日本と植民地都市』（吉川弘文館、二〇〇四年）。

朴慶植『日本帝国主義の朝鮮支配』上・下巻（青木書店、一九七三年）。

朴慶植・水野直樹ほか編『天皇制と朝鮮』（神戸学生青年センター出版部、一九八九年）。

韓晳曦『日本の朝鮮支配と宗教政策』（未來社、一九八八年）。

久木幸男編『20世紀日本の教育』（サイマル出版会、一九七五年）。

久木幸男ほか編『日本教育論争史録』（第一法規出版、一九八〇年）。

ヒルディ・カン（桑畑優香訳）『黒い傘の下で　日本植民地に生きた韓国人の声』（ブルース・インターアクションズ、二〇〇六年）。

二荒芳徳（校閲筧克彦）『皇国運動提要　神あそびやまとばたらき』（蘆田書店、一九二六年）。

古川昭『大邱の日本人』（ふるかわ海自事務所、二〇〇七年）。
※許英桓『定都六百年ソウル地図』（汎友社、一九九四年）
本間千景『韓国「併合」前後の教育政策と日本』（思文閣出版、二〇一〇年）。

真山光彌『愛知のキリスト教』（新教出版社、一九九二年）。

水野直樹『創氏改名――日本の朝鮮支配の中で』（岩波書店、二〇〇八年）。

水野直樹編『生活の中の植民地主義』（人文書院、二〇〇四年）。

御手洗辰雄編『南次郎』(南次郎伝記刊行会、一九五七年)。

ミシェル・フーコー(田村俶訳)『監獄の誕生 ── 監視と処罰』(みすず書房、一九七七年)。

村上重良『国家神道』(岩波書店、一九七〇年)。

森岡清美『近代の集落神社と国家統制』(吉川弘文館、一九八七年)。

森田芳夫『朝鮮終戦の記録』(巌南堂書店、一九六四年)。

安丸良夫『神々の明治維新 ── 神仏分離と廃仏毀釈』(岩波書店、一九七九年)。

山口公一『植民地期朝鮮における神社政策と朝鮮社会』博士学位論文(一橋大学、二〇〇六年)。

山田恵吾『近代日本教員統制の展開 ── 地方学務当局と小学校教員社会の関係史』(学術出版会、二〇一〇年)。

山本信良・今野敏彦『大正・昭和教育の天皇制イデオロギー』(新泉社、一九八六年)。

山本信良・今野敏彦『明治期学校教育行事の考察　近代教育の天皇制イデオロギー』(新泉社、一九七三年)。

山本有造『日本植民地経済史研究』(名古屋大学出版会、一九九二年)。

C　学校記念誌

※京畿高等学校七十年史編纂会『京畿七十年史』(一九七〇年)。
京城南山小学校同窓会編『京城南山公立尋常小学校創立七〇周年記念誌　坂道とポプラと碧い空と』(京城南山小学校同窓会、一九九六年)。

京城三坂小学校記念文集編集委員会編『鉄血と千草』(三坂会事務局、一九八三年)。

京城龍山公立小学校同窓会龍会編『龍山小学校史・龍会史』(京城龍山公立小学校同窓会、一九九九年)。
※九雲60年史編纂委員会編『九雲60年』(二〇〇三年)。
高知県立中芸高等学校同窓会編『創立三十周年記念誌』(中芸高等学校同窓会、一九八一年)。

精華百年史編纂委員会『精華百年史』(京都精華女子中学高等学校、二〇〇五年)。
※大述初等学校80年史編纂委員会編『大述初等学校80年史』(二〇一〇年)。
※晋高七十年史編纂委員会編『晋高七〇年史』(一九九五年)。
※南陽初等学校百年史編纂委員会編『南陽百年史』(一九九八年)。
※茂長初等学校總同窓会編『茂長百年史』(二〇一〇年)。
※釜商百年史編纂委員会編『釜商百年史』(一九九五年)。

D 雑誌論文等

青野正明「植民地期朝鮮における神社の職制・神職任用関連の法令：1936年の神社制度改編を中心に」『桃山学院大学人間科学』第三〇号（桃山学院大学総合研究所、二〇〇六年一月）。

青野正明「朝鮮総督府による神社・神祠の増設政策（中編）：一面一神社・神祠設置方針を中心に」『国際文化論集』第四一号（桃山学院大学、二〇〇九年一二月）。

青野正明「植民地朝鮮の神職に関する基礎的研究」松田利彦、やまだあつし編『日本の朝鮮・台湾支配と植民地官僚』（思文閣出版、二〇〇九年）。

青野正明「朝鮮総督府の神社政策」『朝鮮学報』第160輯（朝鮮学会、一九九六年）。

青野正明「朝鮮総督府の農村振興運動期における神社政策 ——「心田開発」政策に関連して」『国際文化論集』第三七号（桃山学院大学、二〇〇七年一二月）。

赤井聡司「日本統治時代の台湾における神社創建」『天理インターカルチャー研究所研究論叢』第一二号（天理大学、二〇〇四年五月）。

秋葉隆「禁縄と注連縄」『朝鮮民俗誌』（六三書院、一九五四年（礫川全次編『左右の民俗学』、批評社、二〇〇四年所収））。

阿知和安彦「敬神に就て」『無声会講演集』（朝鮮総督府警察官講習所内無声会、一九三一年八月）。

阿知和安彦「皇紀二千六百年紀元節を迎へて」『総動員』第二巻第二号（国民精神総動員聯盟、一九四〇年二月）。

阿知和安彦「皇軍の武運長久を祈りて（第一〇回名士講演）」『文献報国』第三巻第十一号（朝鮮総督府図書館、一九三七年一一月）。

阿知和安彦「国体明徴問題」『朝鮮逓信』第二三九号（朝鮮逓信協会、一九三八年四月）。

阿知和安彦「祭祀の本義を認識せよ」『朝鮮』第二八八号（朝鮮総督府、一九三九年五月）。

阿知和安彦「信仰に就て」『警務彙報』第三〇七号（朝鮮警察協会、一九三一年一一月）。

阿知和安彦「時局と敬神精神」『総動員』第二巻第六号（国民精神総動員聯盟、一九四〇年六月）。

阿知和安彦「神社と信仰」『朝鮮』第二五〇号（朝鮮総督府、一九三六年三月）。

阿知和安彦「神道精神と新年」『警務彙報』第三二一号（朝鮮警察協会、一九三三年一月）。

阿知和安彦「通俗神道談」『警務彙報』第三一五号（朝鮮警察協会、一九三二年七月）。

安部俊二「日本統治下朝鮮における神社政策の展開」『九大法学』第三五号（九州大学大学院法学研究科、一九七七年）。

有本真紀「明治前期・中期における卒業証書授与式の意義　式手順の検討を通して」『立教大学教育学部年報』第五二号（立教大学、二〇〇八年）。

飯沼博一「日中戦争期における学生運動の一事例・春川常緑会事件」『東洋史訪』創刊号、同第二号（兵庫教育大学、一九九三年、九四年）。

井田末喜「皇国臣民化の教育に就て」『朝鮮』第二八七号（朝鮮総督府、一九三九年四月）。

稲葉継雄「塩原時三郎研究 ―― 植民地朝鮮における皇民化教育の推進者」『九州大学大学院教育学研究紀要』（九州大学、一九九八年）。

井上哲次郎「神社神道と宗教との関係」加藤玄智編『神社対宗教』（明治聖徳記念学会、一九三〇年）。

小川正人「コタンへの「行幸」「行啓」とアイヌ教育」『日本の教育史学』第三四集（教育史学会、一九九一年一〇月）。

小川正人「近代アイヌ教育史研究への課題」『地方史研究』第二四五号（地方史研究協議会、一九九三年一〇月）。

小野雅章「小学校令施行規則（一九〇〇年八月）による学校儀式定式化の諸相」『教育学雑誌』第四五号（日本大学教育学会事務局、二〇一〇年）。

小野雅章「一九三〇年代の御真影管理厳格化と学校儀式 ―― 天皇信仰の強制と学校教育」『教育学研究』第七四巻四号（日本教育学会、二〇〇七年）。

川瀬貴也「植民地期朝鮮における「心田開発運動」政策」『韓国朝鮮の文化と社会』第一号（韓国・朝鮮文化研究会、二〇〇二年一〇月）。

神崎一作「神社の宗教的価値」加藤玄智編『神社対宗教』（明治聖徳記念学会、一九三〇年）。

金根熙「『皇民化政策』期の神社政策について」『姜徳相先生古希・退職記念　日朝関係史論集』（新幹社、二〇〇三年）。
※金大鎬「一九一〇―二〇年代朝鮮総督府の朝鮮神宮建立と運営」『韓國史論』第五〇巻（ソウル大学校國史学科、二〇〇四年）。
※金承台「日帝下朝鮮の神社に関する研究」金希宣ほか『日本ナショナリズム ―― 形態と性格』（東北亜歴史財団、二〇〇九年）。
金原左門「大正末期における一教化団体の教化イデオロギー ―― 『斯民』よりみたる中央報徳会のばあい」『文化と教育』（静岡大学教育学部教育研究所、一九五七年六月）。
※鞠聖河「日帝強占期同化政策手段としての「朝鮮神宮」の建立と運営」韓國教育史学会編『韓國教育史学』第二六巻一号、（韓國教育史学会、二〇〇四年）。
栗田英二「植民地下朝鮮における神明神祠と『ただの神祠』」崔吉城編『日本植民地と文化変容―韓国・巨文島―』（お茶の水書房、一九九四年）第六章。

河野省三「鮮満と華北の神社」小笠原省三編述『海外神社史』（ゆまに書房、二〇〇四年（一九五三年刊の復刻））。

五島寧「植民地〔京城〕における総督府庁舎と朝鮮神宮の設置に関する研究」『都市計画論文集』第二九号（日本都市計画学会、一九九四年）。

五島寧「京城市区改正と朝鮮神宮の関係についての歴史的研究」『都市計画論文集』第四〇号（日本都市計画学会、二〇〇五年）。

小林輝行「旧日本植民地下諸学校への「御真影」下付（Ⅰ）（Ⅱ）」、『信州大学教育学部紀要』六六号、六七号、一九八九年八月、一二月。

駒込武「コメント「帝国史」研究の射程」『日本史研究』第四五二号（日本史研究会、二〇〇〇年四月）。

駒込武「台南長老教中学神社参拝問題 ―― 踏絵的な権力の様式」『思想』第九一五号（岩波書店、二〇〇〇年九月）。

駒込武「一九三〇年代台湾・朝鮮・内地における神社参拝問題――キリスト教系学校の変質・解体をめぐる連鎖構造」『立教学院史研究』第三号（立教学院史資料センター、二〇〇五年）。

駒込武「朝鮮における神社参拝問題と日米関係――植民地支配と『内部の敵』」『岩波講座アジア・太平洋戦争四　帝国の戦争経験』（岩波書店、二〇〇六年）。

駒込武「『御真影奉戴』をめぐるキリスト教系学校の動向――天皇神格化とキリスト教主義のはざま」、富坂キリスト教センター編『一五年戦争期の天皇制とキリスト教』（新教出版社、二〇〇七年）。

榊原昇「皇国臣民育成の現状（我が校の皇国臣民教育）」『朝鮮』第287号（朝鮮総督府、一九三九年四月）。

阪本是丸「国家神道体制の成立と展開――神社局から神祇院へ」井門富二男編『占領と日本宗教』（未來社、一九九三年）。

阪本是丸「神社制度調査会と神祇院の設立」『神道史研究』第三七巻第三号（神道史学会、一九八九年）。

佐々木克「明治天皇の巡幸と「臣民」の形成」『思想』八四五号（岩波書店、一九九四年一月）。

佐藤弘毅「戦前の海外神社一覧Ⅱ」『神社本庁教学研究所紀要』第三号（神社本庁教学研究所、一九九八年）。

佐藤秀夫「天皇制公教育の形成史　序説」『学校の文化史Ⅰ　学校の構造』（阿吽社、二〇〇四年）。

佐藤秀夫（インタビュー）「『モノ』と『語り』をめぐって」教育解放研究会編『学校のモノ物語り』（東方出版、二〇〇〇年）。

佐野通夫「一九一〇、二〇年代における朝鮮の天皇制教育」富坂キリスト教センター編『大正デモクラシー・天皇制・キリスト教』（新教出版社、二〇〇一年）。

白柳弘幸「公学校修身書における軍事教材」『植民地教育史研究年報』第七号（日本植民地史研究会運営委員会、二〇〇四年）。

菅浩二「『アジア歴史資料センター』開設に思うこと」『大阪大学日本学報』第二一号（大阪大学、二〇〇二年三月）。

徐玄九「奄美におけるカトリック排撃運動」『沖縄文化研究』第三七号（法政大学、二〇一一年三月）。

高木博志「官幣大社札幌神社と「拓殖」の神学」『地方史研究』第二四五号（地方史研究協議会、一九九三年）。

高木博志「官幣大社札幌神社と「領土開拓」の神学」岡田精司編『祭祀と国家の歴史学』（塙書房、二〇〇一年）。

高木博志「皇室の神仏分離・再考」明治維新史学会編『明治維新史研究の今を問う　新たな歴史像を求めて』（有志舎、二〇一一年）。

高谷美穂「植民地朝鮮における神社政策の展開と実態」『姜徳相先生古希・退職記念　日朝関係史論集』、新幹社、二〇〇三年。

千葉正士「東亜支配イデオロギーとしての神社政策」『仁井田陞博士追悼論文集』（勁草書房、一九七〇年）、第三巻（日本法とアジア）。

鄭在貞「日帝下朝鮮における国家総力体制と朝鮮人の生活――「皇国臣民の錬成」を中心に」『日韓歴史共同研究委員会第一期第三分科会報告書』（日韓文化交流基金、二〇〇五年）。

テッサ・モーリス＝スズキ（小林英里訳）「植民地思想と移民――豊原の眺望から」『岩波講座近代日本の文化史六　拡大するモダニティ』（岩

波書店、二〇〇二年）。

中島三千男「「海外神社」研究序説」歴史科学協議会編『歴史評論』第六〇二号（校倉書房、二〇〇〇年六月）。

並木真人「植民地後半期朝鮮における民衆統合の一断面――ソウルの事例を中心に」武田幸男編『朝鮮社会の史的展開と東アジア』（山川出版社、一九九七年）。

野中齋之助「行ずるの教育」『朝鮮』第二八七号（朝鮮総督府、一九三九年四月）。

早山静夫「江原神社を回顧して」小笠原省三『海外神社史　上』（下巻未刊行）海外神社史編纂会、一九五三年。

春山明哲「近代日本の植民地統治と原敬」（春山明哲・若林正丈編『日本植民地主義の政治的展開一八九五―一九三四』（アジア政経学会、一九八〇年）。

樋浦郷子「植民地期朝鮮半島における初等教育経験――鄭淳泰氏への聞き取り記録から」『教育史フォーラム』第三号（教育史フォーラム・京都、二〇〇八年三月）。

久木幸男「訓令一二号の思想と現実」（Ⅰ）『横浜国立大学教育紀要』第一三集（横浜国立大学、一九七三年一〇月）。

久木幸男「明治期天皇制教育研究補遺」『教育学部論集』第六号（佛教大学、一九九五年三月）。

平田盛胤ほか座談「忠霊公葬問題」『公論』（第一公論社、一九四三年一〇月）。

平田諭治「日本統治下朝鮮における教育勅語の導入」『教育学研究紀要』第四二巻第一部（中国四国教育学会、一九九六年）。

福井譲「朝鮮総督府の逓信官僚とその政策観――朝鮮簡保制度の施行を中心に」松田利彦・やまだあつし編『日本の朝鮮・台湾支配と植民地官僚』（思文閣出版、二〇〇九年）。

本間千景「韓国「併合」前後の修身教科書にみる教育理念の変遷」『朝鮮史研究会論文集』第四〇号（朝鮮史研究会、二〇〇二年一〇月）。

前田一男「戦時下教育実践の史的研究――東金小学校・国民学校を事例として」『日本教育史研究』第一四号（日本教育史研究会、一九九五年）。

欄木寿男「朝鮮総督府の神社政策」朝鮮問題研究会『海峡』第四号（社会評論社、一九七六年）。

水野直樹「中野重治と金斗鎔――「きくわん車の問題」、植民地支配への賠償、そして天皇制」『情況』第三期第六巻第九号（情況出版、二〇〇五年一〇月）。

水野直樹「皇民化政策の虚像と実像――「皇国臣民ノ誓詞」についての一考察」国立歴史民族博物館編『「韓国併合」100年を問う　二〇一〇年国際シンポジウム』（岩波書店、二〇一一年）。

宮田節子「皇民化政策と民族抵抗――朝鮮における徴兵制度の展開を中心として」鹿野政直・由井正臣編『近代日本の統合と抵抗四』（日本評論社、一八八二年）。

宮田節子「朝鮮総督・宇垣一成――その自画像と実像」学習院大学東洋文化研究所編『日本の植民地支配下における朝鮮の研究』プロジェク

トチーム調査研究報告第二四号、（一九九〇年）。

村上重良「海外神社の創建」『法学セミナー』三六一号（日本評論社、一九八八年）。

村上重良「天皇制国家による宗教弾圧」遠山茂樹編『近代天皇制の展開』（岩波書店、一九八七年）。

村上重良「天皇制と国家神道」戸頃重基ほか編『天皇制と日本宗教』（現代ジャーナリズム出版会、一九八〇年増補版）。

山口公一「植民地朝鮮における神社政策」歴史科学協議会編『歴史評論』第六三五号（校倉書房、二〇〇三年三月）。

山口公一「植民地期朝鮮における神社政策と宗教管理統制秩序――「文化政治」期を中心に」『朝鮮史研究会論文集』第四三号（朝鮮史研究会、二〇〇五年一〇月）。

山口公一「戦時期朝鮮総督府の神社政策――「国民運動」を中心に」『朝鮮史研究会論文集』第三六号（朝鮮史研究会、一九九八年一〇月）。

山名淳「記憶空間の戦後と教育――広島平和記念公園について」森田尚人ほか編『教育と政治　戦後教育史を読みなおす』（勁草書房、二〇〇三年）、第八章。

山本和行「台湾領有初期における教育勅語の導入過程」『日本の教育史学』第五一集（教育史学会、二〇〇八年一〇月）。

山本吉久「仏教徒の目に映する社会相二つ三つ」『朝鮮の教育研究』第三巻第五号（朝鮮初等教育研究会、一九三〇年五月）。

吉田貞治「朝鮮神宮の年中祭祀」『朝鮮』第二六九号（朝鮮総督府、一九三七年一〇月）。

吉田貞治「国体明徴と神祇教育」『朝鮮の教育研究』第一二四号（朝鮮初等教育研究会、一九三七年）。

吉田貞治「時局と神社の活動」『同胞愛』第一六巻三月号（朝鮮社会事業協会、一九三八年三月）。

吉田貞治「祭典参列の心得と作法」『同胞愛』第一七巻一月号（朝鮮社会事業協会、一九三九年一月）。

吉田智美・河村美穂「学校生活における上履きの変遷とその役割」『埼玉大学紀要』第五八巻二号（埼玉大学教育学部、二〇〇九年）。

米田俊彦「私立専門学校への「御真影」下付と学則改正――キリスト教主義学校を中心に」久保義三編『天皇制と教育』（三一書房、一九九一年）、第一章第二節。

E　資料データベース等サイト

海外神社（跡地）に関するデータベース（神奈川大学非文字資料研究センター）　http://www.himoji.jp/himoji/database/db04/
国立公文書館デジタルアーカイブ　http://www.digital.archives.go.jp/
※国家記録院独立運動関連判決文　http://theme.archives.go.kr/next/indy/viewMain.do/
※国史編纂委員会韓国史データベース　http://db.history.go.kr/

※国立中央図書館電子図書館　http://www.dlibrary.go.kr/
※国会電子図書館　http://dl.nanet.go.kr/index.do/
※言論振興財団　http://www.mediagaon.or.kr/

索　引

著者略歴
樋浦　郷子（ひうら　さとこ）
1973年生まれ．京都大学大学院教育学研究科博士課程修了．博士（教育学）．
現在，帝京大学講師．

（プリミエ・コレクション 31）
神社・学校・植民地
── 逆機能する朝鮮支配

平成25（2013）年3月31日　初版第一刷発行

著　者　　樋浦郷子
発行人　　檜山爲次郎

発行所　京都大学学術出版会
京都市左京区吉田近衛町69番地
京都大学吉田南構内（〒606-8315）
電　話（075）761-6182
FAX（075）761-6190
Home page http://www.kyoto-up.or.jp
振　替　01000-8-64677

ISBN 978-4-87698-271-4
Printed in Japan

印刷・製本　㈱クイックス
定価はカバーに表示してあります